우리는 몸으로 사는 존재다. 그래서 우리의 삶은 행위다. 이렇게 행위로 존재하는 우리가 이 삶의 행위를 믿음과 별개의 이야기로 여기는 모습은 우스꽝스럽다. 하지만 오랜 사고의 습관은 그런 모습을 오히려 깊은 신앙으로 착각하게 만든다. 오늘 한국 사회 속에 드러난 우리 교회의 치욕스러운 모습은 바로 이런 착각의 위험을 고스란히 보여준다. 하나님의 통치를 즐겨 말하면서도, 그 통치가 우리의 복종과 연결된 개념이라는 사실을 절감하는 이는 많지 않으며, 바울이 말하는 "믿음"이라는 명사가 "충성"으로도 번역된다는 사실(갈 5:22)을 아는 이도 많지 않다. 또한 그 형용사가 대부분 "충성스러운"으로 옮겨진다는 사실을 아는 사람도 적다. 이 책의 절묘한 제목은 바로 이 숨겨진 사실을 밖으로 드러낸다. 그리고 절반의 진리로 식상해져버린, 아니 그래서 위험해져버린 복음의 메시지를 그 본래의 생생한 모습으로 되살려낸다. 어떤 이는 이 책을 읽으면서 21세기의 성서학자가 오늘의 교회에 보낸 야고보서라고 느낄지도 모르겠다. 지금까지 내가 해왔던 이야기를 아는 이들은 이 책을 통해 내 주장과 비슷하면서도 좀 더 살가운 목소리를 느낄 수도 있을 것이다. 많은 그리스도인들이 복음과 신앙과 교회에 대한 생각을 원점에서 다시 만들어 나가야 하는 고통스러운 상황으로 내몰리고 있는 지금, 어쩌면 이 책이 그런 근본적인 숙고를 돕는 좋은 대화 상대자가 될 수 있을 것이다.

권연경 | 숭실대학교

우리 주위의 그리스도인들의 신앙 생활에는 믿음과 행함 사이의 미묘한 엇박자가 보인다. 우리 시대는 오직 믿음으로 구원을 얻는다는 가르침이 극단적으로 왜곡되어 믿음이 한낱 '지적 동의'로 축소되고 교리적 지식에 대한 앎의 차원으로 협소해진 것이 현실이다. 삶의 현장에서 벌어지는 믿음과 행함의 괴리는 우리로 하여금 신약에서 가르치는 믿음이 무엇인가에 대해 진지하고 깊은 고민을 하게 만든다. 이 책의 저자는 믿음(*pistis*)이 단순히 지적이고 내세적이며 내면적이라는 전통적 이해에 반대표를 던진다. 그는 믿음을 온 세상의 통치자이신 예수 그리스도께 대한 충성(allegiance)이라고 재해석하면서 복음은 새 창조 사상과 뗄 수 없는 것이라고 주장한다. 교회가 지금까지 견지해온 믿음의 굴절된 개념에 만족하지 못한 채로 믿음(pistis)과 삶 사이의 균열을 막을 수 있는 신학적 대안을 찾는 이들에게 이 책은 사막의 오아시스 같은 책이다.

김경식 | 웨스트민스터신학대학원대학교

이 책은 이신칭의에 익숙한 그리스도인들에게 다소 충격이 될 만한 도전을 던진다. 사실 피스티스(pistis)에 대한 논의는 학자들 사이에서 많이 회자되었던 주제. 특히 갈라디아서 2:16을 해석함에 있어서 "그리스도를 믿는 믿음(believe)에 의한 의로움"이 아니라 "그리스도의 충성 혹은 신실함(faithfulness)에 의한 의로움"이 보다 원문에 적절한 번역이다. 왜냐하면 소유격을 목적격으로 해석하는 부자연스러움 때문이다. 따라서 피스티스를 단순히 믿음 혹은 확신으로만 이해하는 것은 적절하지 않다. 피스티스에 대한 저자의 놀라운 통찰력은, 특별히 믿음 만능주의에 경도된 한국 그리스도인들에게 왕이신 예수께 대한 충성을 통한 구원을 바르게 이해하고 그 결과 우리의 믿음이 수동적이지 않고 오히려 능동적이어야 함을 깨닫게 함으로써, 우리를 올바른 제자도의 길로 인도한다.

김경진 | 호주 알파크루시스 대학교

신약성서에 나오는 그리스어 '피스티스'(pistis)의 함의를 전부 포함하는 우리말 단어를 찾기는 어렵다. 그동안 영어로는 faith, 우리말로는 믿음으로 주로 번역된 이 단어는 크게 보면 신앙(faith), 신뢰(trust), 충성(faithfulness)의 뜻을 갖고 있다. 구약성서 히브리어 '에무나'는 기본적으로 충성을 뜻하는데, 바울은 이 개념을 근본으로 삼아 '피스티스'를 사용하고 있다. 저자는 본서에서 그동안 비교적 도외시되었던 충성으로서의 믿음을 성서 주석을 통해 잘 부각시키고 있다.

이런 작업은 믿음이 케리그마에 대한 단순한 지적 동의만이 아니라 그러한 삶을 살아내는 것까지 포함한다는 점을 잘 드러내준다. 본서는 그동안 믿음과 실천이 분리되었다고 자주 지적되어온 한국교회의 신앙에 좋은 치료제로 기능할 수 있다.

김동수 | 평택대학교

오직 충성으로 구원을 받는다? 그럼 믿음은 어떻게 되는가? 매우 도발적인 질문을 던지는 책이 나왔다. "믿음으로"라는 문구는 사용하는 사람에 따라 다양한 의미를 갖는다. 보통은 "믿어 구원에 이르다"라는 말처럼 개인적 믿음이 주류를 이룬다. 그러나 정말 그럴까? 저자는 믿음과 공로와 복음에 대한 잘못된 통설을 조목조목 지적하며 자신의 주장을 구성한다. 저자는 복음이 성서의 대서사에 기초하고 있다는 데서 시작한다. N. T. 라이트의 말처럼 복음은 예수의 삶, 죄에 대한 죽음, 부활, 왕으로서의 취임에 관한 능력이며, 이 이야기는 이스라엘과 창조 이야기라는 더 넓은 틀에서만 설득력이 있다. 여기서 저자는 성서의 대서사가 속죄의 왕으로 즉위하시는 예수 사건에서 절정을 이룬다고 강조한다. 저자는 이를 바탕으로 하나님의 왕국, 예수의 왕권을 성서 대서사의 핵심과 절정으로 삼으면서 믿음은 위대한 왕께 대한 충성으로 환원될 수 있다고 주장한다. 구원은 값없이 제공되지만, 반드시 조건이 수반된다. 존 바클레이의 주장처럼 왕께 대한 순종의 충성이 요구되는 것이다. 이어 저자는 이에 파생되는 문제들, 즉 은혜와 충성, 칭의와 충성, 제자도와 충성의 관계를 주석학과 성서신학적인 방법으로 살펴본다. 예수는 왕이 되심으로써 자기 백성을 위해 구원을 이루셨다는 것이 저자의 기본 입장이다. 따라서 이 책의 핵심적 신조는 *Pro Rege*("왕을 위하여!")다. 성서가 하나님의 왕적 통치에 관한 책이라면 그리스도인들은 저자의 주장에 귀를 기울이지 않을 수 없다. 도전적인 자극과 흥미진진한 서술이 가득한 이 책을 읽으며 곳곳에서 깊은 울림과 동의를 느꼈다. 개인화된 믿음과 칭의 구원관을 가진 한국교회 목회자와 신자들에게 일독을 강하게 권한다.

류호준 | 백석대학교 신학대학원

이 책은 "오직 충성에 의해서만 구원이 성취된다"는 논지를 제시하면서, 복음의 내용이 정상적으로 구현되지 않는 현실을 직설적으로 비판한다. 저자의 도발적인 견해는 필연적으로 개신교회 신학의 지각 변동을 예고하는데, 이는 지금까지 유지되어온 신학 전통과의 전면전을 촉발하기 때문이다. 저자는 교리나 신학의 경화된 관점이 아니라 '본문 중심의 읽기'가 구원과 복음을 이해하는 데 얼마나 소중한지를 적확히 꿰뚫는다. 막다른 골목(cul-de-sac)에 들어선 한국교회의 처지에서 제3의 길을 모색하도록 화두를 던지는 저자의 우렁찬 포효는 큰 진동으로 울려 퍼진다. 성찰의 한계를 넘어 복음과 구원에 대한 새로운 해석을 갈망하는 설교자들과 신학대학원생들을 비롯하여 성서를 사랑하는 많은 독자들이 함께 읽고 토론하기에 유용한 명저 가운데 하나로 꼽힐 만하다.

윤철원 | 서울신학대학교 신학대학원

이 책은 전통적인 기독교인들에게 도발적이다. 왜 저자는 오직 믿음으로 구원받는다는 교리적인 주장이 오히려 많은 이로 하여금 신앙을 오해하게 만든다고 주장하는 것일까? 저자는 그리스어 피스티스(피스튜오)가 당시 문화에서 대체로 충성(충성하다)을 뜻함에도 불구하고 우리가 이런 역사적 맥락을 무시하고 종교개혁의 신앙을 추구하기 위해 이를 믿음(믿는다)이라고 번역했다는 사실을 밝히며, 복음, 은혜, 구원, 칭의, 심판 등의 신학을 재정립한다. 이 책은 그의 의견에 찬성하거나 반대하는 이 모두에게 충분히 읽어볼 만한 가치가 있는 책이다. 여러 번 읽어도 각 장마다 다시 한번 생각할 거리가 무궁무진하게 나오는 흥미로운 책일 것이기 때문이다. 특히 저자가 자신과는 다른 생각을 가진 독자를 설득하는 방식은 이 책을 통해 배울 만한 큰 장점 중 하나다.

이민규 | 한국성서대학교

이 책은 근래 바울신학의 뜨거운 감자였던 "이신칭의" 교리의 재해석이란 맥락에서 그 "믿음"(*pistis*)의 실체가 무엇이었는지 매우 밀도 있게 추적한다. 이 질문에 대한 저자의 해답은 그 "믿음"이 단순히 지적인 동의나 내면적 신념이 아니라 왕이신 그리스도를 전적으로 순종하며 따르는 "충성"(allegiance)이라는 것이다. 나아가 그 충성이란 것도 그저 "고백된 충성"에 머물지 않고 "구현된 충성"으로 나타나야 마땅하다는 논지를 제시한다. 이와 같이 전통적인 "오직 믿음"의 구원론을 다시 해체하고 재구성하면서, 저자는 신약성서가 담고 있는 다양한 구원론적 개념들과 그것들이 "충성"으로서의 믿음과 접속된 상관관계를 해당 맥락에서 촘촘하게 논증하고 변증함으로써, 오늘날 기독교 신앙의 구원론을 재정립하고 이에 대한 성서적 전거를 근본부터 뒤집어 성찰하도록 유도한다. 나아가 이 책은 기존의 해당 주제에 대한 "재해석"과 "신관점"을 확대/심화하기 위한 학문적 이론에 또 하나의 주장을 덧보태는 데 머물지 않고 교회의 신자들이 어떻게 자신의 구원을 살아내며 그 온전한 실현을 종말론적 희망 중에 견인해나갈 수 있을지 그 실천적 대안을 암시한다는 점에서 또 하나의 중요한 미덕을 머금고 있다.

차정식 | 한일장신대학교

이 책은 종교개혁 500주년을 기념하는 해인 2017년에 주목받고 있는 중진 신약학자 매튜 베이츠가 "보수주의/복음주의" 신앙 공동체를 향해 진술하면서도 도전적으로 내놓은 "믿음에 대한 공개 토론서"와도 같다. 그는 신약성서, 특히 바울 서신의 그리스어 "피스티스"를 "믿음"보다는 "충성/충절"이란 용어로 재고할 것을 촉구한다. 왕이신 예수를 향한 "충성"이란 용어가 "믿음"이란 표현에서 자주 노출되는 오해를 극복하는 데 적절하기 때문이다. 말하자면 저자가 말하는 "성서적 믿음"(충성)이란 신자의 신앙 여정 가운데 입술로 고백될 뿐 아니라 손과 발로 순종하여 삶의 행실에까지 나아가는, 즉 왕이신 예수께 드리는 첫 결단이자 지속적 삶이다. 우리 시대의 한국교회는 "믿음주의"(faith-ism) 내지 "은혜주의"(grace-ism)라는 동굴 속으로 점점 더 들어가고 있으며 벌거벗은 채로 "믿음의 순종"(롬 1:5; 16:26)이란 옷을 오랫동안 방치하고 있는 듯하다. 저자의 단호한 주장을 모두 동의하지 않아도 좋다. 다만 이 책의 저자와 적지 않은 신약학자들이 왜 이렇게 지속적으로 "전통적인" 개신교 핵심 용어들을 재고하려 하는지그 동기와 목적을 팩트 체크하듯이 꼼꼼히 짚어보면 좋겠다. 책을 다 읽고 책장에 꽂을 때면 "믿음", "복음", "구원" 그리고 "왕이신 예수"를 믿고 산다는 것의의미가 한없이 풍성하게 다가오는 것을 느낄 수 있으리라.

허주 | 아세아연합신학대학교

탄탄한 논쟁으로 구성된 이 책에서, 매튜 베이츠는 성서가 말하는 믿음의 행위를 구성하는 요소에 담긴 깊은 의미를 회복하고자 한다. 공관복음에는 구원이인간의 특정한 행동에 달려 있다고 가정하는 부유한 젊은 관원의 이야기가 나오는데, 저자는 인간의 특정한 행동이 오직 믿음으로 얻는 구원과 어떻게 연관되는지에 대한 대답을 찾는다.

개리 앤더슨 | 노트르담 대학교

이 책은 과감하고 도발적인 방식으로 모든 전통의 그리스도인들로 하여금 복음, 은혜, 구원의 본질, 그리고 "믿음"의 의미에 대한 기본 가정을 재검토할 것을 촉구한다. 저자는 철저한 학문적 검토와 더불어 하나님 나라에 대한 열정과교회에 대한 관심을 토대로, 구체화되고 실현된 충성을 보임으로써 믿음을 드러낸다는 주장을 개진하고 있다. 이 책은 그리스도인들 사이에 만연한 많은 오해를 풀어나가는 데 큰 역할을 할 것이다.

마이클 J. 고먼 | 세인트메리 신학교

저자는 믿음이란 단순한 주장이나 그저 믿으면 되는 쉬운 것이 아니라 주 예수 그리스도를 통해 자신의 백성을 구원하시는 하나님에 대한 언약의 충성이라고 주장한다. 독자들은 이 책을 읽으면서 신앙과 복음의 의미를 다시 생각하고 진정한 제자도의 중요성을 깨닫게 될 것이다. 이 책은 논쟁의 여지가 있는 내용을 다루고 있지만, 나는 이것이 우리에게 필요한 논쟁이라고 생각한다.

마이클 F. 버드 | 호주 리들리 칼리지

매튜 베이츠의 주장에 따르면 왕으로 즉위하는 그리스도의 모습은 신약성서가 그려내는 그리스도 이미지의 절정을 나타낸다. 따라서 우리는 이 왕에 대해 단순한 신뢰나 지적 동의 이상의 충성을 보여야 한다. 저자는 이 책에서 믿음, 공로, 복음을 재구성하는데, 이는 왜곡된 예수의 복음을 바로잡으려는 조치다. 또한 이 책은 창조적이며 신뢰할 수 있는 성서 해석자가 쓴 중요한 논쟁을 담고 있다.

조슈아 지프 | 트리니티 복음주의 신학교

안전과 확신에 집착하는 미국 복음주의는 복음을 강조하면서도 피상적인 성격을 띤다. 이로 인해 나는 제자도로 인한 칭의나 믿음으로 인한 칭의를 가르치지 말아야 하는가를 놓고 고민하기도 한다. 하지만 매튜 베이츠는 이를 대신할 수 있는 아름답고 성서적으로 건전한 충성이라는 용어를 제안한다.

스캇 맥나이트 | 노던 신학교

Salvation by Allegiance Alone

Rethinking Faith, Works, and the Gospel of Jesus the King

Matthew W. Bates

갔싼 구원 문화에서 참된 제자도로의
전환을 위한 대담한 시도

오직 *Salvation by*
충성으로
받는 구원
Allegiance Alone

매튜 W. 베이츠 지음
송일 옮김

새물결플러스

나의 멋진 부모님

마이클 G. 베이츠와 린다 K. 베이츠에게

감사와 사랑을 보내며

목차

"교회의 유일한 토대는 주님이신 예수 그리스도다." 찬송 작곡가 사무엘 스톤의 선언처럼, 참된 복음은 예수라는 절대적으로 안전한 기반을 맨 밑에 둔 채 보편적 교회의 밑바탕을 이루는 이차적인 하부조직으로 자리한다. 그런 굳건한 기초에도 불구하고 복음이 훼손되면 건물이 기울어지고 무너져 내리게 된다. 불행하게도 서구의 많은 지역에서 전파된 복음은 교회를 부식시켜 불안정하게 만들고 급기야는 놀라운 속도로 교회를 해체하고 있다. 그러나 문제는 단순히 선포되고 있는 거짓 복음이 아니다. 진짜 문제는 더 깊은 차원에 존재한다. 어째서 그런 것일까? 복음서는 우리가 복음에 대해 보여야 할 적절한 반응을 담고 있는데, 그것을 잘못 이해한 결과로 교회와 세상을 향한 교회의 사명이 더욱 훼손되고 있다.

진정한 유익과 성장이 있었음을 무시해서도 안 되겠지만, 서구 교회의 현재 모습이 원래 지녔어야 할 모습과 다르며 지금과 다른 모습일 수 있었다는 점을 부인할 사람은 거의 없을 것이다. 교회에 출석하는 사람들이 줄어들고 있고 교회 안에서 신성함을 찾아보기 힘들다. 사랑은 피상적이며, 제자도는 드물고, 신학교들은 교회 사역에 관심이 있는 젊은 세대를 찾는 데 어려움을 겪는다. 교회는 이런 상황에 맞서서 출석률을 높이려고 애를 쓰고, 사람들에게 신성함을 요구하며, 모든 일에 사랑으로 임하라는 설교를 하고, 제자도에 집중하고 더 깊은 신학적인 준비가 필요하다는 탄원을 하고 있지만, 이런 행동들은 교회에 대한 비판이 타당함을 보여줄 뿐이다. 그렇게 나온 해결책들은 효과가 없다. 그 이유는 무엇일까? 예수라는 토대는 견고하지만, 이차적이고 삼차적인 하부 구조가 부실하기 때문이다. 복음과 복음에 대한 적절한 반응이 손상된 상황을 방치한 채로, 교회 입구의 카펫을 새로 깔고 성도석을 재배치하며 지붕을 다시 올려봤자 소용이 없다. 교회의 변함없는 기초는 결코 움직여질 수 없다는 점을 생각하면, 수리가 필요한 부분은 바로 날림으로 세워진 "복음"과 "믿음"이라는 하부 구조다.

『오직 충성으로 받는 구원』은 호기심을 자극하는 책이다. 이 책은 우리가 진정한 복음을 재발견하고 그에 대해 합당한 반응을 할 수 있게 유도함으로써 우리를 혁신의 장소로 이끈다. 매튜 베이츠가 보여주듯이, 복음은 **예수가 어떻게 왕이 되었는지**를 보여주는 권능 있는 이야기로서 이 복음에 대한 우리의 유일하고 적절한 반응은 **충성**뿐이다. 그러나 불행히도 신약성서에 등장하는 충성에 대한 명확한 요구는 많은 경우 은혜 또는 더 문제가 있는 은혜주의(grace-ism)에 대한 잘못된 가르침으로 인해 제대로 드러나지 못한다.

이 은혜주의와 관련하여 다음과 같은 말을 들어보지 않은 사람은 없다. 은혜란 "그리스도의 희생을 통한 하나님의 부요함" 혹은 "순수한 선물" 또는 "하나님의 무조건적인 사랑"을 의미하며, 다른 각도에서 볼 때 "자격이 없는 자들에게 주시는 하나님의 자비"다. 우리는 또 이런 말을 듣는다. 당신은 아무것도 할 필요가 없다. 당신은 걱정할 필요가 없다. 모든 것이 당신을 위해 이미 이루어졌다. 가만히 앉아서 하나님의 무조건적인 은혜 안에서 편히 쉬어라. 이런 신학적 이해를 지지하는 사람들을 보면, 그들이 과연 신약성서에서 (또한 동시에 은혜에 대해 가르치고 있는 구약성서에서) 은혜가 의미하는 바를 충분히 검토했는지 궁금해진다.

　이 책을 읽으며 지적 호기심을 자극하는 저자의 통찰을 엿보고 있노라면, 은혜에 관한 존 바클레이의 중요한 저술인『바울과 선물』에도 관심을 갖게 된다. 은혜는 우리의 상상보다 훨씬 더 복잡한 것이다. 베이츠는 바클레이의 의견을 따라 다음과 같이 강력히 주장한다. 은혜에는 여섯 가지 차원이 존재하는데, 이것을 각각 극대화(perfect)할 수 있는지 없는지에 대해 저자들과 신학자들의 의견이 갈린다. (은혜의 여섯 가지 차원과 각 차원에 내재된 함의는 본서 5장의 "오직 은혜와 충성으로?" 부분을 참조하라.) 하지만 오늘날 많은 사람들에게 은혜가 의미하는 바는 여기에 언급된 여섯 가지 중 두세 가지로 축소되고 말았다. 은혜는 오로지 초충만성(superabundance), 우선성(priority), 비상응성(incongruity)의 관점**에서만** 의미를 지닌다. 그 외 다른 측면은 은혜가 아니다. 그러나 우리가 발견한 내용에 귀를 기울여보라. **고대 세계에서 선물을 수여하거나 은혜를 베풀 때는 언제나 이에 대한 보답이 요구되었다.**

　사도 바울과 동시대의 철학자인 세네카(Seneca)에 따르면 은혜란 공을 던지고 받는 게임과 같다.

　　공이 떨어졌다면 이는 필시 공을 던지는 자와 받는 자 중 한 명의 잘못이다. 이 게임은 던지는 사람과 받는 사람의 사이에서 공이 적절한 방식으로 오갈 때 비로소 잘 진행된다. 이 게임을 잘 수행하려면 상대의 키에 맞춰 공을 다르게 던져야 한다. 은혜를 베푸는 것도 이와 동일하다. 다시 말해 은혜를 베푸는 것이 수여자와 수혜자 쌍방의 사회적 역할에 맞추어 조정되지 않는다면, 은혜가 적절한 방식으로 수여자에 의해 제공되지 않고 수혜자에게도 전달되지 않을 것이다(*On Benefits* 2.17; Griffin and Inwood).

세네카가 설명하는 이 이미지는 신약 시대의 은혜 혹은 선물 수여의 본질을 이해하는 데 도움을 준다. 키가 작은 상대에게는 공을 낮게 던지고 반대로 키가 큰 상대에게는 공을 높게 던져 "주어"(give) 그들이 쉽게 공을 잡아 던질 수 있도록 하듯이, 은혜나 선물을 주는 경우에도 이 같은 구별을 해야 한다. 세네카의 제안에 따르면, 모든 수여자와 수혜자는 선물 수여의 과정을 면밀히 살피고 조정하여 은혜의 순환이 지속되도록 해야 한다.

고대의 선물 개념에는 선물을 받은 사람이 그 선물을 준 사람에게 무언가 다른 선물을 되돌려 줌으로써 반응해야 한다는 당위성이 **함축**되어 있었다. 물론 선물을 받는 사람은 먼저 감사로 반응하지만, 이상적인 감사는 상호적인 선물로 바뀐다. 매튜 베이츠는 이 책에서 신약의 은혜가 이런 유형에 부합함을 보여준다. 초충만하고 다른 모든 것에 앞서는 하나님의 선물은 우리의 상대적인 가치와 무관하게 주어지지만, 일단 선물을 받게 되면 우리는 그에 대한 보답의 선물을 드려야 한다. 그리고 그것은 바로 왕이신 예수를 향한 충성으로 요약되는 감사의 제자도로 반응하는 것이다.

그런데 고대 세계에서 은혜는 충성을 전제한 것이었다. 은혜는 오늘날 어떤 사람들이 말하는 것처럼 단순히 순수한 선물이 (결코) 아니었다. 고대 용어들은 현대의 신념이나 용법이 아닌 그 당시의 용법으로 정의해야 한다. 은혜는 순전한 선물이 될 수도 있지만 이와 **동시에** 수혜자에게 의무를 요구하기도 하는데, 이에 따르면 수혜자는 선물을 받음으로써 생성된 수여자와의 사회적 유대감에 걸맞은 감사와 행위로 반응해야 한다. 이 은혜는 구약성서와 유대교를 거쳐 신약성서로 직결된다. 예수를 믿지 않는 유대교와 예수를 믿는 유대교는 **은혜**의 형태나 부재 **그 자체**가 아 **니라 은혜를 이해하던 방식**에 따라 구별되었다. 따라서 은혜가 (그리스도 와 구속이라는 하나님의 선물을 받은) 그리스도인들에게 참된 행동의 변화를 통해 하나님께 반응해야 한다는 의무를 부과했다고 결론짓는 것은 바울 에 대한 대중적인 오해라고 할 수 있다. 은혜는 실제로 감사와 찬양의 삶 을 요구했으며, 매튜 베이츠가 이 책에서 사용한 표현대로 은혜는 "왕이 신 예수를 향한 **충성**"을 요구했다.

(과거나 현재나) 일부 신학자들은 어쨌거나 은혜에 따라붙는 의무 에 "행함을 통한 의"라는 위험한 요소가 수반되어야 한다고 생각한다. 하지만 이들의 생각은 틀렸다. 우리는 이 책 『오직 충성으로 받는 구 원』을 읽음으로써 저자가 어떻게 행함에 대한 우려를 능숙하게 성서적 으로 해체하는지 확인할 수 있으며, 또한 복음으로 충만한 충성과 의 (righteousness)가 어떻게 연결되는지에 대한 새로운 제안을 살펴볼 수 있을 것이다.

나는 디트리히 본회퍼가 보여준 대로 또 다른 각도에서 은혜의 의무 에 접근하길 원한다. 대학생 시절 나는 책에 묻혀 사는 독서광이었고, 2학 년이 되면서 『나를 따르라』(Cost of Discipleship)를 시작으로 본회퍼의 저서 들을 읽기 시작했다. 그가 기독교 신학, 적어도 기독교 윤리에 영속적으로 이바지한 점을 꼽는다면 아마도 "값싼 은혜"와 관련된 내용을 언급해야 할 것이다. "값싼 은혜"라는 개념은 당시 교회에 대한 가장 깊은 확신과 염려를 표현한 것이었다. 교회는 다음과 같은 특징을 지니고 있었다. 교회 의 성도들은 교회에 출석하는 것만으로 자신이 경건하다고 여겼으며, 도덕적 우월의식을 기반으로 모든 외부인에 대해 부정적 시각을 던졌고, 그리스도를 마음에 받아들이는 단일 행위를 통해 신자로서의 안전을 확보하게 되었다는 확신을 표현했으며, 신학적 명제에 대한 집착을 보이고 있었다. 또한 교회에는 사랑이 없었고, 참된 거룩함도 부재했으며, 참된 신자의 마음에 제자도를 불러일으킬 한 줌의 능력조차 없었다. 한 마디로 교회의 얼굴에는 얽은 흉터가 가득했다. 유감스럽게도 교회의 이 같은 부족함은 결함이 있는 복음으로부터 비롯되었다. "만약 당신이 단지 믿기만 한다면"이라는 말은 교회의 표어이자 안전망이었다. 그러나 여기서 "믿는다"라는 말은 정신적인 수용과 단 한 번의 받아들이는 행위를 의미할 뿐, 사실상 "믿는다"라는 용어에 대해 성서 전체가 말하고 있는 신실함이 바로 믿음이라는 내용은 포함되지 않았다.

안전과 확신에 집착하는 미국 복음주의는 복음을 강조하면서도 피상적인 성격을 띤다. 이로 인해 나는 때때로 **제자도에 의한 칭의**나 **믿음에 의한 칭의**를 가르치지 말아야 하는가를 놓고 고민하기도 한다. 하지만 매튜 베이츠는 이를 대신할 수 있는 아름답고 성서적으로 건전한 용어에 안착했고, 그것은 바로 **충성**(allegiance)이라는 용어다. 예수는 갈릴리 바다에서 네 명의 제자들을 부르면서 "나를 너희 마음에 받아들이라"고 말하지 않았다. 대신 "나를 따르라"고 말했다. 그를 따르는 자들 사이에 위기가 발생했을 때도 예수는 "너희는 안전하다"거나 "너희의 정통 신앙을 덧입으라"고 말하지 않았다. 대신 "네 자신을 부정하고 네 십자가를 지라"고 말했다. 더 나아가 지상에서 가장 위대한 설교로 꼽히는 산상 수훈을 마친 뒤에도 "회개하고 내가 말한 것들을 믿으라"고 말하지 않았다. 대신 "나의 이러한 말을 듣고 이를 **행하는** 자"에 대해 말했다. 사도 바울, 베드로, 요한도 그렇게 설교함으로써 청중들을 성령에 압도된 삶, 고

오직 충성으로 받는 구원

통 가운데서의 거룩한 삶, 사랑의 빛 가운데 살아가는 삶으로 불러들였다. 이 사도적 표현을 요약하면 바로 저자가 제안하는 "충성"이라는 용어가 된다.

왕이신 예수는 자신만이 홀로 왕으로 존재하는 왕국으로 사람들을 부른다. 그리고 왕들이 백성들로부터 기대하는 것은 단 하나다. 그것은 바로 **충성**이다.

스캇 맥나이트

줄리어스 R. 맨티 신약학 교수

노던 신학교

감사의 말

나는 거의 10년에 걸쳐 이 책을 구상하면서 아이디어와 씨름할 때마다 뼈가 타는 듯한 긴급함을 느꼈다. 써야 한다. 써야 한다. 이제는 써야만 한다. 아이디어에 불이 붙기를 하염없이 기다리면서, 몇 년간 부싯돌과 불쏘시개를 간직하고 있었다. 이 일을 끝맺게 되어 정말로 감사할 뿐이다.

원고 작업을 시작하면서, 다른 사람들과 나눴던 대화들이 강렬한 부싯돌과 같은 역할을 했음을 알게 되었다. 그들과의 접촉으로 인한 불꽃이 없었다면, 도저히 일을 진행할 수 없었을 것이다. 불꽃을 일으키는 데 도움을 준 모든 사람을 다 언급할 수는 없지만, 특별히 감사를 표하고 싶은 사람들과 그룹들이 있다.

감사해야 할 친구가 많다. 우선, 퀸시 대학교의 철학 조교수인 조나단 마일스가 생각난다. 이 책은 예리한 시각과 기독교 정신으로 무장된 그와의 끊임없는 교류를 통해 연단되었다. 둘째, 스캇 맥나이트에게 특별한 감사를 전한다. 그의 연구는 나에게 큰 자극을 줌으로써 이 프로젝트를 완성하는 데 큰 도움을 주었다. 그는 초고를 보고 열정적인 지지를 보내주었으며 생각할 거리가 가득 담긴 서문을 작성해주었다. 데이비드 다운스, 조슈아 지프, 켄트 라스노스키, 매튜 린치, 에릭 로우, 다니엘 스미스, 다니엘 스트루드윅 등 많은 전문가들이 책의 전체 혹은 부분에 대해 귀한 의견을 제시해주었다. 앤드류 캐시맨과 지크 넬슨을 포함한 몇몇 교회 지도자들은 초반부를 읽고 나와 토론을 하기도 했다. 퀸시 대학교는 2014년 봄학기에 내가 진행해야 할 3학점 수업의 부담을 덜어주었고, 그 덕분에 속도를 내서 여러 장을 마무리할 수 있었다. 특별히 밥 게르바시 학장과, 교학부 부학장 앤 베렌스, 그리고 학과장인 다니엘 스트루드윅에게 감사를 드린다.

목사, 학자, 그리고 신학 서적을 읽는 일반 독자들이 이 책을 접하게 된다면, 아마도 책을 쓴 목적의 상당 부분이 달성될 것이다. 하지만 나는 이 책을 쓰면서 대학생과 신학생들도 염두에 두었다. 이런 관점에서 책이 성공을 거둔다면, 분명 퀸시 대학교에 재학 중인 나의 학생들 덕분일 것이다. 원고의 상당 부분을 읽고 "더 생각해볼 문제들"을 점검해준 (2015, 2016년 봄학기) 신약성서 탐색 수업의 학생들에게 감사의 말을 전하고 싶다. (2016년 봄학기에 진행한) 로마서 수업의 학생들은 8장에 대해 유용한 피드백을 주었다. 사라 알렉산더, 브리지트 비체크, 안드레아 브라운, 닉 클라크, 마이클 크로토, 새미 고블, 테레사 고렐, 브리아나 존슨, 캐더린 라드기버, 레이시 로키타, 그리고 제네시스 토렌스는 정성을 다해 원고를 검토해주었다.

베이커 아카데믹의 직원들은 적절하게 일의 완급을 조절해주었다. 제임스 어니스트는 최초 편집자였다. 이 프로젝트를 완수하기 위해 그가 쏟아부은 노고는 이루 말할 수 없다. 그는 처음부터 나와 내 아이디어에 대해 큰 자신감을 보였을 뿐 아니라, 시간을 아낌없이 투자하여 문장과 문단을 끊임없이 다듬어주었다. 게다가 놀랍게도 베이커 출판사와 계약을 체결하기 전에도 정성을 다해 작업을 해주었다. 제임스는 내 프로젝

오직 충성으로 받는 구원

트를 브라이언 다이어에게 넘겼고, 그는 엄청난 능력을 발휘하여 출판 과정을 이끌었다. 그는 거시적인 시각에서 적절한 판단을 내려주었으며, 지나치게 거친 부분을 다듬고, 필요한 뉘앙스를 제공하는 데 큰 도움을 주었다. 브라이언에게 의견을 전달해준 익명의 검토자들에게도 감사를 드린다. 베이커의 훌륭한 직원들인 짐 키니, 에릭 살로, 데이비드 넬슨, 메이슨 슬레이터, 폴라 깁슨, 루이스 맥브라이드에게도 감사를 전한다.

무엇보다도 내 가족들에게 찬사를 보낸다. 나의 아내 사라는 나를 향해 한결같은 사랑과 응원을 보내주었다. 또한 그녀는 대단한 인내심의 소유자다. 충성에 대해서는 실질적인 격려가 거의 필요 없는 여성으로서(그녀는 매일 같이 왕이신 예수께 충성을 다하는 삶을 살고 있다!), 그럼에도 불구하고 충성에 대해서 그 누구보다도 많은 얘기를 들었다. 우리 아이들 태드, 제이크, 애디, 리디아, 에비, 그리고 (갓 태어난) 안나는 무한한 기쁨과 즐거움의 원천이다.

사랑과 깊은 감사의 마음을 담아 이 책을 나의 부모님이신 마이크와 린다 베이츠에게 바친다. 나를 키우시면서 기저귀를 갈아주시고, 맛있는 음식과 잘 곳을 마련해주시고, 요리를 해주시고, 야구 경기 코치를 맡아 주셨던 그 모든 일에 대해 감사를 드린다. 무엇보다도 사랑으로 가득 찬 가정에서 나를 길러주신 것에 대해 거듭 감사를 드린다. 그 사랑은 너무도 명백하고 초월적인 사랑으로서 오직 하나의 근원에서 비롯된 것임을 안다. 하나님은 당신을 통해 영광을 받으신다.

약어

Ancient Writings

Apostolic Fathers
2 Clem.   *2 Clement*

Augustine
Trin.   Augustine, *De Trinitate*

Ignatius
Ign. *Eph.*   Ignatius, *To the Ephesians*
Ign. *Trall.* Ignatius, *To the Trallians*

Irenaeus
Epid.   Irenaeus, *Epideixis tou apostolikou kērygmatos*
Haer.   Irenaeus, *Adversus haereses*

Josephus
Ant.   Josephus, *Jewish Antiquities*
J.W.   Josephus, *Jewish War*

Justin Martyr
1 Apol.   Justin Martyr, *Apologia i*
Dial.   Justin Martyr, *Dialogus cum Tryphone*

Minucius Felix
Oct.   Minucius Felix, *Octavius*

Origen
Cels.   Origen, *Contra Celsum*

Philo
Fug.   Philo, *De fuga et inventione*
Opif.   Philo, *De opificio mundi*
Spec.   Philo, *De specialibus legibus*

Pliny the Younger
Ep.   Pliny the Younger, *Epistulae*

Tacitus
Ann.   Tacitus, *Annales*

Other Abbreviations

BDAG   Danker, Frederick W., Walter Bauer, William F. Arndt, and F. Wilbur Gingrich. *Greek-English Lexicon of the New Testament and Other Early Christian Literature.* 3rd ed. Chicago: University of Chicago Press, 2000
chap(s).   chapter(s)
def.   definition
esp.   especially
LXX   Septuagint
NS   new series
NT   New Testament
OT   Old Testament
par(r)   parallel(s)
s.v.   *sub verbo* (under the word)

Salvation by

———

서론

Allegiance Alone

1987년에 조지 마이클(George Michael)은 그의 히트송 "믿음"(faith)을 통해 현대 영성의 한 단면을 구체화했다. 그는 몸에 딱 붙는 청바지를 입고 무대 위에서 몸을 흔들며 다음과 같은 후렴구를 힘차게 불렀다. "나에게는 믿음, 믿음, 믿음이 있어야 하기에, 나에게는 믿음, 믿음, 믿음이 있어야 하기에. 그대여!" 이를 통해 믿음에 대한 새로운 문화적 신념들이 고착되고 강화되었다. 마이클의 노래 가사에 따르면 우리는 믿음을 가져야 한다. 그런데 무엇에 대한 믿음을 말하는가? 이 노래에서는 믿음 그 자체에 대한 믿음을 말하는 것처럼 보인다. 나는 이 노래의 가사를 찾기 위해 인터넷 검색을 하면서, 이 노래에 달린 최근 댓글들을 우연히 보게 되었다. 내가 발견한 첫 번째 댓글은 조지 마이클의 영향을 받은 믿음에 대한 이해가 오늘날에도 여전히 작용하고 있는 것을 보여주었다. "난 종교에 열광하는 사람이 아니야. 사실 나는 조직화된 종교를 싫어해! 하지만 나에게 믿음이 없다면 쉽게 길을 잃고 폐인이 되겠지. 그러니 나는 내 친구 조지 마이클의 말만 듣고 다른 사람들의 말은 완전히 무시하겠어. 그냥 내 나름대로 최선을 다할 거야! 나머지는 모두 믿음에 맡기지, 뭐!"

자비로운 기독교의 관점에서 볼 때, 이 댓글을 쓴 사람은 좀 무식할지는 몰라도 분명 옳은 것을 얻었다. **믿음**이란 우리가 그것을 어떻게 정의하든 인류를 위한 좋은 소식인 **복음**과 연결되어 있다. 게다가 우리는 교회나 다른 형태의 조직화된 종교에 깊이 빠져 있다고 해도, 어떤 형태로든 공허한 종교성에 직면하게 되고 그것이 지니는 혐오스러움을 발견하게 된다. 하지만 이 댓글을 단 사람의 감정 중 많은 부분이 핵심을 빗나간 것 같다. 어떤 면에서 빗나간 것일까? 현대의 비기독교 문화와 기독교 문화는 신앙, 행위, 복음, 구원과 같은 기독교의 핵심 개념에 대한 우리의 사고방식에 어떤 영향을 미쳤는가? 우리와 다른 사람들이 이 용어들에 대해 가지고 있는 생각들이 성서의 증거 관점에서 왜곡된다면 어떤 위험이 있을까? 만일 **믿음**의 의미 자체가 기독교 지도자들뿐만 아니라 전문 학자나 신학자들에 의해서도 재고되어야 할 필요가 있다는 것이 발견된다면 어떻게 될까?

학계에서는 하나님과 올바른 관계를 맺는 것, 즉 "의롭게 됨"의 의미를 놓고 큰 폭풍이 일었다. 이 주제가 지닌 중요성으로 인해 학술지와 대중 서적 및 주요 기독교 토론에는 관련된 논쟁이 넘쳐나고 있다. 예를 들어 톰 라이트(N. T. Wright)는 하나님이 그리스도인에게 선고하시는 최종적인 무죄 선언이 "전 생애를 바탕으로" 이루어질 것이라고 제안했다. 이는 영원한 심판이 규칙에 기초한 노력을 통해 내려지는 것은 아닐지라도, 어느 정도 선행에 근거를 둔다는 뜻이다.[1] 존 파이퍼(John Piper)에 따르면, 성서는 영생이 신자의 현재 소유물이라고 말한다. 따라서 우리가 지금 이 순간 하나님 앞에 올바로 서 있는 것이 마치 미래의 판결에 대한 거짓

1　Wright, *Paul: In Fresh Perspective*, 57. 칭의에 대한 Wright의 첫 번째 주요 주장에 관해서는 다음을 보라. Wright, *What Saint Paul Really Said*, 33-35, 95-133. 보다 자세한 진술은 다음을 참조하라. Wright, *Paul: In Fresh Perspective*, 113-22, 148.

된 기대인 것처럼 취급될 수는 없다. 우리는 하나님 앞에 올바로 서기 위해서 마지막 날을 기다릴 필요가 없다.[2] 그 후 라이트는 자신의 책 『톰 라이트, 칭의를 말하다』에서 자세한 설명을 덧붙이면서, 현재 우리가 하나님 앞에 올바로 서 있다는 현실을 부정하려는 것이 아니라고 밝힌다. 라이트에게 있어 마지막 판결은 미리 결정되었다. 왜냐하면 그리스도를 믿는 자들은 심판 날에 반드시 무죄로 밝혀질 것이기 때문이다. 라이트와 파이퍼 외에도 많은 학자들이 칭의 및 이와 관련된 문제에 관하여 지금도 계속 진행 중인 대화에 참여하고 있다.[3]

나는 더 넓은 각도에서 구원에 접근함으로써 이 토론을 진전시키고 싶다. 구원에 대한 우리의 이해를 유익한 방향으로 진전시키기 위해서는 칭의의 세부적인 작용 방식을 끝없이 재평가하기보다, 원래 정확하게 초점이 맞춰져 있었으나 점점 모호해진 일반적인 기독교 개념 중 특히 믿음과 복음의 의미를 정확히 재고해야 하기 때문이다.

우리에게 필요한 수술

나는 이 책을 통해 신념, 믿음, 구원, 천국, 복음에 대한 기능적 사고와 유효한 정의들이 한데 묶여 나타나는 현대 기독교 문화의 현상을 입증하고

---

2   Piper, *Future of Justification*, 특히 93-116.

3   이와 관련된 문헌은 너무 많아서 일부를 추려서 나열하기도 어려울 정도다. 입문하는 학생들은 다음의 연구를 참조하라. Beilby and Eddy, *Justification*(『칭의 논쟁』[새물결플러스 역간]). 칭의 용어에 관한 최근의 학문적 연구물들은 다음을 참조하라. Westerholm, *Justification Reconsidered*; Allen, *Justification and the Gospel*; Wright, *Paul and the Faithfulness of God*, 2:774-1042.

자 한다. 이 현상의 문제는 성서가 선언하는 메시아 예수에 관한 내용 곧 복음의 전체적인 내용을 여러 방식으로 잘라내어 왜곡한다는 것이다. 예를 들어 "예수께서 나를 위해 값을 치르셨음을 신뢰하므로 나는 구원 받았다" 또는 "나의 죄를 위한 예수의 죽음을 믿는 믿음이 나를 구원한다. 그리고 이 구원은 나의 행위와 별개로 주어지는 공짜 선물이다" 또는 "나는 오직 예수의 의만을 신뢰하고 있으므로 구원받았다"와 같은 고백으로는 복음을 정확하게 요약할 수 없다. 이런 고백들은 부분적으로 중요한 진리를 포함하고 있지만, 복음의 내용, "믿음"의 참된 본질(여기서 "믿음"은 적절한 용어도 아니다), "믿음"이 행사되어야 하는 방향, 은혜와 행위의 적절한 조화라는 측면에서는 우리를 혼란스럽게 만든다. 더군다나 이 고백들은 우리가 어디로 무엇을 위해 "구원"을 받았는지도 명확히 밝히지 못한다. 그러므로 반드시 수술이 필요하다. 우리는 이를 통해 무너진 교회 안에서 치유에 도움이 되는 환경을 만들어 나갈 수 있을 것이다.

그렇다면 이 수술에는 어떤 절차가 필요한가? 사실상 "믿음"과 "신념"이라는 단어가 영어로 전달되는 모든 설교에서 언급되고, 성서의 거의 모든 번역본에서 두드러지게 나타나고 있으며, 믿음이 현재 기독교의 핵심에 자리한다는 이유로 모든 믿음 전통이 "기독교의 믿음"으로 불리고 있지만, 영원한 구원과 관련된 이 믿음이라는 용어의 지속적 사용은 이전에도 그랬고 지금도 계속해서 오도된 결과를 낳고 있다. 이를 해결하기 위해서는, "믿음"과 "신념"이라는 단어가 영원한 구원을 가져오는 요소를 언급하는 데 가장 중요한 용어로 사용되는 한, 이 두 단어를 기독교 담론에서 제거할 필요가 있다. 영어를 사용하는 기독교 지도자들은 기독교의 구원을 요약하면서 "믿음에 의한 구원"(salvation by faith)이나 "예수에 대한 믿음"("faith in Jesus") 또는 "예수를 믿는 것"(believing in Christ)에 대해 말하는 것을 멈춰야 한다. 우리는 복음을 위해 우리가 사용하는 어휘를 바꿔야 한다.

그리스어 단어 피스티스(*pistis*)는 신약성서의 영어 번역에서 "믿음" 또는 "신념"으로 표현되지만 대부분의 경우 **진실 또는 실제와 관련된 무언가**를 뜻하며, "나는 하나님의 존재를 믿는다" 또는 "나의 신념은 너의 신념과 다르다"고 말할 때 쓰이는 방식과 유사하게 사용된다. 그러나 피스티스는 (그리고 이와 연관된 용어들은) 훨씬 더 광범위한 의미를 지니고 있다. 여기에는 신념이나 믿음과 연관되어 있지 않은 현대 문화의 사고들 곧 신뢰, 확신, 보증, 충성(fidelity), 신실, 헌신, 약조된 충성(pledged loyalty)과 같은 개념들이 포함된다. 그렇다면 다음과 같은 질문이 제기된다. 오늘날 어떤 사람이 "나는 예수를 믿는 믿음으로 구원받았다"고 말할 때, "믿음"의 의미 중 어느 부분이 구원에 영향을 미치는 것으로 이해되는가? "믿음"이 지니는 합법적인 의미 중 특정 부분이 무의식적으로 가려지는 것인가? 예수는 도대체 어떤 능력이 있기에 "믿음"의 대상으로 여겨지는 것인가? 그리고 구원의 과정을 둘러싸고 있는 사상적 이미지(images)는 무엇인가?

몇 가지 예를 통해 문제의 핵심을 살펴보자. 사도 바울이 "너희는 그 은혜에 의하여 믿음으로 말미암아 구원을 받았으니 이것은 너희에게서 난 것이 아니요 하나님의 선물이라"(엡 2:8)고 말할 때, "믿음"(*pistis*)에 대한 바울의 이해가 현대의 전형적인 이해와 다르다면 어떻게 할 것인가? 더 구체적으로 말해서, 만약 우리가 에베소서 2:8에 나타난 바울의 "믿음"에 대한 이해가 마카베오1서에 나타나는 믿음의 이해와 거의 동일하다고 판단한다면, 구원과 복음에 대한 우리의 이해는 어떻게 바뀌게 될까?

예수가 죽기 약 150년 전에 쓰인 마카베오1서에는 데메트리오스 왕의 서한이 포함되어 있다. 그는 라이벌인 알렉산드로스가 유대인과 동맹을 맺고 자신을 공격해올지도 모른다고 여겼다. 그는 이에 대응하기 위해 유대인을 자신의 대의(cause)에 따라 설득하려고 애쓰면서 다음과 같이 썼다.

데메트리오스 왕이 유대인들에게 인사를 전한다. 너희가 우리와 맺은 언약을 지켰고 우리와 친밀한 관계를 유지했으며 우리의 원수들의 편을 들지 않았다는 말을 듣고 우리는 기뻐하였다. 이제 그대들은 우리와 함께 계속해서 믿음(피스티스)을 지키기 바란다. 그러면 우리는 그대들이 우리를 위해 행한 일에 대해 좋은 것으로 보답할 것이다(마카베오1서 10:26-27).

여기서 데메트리오스는 유대인들에게 피스티스 곧 헌신 또는 충성에 대한 보상을 약속하면서, 알렉산드로스가 아닌 자신에게 그것을 계속해서 보여줄 것을 요구하고 있다. 이어지는 글에서 그는 일부 유대인이 충성이 요구되는 왕정의 행정 지도자 자리에 앉게 될 것이라고 약속한다. 바울과 다른 사람들이 행함이 아닌 "믿음"에 의한 구원을 이야기하면서, 데메트리오스가 의미하는 **피스티스**(*pistis*)와 유사한 무언가를 의도한 것이 아닐까? 그렇다면 우리는 에베소서 2:8을 "너희는 그 은혜에 의하여 **충성**으로 말미암아 구원을 받았으니"라고 번역해야 하지 않을까?

톰 라이트(N. T. Wright)는 복음 용어인 "믿다"(believe)가 1세기에 어떤 의미로 쓰였는지 파악하는 데 도움을 주는 예를 추가로 제시한다. 그는 유대인 장군 요세푸스가 기원후 66년에 발발한 유대 독립 전쟁을 자전적 시각으로 자세히 설명한 부분에 집중한다. 요세푸스는 반란군 지도

오직 충성으로 받는 구원

자에게 **"회개하고 나를 믿으라"**고 촉구했다. 그런데 여기서 "회개하고 나를 믿으라"는 표현은 "하나님 나라가 가까이 왔다! **회개하고 복음을 믿으라**"(막 1:15)는 예수의 표현과 거의 동일하다.[4] 우리의 문화적 경험은 우리로 하여금 "회개"(repent)가 간음, 탐욕, 착취와 같은 사적인 죄에서 돌이켜 벗어나는 것이라고 생각하게 만든다. 한편 교계에서 "믿음"은 거의 자동적으로 예수 및 죄의 용서와 연관되기 때문에, 요세푸스의 예에서 믿음이 의미하는 바를 찾아내는 것이 어려울 수도 있다. 하지만 라이트의 요점은, 요세푸스가 이 반란군에게 개인적인 죄에서 벗어나라고 요구하거나 하나님의 용서하심을 "믿으라"고 설득한 것이 아니라, 이 반란군이 유대인의 대의를 지지하면서 (내 표현으로는 **충성**을 보여주면서) 요세푸스 자신에게 합류하기를 원했다는 것이다. 따라서 이 문맥에서 "회개하고 나를 믿으라"는 말이 요세푸스에게 의미하는 바는 "당신의 현재 행동 경로에서 벗어나 나에게 **충성**하라"는 것이다.

우리에게 필요한 수술에는 "믿음" 언어를 제거하는 것 외에도 언어의 이식이 포함된다. 영원한 구원과 관련하여 우리는 예수에 대한 확신, 신뢰, 믿음에 대해 말하기보다는 만유의 주이신 예수께 대한 충성 또는 왕이신 예수께 대한 충성에 대해 말해야 한다. 이는 물론 피스티스(*pistis*, 그리고 피스티스 관련된 모든 용어)의 가장 좋은 해석어가 언제나 "충성"이라

---

4   모든 성서 구절은 특별한 언급이 없는 한 나의 번역이다. 또 다른 본문의 출처는 Josephus, *The Life* 110으로, 이는 Wright, *Challenge of Jesus*, 44에 인용되어 있다. 요세푸스는 "메타노에세인 카이 피스토스 에모이 게네스타이"(*metanoēsein kai pistos emoi genēsesthai*)라고 기록했으며, Wright는 이 구문을 "회개하고 나를 믿으라"로 번역한다. 하지만 더 정확한 번역은 "회개하여 내게 충성하라"다. 요세푸스의 이 예는 명사 피스티스(*pistis*)와 같은 어원에서 유래하는 형용사 피스토스(*pistos*)의 용례를 특징적으로 보여준다. 한편 우리는 마가복음에서 피스티스와 관련된 동사 피스튜오(*pisteuō*)를 발견한다. "회개하고 복음을 믿으라!"(메타노이에테 카이 피스튜에테 엔 토 유앙겔리오, *metanoeite kai pisteuete en tō euangeliō*).

는 뜻은 아니다. 오히려 이 말은 하나님께서 영원한 구원을 위해 우리에게 요구하시는 것을 묘사할 수 있는 가장 좋은 거시적 용어가 충성이라는 뜻에 가깝다. "충성"은 "신뢰" 개념의 한계를 극복하게 해주며 "믿음" 및 "신념"과도 결부되어 있고 크게 도움이 되지 않는 영어 연상의 의미를 피할 수 있게 해주는 최고의 용어다. 이와 동시에 "충성"은 지적 동의(mental assent), 절대적 충성, 구체적 충성과 같이 구원을 위해 중요한 의미들을 포함하고 있다.[5] 그렇다고 우리가 "믿음"과 "신념"이라는 단어를 완전히 배제할 필요는 없다. 이 두 단어는 예수의 치유 능력 및 자연 통제 능력을 확신한다는 맥락에서는 피스티스(*pistis*)에 대한 적절한 영어적 의미를 드러낸다고 할 수 있다. 더욱이 피스티스가 지적으로 긍정해야 하는 사실을 가리킬 때 적합한 선택이 되기도 한다. 그러므로 우리의 기독교적 담론은 이런 맥락이 아닌 오직 영원한 구원과 관련해서만 변화할 필요가 있다.

우리 앞에는 복음, 믿음, 그리고 구원과 관련된 다른 문제들에 대해 재고해볼 기회가 놓여 있다. 사실 우리는 이미 첫발을 떼었다. 다만 우리가 여행을 더 진행하기 전에, 여행의 목적, 가정(assumptions), 배경, 그리고 본 연구에 정보를 제공해 주는 일차 청중들(intended audience)에 관해 추가적인 안내를 받는다면 도움이 될 것이다. 모쪼록 이런 안내를 통해

---

5   내가 가장 중요하게 여기는 "오직 충성으로만"(allegiance alone)에 관한 제안은 새로운 특징들을 가지고 있지만, 그럼에도 불구하고 나의 이 제안이 "믿음"의 일부로서 "신뢰"(혹은 *fiducia*, 피두키아)에 초점을 둔 고전적 연구들과 눈에 띄는 연속성을 보이고 있음을 인지하는 것은 중요하다. 예를 들어 Murray는 그의 저서 *Redemption—Accomplished and Applied*, 134에서 믿음이란 "죄와 죄의 결과로부터의 구원을 위해 그리스도께 전적으로 자기를 헌신하는 운동"이라고 말한다. 그는 믿음을 지식, 확신, 신뢰라는 세 가지 구성 요소로 설명한다(133-40). "충성"으로서의 피스티스(*pistis*)에 대한 나의 초점은, 증거에 비춰 살펴볼 때 "신뢰" 개념에 많은 진실이 함의되어 있음에도 불구하고 그 개념이 너무 제한되어 있음을 보여주는 것이다.

이 책이 이처럼 특별한 방식으로 기록된 이유와 다양한 유형의 독자들이
이 책에서 기대하는 바가 분명해질 수 있기를 희망한다.

이 책의 관점

독자들은 나의 배경에 대해 알아야 할 필요가 있다. 비록 나조차도 이 책
이 형성된 과정을 온전히 다 이해하지 못하지만, 나의 학문적 훈련과 교
회적 확신이 그 과정에 영향을 미쳤음을 부인할 수 없기 때문이다. 내가
교회와 학교를 열심히 섬기고자 하는 헌신된 그리스도인이라는 점은 이
책의 집필 목적과 가정에 반영되어 있다. 이 책은 복음과 믿음 및 구원
에 연관된 문제들을 재고하고 있지만, 그 의도는 기독교 담화(narrative)를
명확히 하려는 것일 뿐 그 근본적인 가치에 의문을 제기하려는 것은 아
니다. 따라서 그리스도인들에 의해 널리 용인되는 개념들, 즉 인류에 대한
하나님의 자비로운 계시, 성육신, 죄에 대한 예수의 죽음, 진정한 역사적
사건으로서의 부활, 한 분 하나님이신 성부·성자·성령, 최종 구원의 유일
한 길인 예수, 영감으로 기록되고 권위가 있는 성서의 특성들은 기본 진
리로 전제된다. 따라서 비록 내가 기독교 신학의 핵심 교리와 의미 및 의
의를 재고한다 하더라도, 그 분석 틀과 목표가 교회를 위한 것임을 분명
히 밝힌다.

나는 감사하게도 개혁주의 전통의 대학교(휘트워스 대학교)에서 학부
교육을 받았으며, 초교파적 개신교 환경의 신학교(리젠트 신학대학원, 밴쿠
버, 브리티시컬럼비아)에서 석사 과정을 마쳤고, 가톨릭 학교(노트르담 대학교)
에서 박사 학위를 받았다. 이런 에큐메니즘은 나의 관습적 행위에 반영되

어 있다. 나는 개신교 교인이다. 그러나 가톨릭적인 배경에서 합리적인 위안을 얻는다. 내가 교편을 잡고 있는 퀸시 대학교는 프란시스코회 소속의 학교로서, 나는 신학부의 동료 교수들과 함께 매일 아침마다 연구실에서 기도를 한다. 나는 교단에 속하지 않은 교회, 침례교 교회, 장로교 교회, 메노나이트 교회, 그리고 복음주의 자유 교회에서도 정기적으로 기꺼이 예배를 드려오고 있다. 나의 이런 경험으로 인해 오직 하나의 기독교 전통에만 몰두하지 않고 다양한 각도에서 성서를 바라볼 수 있게 된 것이 이 책을 집필하는 데 도움이 되었기를 희망한다.

그러나 이 책은 마지막 분석을 제시하면서 특정 기독교 하위 집단이나 교단에서 이야기하는 것을 주장하거나 대변하지 않는다. 이 책은 가톨릭, 정교회, 루터교, 장로교, 감리교, 침례교 등 다양한 교파 전통의 모든 측면을 긍정하거나 비판할 수 있지만, 그럼에도 불구하고 어떤 특정 교파 전통을 따르지는 않는다. 진리는 우리를 정결케 한다. 그리고 내가 그 진리를 포착해내는 만큼, 이 책이 담고 있는 재평가가 천주교와 개신교 사이에 남은 오랜 상처를 치유하는 데 기여할 수 있기를 희망한다. (정교회와의 화해의 필요성을 배제하는 것은 아니지만, 여기서 다루어지는 이슈들은 일반적으로 가톨릭과 개신교 간의 분열과 더 관련이 있다.) 일차적으로는 성서의 오래된 맥락에서 표현된 구원의 메시지에 초점을 맞출 것이다. 이는 체계적이고 철학적인 조사가 부적절해서가 아니라, 성서의 이야기가 추가적 조사를 지시하는 윤곽을 제공해야 하기 때문이다. 더욱이 이 설명은 모든 그리스도인들에게 공통된 근거가 되는 성서, 특히 신약성서에 초점을 맞춤으로써 그들과 선의를 지닌 다른 독자들에게도 적절히 받아들여질 수 있어야 한다. 구원은 특정 기독교 하위 집단에 제한될 수 없다. 복음은 전 세계를 위해 온 교회에 위임된 것이다.

하지만 어떤 사람들은 이 책이 제시하는 새로운 차원들에 주목해서 전문가를 주독자층으로 설정하는 편이 더 적절하다고 생각할 수도 있다. 하지만 나는 학생, 목사와 성직자, 교회 단체, 일반 독자뿐만 아니라 전문 신학자와 성서학자들이 포함된 가급적 많은 청중을 위해 글을 쓰는 위험한 방식을 택했다. 그렇게 한 이유는 여러 가지다. 첫째, 이 연구의 가치에 대해서는 독자들이 스스로 판단을 내리겠지만, 이 연구의 중요성은 부인할 수 없는 것이다. 중요한 연구인만큼 독자층을 폭넓게 설정할 필요가 있었다. 둘째, 여기서 발견되는 새로움이란 주로 성서의 세부 내용에 대한 새로운 이해라기보다는(물론 이런 새로운 이해의 순간들이 많이 존재하지만), 성서의 세부 내용들이 어떻게 재편되고 있는지를 뜻한다. 예를 들어 다른 성서 전문가들은 그리스어 피스티스(*pistis*)가 "믿음", "신념", "신뢰" 이상의 더 광범위한 의미를 가지고 있음을 잘 알고 있다. 그러나 성서학자들과 조직신학자들은 일반적으로 이런 통찰을 복음 및 마지막 구원과 연결하면서 이 책과는 다른 방식을 사용한다. 셋째, 나는 학생들을 가르치면서 그들이 특정 집단의 "보증된" 결과를 제시하는 교과서에 지루함을 느끼고 있음을 발견했다. 그들은 단지 지루해할 뿐만 아니라 종종 잘못된 방향으로 인도되기도 한다. 왜냐하면 "보증된" 결과라 할지라도 여전히 논쟁의 여지를 지니고 있으며 추가적인 뉘앙스를 갖고 있을 수 있기 때문이다. 일반적으로 사람들은 새로운 아이디어와 관련된 논쟁과 씨름해야 할 때 가장 깊이 그리고 열심히 배운다. 다시 말해 나는 초보든 전문가든 이 책을 읽는 모든 사람들이 여기서 얻어갈 만한 무언가를 발견하길 원한다. 이 책에서 학자들은 학문적인 것보다 개인적인 이야기들을 더 많이 접하게 될 것이고, 교회 지도자들과 사람들은 많은 각주를 접하게 될 것이다. 나는 학생들이 저마다의 좋은 균형을 찾을 것이라고 믿는다.

이 책은 다양한 청중을 염두에 두고 집필한 중요한 주제에 대한 탐험적인 "재고"로서, 비록 교과서는 아니지만 이미 대학 강의실에서 검증을 받았다. 나는 이 책이 특히 조직신학이나 성서신학 또는 신약성서 과목에 적합하다고 생각한다. 또한 복음주의, 전도, 선교, 변증, 예배를 다루는 과목처럼 복음 및 구원에 초점을 맞추는 전문 과목에도 유익할 것이다. 각 장의 말미에는 개인 묵상, 그룹 토론, 묵상 일기 등에 유용하게 쓸 수 있는 질문이 제시되어 있다.

마지막으로 모든 독자가 염두에 두어야 할 목회적 핵심은 다음과 같다. 구원과 관련하여 우리는 감히 하나님을 우리에게 대적하시는 존재로 생각하지 않는다. 죄의 문제는 실제적이다. 그러나 하나님의 사랑은 너무도 크기에 그분은 우리가 죄로 인해 그분의 원수가 되었을 때도 우리에게 아들을 보내주셨다(롬 5:6-10). 그리고 이를 통해 **모든** 사람이 구원을 받고 진리를 깨닫게 되는 것이 하나님의 궁극적인 소원임을 보여주신다(딤전 2:4). "하나님이 우리를 사랑하신다"는 것은 분명한 사실이며, 처음부터 명백하게 언급되어야 한다. 왜냐하면 우리의 깊은 정서적 차원에서 "하나님은 적이지만, 예수는 친구다"라는 거짓 개념이 비합리적으로 작동할 수도 있기 때문이다. 그러므로 우리 모두는 이 책을 읽으면서 하나님의 사랑을 우리 마음의 최전선에 두어야 한다.

이 책의 목표는 교회와 학계에서 복음, 믿음, 그리고 구원에 대해 다시 생각하되 이 과정이 교회 **전체**를 위해 광범위한 기독교적 틀 안에서 이루어지도록 하는 것이다. 구원은 오직 충성에 의해서만 이루어진다는 것이 나의 주장이다.

"믿음"과 복음의 재편

그럼에도 불구하고 충성은 믿음, 복음, 구원에 대한 논의에서 종종 누락된다. 어떤 사람들은 여전히 실천하는 순종이 구원에 필수적이라는 것을 확신할 필요가 있다. 이미 설득된 사람들에게는 이 진리를 표현하는 데 도움이 되는 더 강력한 신학적 기본 원리가 필요하다. 심지어 설득된 사람들이 교회와 사회에 복음을 선포할 때조차 충성이 종종 제외되는 이유는 무엇인가? 또는 "우리의 믿음을 예수께 두라"는 것이 무슨 의미인지 말하도록 압박을 받을 때 왜 우리는 "행위가 아닌 믿음으로" 같은 혼란스러운 구호나 "예수께서 당신의 죄를 위해 죽으셨음을 믿으라"와 같이 충성을 불필요하게 만드는 말로 돌아가는 것일까? 우리는 예수에 대한 충성이 구원에 결정적인 요소임을 직관적으로 느낄 수 있다. 그러나 복음을 분명히 표현하는 과정에서 구원에 대한 믿음이 자선 단체에 대한 기부, 이웃 돌봄, 자원봉사와 같은 특정한 행위를 요구하게 되면 많은 이들이 말을 더듬거나 불안해한다.

이런 순간에 우리는 "참된 구원에 대한 믿음이 반드시 좋은 행위를 **낳는다**"라는 말에 의지하게 된다. 그러나 성서의 증언에 비추어볼 때 이 인과 관계의 주장이 말이 되는가? 이미 확립된 믿음은 실제로 선한 행위라는 기계를 움직이게 하는 엔진과 같은가? 아니면 "참된 믿음이 선한 행위를 낳는다"라는 슬로건을 믿는 것이 애초에 "믿음"과 "행위"에 대한 모호한 정의를 전제해야만 가능한 일인가? 마지막 구원을 논함에 있어서 "믿음" 언어를 모두 내려놓고 충성에 대해서만 말할 때 우리는 비로소 가장 굳건한 기반 위에 서게 된다. "충성" 언어의 채택이 교회를 압박하고 있는데, 이는 "믿음"과 "신념"이라는 말이 피스티스(*pistis*) 어족이 지닌 중요한 의미의 차원을 완전히 지워 없애기 때문이다.

충성은 복음 및 구원과 밀접하게 연관되어 있다. 서구에서 이런 사고가 형성되는 데 오랜 시간이 걸렸고 그 과정에서 잘못된 인식이 끼어들 여지가 생겨났으며, 그 결과 "복음" 및 "구원"의 정확한 의미를 파악하기 위해서는 예리한 사고가 필요하다. 이 책은 구원, 믿음, 행위, 복음에 관한 성서의 핵심 가르침을 솔직하게 설명하려고 시도하지만, 독자는 이 솔직한 시도가 해당 주제에 대한 대중적 표현 및 이해와 늘 깔끔하게 부합하지 않음을 발견하게 될 것이다. 나의 주장을 간단한 용어로 표현하면 다음과 같다.

1. 복음의 진정한 절정인 예수의 하늘 보좌 즉위(enthronement)는 정작 복음에서 그 중요성이 강조되지 못하거나 생략되어왔다.

2. 결과적으로, 피스티스(*pistis*)의 목적이 빗나가게 되어 복음과 관련된 의미상의 미묘한 차이를 적절히 드러내지 못한다. 왕이신 예수께 대한 "충성"이 아닌 예수의 죽음이 나의 죄를 덮는다는 고백만이 오직 예수의 의에 대한 "신뢰" 혹은 "믿음"으로 간주된다.

3. 최후의 구원은 천국에 도달하는 것이 아니라 새로운 창조에 구체적으로 참여하는 일과 관련이 있다. 진정한 구원의 목표가 설정되면 "믿음", "행위", "의", "복음"과 같은 용어들이 더 정확하게 재구성될 수 있다.

4. 일단 구원이 충성만으로 이루어진다는 것에 대해 합의가 이루어지면 전통적으로 가톨릭과 개신교를 나뉘게 한 문제들, 즉 복음의 본질, 오직 믿음 대 행위(faith alone vs works), 선언된 의 대 주입된 의와 같은 논쟁들이 서로 융합될 수 있는 방법으로 재구성된다.

복음의 절정과 "믿음"의 잘못된 목표를 제대로 식별하지 못하는 것은 새로운 문제가 아니다. 또한 일부 기독교 교파나 하위 집단에 한정되는 문제도 아니다. 이 부적절한 식별은 수백 년 동안 교회 전반에 걸쳐 하나의 규범으로 정착되었다. 16세기의 개신교와 가톨릭 신자들 상당수는 이 왜곡된 계획에 엄청난 시간과 노력을 투자했다. 실제로 이 문제의 근원을 살피다 보면 5세기의 성 아우구스티누스에 이르는 것들이 있다. 우리의 임무는 이 역사를 추적하는 것이 아니라, 오늘날 교회에 새로운 비전을 제시할 수 있는 시선으로 최초의 기독교 자료들을 바라보는 것이다. 나는 복음의 절정이 예수의 왕권(kingship)에 있음을 밝히고 충성으로서의 "믿음"을 표적으로 삼음으로써 오늘날 교회의 삶과 사명이 소생되기를 희망한다.

또한 나는 하나님께서 그리스도와 성령을 통해 우리를 위해 하신 일에 관한 이야기가 가장 좋은 소식 곧 **복음**으로 환영받아야 한다고 확신한다. 그리고 우리는 하나님이 우리에게 행하신 업적에 관한 이야기만큼이나 놀랍도록 기이한 소식에 모든 관심을 기울여야 한다. 그러나 모든 사람이 복음을 정말로 좋은 소식이라고 생각하는 것은 아니다. 다음 이야기에 나오는 남자처럼 우울하고 슬프게 떠나간 사람들도 있다.

영생을 구한 사람의 이야기

부유한 젊은 관리의 이야기는 현대 교회에 왠지 모를 당혹감을 선사한다. 마가복음을 보면 예루살렘으로의 운명적인 여행을 앞둔 예수에게 한 부유한 사람이 찾아와 갑자기 말을 건다. 누가복음에서는 관리로(눅 18:18),

그리고 마태복음에서는 청년으로(마 19:20) 자세히 묘사되고 있는 이 남자는 황급히 예수에게 나아와서는 간청하는 자세로 무릎을 꿇고 "선한 선생님이여, 내가 무엇을 **하여야** 영생을 얻으리이까?"(막 10:17)라고 질문한다.

질문의 요지는 분명하다. 영생에 참여하기 위해서 어떤 **행위**가 요구되는지를 묻는 것이다. 이어진 예수의 답변은 표면상으로는 분명해보이지만 적어도 두 가지 측면에서 당황스러운 점이 드러난다. 첫째, 예수는 다음과 같이 응답한다. "네가 어찌하여 나를 선하다 일컫느냐? 하나님 한 분 외에는 선한 이가 없느니라"(막 10:18). 이렇게 말함으로써 예수는 그의 신성을 부인하는 것인가? 하나님(아버지)만이 선하시다고 주장하는 것인가? 이런 맥락에서 본다면 "선한 선생"이라는 호칭이 자신을 신성시하는 것이므로 이 호칭이 부적절하다고 주장하는 것인가?[6] 아니면 훨씬 더 그럴듯한 해석으로서, 예수의 이 반응은 그 남자가 자신에게 바친 존경의 진정한 의미를 더 깊이 숙고하도록 고안된 시험인가? 결국 예수의 반응은 다음 질문으로 귀결되는 것인가? "너는 내게 절을 하고, 나를 '선하다'고 하였다. 그런데 선하다는 표현은 오직 하나님께만 어울리는 칭호다. 그러나 너는 내가 누구인지를 진정으로 알아보는 것이냐?"[7]

---

6 예수의 처음 추종자들이 언제, 어떻게 그를 신성한 존재로 여기게 되었는지에 관해서는 다음의 연구들을 보라. Hurtado, *Lord Jesus Christ*(『주 예수 그리스도』[새물결플러스 역간]); Bauckham, *Jesus and the God of Israel*(『예수와 이스라엘의 하나님』[새물결플러스 역간]); Bates, *Birth of the Trinity*.

7 예수의 의도를 가늠해보기 위해, 우리는 막 10:18(병행 구문인 눅 18:19)과 막 2:7을 비교할 수 있다. 왜냐하면 신약성서 전체를 통틀어 여기에서만 *ei mē heis ho theos*("하나님만이")라는 그리스어 어구가 발견되기 때문이다. "하나님 한 분 외에는 누가 능히 죄를 사하겠느냐"라는 막 2:7의 말은 예수가 기적의 치유를 행할 수 있게 된 후 하나님만의 용서하는 권세를 자신도 행사하고 있다는 증거로 작용한다. 따라서 독자는 예수가 하나님이며 동시에 하나님과 구별된 존재라는 결론을 내리도록 요청받는다. 막 10:18을 읽는 독자도 이와

이 부유한 청년에 대한 예수의 반응이 지닌 두 번째 당황스러운 특징은 이 책의 다른 주요 관심사인 구원과 신앙 및 행위에 대한 함의를 담고 있다. 예수는 "내가 무엇을 하여야 영생을 얻으리이까?"라는 남자의 질문에 답을 하지만, 이 답은 유감스럽게도 현대의 많은 목사들, 성직자들, 복음주의자들, 교사들이 원하는 깔끔한 신학 체계에 들어맞지 않는다. 예수는 다음과 같이 진술한다. "네가 계명을 아나니 살인하지 말라, 간음하지 말라, 도둑질하지 말라, 거짓 증언하지 말라, 속여 빼앗지 말라, 네 부모를 공경하라 하였느니라"(막 10:19). 이처럼 예수는 구약성서에 제시된 언약의 핵심인 십계명을 인용하면서, 이 계명을 적절히 **이행**할 경우 영생을 얻게 될 것이라고 암시한다. 여기서 예수는 믿음, 신뢰, 신념에 대해 그 어떤 말도 하지 않는다. 오히려 비교적 직설적인 방식으로, 영생을 얻기 위해서는 특정 "행위들"을 실행할 필요가 있다고 주장한다.

대화는 계속 이어지고 청년은 예수에게 즉시 대답한다. "선생님이여, 이것은 내가 어려서부터 다 지켰나이다"(막 10:20). 예수는 십계명을 적절히 이행했다는 청년의 주장을 논박하지 않으며 율법의 요구를 충족시킬 수 있는 그의 능력에 대해서도 의심하지 않는다. 대신 예수는 다음과 같이 말한다. "네게 아직도 한 가지 부족한 것이 있으니 가서 네게 있는 것을 다 팔아 가난한 자들에게 주라. 그리하면 하늘에서 보화가 네게 있으리라. 그리고 와서 나를 따르라"(막 10:21). 이 청년에게 부족한 한 가지는 믿음이나 신념이 아니다. 오히려 그에게 요구되는 것은 예수의 지시에 따라 십계명의 내용 이상의 특정 "행위"를 추가로 실행하는 일이다. 그것은 바로 그가 가진 모든 것을 **팔아** 얻은 돈을 가난한 자들에게 **주고** 예수

동일한 급진적인 결론을 내릴 것으로 예상된다.

를 **따르는** 것이다. 이 청년은 이로 인해 크게 낙담하고 슬퍼하며 떠났다고 한다.

만일 이것이 영생을 위한 선행의 우선성 및 절대적 필요성에 대한 예수의 유일한 가르침이라면, 이 구절에 "오직 믿음으로"라는 생각을 이입하는 일은 특별한 해명 없이도 꽤 그럴듯해 보일지도 모른다. 예를 들어 예수가 이런 율법적 요구를 하는 이유는 스스로 율법을 흠 없이 지켜왔다고 **생각**하는 청년으로 하여금 사실은 율법의 요구를 온전히 충족시킬 수 없었다는 깨달음을 얻게 하기 위해서라고 주장할 수도 있다. 다시 말해 예수는 칼뱅과 마찬가지로 율법의 엄격한 요구를 강조함으로써 율법에 토대를 둔 의에 대한 청년의 가식을 박살 내고, 궁극적으로 이 청년이 오직 믿음만이 구원을 가져다줄 수 있다는 사실을 깨닫기를 원했다는 것이다.[8] 이런 주장 대신에 "나를 따르라"는 예수의 추가적 요구에 초점을 맞추면서, 구약성서의 특정 계명을 반드시 지켜야 하고 가진 모든 것을 **팔아** 남에게 **주어야** 한다는 암묵적 확언을 손쉽게 건너뛸 수도 있다. 여기에는 다음과 같은 내용이 제안될 수 있다. 이 청년은 오직 예수를 믿음으로써 구원을 받을 수 있으며(이는 기꺼이 제자의 삶을 받아들이려는 그의 모습을 통해 입증된다), 그의 계명 준수와 자선 행위는 자신을 기꺼이 내어놓겠다는 표시에 그칠 뿐 그가 영생을 얻는 데는 전혀 도움이 되지 않는다고 말이다.[9] 그러나 이런 제안은 파는 것과 주는 것 같은 추가적인 특정 "선한 행위"는 말할 것도 없고, 이 청년에게 필요한 일련의 사건들 속에서 계명의 준수를 가장 우선되고 중요한 행위로 지키라는 예수의 강조를 무

---

8 다음을 보라. *Calvin's Commentaries*, 16:394-95.
9 다음을 보라. Lane, *Gospel according to Mark*, 366-68.

오직 충성으로 받는 구원

시해버린다.

이 부유한 청년의 이야기를 순전히 오직 믿음에 관한 이야기로 해석할 때 발생하는 더 큰 문제는, 영생을 얻는 법을 명시적으로 기술하고 있는 공관복음의 다른 모든 구절들이 "오직 믿음"보다도 바른 행위의 절대적인 필요성을 강조하고 있다는 것이다.[10] 참고로 공관복음은 마태복음, 마가복음, 누가복음을 통틀어 일컫는 명칭으로서, 학자들은 이 공관복음이 예수의 실제 화법을 가장 실제적으로 고수하고 있다는 데 동의한다. 비록 어떤 행동들이 은유적이거나 과장된 용어로 표현되더라도, 영생을 찾기 위해서는 반드시 **바른 행위**가 필요하다. 우리는 좁은 문으로 들어가야 하고(마 7:13-14 및 병행 구절), 십자가를 지고 예수를 따라야 하며(마 10:38-39; 16:25 및 병행 구절), 집, 가족 및 소유를 포기해야 하고(막 10:30), 범죄한 손이나 눈은 제거해야 하며(마 18:8), 박해 가운데서도 단호히 예수를 증언해야 하고(눅 21:19), 예수의 형제들 중 가장 작은 자들에게 음식과 물과 옷을 제공함으로써 환대해야 하며, 아픈 자들을 돌보고 옥에 갇힌 자들을 찾아가야 한다(마 25:31-46). 누가복음에서 예수가 삭개오에게 "오늘 구원이 이 집에 이르렀으니 이 사람도 아브라함의 자손임이로다"라고 말한 이유는 삭개오가 오직 예수만 믿는 "믿음"을 가졌기 때문이 아니라 다음과 같이 다짐했기 때문이다. "주여, 보시옵소서. 내 소유의 절반을 가난한 자들에게 주겠사오며 만일 누구의 것을 속여 빼앗은 일이 있으면 네 갑절이나 갚겠나이다"(눅 19:8-9). 이처럼 기부와 배상에 대한 삭개오의

---

10 Stanley는 그의 저서 *Salvation by Works?*에서 마지막 구원을 위한 선한 행위의 궁극적 필요성을 예수가 가르쳤다고 확증한다. 공관복음이 오직 믿음에 의한 구원을 강조하고 있다는 정반대의 견해는 다음을 보라. Schreiner, *Faith Alone*, 112-16. 그러나 Schreiner의 근거는 억지스러워 보인다. 왜냐하면 그가 제시하는 예들은 마지막 구원과 명확히 관련된 것이 아니라 치유 및 일시적 변호와 관련되기 때문이다. 요한복음의 관점은 이후에 논의될 것이다.

구체적인 약속이 예수의 "구원" 선포를 가능케 했다.

한편 누가복음의 앞선 구절에 등장하는 한 율법 교사는 예수에게 영생을 얻는 방법을 묻는다. 예수가 그에게 율법에 무엇이라고 기록되어 있으며 네가 어떻게 그것을 읽느냐고 묻자, 그는 가장 위대한 두 계명을 언급하면서 하나님을 사랑하고 이웃을 내 몸처럼 사랑하는 것이라고 대답한다. 이에 대해 예수는 "계명은 잊어라! 오직 나만 믿으면 살 것이다!"라고 말하지 않는다. 오히려 예수는 다음과 같이 반응한다. "네 대답이 옳도다. 이를 **행하라.** 그러면 살리라"(눅 10:28). 그런 다음 예수는 착한 사마리아인의 비유를 이야기하면서 사랑을 행하는 이웃이 된다는 것의 의미를 정의하는데, 이를 통해 영생을 얻기 위해서는 도움이 필요한 자들에게 구체적인 봉사를 행해야 한다는 점을 강조한다.

물론 믿음을 통해 은혜로 구원을 받게 된다는 바울의 복음에 대한 자신들의 이해와 예수의 가르침을 조화시키고자 하는 사람들은 행위의 필요성에 대한 제한을 하나님이 값없이 주시는 구원의 선물에 대한 위협이자 예수의 희생이 지닌 충족성에 대한 모욕으로 보는 경향이 있다. 그래서 영원한 생명과 관련된 공관복음의 특정 가르침은 종종 바울의 렌즈를 통해 교묘하게 여과되는데, 이는 공관복음이 실제로 어떻게 오직 믿음에 의한 구원을 가르치고 있는지를 설명하기 위해 이루어진다. 결과적으로 이런 비교 및 대조를 통한 읽기는 독자가 충분한 주의를 기울일 때 가능한 일이다. 분별력 있는 독자는 이런 읽기 책략을 신중하게 평가해야 한다. 구원의 집이 건축된 방법을 궁금해하기에 앞서, 우리는 선한 행위라는 들보를 얼마나 많이 던져버려야만 하는가? "오직 믿음"이라는 톱밥 조각을 필사적으로 찾으면서 말이다. 만일 우리가 영생에 대한 예수의 많은 가르침 중 "선한 행위"라는 요구 조건을 읽어내야 한다면, "행위"가 아닌

오직 충성으로 받는 구원

"오직 믿음을 통한 오직 은혜"라는 바울의 해석 렌즈로 인해 왜곡이 발생하게 되는 걸까? 아니면 우리는 믿음, 행위, 복음, 구원에 대한 모호한 현대적 이해를 바울과 네 복음서에 덮어씌우려 했던 것일까?

때가 되면 명확해질 이유들로 인해, 나는 다음과 같이 제안한다. 복음은 인간이 예수의 구원 사역에 "믿음"으로 반응해야 할 필요성에 관한 것이 아니라, 예수가 어떻게 하늘과 땅의 주님으로 보좌에 좌정하시게 되었는지에 관한 것이다. 구원은 **오직 충성**만을 요구한다.

더 생각해볼 문제들

∿

1. 종교적인 장소가 아닌 곳에서 사람들이 "믿음"이라는 용어를 사용하는 것을 들어본 적이 있는가? 그 상황에서 믿음은 무엇을 의미했는가?

2. 만약 지금 즉시 "믿음"이라는 단어의 사용이 금지된다면, 당신이 참여하는 다양한 공동체(가족, 학교, 교회, 직장 등)에서는 과연 어떤 단어가 "믿음"을 대체하여 사용될 것이라고 생각하는가? 그 이유는 무엇인가?

3. 우리의 경험이 영적·종교적 여정에 미치는 영향은 어느 정도인가? 당신이 현재 "믿음"을 이해하는 방식에 가장 지배적인 영향을 미치고 있는 경험은 무엇인가?

4. 요세푸스가 반란군에게 "회개하고 나를 믿으라"고 말한 것은 도대체 무슨 뜻일까? 이것이 예수의 사역의 전반적인 틀을 이해하는 데 중요할 수도 있는 이유는 무엇인가?

5. 성서의 모든 구절을 "행위가 아닌 믿음"의 관점에서 읽도록 압력을 가하는 요인에는 어떤 것들이 있을까?

6. 예수가 그 부유한 청년에게 "나를 믿어라. 그리하면 네가 영생을 얻게 될 것이다"라고 말하지 않은 것이 중요하다고 생각하는가? 대답에 대한 이유는 무엇인가?

7. 당신은 친구나 지인에게 믿음과 행위가 어떻게 조화를 이루는지에 대해 설명해본 적이 있는가? 그런 적이 있다면 어떻게 설명했는가? 그런 적이 없다면 앞으로 기회가 왔을 때 어떻게 설명할 것인가?

Salvation by

1장

———

믿음에 관한 오해

Allegiance Alone

기독교의 핵심은 믿음에 대한 인간의 반응에 있다. 우리는 일반적인 가르침과 인식을 통해 그렇다고 믿게 된다. 의심할 나위 없이 믿음은 기독교의 정수다. 그렇지 않은가? 하지만 정말 그런가? 나는 현대 기독교가 앓고 있는 질병의 상당 부분이 속이 썩은 사과처럼 기독교의 썩은 중심에서 비롯되고 있다고 말하고 싶다. 복음, 구원, 그리고 그리스도인의 삶은 일반적으로 정의되거나 이해되고 있는 "믿음"이나 "확신"과는 거의 관련이 없다. 따라서 구원을 논의함에 있어서 "믿음"이나 "확신"이라는 말들을 포기하는 편이 나을지도 모른다. 그리스어 단어인 피스티스(*pistis*)는 그리스도인의 구원과 연관되어 있는 까닭에 일반적으로 "믿음" 혹은 "확신"으로 번역되지만, 사실 현대 기독교 문화 내에서 주로 이해되고 사용되는 "믿음"과 "확신"이라는 말과는 거의 상관이 없다. 오히려 피스티스는 **충성**이라는 말과 더 깊은 관계가 있다. 기독교의 핵심은 인간에 의한 믿음이나 확신의 반응이 아니라 충성이라는 시대에 뒤떨어진 용어에 있다. 나는 2-4장에서 충성 및 충실의 개념을 확고히 발전시키면서 복음을 재구성할 것이다. 내가 제시하는 주장과 증거의 핵심에 속히 도달하고픈 사람들은 1장을 생략하고 넘어가도 괜찮다. 다만 내가 이 내용을 대학교에서 가르쳐오면서 발견한 바에 따르면, 일반적인 오해를 없애는 것이 올바른 이해를 돕는 첫걸음이 된다. 따라서 나는 이어지는 세부 내용들을 통해 믿음에 대한 오해를 설명하고자 한다.

믿음은 증거 평가의 반대가 아니다

몇 년 전 누이의 집에 방문하여 시간을 보내고 있을 때, 열정적인 젊은 전도자들이 찾아와 현관문을 두드렸다. 빛나는 얼굴의 두 젊은 여성 전도자들은 그들의 얼굴보다 더 반짝이는 전도 책자를 손에 들고 간절히 하나님의 일을 하려고 하고 있었다. 그들이 전도를 하려는 이유와 기쁨의 근원에 대해 말하기 시작할 때쯤, 나는 일명 거룩한 책으로 알려진 「아브라함서」에 관해 몇 가지 탐색용 질문을 던졌다.

「아브라함서」는 예수 그리스도 후기 성도교회의 대표 인물인 조셉 스미스가 자신이 살고 있던 오하이오주의 커틀랜드에서 개최된 미라 전시회에서 발견했다고 주장하는 책이다. 그의 주장에 의하면 그 사본은 「아브라함서」라고 불리는 고대 문헌이었으며, 그는 이 책을 구입한 후 자신의 해석을 바탕으로 그 내용을 영어로 번역한다. 그는 이 책이 갈대아를 떠나는 아브라함의 이야기를 다루고 있으며, 비성서적(non-biblical)인 전승들(예를 들어 아브라함이 제물로 바쳐지기 위해 이교도 제사장에 의해 제단에 묶이게 된 사건)을 포함하고 있다고 주장했다. 그의 주장에 따르면 이 책에는 콜롭(Kolob), 즉 하나님이 거하시는 천상의 거주지와 가까운 곳에 위치한 창조세계에 대한 내용도 포함되어 있다. 「아브라함서」의 상형문자 사본과 스미스의 번역은 온라인에서 쉽게 찾아볼 수 있다.

오직 충성으로 받는 구원

그러나 스미스의 주장과 이후 학자들이 발견한 내용은 서로 매우 다르다. 예를 들어 스미스는 이 책의 첫 번째 이미지가 아브라함을 제단에서 제물로 바치려는 이교도 제사장을 나타낸다고 간주하며 다음과 같이 번역한다. "제사장들이 나[아브라함]에게 폭력을 가했고, 이 제단 위에 있는 처녀들에게 했던 것처럼 나를 죽이려 했다. 당신이 이 제단에 관하여 알 수 있도록, 이 기록의 첫 부분에 관련 이미지를 제시할 것이다."[1] 스미스는 이를 근거로 사본에 있는 한 이미지 및 이와 연관된 말들이 아브라함을 제물로 바치려는 이교도를 묘사하고 있다고 주장한다. 그러나 고대사 학자들은 「아브라함서」가 "목숨의 책"(Books of Breathings)으로 알려져 있는 고대 이집트의 장례 문서 중 하나이며, 이 특별한 문서는 "호르"(Hor)라는 테베의 제사장을 위해 필사된 것이라고 결론을 내린다.[2] 아브라함이 희생제물이 될 뻔 했다고 추정하는 이야기는 사실 "통상 사자 머리 모양으로 장식된 관 위에서 부활하고 있는 오시리스 호르(Osiris Hor)"에 관한 것이다. 한편 이 이미지와 관련된 단어에 대한 권위 있는 번역은 다음과 같다. "[오시리스, 신의 아버지], 아몬-레(Amon-Re)의 선지자, 신들의 왕, 적을 괴멸하는 민(Min)의 선지자, 콘수(Khonsu)의 선지자"(기타 등등).[3] 결과적으로 일반적인 연구 방법과 번역을 적용할 경우 스미스의 「아브라함서」는 아브라함과 전혀 무관함을 알 수 있으며, 누구나 쉽게 이를 입증하는 중요 증거들을 확인할 수 있다.

내가 젊은 여성 전도자들에게 근거에 기반한 이런 질문들을 던지자,

1　*The Book of Abraham* 1:12 in Smith, *Pearl of Great Price*, 27. 「아브라함서」는 후기 성도교회의 공식 웹사이트에서 확인할 수 있다. www.lds.org/scriptures/pgp/abr/1?lang=eng.

2　Ritner, "Breathing Permit of Hor,'" 162.

3　위의 책, 169.

그들은 전혀 동요하지 않은 채로 다음과 같이 말했다. "우리는 믿음으로만 진리를 알 수 있다고 믿어요." 그러면서 자신들이 제시하는 진리에 대해 생각하고 기도하면서 우리의 마음에 따뜻한 감정이 일어나는지를 확인해보자고 제안했다.

　　내가 이 이야기를 하는 이유는 (복잡하면서도 지적으로 다양성을 띠고 있는) 예수 그리스도 후기 성도교회의 전통을 트집 잡으려는 것이 아니라, 이 이야기가 믿음의 속성에 대해 현대인들이 근본적으로 오해하고 있는 부분을 잘 포착해주기 때문이다. 열정과 선의로 무장한 이 전도자들과 마찬가지로, 믿음이란 증거에 기반한 진리 평가와 정반대되는 개념이다. 앞서 본 대로 "모르몬교는 하나의 완전한 참된 이야기다"라는 진리가 선포되었다고 하자. (여기에는 「아브라함서」가 『값진 진주』라는 모르몬교 경전의 권위 있는 한 부분으로서 모르몬교의 세계관 속에서 수행하는 역할이 포함된다.) 두 전도자들에게 이 선포가 지닌 진리의 가치에 대한 평가는, 믿음 혹은 확신의 문제일 뿐이고 **이와 관련이 있을 공개적인 증거와는 아무런 관계가 없었다.** 그들에게 믿음이나 확신이란 증거를 고려한 합리적 판단의 정반대 개념이다. 실제로 그들은 그런 증거가 별로 중요하지 않다고 여겼다! 그들에게 믿음은 단지 하나의 대안이 아니라 옳고 그름을 판별해내는 하나의 **우월한** 방식이었다. 심판은 내적 감정만을 토대로 내려질 수 있는 것이다. 이 전도자들에게 그리고 현재 우리의 문화 가운데서 살아가는 어떤 이들에게, 믿음이란 그것을 반박하는 공공연한 증거에도 불구하고 그것과 상관없이 은밀하게 그리고 개인적으로 확언**해야만** 하는 무언가로 정의된다. 한마디로 오늘날 많은 이들에게 믿음은 **증거에 기반한 진리와 반대되는 것**으로 받아들여진다. 그러나 이는 믿음에 대한 비성서적이고 비기독교적인 이해다.

이 두 여성 전도자들에 관한 이야기에서 발견되듯이 어처구니없는 믿음의 형태를 목격하다 보면, 믿음에 대한 이런 정의가 순진한 동시에 위험하다는 것을 쉽게 알 수 있다. 왜냐하면 그 오류가 매우 명백하기 때문이다. 그러나 이렇게 은밀하고 경험적이며 증거에 반하는 믿음 개념(학계는 이를 **신앙주의**[fideism]라고 부른다)은 모르몬교 신도와 같은 무리에만 국한되지 않는다. 믿음에 대한 이런 개념은 보다 미묘한 방식을 통해 주류 교회 안으로 침투하기도 한다.[4] 예를 들어 (공적 영역에서 확인 가능한 자료를 토대로) 진화와 창조에 관한 질문을 제기하는 상황에서 "성서가 그렇게 말하고 있으니까요. 나는 개인적으로 성서가 진리임을 발견했습니다. 그래서 성서를 믿지요"라고 일갈하는 진화반대론자를 볼 때, 우리는 확신이나 믿음이 이런 방식으로 정의되고 있음을 발견한다. 이는 (성서 자체의 복잡함을 포함하여) 사용 가능한 **모든** 자료를 진지하게 다루려 하지 않는 하나의 반응에 지나지 않는다. 창조나 진화(혹은 둘 다 포함한!)에 관한 복잡한 논쟁에 어떻게 반응하든지 간에, 우리는 하나님께서 우리에게 요구하시는 "믿음"이 그와 관련된 증거, 특히 진리에 대한 주장을 판단할 때 쉽게 확인 가능한 증거를 무시하는 것과는 전혀 관계가 없다는 사실에 동의해야만 한다. 과거와 현재의 많은 사람들이 기독교와 종교 일반을 무시하면서 기독교를 전적으로 "믿음"에 기초한 것으로 간주하고 "믿음"을 증거에 기반한 진리에 반대되는 것으로 받아들이고 있는데, 이런 현상은 앞서 언급한 것처럼 "믿음"과 "확신"이 잘못 사용되고 있기 때문이 아닐까?[5]

---

4   Noll, *Scandal of the Evangelical Mind*를 보라.

5   신앙주의는 현대뿐만 아니라 초기 기독교 시대에도 논쟁의 대상이었다. 예를 들어 이교도인 켈수스(Celsus)는 그리스도인들에 대해서 조소적으로 말한다. "어떤 이들은 심지어 그들의 믿음에 대한 이유를 제시하거나 받으려 하지 않는다. 그러면서 '질문하지 말고 그냥 믿으라'든지 '너의 믿음이 너를 구원할 것이다'라는 표현들을 사용한다"(Origen, *Cels.* 1.9

참된 기독교적 믿음은 신앙주의가 아니다.

믿음은 무모한 행위가 아니다

우리는 그리스도인으로서 종종 **믿음으로 나아가도록** 권면을 받고, 하나님이나 예수를 위해 의도적으로 안전지대를 벗어나 담대한 행동을 취할 것을 권유받는다. 이에 따라 지구 반 바퀴를 날아가서 선교 활동을 펼치고, 제3세계 국가에 고아원을 지으며, 하나님 나라를 확장하는 일에 많은 돈을 기부하고, 사회적으로 불우한 사람들을 돌보기도 한다. 이 모든 행동은 단연코 가치 있는 노력이다. 하지만 이런 행동들이 믿음의 **핵심**인가? 우리는 "나아가야" 하기 때문에 이런 행동을 하는 것일까? 영화 「인디아나 존스와 마지막 성전(聖戰)」에 나오는 주인공처럼, 위험해질 것이 분명한 상황에서도 절벽 끝에서 암흑으로 발을 내딛음으로써 모호한 지침을 순종적으로 따르는 모습을 보여야 하는가? (주인공과 같은 행동을 권면하기 위해 이 영화의 해당 장면을 보여주는 교회도 있다.) 참된 그리스도인이 되거나 믿음을 성숙시키기 위해서라면, 우리는 신실하신 하나님께서 우리를 붙잡아주실 것을 확신하고 아무것도 보이지 않는 흑암 속으로 뛰어들어 앞을 향해 나아가야 한다. 이런 행위는 분별없는 도약이 아니다. 우리는 실제로 하나님께서 우리를 안전하게 돌봐주실 것을 알고 있기 때문이다.

대중적인 기독교만 이런 유형의 믿음을 권장하는 것은 아니다. 덴마크의 실존주의 철학자이자 신학자인 쇠렌 키에르케고르는 당시 자신이

[Chadwick]).

속해 있던 기독교 문화(그는 이것을 기독교 세계[Christendom]라고 불렀다)가 영향력은 있으나 모든 것을 너무 쉽게 생각한다고 보았으며, 아브라함에 관해 많은 분석을 남겼다.[6] 그에게 아브라함은 성서의 믿음에 관한 가장 훌륭한 본보기이자 믿음의 귀감이 된다. 왜냐하면 아브라함은 이삭에 관한 하나님의 명령에 의심 없이 순종했기 때문이다. 창세기 22장에서 아브라함은 자신의 아들을 하나님께 제물로 바치라는, 상상하기도 힘든 명령을 받는다. 그에게 이삭은 평범한 아들이 아니었다. 수십 년의 불임 기간과 수없는 좌절 끝에 하나님의 약속의 성취로서 얻게 된 매우 귀한 아들이었다. 아브라함은 아버지로서의 본능과 도덕 규범의 모든 기본 법칙을 거스르고 자신의 아들을 제단 위에서 죽여야만 한다. 키에르케고르가 볼 때, 아브라함은 인간의 기준에서 비도덕적이고 비합리적인 것이어도 하나님의 명령에 의심 없이 순종하며 기꺼이 행하는 믿음의 기사(knight)다. 창세기 22장에 묘사된 아브라함은 한 치의 흔들림도 없다. 천사가 나타나 그의 이름을 외치며 이삭을 찔러 죽이기 위해 치켜든 그의 손을 제지하는 그 순간까지, 그는 하나님의 뜻을 실행하는 데 전념했다. 키에르케고르는 우리에게 아브라함의 믿음과 동일한 믿음으로 행할 것을 요구하고, 어둠 속에서 도약함으로써 우리 자신을 버리라고 촉구한다. 그에 의하면 어둠 속에서 도약하는 그때 우리가 비로소 진정으로 하나님을 만나기 때문이다.[7]

이렇듯 "안전에서 벗어남"이라는 정의는 성서적 믿음을 구성하는 하나의 본질적인 요소가 되기도 하지만, 어둠 속으로의 도약과 같은 비합리

---

6   Kierkegaard, *Fear and Trembling*.

7   믿음에 대한 키에르케고르의 관념은 여기서 제시하는 설명보다 훨씬 더 복잡하다. 더 자세한 분석은 다음의 연구를 보라. Westphal, *Kierkegaard's Concept of Faith*.

적인 개념과 결합될 경우 위험한 반쪽짜리 진리를 전하게 된다. 이 반쪽짜리 진리에서 진리에 해당하는 부분은 성서에 분명히 제시된 믿음의 정의를 통해 가장 잘 설명된다. 히브리서 저자는 믿음(*pistis*)을 다음과 같이 정의한다. "믿음은 바라는 것들의 실상[*hypostatis*, 휘포스타시스]이요 보이지 않는 것들의 증거니"(히 11:1). 믿음에 대한 히브리서의 정의는 11장의 나머지 부분에 나오는 예를 통해 분명해지고 있으며, 그 핵심은 다음과 같다. 하나님의 참된 백성이 가시적인 세상에서 즉각적으로 행동하려는 이유는 식별 가능한 것들의 영향을 받기 때문이 아니라, 지금은 보이지 않지만 실제로 더욱 진실된 근본 실상(*hypostatis*, 휘포스타시스) 곧 하나님의 현실이 그 행위를 강요하기 때문이다. 보다 깊고 참되지만 숨겨진 현실에 기초하여 행동하고자 하는 의지, 이것이 바로 히브리서 저자가 말하는 "믿음"이다. 그리고 우리는 하나님에 대한 참된 지식과 구원을 가져오는 "믿음"이 종종 이런 개념과 결부된다는 데 강력히 동의해야 한다.[8] 예를 들어 노아는 아직 보이지 않는 것들을 근거로 삼고 행동함으로써 구원을 받았다. 그는 당시 비가 온다는 실제적 증거가 없는 가운데서도 방주를 지으라는 하나님의 명령에 순종했다(히 11:7). 이 모든 것은 우리가 구원을 얻기 위한 지침이 된다(벧전 3:20-21; 벧후 2:5).

그러나 무모한 행위 개념이 반쪽짜리 진리가 되어버리는 위험한 방식과 관련하여 반드시 기억할 점이 있는데, 그것은 바로 노아와 아브라함 어느 누구도 허공으로 뛰어 들어간 것이 아니라 오히려 각각 하나님의 명

---

8 나는 키에르케고르의 실존주의적 믿음 정의를 우리의 고대 문헌에 적용하는 것을 경고하면서도, 동시에 하나님에 대한 주관적 지식의 필요성을 강조하는 그의 주장을 환영한다. 키에르케고르는 학계와 교계에 남아 있는 순진한 객관주의의 흔적을 처리하는 데 도움이 되는 해독제를 제공한다. 또한 지성과 감성을 하나로 묶어주는 방식을 제공한다. 다음의 연구를 보라. Crump, *Encountering Jesus, Encountering Scripture*.

오직 충성으로 받는 구원

령에 순종했다는 것이다. 그들은 자신들이 경험했던 하나님 곧 약속을 성취하시는 하나님의 부르심에 반응하여 행동했다. 아브라함에게 이삭을 제물로 바치라는 명령을 내리신 하나님은 아브라함에게 기적적으로 이삭을 주셨던 분이다. 하나님은 아브라함의 긴 인생 여정 동안 함께하시면서, 자신이 신뢰받을 수 있는 존재임을 이미 입증해보이셨다. 우리는 노아와 아브라함이 그렇게 행동함으로써 하나님께서 사람의 모든 행사를 존재케 하시는 주권적이고 강력한 주님임을 인정하고 그분에 대한 **충성을 표했다**고 감히 말할 수 있다. 이에 관한 보다 자세한 내용은 이후에 다루도록 하겠다.

핵심은 참된 **믿음**이란 비합리적으로 허공 속으로 뛰어드는 것이 아니라, 보이지 않지만 근본이 되는 하나님의 현실이 그 어떤 명백한 현실보다 더 확실하다는 확신에 근거하여 행동하는 합리적인 반응이라는 것이다. 믿음으로 발을 내디딘다고 해서 그 행위가 본질적으로 그리고 그 자체로 선한 것이 되지는 않는다. 만약 그렇다면 하나님은 차에 타서 신중히 안전벨트를 착용하는 사람들보다 용감무쌍하게 오토바이를 타는 사람들을 더 좋아하시는 분일 것이다. 믿음의 도약은 하나님이 이미 행사하신 주권에 대한 순종의 반응이 될 때 비로소 선한 것이 된다. 우리는 갑작스런 결정에 의해 어둠 속으로 뛰어들어서는 안 된다. 또 단순히 우리 자신이나 하나님께 혹은 다른 사람들에게 "믿음이 있다"는 것을 증명해보이기 위해 그렇게 해서도 안 된다. 그러나 약속을 지키시는 하나님은 하늘나라의 보이지 않는 현실을 토대로 행동하라고 우리를 **부르실** 것이다.

그 부르심이 참된 부르심이라도, 우리는 믿음의 도약으로 인해 타박상을 입을 수 있다. 그러나 그 부르심이 참된 부르심이라면, 우리는 거친 착지 과정에서 생긴 멍들을 하나하나 바라보면서 상처 입은 아들(예수)

의 모습과 비슷해질 것이라고 확신할 수 있게 된다. 이는 구속받은 인류의 최종 목적이다. 도약의 부르심이 참된 것이 아니라 우리가 만들어 낸 거짓 신에 대한 우상숭배적 반응이라면, 우리는 허공에 뛰어든 후 착지할 지점을 확보하지 못하거나 도약 지점으로 되돌아갈 수 없을 것이다. 참된 **믿음**은 어둠 속으로의 비합리적인 도약이 아니라, 하나님이 예수를 통해 하나님 나라를 통치하고 계시며 은밀하게 성장하고 있는 그 나라를 지배하고 계신다는 사실에 신중하고 분별력 있게 반응하는 것이다.

믿음은 행위의 반대가 아니다

내가 북부 캘리포니아에서 어릴 때부터 다닌 교회는 근본주의적이고 킹 제임스 성서만을 보는 곳이었다. 이런 성향의 기독교에서 성서는 스스로 일종의 광채를 내뿜곤 했다. 성서는 분명 숭배의 대상이 아니었지만, 부지불식간에 은밀한 성서 숭배를 부추기는 찬송가들도 있었다. 예를 들어 매주 주일학교 예배를 시작하기에 앞서 인도자가 낡은 가죽 성서를 들어 올릴 때마다 아이들은 소리를 높여 열정적으로 노래를 불렀다. "성-경, 이건 나를 위한 책이에요! 나는 오직 하나님의 말씀인 성-경만 의지할 거예요!" 성서에 경의를 표하며 먼지투성이 카펫에 얼굴을 파묻는 아이들은 없었지만, 아마도 몇 명은 무릎을 살짝 굽혔을지도 모른다.

당시 교회 목사님은 (지금도 마찬가지지만) 친절한 분이셨고, 하나님, 예수, 교회, 구원받지 못한 사람들, 자신의 가족, 그리고 성서에 깊이 헌신하는 분이셨다. 물론 이 순서가 헌신의 정도를 반영하진 않는다. 그분이 내 인생에 미친 영향을 생각하면, 감사의 말밖에 드릴 것이 없다. 나는 어릴

적 어머니를 통해 예수와 그리스도인의 삶을 알게 되었고, 10대에 들어서는 목사님의 정식 가르침을 통해 보다 밝은 빛, 도덕적 엄격함, 하나님의 방법에 대한 열정, 그리고 무엇보다도 성서에 대한 경의를 깨우치게 되었다. 나는 내 인생에 영향을 미친 그분께 매우 깊이 감사하고 있다.

하지만 돌이켜 보면, 내가 자라면서 매주 들었던 설교는 다소 혼란스러웠다. 어떤 성서 구절이 등장하든지, (교회력을 철저히 따르는 교회는 아니었지만) 해당 전례 절기가 무엇이든지, 또는 당시 급박한 정치·사회적 문제가 무엇이든지 간에, 거의 모든 설교는 늘 "복음" 제시 및 "예수를 마음으로 영접하라"는 초대로 끝을 맺었다. 이 지점에서 여러분들이 오해하지 않기를 바라며, 나는 복음이 선포되어야 하고 예수를 따르라는 초대가 긴급히 전해져야 한다고 생각하는 사람이라는 점을 확실히 하고 싶다. 다만 복음은 늘상 고전적인 로마서의 구원 도식을 따라 제시되었고 여기에는 엄격한 경고가 따랐다. 구체적으로 말하면 복음은 다음과 같은 논리에 따라 주어졌다. (1) 우리는 모두 선행을 통해 구원을 얻고자 맹렬히 덤벼든다. (2) 그러나 모든 사람이 죄를 지어 하나님의 영광에 이르지 못한다. 이 모든 사람에는 **당신**도 포함된다. (3) 그러나 복음은 예수께서 당신의 죄를 대신하여 죽으셨다는 것이다. (4) 따라서 당신이 이 사실을 믿고 나와 함께 기도한다면, 바로 오늘, 영생이라는 선물을 값없이 받게 될 것이다. 이어서 다음과 같은 경고가 등장한다. 어떤 상황에서건 당신이 절대 범하지 말아야 할 한 가지는, 선행을 통해 당신이 구원을 얻을 수 있다고 믿는 것이다. 이는 바울 당시 많은 유대인들이 범했던 실수였고, 오늘날에도 가톨릭 신자들이 여전히 범하고 있는 잘못이기도 하다.

위험한 왜곡들이 포함된 이런 종류의 복음 안에서, 선행은 친구와 적이라는 이중 역할을 하게 된다. 선행은 믿음의 원초적인 반응**으로부터**

흘러나오는 것으로서 진정한 믿음의 증거가 된다는 점에서 복음의 "친구"다. 이런 체계를 고수하는 사람들은 여전히 "행함이 없는 믿음은 죽은 것"이라는 야고보서 2:26의 내용을 확언하게 된다. 그러나 선행은 복음의 "적"이 되기도 한다. 왜냐하면 선행은 쉽게 우리를 유혹할 수 있고, 우리에게 거짓 안전감을 줄 수 있으며, 구원을 받는 과정에서 우리 자신을 의지하도록 만들기 때문이다. 우리는 그러다가 결국 넘어진다(참조. 롬 9:30-33). 따라서 우리는 도덕적 혹은 종교적 행위를 통해 하나님의 은혜를 얻고자 하는 유혹을 피하면서 언제든지 신뢰를 유지해야 한다.

　　믿음과 행위는 구원에 이르는 반대 경로로서 위와 같이 서로 대립하게 되는데, 한 경로(믿음)는 성공에 이르지만 다른 경로(행위)는 실패로 끝난다. 5장에서 서로 대립하는 상호 배타적 경로로서의 믿음과 선행을 다루면서, 이것이 어떻게 복음을 왜곡하는지에 대해 더 자세히 설명할 것이다. 다만 내가 여기서 지적하고 싶은 것은 다음과 같다. 내가 어릴 적 다닌 교회와 비슷한 교회에서 가르치고 있는 믿음/행위의 분리는 "믿음"(*pistis*)과 "행위"(*erga*)의 가정된 의미들에 의존하고 있는데, 이는 언어학적이나 맥락적으로 적절치 않다. 예를 들어 만일 바울이 일반적인 "선행"이 아니라 모세 율법이 요구하는 "율법의 행위"에 주로 관심을 두었다고 밝혀진다면 어떤 차이가 생기는가? 더욱이 신약의 적절한 구원 지향적 맥락에서 볼 때 **믿음**이 신실함이나 충성을 의미한다면, 믿음은 그 정의상 충성과 분리될 수 없는 구체적인 행위들을 **포함**하지 않겠는가? 결과적으로 우리는 믿음과 행위가 상호 배타적이지 않음을 발견하게 될지도 모른다.

믿음은 "모든 게 좋다"는 식의 태도가 아니다

당신은 방금 일자리를 잃었다. 집세가 밀렸고 공과금 청구서가 쌓이고 있다. 이 와중에 룸메이트는 곧 방을 빼겠다고 한다. 게다가 다음 학기 등록금 납부 기간이 3주 남았다는 통지서도 날아왔다. 이때 기독교인 친구 하나가 선한 의도로 위로의 말을 건넨다. "모든 게 잘 될 거야. 너는 그냥 믿기만 하면 돼." 아니면 다음과 같은 말을 할 수도 있다. "하나님은 우리의 믿음을 시험하시기 위해 이런 일들을 일으키시잖아. 하나님을 믿기만 하면 이 시련에서 건져주실 거야."

가장 일반적인 신학적 관점에서 보면, 이런 위로의 말들은 사실 적절한 조언일지도 모른다. 비록 삶 가운데 발생하는 모든 일이 다 **하나님의 의도된 뜻**을 반영하지는 않지만(우리의 죄 혹은 타인의 죄는 분명 하나님이 바라시는 현상이 아니다), 발생하는 모든 일은 **하나님의 관대한 뜻** 안에서 허용된 것이다. 그리고 우리는 하나님이 무엇을 허락하시든지, 그것이 악이 일시적으로 창궐하는 일일지라도, 하나님께서 우리와 다른 이들을 위해 이런 현상을 선으로 바꾸실 수 있다는 것도 알고 있다. 요셉의 이야기는 이를 아름답게 예시해준다. 형제들에 의해 노예로 팔려간 요셉은 거짓 모함을 당해 감옥에 갇히고 타향살이를 겪어야 했음에도 불구하고, 결국 그들에게 다음과 같이 말한다. "당신들은 나를 해하려 하였으나 하나님은 그것을 선으로 바꾸사 오늘과 같이 많은 백성의 생명을 구원하게 하시려 하셨나니"(창 50:20). 따라서 우리도 최종적으로 "하나님을 사랑하는 자 곧 그의 뜻대로 부르심을 입은 자들에게는 모든 것이 합력하여 선을 이루느니라"(롬 8:28)는 사도 바울의 말을 확언할 수 있게 된다.

여기서 발생되는 위험은 다음과 같다. 당신이 암담한 상태로 통장 잔고를 보고 있다가 ("모든 게 잘 될 거야. 너는 그냥 믿기만 하면 돼"라는) 친구의 조언을 덥석 받아들인다면, 부적절한 믿음의 정의를 받아들이게 될지도 모른다. 당신은 믿음을 "긍정적 사고방식의 유지"와 동일한 것으로 생각하게 될 수도 있다. 스트레스가 많은 상황에서 모든 게 괜찮을 테니 긴장하지 말고 편하게 살라는 히피 세대의 낙관주의적 믿음이 필요하다는 듯이 말이다. 당신은 진정한 그리스도인의 믿음이 자유로운 낙천주의를 요구한다고 생각하고 싶은 유혹을 받을지도 모른다. 무슨 일이 있더라도 당신은 긴장하지 말고 긍정적인 사고방식을 유지해야 한다. 그러기 위해서는 진짜 감정을 부정하고, 인형 같은 웃음을 지으며, 모든 게 문제없다는 모습을 유지해야 한다. 그러나 이러한 낙관주의는 (신경증적 증상까지는 아닐지라도) 약간은 자기 기만적이다. 모든 것이 잘 풀리지 **않고** 자기 기만이 무너질 때, 당신은 그리스도인으로서의 믿음을 잃어버렸다고 생각할 수도 있다. 당신은 이렇게 말할지도 모른다. "내게 참된 믿음이 있다면, 내가 이토록 낙담하지 않을 텐데."

하지만 몇 분만 생각해봐도 "긍정적 사고방식"에 따른 믿음의 정의가 부적절함을 알게 될 것이다. 낙관주의적 믿음은 전적으로 공허한 개념인데, 이는 **구체적인 믿음의 대상을 전혀 염두에 두고 있지 않기** 때문이다. 여기에는 단지 믿음을 위한 믿음이 있을 뿐이다. 사실 참된 성서적 믿음은 상상에 의한 낙관주의나 모자에서 토끼를 꺼내보이는 것 같은 마술 같은 기분 좋음이 아니다. 또한 결국 인과응보대로 될 것이라는 모호한 우주적 희망을 맹목적으로 지향하지도 않는다.

위대한 미국 자동차 산업을 기리는 의미에서, 내가 지금 1972년형 쉐비 노바(Chevy Nova)를 몰고 있다고 가정해보자. "노바"(No Va는 라틴어로 "새롭다"는 의미지만, 스페인어로 "가지 않는다"(No Va)를 의미할 수도 있다)라는 이름이 암시하듯이 이 차는 제대로 굴러가지 않을 것이다. 또한 내가 직접 경험해본 바 낡은 연식과 정비 부족으로 인해 열 번쯤 시동을 걸면 겨우 한 번 시동이 걸릴 것이다. 그런데 다음날 아침 일찍 매우 중요한 인터뷰 약속이 잡혔다. 속으로 "내일 아침에 내 차의 시동이 걸릴 거라고 믿어!"라고 말하면서 아무것도 하지 않은 채 그저 그렇게 되기만을 바라겠는가, 아니면 시동이 걸리지 않을 경우에 대비하여 다른 대책을 세우겠는가? 이 인터뷰가 내 인생에 정말로 중요한 것이라면, 나는 그것을 운에 맡기지 않을 것이다. 왜냐하면 내가 아무리 내면 깊은 곳의 "믿음"과 교신하길 원한다 해도, 실제로 그렇게 하기란 불가능하기 때문이다. 나는 분명히 내 차가 신뢰할 수 없는 고물 자동차임을 알고 있다.

이처럼 참된 믿음은 희망적인 사고에 기초하여 저절로 생겨날 수 없다. 왜냐하면 참된 믿음은 **그것이 지향하는 구체적 대상**에 뿌리를 두고 있기 때문이다.[9] 내가 의존해야 할 대상(이 예에서는 자동차 노바)이 신뢰할 수 없는 것으로 거듭 입증된다면, 극단적이고 고의적인 자기 기만에 능숙하지 않은 이상 **정말로** 내 차를 신뢰하기는 말 그대로 불가능할 것이다. 내가 아무리 절실히 원할지라도 말이다. 진정한 성서적 믿음이란 긍정적 사고방식이나 맹목적 낙관주의가 아니라, 정의된 대상을 지향하고 있는 것이다. 그리고 믿음의 진실성을 밝혀주는 것은 그 대상에 대한 신뢰성이다. 따라서 믿음 안에서 성장하기를 원한다면, 우리는 하나님의 비범한

---

9 Morgan은 *Roman Faith and Christian Faith*, 4에서 이를 다음과 같은 방식으로 기술한다. "믿음은 그 의미가 항상 그것(믿음)이 작동하는 관계에 의해 부분적으로 정의되는 관계적 개념이다. 주인을 향한 노예의 충실함은 후원자를 향한 고객의 충실함이나 그리스도를 향한 믿는 자의 충실함과 같지 않다." 보다 정확히 말해, 믿음은 관계적 용어로서 믿음의 질은 객체를 신뢰할 수 있는 주체의 능력과 주체에게 신뢰를 심어주는 객체의 능력에 의해 결정된다.

신뢰성을 연구하고 묵상해야 한다.

믿음은 지적 동의로 환원될 수 없다

기독교 전통의 가장 큰 힘 중의 하나는 그것이 지닌 지적 유산의 깊이와 엄격함이다. 기독교가 어리숙한 사람들을 위한 순진한 이야기에 지나지 않는다고 생각하는 사람이 있다면, 시간을 내어 성 아우구스티누스, 토마스 아퀴나스, 장 칼뱅과 같은 고대 사상가들의 저서나, 칼 바르트, 앨빈 플랜팅가, N. T. 라이트와 같은 현대 사상가들의 저서를 읽어볼 것을 권한다. 아마도 부분적으로는 이 풍성한 지적 유산이 매우 강렬하기 때문에, 고대와 현대의 어떤 그리스도인들은 구원이 오직 올바른 것을 알고 특정 교리가 진리라고 믿는 것에 달려 있다고 느꼈을 것이다.

초기 교회 시대의 일부 비정상적인 집단들은 자신들이 지식의 습득을 통해 구원을 받았다고 믿었다. 이들은 보통 영지주의자들이라고 불린다. 이들이 믿었던 내용 사이에 상당한 차이가 존재함에도 불구하고, 이들은 구원이 난해한 지식의 습득에 달려 있다는 확신을 공유하고 있었다. 간단히 말해 생전에 필수로 요구되는 은밀한 정보를 얻지 못한 채 죽을 경우, 그들은 자신들을 노예화시키는 물질세계 곧 그들이 열등한 신으로 간주했던 구약성서의 신에 의해 만들어진 세계로부터 벗어날 수 없고 자신들의 근원이 되는 영적 충만함(가장 높은 하나님 곧 예수에 의해 계시된 신약성서의 하나님)으로 되돌아갈 수 없게 된다는 것이다. 따라서 영지주의자들은 구약성서의 신이 신약성서의 하나님과 다르다는 그릇된 믿음을 가졌다. 그들은 인간의 내면에 휴면 상태로 존재하는 신성이라는 불꽃이 뜨

오직 충성으로 받는 구원

겁게 타올라야 한다고 생각했고, 이를 통해 천상의 여러 영역을 거쳐 본래의 영적 충만함으로 돌아갈 수 있다고 믿었다. 심지어 우리는 특정 암호를 기억하고 있어야 하는데, 그 이유는 천상의 여러 영역으로 들어가는 문을 지키는 천사들이 이 암호를 듣고 우리로 하여금 다음 단계로 넘어갈 수 있도록, 즉 물질세계에서 벗어나 영적 충만함을 향해 나아가도록 허락하기 때문이다. 은밀한 지식은 영지주의자들의 구원에 가장 필요한 것이었다.

최근에는 소위 값없는 은혜 운동(free-grace movement)이라는 것이 등장하여, 이 같은 지식에 의한 구원 개념에 접근하고 있다. 이 체계에 따르면, 나의 죄를 위한 예수의 죽음을 사실로 붙드는 최소한의 믿음이 하나님께서 영원한 구원을 위해 사람에게 요구하시는 전부다. 여기서 강조점은 "예수께서 나의 죄를 위해 죽으셨다"는 제안의 진실성("현실")에 개인적으로 그리고 지적으로 동의("나는 동의한다")하는 것이다. 즉 당신의 죄를 위한 예수의 죽음을 마음으로 동의하는 것은 구원을 받기 위한 필요충분조건으로서 그 외 다른 조건은 필요하지 않다. 당신은 이미 천국을 향하여 가고 있는 것이다.[10] 여기서 발생하는 문제는 믿음에 대한 (그리고 구원의 문제에 대한) 정의가 불완전하다는 점이다. 구원이 값없이 주어진다는 주장을 옹호하는 자들은 하나님의 은혜가 구원에 있어서 최우선이라는 점과 반드시 특정 교리를 "진리로" 혹은 "참된 것으로" 간주해야 할 필요성을 제대로 인지하고 있지만, 믿음을 지적 동의로 환원해 버림으로써 위험한 오류를 가르쳐왔다.

---

10   값없는 은혜 운동을 옹호하는 대표적 주장들에 대해서는 다음의 연구를 참조하라. Hodges, *Absolutely Free*; C. Stanley, *Eternal Security*.

그 누구도, 심지어 값없는 은혜 운동에 속한 사람일지라도, 마가복음에 나오는 귀신들이 예수에 대한 참된 지식으로 인해 구원을 받았다고 주장하고 싶지는 않을 것이다. 이 귀신들은 예수의 신성한 기원을 인지하고 있었고 "나는 당신이 누구인 줄 아노니 하나님의 거룩한 자니이다!"(막 1:24)라고 외쳤으며 "당신은 하나님의 아들이니이다"(3:11)라고 말하기까지 했다. 값없는 은혜를 주장하는 자들도 그런 결론은 신속히 거부할 것이다. 우리 모두는 이런 "사실"만으로는 충분하지 않다는 야고보서의 내용에 동의할 것이다. "네가 하나님은 한 분이신 줄을 믿느냐? 잘하는도다. 귀신들도 믿고 떠느니라"(약 2:19). 그럼에도 불구하고 값없는 은혜를 주장하는 사람들 중 일부는 예수께서 하나님의 아들이라는 사실을 약간 변형한 것에 지나지 않는 말, 즉 예수께서 나의 죄를 위해 죽으셨다는 확언에 의존하고 싶어 한다.

우리는 예수의 구속 사역을 포함하는 특정한 지적 진리들을 참된 것으로 혹은 사실로서 간주해야만 하는데, 이는 옳은 일이다. 그러나 이것이 하나님께서 우리에게 요구하시는 전부는 아니다. 우리는 믿음, 행위, 그리고 복음에 대한 성서의 가르침들을 회복하길 원한다. 따라서 다음 장에서 왕이신 예수를 향한 충성과 더불어 구원의 필수 조건으로서 우리의 지적인 확신을 필요로 하는 핵심 "사실"들이 무엇인지 자세히 다루어볼 것이다.

더 생각해볼 문제들

⋆⋆⋆

1. 그리스도인으로서 믿음과 증거가 상반되지 않는다는 것을 인지하는 일은 왜 중요한가?

2. 개인적으로 믿음이 (공공연하게 혹은 은연중에) 증거의 반대 개념으로 정의되었던 때가 있었다면, 그 상황에 대해 말해보자. 당신이나 다른 사람들은 그 상황을 문제 상황으로 인지했었는가?

3. 하나님께서 당신으로 하여금 어둠 속에서 발을 내딛도록 요구하신다고 느낀 적이 있는가? 그랬다면 그다음에 어떤 일이 벌어졌는가?

4. 어둠 속에서의 도약 관념은 어떤 이유로 히브리서가 말하는 성서적 믿음(피스티스) 개념에 근접하는 동시에 그것으로부터 멀어지는 것일까?

5. 성서에 대한 건전한 존경과 적절치 않은 성서 숭배를 나누는 기준은 무엇인가?

6. 행위를 친구나 적으로 간주하게 만든 경험, 특히 종교적인 경험이 있는가? 왜 그렇게 생각하게 되었는가?

7. 단지 믿음을 위해서 믿음을 갖는 것이 심리적으로 도움이 되는가? 이에 따르는 잠재적 위험과 보상은 무엇인가?

8. 믿는다는 사실만을 절대시하는 그리스도인 친구의 생각을 바꿀 기회가 있다면, 당신은 그 생각이 지닌 결함을 어떻게 설명할 것인가?

9. 믿음이 어떤 사실에 대한 지적 동의로만 정의될 경우 기독교 전체에 어떤 위험이 있는가?

10. 성서가 믿음을 이야기할 때 지적 동의 이상의 것을 의미한다는 점을 깨닫게 해주는 실천적인 방법(구체적인 행동)에는 어떤 것이 있는가?

Salvation by

2장

충성과 완전한 복음

Allegiance Alone

몇 달 전 어느 날 오후에 나와 아내는 현관문을 두드리는 노크 소리에 놀랐다. 우리가 기르는 털복숭이 강아지가 벌떡 일어나 짖으면서 커피 테이블과 샹들리에 사이를 부산하게 움직였다. 나가 보니 한 중년 여성이 매우 공손한 자세로 현관에 서 있었다. 어색하지만 일상적인 이야기를 나눈 후 그녀는 우리 집을 방문한 이유를 설명했다. 그녀는 집집마다 돌아다니면서 인근에 새로 생긴 교회로 사람들을 초대하고 있었다.

우리는 그녀의 용기 있는 행위에 대해 적절히 경탄을 표현하면서, 이미 다른 교회에 다니고 있다고 말했다. 우리가 교회에 다닌다고 하자 그녀는 기뻐했다. 그러더니 바로 정치인 같은 집요함을 보이며 우리에게 작은 소책자를 들이밀었다. 그녀는 교회 출석이 명목상의 행위일 뿐 교회에 출석한다고 해서 그것이 예수에 관한 복음을 제대로 이해하고 있다는 사실을 보장해주지 않는다는 것을 알고 있었다. 이 말을 하면 방문 판매원들이 쉴 새 없이 우리 집에 들이닥칠 수 있기 때문에 썩 내키지는 않지만, 그녀가 떠난 후 나는 좀처럼 하지 않는 일을 했다. 바로 그녀가 준 소책자를 읽기 시작했던 것이다.

예수는 나를 위해 죽으셨다 – 잘려져 나간 복음

현관문이 닫히자, 나는 소책자를 힐끔 쳐다보았다. 거기에는 "천국을 100% 확신하는 방법"이라는 제목이 달려 있었다.[1] 당시 이 책의 1장을 쓰고 있던 나는 이 소책자가 천국을 완전히 확신하는 데 정확히 어떤 프로그램을 제공하고 있는지를 확인하고픈 강한 열망에 휩싸였다. 소책자가 제안하는 절차는 놀라운 것이 아니었다. 전 세계에서 매주 수없이 선포되는 설교의 내용과 같았다. 믿고, 회개하고, 그리스도께 구원을 간구하라. 소책자의 프로그램은 여섯 단계로 이루어져 있으며, 모든 단계가 끝나면 회개하고 100% 확실한 하나님의 약속을 그리스도께 간구하라는 지침을 준다. 주님을 향한 간구는 다소 이상하지만 시편 55:16 및 116:13과 연결되고, 이어서 로마서 10:13인 "누구든지 주의 이름을 부르는 자는 구원을 받으리라"는 말씀으로 연결된다. 이 소책자는 특히 다음과 같은 내용에 중점을 둔 것으로 보였다. "주님만이 당신을 구하실 수 있다. 주님을 믿는 믿음에 더하여 선행으로 '구원을 얻으려는' 노력은 당신을 구할 수 없다!" 그리고 소책자의 독자들에게 마음으로 특정 기도를 드리도록 요청한다. 마지막 단계를 마치게 되면 기쁨의 소식이 주어진다. "사랑하는 친구여, 당신이 이 기도를 진심으로 드렸다면, 성서 말씀에 나와 있는 하나님의 약속을 토대로 당신의 구원을 100% 확신할 수 있습니다!"

나는 이 특별한 소책자나 이것을 가져온 여성을 비난하려는 것이 아

---

[1] 이 소책자의 저작권은 Jim L. Bray 목사(2009)에게 있으며, 주문을 위한 인터넷 주소는 다음과 같다. www.thepoweroftheword.com

오직 충성으로 받는 구원

니다. 뛰어난 학자들이 집필한 정교한 책들도 때로는 부적절한 표현을 담고 있다.[2] 그 소책자에는 건전한 신앙을 지닌 그리스도인이라면 적극적으로 긍정할 많은 진리들이 담겨 있었다. 비록 이 소책자가 전하는 메시지가 정도에서 살짝 어긋나 있긴 하지만, 많은 사람들이 그와 동일한 메시지를 통해 그리스도께 돌아설 수 있고, 실제로 돌아서고 있다. 그렇다면 무엇이 문제란 말인가?

이 소책자의 오류는 주로 구조, 강조, 정의, 목적과 관련이 있지만, 여러 자잘한 오류들이 뒤섞여버린 까닭에 복음과 구원의 목적이 동시에 왜곡되어버린다. 이 소책자를 읽는 사람은 하늘나라에 대해 100% 확실한 약속을 받기는커녕 오히려 깊은 영적 위험에 빠질지도 모른다. 독자는 이런 생각에 빠질 수도 있다. "내가 이 기도를 드렸기 때문에, 하나님은 나로 인해 이미 만족하셨고 나는 영광의 길에 들어섰다. 그러므로 이제 나는 하나님을 만족시키는 것과 영광의 길에 들어서는 것을 내 인생의 목표에서 지워버릴 수 있다." 더 나아가 이렇게 생각할 수도 있다. "나는 이제 **조금** 더 나은 삶을 살기 위해 노력할 것이다. 하지만 내가 무엇을 하든 그것은 실제로 중요하지 않다. 나의 의를 신뢰하는 함정에 빠지고 싶지 않다. 그러므로 나의 행위에 대해 너무 많이 염려하지 않을 것이다."

이런 기도를 드린 독자는 아마도 그리스도의 제자가 되는 여정을 포용하거나, 반대로 그렇게 하지 않을 수도 있다. 그러나 이 소책자가 전달하고자 하는 복음의 메시지는 그리스도의 제자가 되는 것이 선택 사항이라고 분명히 암시하고 있다. 지속적인 죄에 대해 모호한 후회를 느끼는

---

2   예를 들어 복음의 내용 안에 오직 믿음과 우리의 칭의를 포함시키는 것을 표현함에 있어서 이런 현상이 생긴다. 이 책 3장의 소단원 "사복음서에 나타난 예수의 복음 선포"에 나오는 논의를 보라.

것 외에, 장기적인 행동의 변화는 이 변화가 "행동"을 의미하는 한, 하늘나라라는 케이크의 필수 요소가 아니라 장식에 불과하다. 이 케이크에 어떤 선행을 추가로 장식해놓으면 그로 인해 맛이 더 달콤해질 수 있지만, 선행이라는 장식물이 없더라도 이 케이크는 이미 근사하다. 따라서 구태여 이 케이크를 장식하기 위해 노력할 필요가 없을 것이다. 그러나 기독교의 완전한 복음은 우리에게 이보다 훨씬 더 많은 것을 요구하고 제공한다.

참된 복음을 향하여

내용의 일부가 잘려나간 복음을 평가하고 이것을 참된 복음으로 대체하고자 할 때 제일 먼저 주목해야 할 것은 전자의 복음이 우주적 드라마에 대한 왜곡된 구상을 전제하고 있다는 점이다. 이런 복음이 제시하는 구상은 자기중심적이다. 나에게는 문제(죄)가 있고, 현재 멸망을 향해 가고 있다. 그러나 예수께서 나의 죄를 위해 돌아가셨으므로, 이제 나는 경로를 바꾸어 하늘나라로 갈 수 있는 기회를 얻게 되었다. 이를 위해 필요한 것은 오직 예수의 죽음이 나의 죄로부터 나를 완전히 구원해준다는 나의 개인적인 믿음이다. 그러나 이런 복음이 나와 내 죄가 아닌, 예수에 관한 이야기로 시작된다면 어떻게 되는 걸까? 혹은 창조와 새 창조 같은 보다 근본적인 무언가로 시작된다면 어떻게 되는 걸까? 혹은 하나님의 형상을 지닌 인간의 근본적인 임무에서부터 시작된다면 어떻게 되는 걸까? 이런 변화는 전체 이야기를 어떻게 변화시키는 걸까? 게다가 이렇게 잘려나간 복음이 추정하는 인류의 궁극적 목적은 (이 책의 6장에서 논의할 내용인) 새 하늘과 새 땅에 직접 참여하는 것이 아니라 하늘나라에서 영적인 축복을 누리는 것이다. 이 차이는 구원의 실제적 의미에 급진적인 영향을 미친다. 요약하면 우리는 이처럼 잘려나간 복음에 들어맞는 이야기를 재고해야 할 필요가 있고, 적절한 시점에 이 임무에 착수할 것이다.[3] 이제 복음의 핵심 메시지에 초점을 맞춰보자.

올바른 복음

일반적으로 **복음**이라는 단어는 "좋은 소식"을 의미한다. 복음은 그리스어 유앙겔리온(*euangelion*)을 번역한 것으로, 유앙겔리온의 "유"(*eu-*)는 "좋은"이라는 의미를 지닌 접두어이며 앙겔리온(*angelion*)은 전달된 메시지를 가리킨다. (앙겔리온은 앙겔로스[*angelos*]라는 다른 그리스어와 관련이 있는데, 앙겔로스는 "전령"이라는 의미로서 이 단어에서 영어의 천사[angel]가 파생되었다.) 유앙겔리온은 공개적으로 선언되고 선포된 기쁨의 메시지를 가리킨다. 당신이 고대의 여왕이나 왕이라고 상상해보라. 지금 당신을 보필하는 장군들이 멀리서 왕국의 운명을 건 전투를 벌이고 있다. 그런데 갑자기 한 사람이 궁전 안으로 뛰어 들어와 외친다. "좋은 소식이 있습니다! 좋은 소식이 있어요! 우리 군대가 이겼고 지금 사로잡은 적들을 끌고 이곳으로 돌아오고 있습니다!" 아니면 우리의 목적에 한층 더 근접한 또 다른 고대의 장면을

---

3   이와 동일한 분석에 대해서는 다음의 연구를 참조하라. McKnight, *King Jesus Gospel*, 34-44(『예수 왕의 복음』[새물결플러스 역간]). 복음과 관련하여 Mcknight의 주장에 따르면, 현대 교회 문화 속에서 복음 제시의 방법(복음주의적 설득)과 "구원의 계획"은 너무 빈번히 복음의 참된 내용, 즉 이스라엘 이야기에 의해 구성된 예수의 이야기를 억압하고 있다.

상상해보라. 주변 지역의 모든 사람들이 정치적 혼란으로 인해 왕좌가 비어있다는 사실을 알고 있다. 그런데 바로 이때 한 전령이 마을을 지나다니며 외친다. "좋은 소식입니다! 테오도로스 왕자가 우리의 새 왕이 되었습니다!" 유앙겔리온이 신약성서에서 예수와 관련되어 사용될 때 바로 이와 비슷한 무언가를 의도하고 있다. 복음을 보다 정확하게 이해하기 위해 우리는 중심에서 바깥으로 이동할 것이다. 이번 장에서 우리는 신약성서에 기록된 복음에 관한 기록 중 가장 초기의 명확한 진술을 출발점으로 삼아, 이와 관련된 사도 바울의 서신 내용을 살펴보고, 복음에 관한 진술들이 복음이 지니는 의미의 맥락을 어떻게 확장시키는지 알아볼 것이다.

　"복음"(gospel)이라는 말이 최초의 그리스도인들에게 무엇을 의미했는지에 대한 가장 직접적인 설명은 바울 서신 중 특히 로마서 1:1-5, 1:16-17, 고린도전서 15:1-5(참조. 딤후 2:8)에서 찾아볼 수 있다. 또한 빌립보서 2:6-11은 유앙겔리온이라는 단어를 사용하지는 않지만 위에 언급된 내용과 매우 흡사하며, 복음에 대한 우리의 이해를 채우는 데 도움을 준다. 우리의 시작은 바울이다. 그 이유는 첫째, 그가 현존하는 가장 초기의 기독교 저자이기 때문이다. 그는 예수 사후 약 15년이 지나고 나서부터 서신을 쓰기 시작했다. 둘째, 바울의 복음 설명에는 그것이 가지는 독특성에 비해 당시 초기 사도적 교회 전반에 걸쳐 쉽사리 발견되는 점들이 잘 드러난다는 증거가 있다. 나의 결론을 미리 예상하자면, 복음은 예수의 삶, 죄에 대한 죽음, 부활, 왕으로서의 취임에 관한 능력의 이야기이지만, 이 이야기는 이스라엘과 창조 이야기라는 더 넓은 틀에서만 설득력을 갖는다. 무엇보다 복음은 천국, 지옥, 결정을 내리는 것, 특정 기도를 올린 후 손을 드는 것, 오직 믿음으로만 의롭게 되는 것, 예수의 의로우심을 신뢰하는 것, 또는 선행을 통해 구원받을 수 있다고 여기는 인간의 성향과 같은 것에 대한 이야기가 아니다.[4] 결론적으로 복음은 **예수께서 이런 넓은 이야기들을 절정으로 이끄시면서 속죄의 왕으로 즉위하신다는 것에 관한 좋은 소식**을 의미한다.

성육신과 즉위

로마서 1:1-5은 복음에 관한 최초의 문단으로 바울의 가장 유명하고 긴 서신의 초두에 자리하고 있다. 바울은 로마에 있는 교회에 자신과 복음을 소개하면서 서두를 연다. 이 교회들은 바울이 세운 것은 아니지만, 그는 이 교회들을 방문하고 싶어 한다. 만약 바울이 서두에 복음을 요약하는 것이 로마 교회 성도들의 주목을 끌기에 가장 적합한 방법이라고 생각했다면, 우리는 로마의 여러 가정교회들이 복음에 대한 그의 요약을 좋게 받아들였을 것이라고 여길 만한 충분한 이유를 이미 가지고 있는 셈이다.[5] 또한 바울은 이 복음을 일컬어 "나의 복음"이라고 말하지 않는다. 그가 때때로 "나의 복음"이라는 표현을 사용할 수 있음에도 불구하고 말이다(롬 2:16; 16:25; 딤후 2:8). 바울에겐 오직 하나의 참된 복음만이 존재하기 때문에(참조. 갈 1:6-7), 그는 보편적 차원에서 이 복음을 "하나님의 복음"이라

---

4 "복음"이라는 용어의 잘못된 현대적 적용에 대해서는 다음의 연구를 참조하라. Carson, "What Is the Gospel?—Revisited." Carson은 근본적인 문제를 다음과 같이 잘 기술한다. "성서의 주장에 의하면 복음 선포에는 개인적 결과와 공동체적 결과가 동시에 따르는데, 둘 중 어느 것도 복음 그 자체는 될 수 없다"(159).

5 대부분의 학자들은 다음과 같은 (내 생각에는 옳은) 결론을 내린다. 롬 1:3-4은 전통적인 내용으로 이루어져 있는데, 바울은 이 전통적 내용을 자신의 편지에 포함했던 것이다. 이에 관한 학문적 논의에 대해서는 다음의 연구들을 참조하라. Jewett, "Early Christian Confession"; Jipp, "Interpretations of Romans 1:3-4."

고 부른다.

> 예수 그리스도의 종 바울은 사도로 부르심을 받아 하나님의 복음을 위하여
> 택정함을 입었으니, 이 복음은 하나님이 선지자들을 통하여 그의 아들에 관
> 하여 성경에 미리 약속하신 것이라(롬 1:1-2).

우리는 이 보편적 복음의 본질과 관련하여 중요한 진리를 발견하게 된다.
하나님은 선지자들을 통해 이 복음이 출현하게 될 것을 **예언**하셨을 뿐만
아니라, 이보다 더 놀라운 일을 행하셨다. 창조주시며 유일하신 참 하나
님, 가장 높은 하늘조차 품을 수 없는 이 하나님께서는 미리 **약속**을 통해
복음을 가져올 의무를 자신에게 부과하셨다. 하나님께서 이렇게 하셔야
한다는 어떠한 강요나 강제도 없었지만, 바울의 제안에 의하면 하나님은
미래에 주어질 특정 종류의 좋은 소식을 성취하시기 위해 자신이 창조하
신 인간과 모든 피조물들을 돌보기로 작정하셨다.
　이어서 바울은 이 좋은 소식을 희소하지만 의미심장한 표현을 통해
로마 교회 성도들에게 설명한다.

> [복음은] 그의 아들에 관한 것으로 이 아들은 육신에 관해서는 다윗의 후손
> 으로서 이 땅에 나셨고, 성령에 관해서는 죽은 자들 가운데서 부활하심을 통
> 해 하나님의 권능의 아들로 임명되셨다. 이 아들은 바로 우리 주 예수 그리
> 스도다(롬 1:3-4; 저자 번역).[6]

---

6 롬 1:3-4을 이렇게 (내가 한 것처럼) 번역하는 것과 이 소단락에서 제기되는 해석에 대
　한 자세한 학문적 변호는 다음의 연구를 참조하라. Bates, "Christology of Incarnation and
　Enthronement."

우리는 바울이 요약한 복음을 읽으면서 이 복음이 가장 기본적인 차원에서 볼 때 나와 나의(혹은 "우리"와 "우리의") 구원을 탐구하는 이야기가 아니라, 하나님의 아들과 그 아들이 행하신 것에 관한 웅장하고 우주적인 이야기임을 인지하게 된다.

육체적 존재

이 우주적 드라마의 첫 번째 장은 후대의 전통에서 **성육신**이라 일컫는 것, 즉 예수께서 인간의 육신을 취하신 사건과 관련이 있다. 이야기가 전개되면서 아들(예수)은 아버지 하나님과 함께 선재하지만, **좋은 소식 곧 바른 복음은 하나님께서 보내신 예수가 인간의 육신을 입을 때 시작된다.**[7] 따라서 6장에서 살펴보겠지만, 가장 광범위한 범위에서 볼 때 좋은 소식은 또 다른 사람인 아담과 긴밀히 연결되어 있는데, 이 아담은 예수처럼 육신의 모습으로 존재하게 되었다. 인류의 전형이자 참 인간이신 예수는 아담과 일치하고 유사한 존재다. 따라서 완전히 좋은 소식은 창조와 관련하여 아담(그리고 하와)의 역할과 관련이 있다. 모든 것을 고려해볼 때 복음의 연관 맥락은 창조만큼이나 광대하게 드러날 것이다. 그러나 에덴동산

---

7 롬 1:3이 예수의 선재성을 나타내고 있다는 근거는 (다른 무엇보다도) 기노마이(*ginomai*)라는 동사에서 찾을 수 있는데, 이 동사는 일반적인 출생(이때는 보통 겐나오[*gennaō*]라는 동사가 사용됨)뿐만 아니라 비육신적 존재가 육신적 존재로 변화하는 것을 강조하는 의미를 지닌다(참조. 갈 4:4; 빌 2:7). 롬 8:3은 이런 해석을 뒷받침하는데, 그 이유는 여기서 하나님이 다음과 같이 묘사되고 있기 때문이다. 하나님이 "죄로 말미암아 자기 아들을 죄 있는 육신의 모양으로 보내어 육신에 죄를 정하사." 여기에는 아들인 예수께서 아버지이신 하나님과 비육신적 상태로 함께 계시지만, 육신 곧 **죄로 물든** 육신과는 다른 육신을 입고 이 땅에 보내심을 받음으로써 육신의 죄를 정죄하신다는 것이다(참조. 갈 3:13; 롬 3:25; 벧전 2:24-25).

에서의 아담과 하와의 "타락" 그리고 이로 인한 인간의 곤경에 관한 이야기는 원 복음의 내용에 속하지 않는다. 오히려 이 이야기는 복음을 완전히 이해하기 위해 반드시 필요한 틀과 같은 역할을 한다. 논의를 전개할수록 점점 더 명확해지겠지만, 우리가 믿음, 복음, 구원에 관한 내용을 정확히 재구성하고자 할 때는 그 세부 내용이 정확해야 한다.

바울이 좋은 소식을 요약하는 데 사용하고 있는 용어의 압축성을 감안하면, 두 번째 틀로 작용하는 이야기를 이해하는 것은 비교적 수월하다. 예수께서는 육신인 인간의 몸으로 이 세상에 무작정 들어오신 것이 아니다. 하나님은 자신이 이미 한 약속들을 정확히 성취하시기 위해 신중하게 예수의 가계(family line)를 선택하셨다. 예수는 육신에 관한 한 다윗의 가문에 태어나셨을 뿐만 아니라 "다윗의 씨를 통해" 나셨다. 이는 다윗에게 주신 하나님의 약속, 즉 다윗이 왕위에 오른 직후 하나님이 그에게 주셨던 약속이 성육신을 통해 성취된다고 생각하지 않을 경우에는 복음을 통합적으로 이해하기 어렵다는 뜻이다.

네 수한이 차서 네 조상들과 함께 누울 때에 내가 네 몸에서 날 네 씨를 네 뒤에 세워 그의 나라를 견고하게 하리라. 그는 내 이름을 위하여 집을 건축할 것이요 나는 그의 나라 왕위를 영원히 견고하게 하리라. 나는 그에게 아버지가 되고 그는 내게 아들이 되리니(삼하 7:12-14).

다윗에게 한 후손이 약속되었는데, "씨"(seed)라는 문자적 의미를 지닌 이 후손은 영원한 왕국의 왕으로 세워질 것이다. 또한 이 왕은 하나님과 부자지간의 특별한 관계를 누릴 것이라고 명시되어 있는데, 이는 은유적인 표현으로서 초기 그리스도인들은 이 왕과 하나님이 가지게 될 이런 특별

오직 충성으로 받는 구원

한 관계가 미래의 실제가 될 것을 예견했을 것이다. 한 마디로, 예수는 하나님의 독생자이시다. 그러나 이런 약속의 표현은 더 이른 시기에 기록된 두 성서 이야기, 즉 (1) 아브라함과 그의 씨를 통해 "땅의 모든 족속이 복을 받을 것이라"(창 12:3; 22:18; 참조. 갈 3:16)는 이야기, 그리고 이보다 앞선 (2) 뱀의 머리가 **여자**의 씨를 통해 상하게 될 것(창 3:15)이라는 이야기를 반향한다. 따라서 "다윗의 씨를 통하여"라는 바울의 과감한 표현은 수많은 이미지들을 불러일으킨다. 이 표현은 아마도 **마리아**를 다윗의 씨로 간주함으로써, 선재하시는 하나님의 아들을 육신으로 존재케 하는 데 있어 그녀가 맡고 있는 도구적 역할을 강조하는 표현일 것이다.[8]

그러나 복음은 다윗과 연관된 약속에 관한 것이 아니다. 복음은 부활에 관한 것이다. 복음에 관한 가장 간결하면서도 명확한 표현은 바울이 디모데에게 보낸 두 번째 편지에 남아 있다. "내가 전한 복음대로 다윗의 씨로 죽은 자 가운데서 다시 살아나신 예수 그리스도를 기억하라"(딤후 2:8).[9] 앞으로 살펴보겠지만, 부활은 예수의 대관식과 밀접한 관계가 있다.

---

8 롬 1:3의 *tou genomenou ek spermatos Dauid*("육신으로는 다윗의 혈통에서 나셨고")와 갈 4:4의 *genomenon ek gynaikos*("여자에게서 나게 하시고")를 비교해보라. 성육신적 해석은 바울이 롬 1:3과 갈 4:4(참조. 빌 2:7)의 *gennaō*보다 *ginomai*를 선호하고 있음을 설명해주는데, 이는 주목해야 하는 내용이다. 다음의 내용에도 주목하라. 롬 1:3의 *ek*에 대한 도구적 해석은 롬 1:4의 *ex*와 평행 관계를 유지한다. 왜냐하면 후자의 해석은 명백히 도구적이기 때문이다("부활하사"). 다윗의 자손인 마리아에 대해서는 다음의 문헌들을 보라. (아마도) 눅 3:23; Ign. *Eph*. 18.2; *Trall*. 9.1; Justin, *Dial*. 100.3; Irenaeus, *Epid*. 36; *Haer*. 3.16.3.

9 몇몇 현대의 학자들은 바울이 디모데후서를 썼다고 믿지 않는다. (그리고 디모데후서 외에도 신약성서의 바울 서신 중 5개가 바울 저작 여부와 관련하여 논쟁 대상이 되고 있다.) 나를 포함한 다른 학자들은 Luke Timothy Johnson이 *First and Second Letters to Timothy*, 55-90에서 제기한 이유들을 근거로 바울 저작 여부를 의심하는 주장에 동의하지 않는다. 나의 학자적 신념으로 인해, 그리고 바울의 저작 여부가 본 연구의 결과에 영향을 미치지 않으므로, 나는 열세 개의 서신(이 열세 개의 서신은 모두 바울을 저술자로 제시하고 있다)이 바울에 의해 기록되었다고 언급할 것이다.

왕좌에 앉으신 하나님의 능력의 아들

이 우주적 드라마의 두 번째 장은 바로 로마서 1:3-4에 등장하는 하나님의 아들의 **즉위**다. 바울은 성육신 이후 깜짝 놀랄 무언가가 발생했다고 말한다. 그것은 바로 하나님의 아들이 사망한 사건(이는 그리스도의 부활 이전 상태를 나타내는 "죽은 자들 가운데서"라는 바울의 표현에 암시되어 있다)이다. 그러나 그는 하나님에 의해 새로운 육신을 입고 부활했다. 예수는 이 부활을 토대로 새로운 권위의 자리로 임명받았다. "하나님의 능력 있는 아들로 임명받았다"는 말은 하나님의 아들이신 예수께서 지위를 행사할 수 있는 자리에 취임했다는 비공식적 묘사에 가장 적합한 표현이라 할 수 있다. 그런데 현대의 거의 모든 영어 번역과 대다수의 학자들은 "능력으로 하나님의 아들로 선포되셨으니"(declared with power to be the Son of God)라는 정확성이 떨어지는 해석을 내놓음으로써 이 표현의 요지를 놓치고 있다.[10]

　　바울의 사고방식이 지닌 진정한 추진력은 예수께서 부활을 통해 죽은 자들이 있는 낮은 자리에서 높은 자리로 올려지셨고 그 결과 주권자의 자리에 취임하게 되었다는 데 있다. 이전에 예수는 하나님의 아들이었다. 그리고 이제 그는 하나님의 능력 있는 아들로서 그의 모든 원수들이 그의 발아래 놓일 때까지 적극적으로 통치하신다(고전 15:25). 다른 말로 표현한다면, 십자가 및 부활 사건 이전에 예수는 이 땅에서 기름 부음을 받은 자 곧 다윗 혈통의 왕 같은 메시아로 선택받은 자였다. 그러나 이 땅에서의 여정 동안 그는 왕위를 이어 받지 못했다. 아직 왕으로서의 통치가 시

10　관련 증거는 다음의 연구를 보라. Bates, "Christology of Incarnation and Enthronement."

작되지 않았던 것이다. 그러나 이 부활(및 승천)은 모든 것을 바꾸어 놓았다. 왜냐하면 예수는 이제 하나님 우편에 왕으로 좌정하사 하늘과 땅의 주로서 통치하고 계시기 때문이다. 바울은 복음의 기본 내용에 대한 요약을 마무리하면서 하나님의 권능의 아들이라는 예수님의 호칭과 함께 자신이 더 선호하는 "우리 주 예수 **그리스도**"(롬 1:4)라는 호칭을 언급한다.

하나님의 권능의 아들인 예수께서 성취하시고자 하는 것은 무엇인가? 바울은 이어지는 절에서 복음의 목적에 대해 이야기한다. 우리의 주 예수 그리스도는 바울과 다른 사도들에게 권한을 위임하시면서 그들로 하여금 모든 이방인들 중에서 "믿음의 순종"(*hypakoēn pisteōs*)을 가져오도록 하셨고, 이제 모든 이방인들은 예수의 이름에 영광을 돌리게 될 것이다(롬 1:5. 참조. 16:26). 우리는 "믿음(*pistis*)의 순종"이 무엇을 의미하는지 궁금해할 수 있다. 종교개혁 이후 많은 이들이 전통적으로 주장해오고 있는 것처럼, 만일 복음이 오직 믿음 곧 행위가 수반되지 않는 믿음에 관한 것뿐이라면, 왜 바울은 복음의 목적이 믿음(*pistis*)이라고 말하고 있지 않은 것일까? 바울은 "믿음"의 결정이 내려진 **후**(이를 조직신학자들이 선호하는 용어로 표현하면 **의롭게 됨**이 판명된 후) 복음이 순종을 촉진하게 될 것이라고 단순히 말하고 있는 것일까?

우리는 구원의 엄격한 순서(하나님에 의해 무죄를 선고받는 **칭의**, 하나님의 도움으로 점점 더 거룩해지는 **성화**, 마지막으로 완전한 변화와 하늘나라 입성으로 표현되는 **영화**)[11]를 제시함으로써 구원에 관한 여러 이미지들(그리고 이 이미

---

11 (칭의, 성화, 영화를 넘어서는) 구원의 순서에 관한 고전적이고 정교한 제시를 원한다면, 다음의 연구를 고려해보라. Murray, *Redemption—Accomplished and Applied*. 우리가 순서를 나타내는 용어를 사용할 경우 어느 정도까지 바울의 구원 개념을 설명할 수 있는지를 평가한 최근의 연구는 다음을 보라. Gaffin, *By Faith, Not by Sight*. 더 자세한 논의는 이 책의 8장 "구원의 순서"를 보라.

지들의 과거, 현재, 미래의 측면들)을 조화시키려는 섣부른 해답을 경계해야 한다. 이처럼 깔끔하게 정리된 현대적 구원 체계는 구원의 작동 방식에 대해 편리한 대답을 제공해주지만, 그것이 의존하고 있는 고대의 사고 구조와 충분히 일치하지 않는다. 나는 앞으로 순종과 믿음(*pistis*) 사이의 관계에 대해 더 언급할 것이다.

V자 형태

바울의 가장 중요한 서신인 로마서 서두에서 그는 자신이 말하는 "복음" 의 의미가 무엇인지를 요약하면서 V자 형태를 띠고 있는 예수의 이야기에 관해 말한다.[12] 먼저 예수는 하나님의 아들로 선재했는데, 이는 그의 고귀한 상태를 미리 가정하고 있는 것처럼 보인다. 그러나 그는 아래를 향하여 이동하면서 인간의 육신을 입고 맨 밑바닥에 있는 죽은 자들의 처소에 도달했다. 그러나 그는 밑바닥에 도달한 후 위를 향해 이동했다. 그는 죽은 자들 가운데서 부활하사 하늘나라에서 하나님의 권능의 아들로 임명되었다. 이 이야기가 바울의 다른 서신들에 있는 잘 알려진 구절들과 유사하게 들리는가? 성서에 익숙한 사람이라면, 이 질문에 대해 "그렇다" 고 답해야만 한다. 로마서 1:1-5과 달리, 바울은 빌립보서 2:6-11에서 예수에 관한 이야기를 기술하면서 "복음"(gospel)이라는 용어를 사용하고 있지는 않지만, 이 내러티브들의 기본 형태는 동일하다. 그리고 여기서

---

12 그리스도의 이야기를 V자 형태로 제시한 최초의 연구는 다음과 같다. Ben Witherington III, *Paul's Narrative Thought World*, 95.

다 살펴볼 수는 없지만 갈라디아서 4:4-5, 로마서 10:6-8, 고린도후서 8:9도 이와 유사한 형태를 보이고 있다.

아래로, 그다음에 위로

그러나 여기서 빌립보서 2:6-11을 간단히 살펴보자.[13] 바울은 정황을 설명하면서 빌립보 교회 성도들과 우리 모두가 메시아이신 예수를 우리 행동 가운데 본받도록 부름받았다는 사실을 상기시킨다. 그다음에 바울은 예수의 내려가심을 기점으로 V자 형태에 대한 이야기를 시작한다.

> 그는 근본 하나님의 본체시나 하나님과 동등됨을 취할 것으로 여기지 아니하시고 오히려 자기를 비워 종의 형체를 가지사 사람들과 같이 되셨고 사람의 모양으로 나타나사 자기를 낮추시고 죽기까지 복종하셨으니 곧 십자가에 죽으심이라(빌 2:6-8).

여기서 묘사되고 있는 예수의 내려가심은 로마서 1:3에 나오는 아래로의 이동과 정확히 일치한다. 차이가 있다면 빌립보서 2:6-8은 예수의 선재하심, 성육신, 죽은 자들의 영역으로 내려가심뿐만 아니라 예수의 의도성을 강조하고 있다. 예수는 주도적으로 아래로 내려가신 것으로 묘사된다. 그러므로 이 본문에서는 예수의 육체적 존재에 앞선 주체적 작용이 강조되고 있다. 그러나 바울은 위를 향한 예수의 이동에 대해 이야기한다. 그

---

13   빌 2:6-11에 관한 풍성한 신학적 논의는 다음의 연구를 보라. Gorman, *Inhabiting the Cruciform God*, 9-39

리고 이 이야기의 다음 단계에서는 예수가 아닌 하나님(성부)께서 주도적으로 일을 행하신다.

> 이러므로 하나님이 그를 지극히 높여 모든 이름 위에 뛰어난 이름을 주사 하늘에 있는 자들과 땅에 있는 자들과 땅 아래에 있는 자들로 모든 무릎을 예수의 이름에 꿇게 하시고 모든 입으로 예수 그리스도를 주라 시인하여 하나님 아버지께 영광을 돌리게 하셨느니라(빌 2:9-11).

빌립보서 2:9-11에 나오는 위를 향한 이동에 관한 요소들은 로마서 1:4과 정확히 일치하지는 않는다. (예를 들어 빌립보서에는 부활에 대한 언급이 없다.) 그러나 두 내러티브의 전반적인 형태는 동일하다. 로마서와 빌립보서에서 예수는 하늘의 직위를 부여받고 명시적으로 주님(Lord)이라고 불린다. 비록 이 주 되심(lordship)이 로마서와 빌립보서에서 각각 조금씩 다르게 기술되지만 말이다. 로마서에서 주 되심은 "하나님의 권능의 아들"이라는 비공식적 명칭으로 기술되어 있고, 빌립보서에서 주 되심은 오직 야웨 하나님께만 적합한 이름과 경의가 예수께도 부여된 것으로 기술되어 있다.[14]

---

14 빌 2:10-11에 암시된 이사야서(사 45:22-23을 보라; 참조. 롬 14:11)는 바울이 야웨에게만 국한된 구약성서 본문을 예수에게 거리낌 없이 적용하고 있음을 보여준다. 다음의 연구를 보라. Capes, *Old Testament Yahweh Texts, Jesus and the God of Israel*, 197-210에서 Bauckham은 다음과 같이 말하기도 한다. 빌 2:10-11에서 예수와 야웨는 동일하면서도 독특한 신적 정체성을 갖고 있으므로, 바울이 볼 때 예수가 받게 되는 이름은 곧 "야웨"가 된다. 그러나 지금의 나는 신적 정체성 기독론보다는 신적 위격 기독론에 대해 말하는 것을 선호한다. 그 이유에 대한 논의는 다음의 연구를 보라. Bates, *Birth of the Trinity*, 24-25.

공통된 형태

더욱이 이 내러티브는 동일한 기본 구조를 갖고 있을 뿐 아니라, 약간은 특이하지만 깨달음을 주는 연결된 내용들을 포함하고 있다. 예를 들어 로마서 1:3과 빌립보서 2:9에는 출산하다라는 일반적인 그리스어 동사 겐나오(*gennaō*)가 기노마이(*ginomai*)라는 동사에 밀려나는데, 후자는 평범한 출생을 의미할 수도 있지만 이보다는 지위 혹은 존재 상의 변화를 더욱 빈번히 강조하는 표현이다. 로마서 1:3에서 바울은 아들(성자)에 대해 말하는데, 이 아들은 육신에 관해서는 "다윗의 씨를 통해 나셨다." 이와 유사하게 빌립보서 2:9에서 그리스도 예수는 선재하시는 존재지만 그럼에도 불구하고 **"사람과 같이 나셨다."** 이를 요약하면 두 구절에서 바울은 (그리고 그가 무슨 자료를 사용했든지 그 자료는) 출생을 나타내는 일반적 단어를 무시하고 기노마이라는 단어를 대신 선택했는데, 기노마이는 선재하는 신성한 존재가 출생을 통해 인간의 몸으로 존재하게 된 현상을 가장 잘 설명해주는 단어다(참조. 갈 4:4).

또 다른 특이 사항은 각 이야기 사이의 유사성을 암시하고 있다. 두 이야기 모두 예수께서 우리가 상상하기 힘든 높은 지위에서 시작하고 계심을 보여준다. 로마서에서 예수는 하나님의 "아들"로 묘사되는데(1:2), 여기에는 예수께서 성부 하나님과 함께 선재하셨다는 사실이 내포되어 있다. 이와 마찬가지로 빌립보서 2:6에서 예수는 "하나님의 본체로" 그리고 "하나님과 동등한 존재로" 묘사된다. 하지만 비록 하나님의 아들보다 더 높은 지위에 도달하는 것이 불가능하다고 여기더라도 용서를 받을 수 있겠지만, 놀랍게도 이 두 본문에서 예수는 이보다 훨씬 더 높은 역할을 맡고 계신다. 로마서를 보면 예수는 하나님의 아들에서 "하나님의 능력의 아들"이자 "주"(Lord)로 높아진다. 한편 빌립보서를 보면 예수는 단순히 "높여지신 후" 이 땅에서의 여정으로부터 그의 이전 지위인 하나님 아버지와 함께하는 천상의 자리로 복귀하신 것이 아니다. 오히려 예수는 "지극히 높여진 상태에서"(*hyperupsoō*) 하늘로 복귀하셨으며, 이로 인해 훨씬 더 높은 자리에 머무르면서 유례없는 방식으로 하늘과 땅의 주권적 "주"라는 왕으로서 **높임을 받고 계신다.** 이제 하나님의 아들은 왕좌에 앉으셔서 적극적으로 통치하시는 하나님의 아들이자 우주적 주님이 되셨다. 이 두 본문에서 예수의 주권이 동시에 강조되고 있음을 고려하면, 우주적 주님이라는 지극히 높은 지위가 예수에 대한 좋은 소식의 부수적 내용에 머무는 것이 아니라는 결론을 내리게 된다. 우주적 주님이라는 예수의 지위는 복음의 핵심이자 절정이다. 예수는 왕으로 좌정해 계신다. 그러므로 우리는 그분께 충성을 다할 의무가 있다.

전달된 그리스도의 이야기

복음과 관련된 또 다른 구절은 고린도전서 15장에 등장하며 예수 그리스도의 부활에 대한 바울의 유명한 변호와 설명의 서두에 위치한다.[15] 우리는 바울이 여기서 분명히 제시하는 복음의 세부적인 기본 내용들을 주목할 필요가 있다. 바울은 고린도 교회 성도들에게 그가 선포하는 복음(또는 그가 "좋은 소식으로 선포하는" 복음)이 다른 이들로부터 받은 것임을 상기

---

15   고전 15:1-11은 Bates, *Hermeneutics of the Apostolic Proclamation*, 60-79에서 보다 기술적인 방식으로 다뤄지고 있다.

시키면서 설명을 시작한다. 바울은 이 복음을 과거에 받았을 뿐만 아니라, 고린도전서를 기록하기 이전에 이미 고린도 교회 성도들에게 이 복음을 전달한 바 있다.

> 형제들아, 내가 너희에게 전한[euēngelisamēn] 복음[euangelion]을 너희에게 알게 하노니 이는 너희가 받은 것이요 또 그 가운데 선 것이라. 너희가 만일 내가 전한 그 말을 굳게 지키고 헛되이 믿지 아니하였으면 그로 말미암아 구원을 받으리라(고전 15:1-2).

복음은 실제로 구원과 관련이 있으며, 이 본문에서 구원이 현재 진행 중인 과정으로 묘사되고 있음에 주목하라. 그러나 바울은 100% 확신에 관해 어떤 말도 하지 않는다. 그는 고린도 교회 성도들에게 이 복음에 충실하라고 요구하는 것처럼 보인다. 복음에 충실하지 않으면 그들의 **믿음**이 아무 소용이 없게 되기 때문이다.[16]

이 복음에는 분명히 지적 동의나 일회적 결정 이상의 무언가가 요구된다. 이는 선포된 메시지에 대한 일정량의 끈질긴 충성이 요구되고 있다는 뜻이다. 이처럼 굳게 지켜야 하는 선포된 메시지의 내용은 무엇인가? 바울은 계속해서 이 복음의 내용을 자세히 설명하는데, 우리는 여기서 몇 가지 힌트를 얻게 된다.

---

16 그리스어 명사 피스티스(pistis)는 동사 피스튜오(pisteuō, 이 동사는 전통적으로 "나는 믿는다, 나는 신뢰한다"는 의미로 쓰인다)와 동일 어근을 갖고 있다. 그러나 불행하게도 영어 "충성"(allegiance)과 직접 연관된 동사는 존재하지 않는다. 이로 인해 내 주장은 그리스어보다 영어로 논의할 때 더 부담하게 된다. 따라서 이 연구에서 동사 피스튜오는, 적절한 경우에 "나는 **피스티스**를 준다" 혹은 "나는 충성한다" 등으로 해석된다. 이는 **피스티스**와 충성 개념을 중시하는 한 방식이다.

내가 받은 것을 먼저 너희에게 전하였노니 이는 성경대로 그리스도께서 우리 죄를 위하여 죽으시고 장사 지낸 바 되셨다가 성경대로 사흘 만에 다시 살아나사 게바에게 보이시고 후에 열두 제자에게와⋯맨 나중에 만삭되지 못하여 난 자 같은 내게도 보이셨느니라.⋯그러므로 나나 그들이나 이같이 전파하매 너희도 이같이 믿었느니라(고전 15:3-5, 8, 11).

여기서 바울은 "복음"이라는 단어가 의도하고 있는 바를 매우 분명히 밝힌다. 이 구절에 드러난 복음과 관련된 네 가지 사안에 주목해보자.

전달된 그리스도의 이야기를 풀어내기

첫째, 고린도전서 15장이 로마서 1:1-5만큼이나 강조하는 점에 따르면, 복음은 나 또는 구원에 대한 나의 필요에 우선순위를 두는 그런 이야기가 아니다. 이는 바른 시작점이 아니며 바른 틀도 아니다. 재차 강조하지만 복음은 예수에 관한 이야기다. 예수께서 돌아가시고 장사되시고, 죽은 지 사흘 째 되는 날 일어나셔서 증인들에게 나타나신 이야기다. 여기서 바울은 역사적으로 실제 있었던 부활 사건의 유효성에 중점을 두고 있다. 고린도 교회 회중에게 필요한 목회적 돌봄을 감안할 때 이는 놀라운 것이 아니다(참조. 고전 15:19-20). 바울의 확언에 의하면, 이 부활 사건은 부활하신 주님이 많은 증인들에게 나타나심으로 인해 그 유효함이 입증되었다. 그러나 주목해야 할 것은 바울이 부활을 하나님 우편에서 행해지는 예수의 통치와 연결시키고 있다는 점이다. "그가 모든 원수를 그 발아래에 둘 때까지 반드시 왕 노릇 하시리니"(고전 15:25). 여기서 복음은 로마서 1:1-5 및 빌립보서 2:6-11과 마찬가지로 예수의 우주적 왕권과 밀접히 연결

오직 충성으로 받는 구원

되어 있다.

둘째, 자기 중심적인 출발점이 아닌 예수 중심적인 출발을 간과해서는 안 됨에도 불구하고, 복음은 "우리의 죄를 대신한" 혹은 "우리의 죄를 위한" 예수의 죽음과 관련이 있다. 여기서 문제가 되는 그리스어 표현 "휘페르 톤 하마르티온 헤몬"(*hyper tōn hamartiōn hēmōn*)은 전치사 휘페르(*hyper*)를 사용하고 있는데, 이런 맥락에서 이 전치사는 **비교를 위한 참조의** 의미("~과 관련하여" 또는 "~에 관하여"), **유익**을 준다는 의미(~를 위하여), **대변의** 의미(~를 대변하여), **대신**한다는 의미(~를 대신하여)로 쓰일 수 있다. 이를 고려할 때, 전치사 휘페르는 예수께서 우리의 죄와 관련하여 죽으셨다는 의미, 또는 예수께서 우리의 죄를 대신하는 대리인으로서 십자가에서 죽으셨다는 신학적으로 풍부한 개념을 가질 수도 있다. 바울의 다른 서신에 등장하는 예수의 죽음에 관한 진술들을 참고하면, 여기서 바울이 (자신의 자료를 사용하면서) 적어도 **대변**과 **대리**라는 두 가지 의미를 동시에 의도하고 있음을 알 수 있다(롬 3:25; 8:3; 고후 5:15; 참조. 요1 2:2).[17] 전통적으로 대리는 "대속의 속죄"로 명명되었는데, 이는 예수께서 (언약의 저주에 표현되어 있듯이) 우리가 당해야 할 사형 선고를 받으시고, 우리를 대신해 죽음을 당하심으로써 우리를 죄로부터 속죄해주셨음을 의미한다(참조. 갈 3:13).

예수께서 우리의 죄를 대신해 죽으셨다는 것, 그리고 "우리의 죄"에 한 몫을 차지하고 있는 **나의** 죄를 위하여서도 죽으셨다는 것은 복음에 분명히 포함된 내용이다. 정말로 그렇다! 그러나 이것이 복음의 내용 중 작지만 핵심이 되는 일부이며 복음의 전체 내용이 아님을 인지해야 한다.

---

17 휘페르가 지닌 대신의 의미를 미묘하게 변호하고 있는 다음의 연구를 보라. Gathercole, *Defending Substitution*, 55-79.

또한 "믿음"의 주된 목적이 죄 용서의 과정을 신뢰하는 것이 아님을 인지하는 것도 중요하다. 왜냐하면 바울이 강조하는 것은 구원을 주는 일종의 속죄 체계에 대한 "믿음"("확신" 혹은 "신뢰")이 아니라(물론 예수께서 우리의 죄를 대신하여 죽으셨다는 정신적 확신은 필요하지만), **주님**이신 예수를 향한 "믿음"("충성")이기 때문이다. 복음의 전체 내용이나 복음의 의미를 지배하는 보다 광범위한 내러티브의 틀에서 "우리의 죄를 위한 예수의 죽음"이라는 부분만 추려내는 것은 위험한 일인데, 특히 시간이 지나면서 "예수께서 우리의 죄를 대신해 죽으셨다"는 부분이 새롭고 무언가 살짝 다른 **나** 중심의 통제적 내러티브에 놓이게 될 경우에 그 위험성이 더 커진다. 이는 사실상 현대 기독교 문화의 많은 영역에서 이미 발생하고 있는 현상이다. 이것이 위험한 이유는 보다 넓은 내러티브의 틀이 "죄", "구원에 대한 나의 필요", 그리고 복음과 관련되어 전통적으로 "믿음"으로 불리는 것들의 의미를 결정하는 데 영향을 주기 때문이다.

셋째, 보다 넓은 내러티브의 틀과 관련하여 바울은 예수의 특정 사건들이 "성서대로"(여기서 성서는 구약성서를 말함—역자주) 이루어졌다고 묘사하는 데, 이는 바른 복음 속에 우리의 죄를 대신한 예수의 죽음 및 죽은 지 사흘째 되던 날 발생한 부활이 어떻게 성서를 성취적 절정으로 이끌었는지에 대한 내용이 포함됨을 암시한다. "성서대로"라는 표현이 뜻하는 바와 관련하여, 우리는 바울이 두세 구절에 불과한 구약성서 본문이 아니라 광범위한 구약성서 본문에서 발견되는 두드러진 성서적 경향을 말하고 있음을 어느 정도 확신할 수 있다. (**성서**[Scripture]가 아닌 **성서들**[Scriptures]이라는) 언어 선택, 죽음과 부활이라는 복음의 기본 형식의 증거로서 바울이 사용하는 광범위한 구약성서 본문들, 다른 초기 기독교 해석자들과의 비교와 같은 요소를 결합해보면 이 확신에 대한 신빙성을 확보할 수 있다.[18] 고난-죽음-신원이라는 형태를 지닌 이사야 52:13-53:12과 시편 16, 22, 69, 116편은 바로 여기서 염두에 두고 있는 것처럼 보이는 그런 유형의 본문이다. 따라서 복음이 "하나님이 선지자들을 통하여 그의 아들에 관하여 성경에 미리 약속하신 것이라"고 확언한 로마서 1:2과 마찬가지로, 여기서도 바울은 복음이 구약성서와 일치한다고 주장한다. 이런 성서적 상관관계가 복음 자체의 본질이므로, 복음의 의미는 보다 큰 성서의 이야기에 의해 알려지고 동시에 제한된다.

넷째, 바울이 받아서 고린도 교회 성도들에게 전달한 복음은 보편적이며 사도적 교회의 공통 자산이다. 바울은 (갈 1:11-12에서 힘써 주장하는 대로) 사람이 아닌 신령한 계시를 통해 이 복음을 받았지만, 그렇다고 해서 그가 인간을 통한 전승 과정과 무관하게 복음 **전체**를 받았다는 말은 **아니다.** 바울은 예수의 부활과 즉위(enthronement)를 직접 목격할 수 있었다. 왜냐하면 영광을 받으신 예수께서 시각적으로 그리고 청각적으로 자신의 모습을 바울에게 나타내셨기 때문이다(행 9:3-7; 22:6-10; 26:13-18; 고전 9:1; 고후 12:9; 갈 1:16). 이처럼 바울은 복음의 초석이 되는 부활 및 즉위의 실제를 그리스도 자신으로부터 직접 받았다. 그러나 예수의 삶, 죽음, 장사됨과 같은 복음의 다른 요소들은 다른 이들로부터 받아 알게 되었는데, 바울은 이를 고린도전서 15:1-2에서는 분명히, 갈라디아서 1:18에서는 넌지시 밝히고 있다.

---

18 예를 들어 다음의 본문을 보라. 롬 10:6-8(신 9:4; 30:12-14); 11:9-10(시 68:23-24 LXX); 15:3(시 68:10 LXX); 15:9(시 17:50 LXX); 고후 4:3(시 116:10). 보다 광범위한 유형의 성서적 증거를 언급하고 있는 다른 초기 그리스도교 해석가들과 관련해서는, 다음의 신약성서 본문들을 비교해보라. 마 26:54-56; 막 9:12; 14:21, 48-49; 눅 24:27, 32, 45; 요 5:39; 행 17:2.

사도들의 일치된 복음

이런 복음이 바울에게서만 특별히 발견되는 것이 아니라 사도적 교회의 공동 자산이라는 사실은 여러 방식을 통해서도 분명히 드러난다. 첫째, 바울은 로마서 서두에서 복음을 요약적으로 제시한다. (그는 로마에 있는 교회들을 개척하지도 않았고 방문한 적도 없다.) 둘째, 바울은 고린도전서 15:3-5에 약술된 복음이 자신뿐만 아니라 사도들(특히 베드로, 야고보, 그리고 열두 사도들)에 의해 선포되었다고 주장하면서 다음과 같이 말한다. "그러므로 **나나 그들이나** 이같이 전파하매 너희도 이같이 믿었느니라"(15:11). 그리고 바울은 이와 관련된 사실을 왜곡하고 있지 않은데, 그 이유는 고린도 교회 성도들이 이미 중요한 기독교 지도자들(이 중에는 베드로도 포함되었을 가능성이 매우 높다)을 영접했었고 바울의 편지들을 받았으며 선교사들을 파송한 적이 있으므로, 바울이 하는 말의 진위를 쉽게 판단할 수 있었기 때문이다(행 18:18; 19:1; 고전 1:11-12; 3:6; 9:5; 16:17-19).

신약성서 그 어디에서도 사도로 불린 자들, 예를 들어 바울, 야고보 및 열두 사도들이 우리가 이제껏 살펴본 복음의 구성 요소들(예수의 선재하심, 성육신, 삶, 인간의 죄로 인한 죽음, 죽은 자 가운데서의 부활, 주님으로서의 즉위)과 관련하여 의견의 불일치를 보인다는 증거를 찾아볼 수 없다. 따라서 바울이 다른 복음을 전하는 자들을 폄하하는 발언을 할 때(예를 들어 갈 1:6-9; 고후 11:4), 그는 단 하나의 진정한 복음이 존재할 수밖에 없으며 메시아이신 예수의 참된 사도들이라면 이 유일한 복음을 공유할 수밖에 없다는 절대적인 확신을 갖고 말하는 것이다.

오직 충성으로 받는 구원

하나님의 구원 능력의 분출

네 번째이자 마지막으로 바울 서신에 등장하는 복음과 관련된 본문은 로마서 1:16-17이다. 이 본문과 관련된 복음에 대해 내 주장을 상세히 개진할 수도 있지만, 여기서는 굳이 그럴 필요가 없다. 그러나 이 본문이 우리에게 알려주는 내용은 복음을 전체적으로 이해하는 데 매우 중요하다. 복음은 단순히 예수에 관한 이야기가 아니다. 복음은 인류를 위한 하나님의 구원 능력이 펼쳐짐으로써 **변화를 가져오는** 이야기다. 바울은 복음의 능력이 표출되는 방식을 다음과 같이 묘사한다.

> 내가 복음을 부끄러워하지 아니하노니 이 복음은 모든 믿는 자에게 구원을 주시는 하나님의 능력이 됨이라. 먼저는 유대인에게요 그리고 헬라인에게로다. 복음에는 하나님의 의가 나타나서 믿음으로 믿음에 이르게 하나니 기록된바 "오직 의인은 믿음으로 말미암아 살리라 함과 같으니라"(롬 1:16-17; 인용. 합 2:4).

복음에 관한 바울 서신의 다른 본문들을 자세히 살펴보면, 복음이 분출하는 구원의 능력에 객관적(사실적) 요소와 주관적(개인적) 요소가 공존하고 있음을 확인할 수 있다. 그러나 로마서 1:16-17의 요지에 관해서는 논쟁의 여지가 없으므로, 나는 여기서 구원의 능력에 속한 두 요소에 관해 간단히 언급하려고 한다.[19]

복음의 객관적 측면은 십자가를 통해 표출된 권능이 죄, 언약의 저주

---

19 더 자세한 논의는 다음의 연구를 보라. Bird, *Saving Righteousness of God.*

들, 사망, 그리고 악한 영적 권세들을 완전히 무력화하는 데 충분하다는 것이다(골 2:13-15). 십자가와 부활은 과거의 사건으로서 이미 승리가 주어졌지만, 이 승리의 결과는 여전히 진행 중이다. 왜냐하면 예수께 패배한 원수들이 온전히 굴복될 때까지 그분께서 통치하셔야 하기 때문이다(고전 15:20-28; 엡 1:18-23). 예수께서 원수들을 무찌르시고 적극적으로 통치하시기 시작했기 때문에, 세상은 완전히 다른 곳이 되었다. 반면 복음의 주관적 측면은 복음이 개인적으로 효과를 미치기 위해 복음의 구원 능력이 믿음에 의해 반드시 실현되어야 한다는 것으로서, 이는 로마서 1:16-17에서 바울이 주장하는 내용의 한 부분이다.

따라서 로마서 1:16-17의 주제는 복음을 통해 "하나님의 의"가 드러나므로 복음이 변화를 가져오는 이야기라는 것이다. 여기서 "하나님의 의"란 부활을 가져오는 판결로서, 이 판결을 통해 하나님은 예수를 왕으로 세우셨고, 이 판결의 결과로 인해 우리는 예수의 부활의 삶을 하나님이 주신 선물로 공유할 수 있게 되었다.[20] 그러나 잊으면 안 될 것은, 바로 이 본문에 대한 이해와 관련하여 어려운 점들이 있다는 것이다. 예를 들어 왜 바울은 하나님의 의가 "믿음에서 믿음으로"(*ek pisteōs eis pistin*) 드러난다고 말하고 있는 것일까? 그리고 왜 바울은 "의인은 믿음으로 말미암아[*ek pisteōs*] 살리라"는 하박국 2:4의 본문을 인용하고 있는 것일까?

---

20 "하나님의 의"에 관한 의미는 매우 중요하며 활발히 논의되고 있다. 이 책 8장의 "하나님의 의 재고하기"를 보라.

삶에 부과되는 충성

이 질문들을 역순으로 다루어보자. 바울이 하박국 2:4을 인용한 의도는 아마도 예수를 의로운 분으로 언급하면서 하나님을 향한 예수의 충성을 강조하기 위함이었을 것이다. 이에 더해 예수를 그리스도로 고백하며 충성하는 모든 이들을 가리키기 위함일 것이다. 그가 인용한 하박국 2:4의 히브리어 표현은 다음과 같다. "의인은 그의 **믿음**으로 말미암아 살리라." 여기에 등장하는 히브리어 에무나(*'emunah*)는 신실성, 신뢰할 수 있음, 견실성, 신뢰성 등과 같은 의미를 지니고 있지만, 믿음이나 확신이라는 뜻을 갖고 있지는 않다. 바울은 히브리어 자체를 사용하는 대신, 히브리어를 그리스어로 번역하여 사용하는 습관이 있다. 따라서 바울의 사고를 파악하기 위해서는 반드시 히브리어 구약성서를 그리스어로 번역한 70인역을 참조해야 한다. 하박국 2:4의 그리스어 번역자는 "의인은 나의 믿음으로 말미암아 살리라"고 기록하면서, **그의**라는 표현을 **나의**라는 표현으로 대체했다. 그럼으로써 하나님에 대한 믿음이나 인간 행위자의 신실성이 아닌 하나님 자신의 신실성을 가리키고 있다. 따라서 바울의 의도가 정확히 드러나지는 않아도, 그가 믿음이 아닌 **신실성** 또는 **충성**을 염두에 두고 있음을 알 수 있다.

다음 내용은 가장 그럴듯하다. 바울은 "의인은 피스티스(*pistis*)로 말미암아 살리라"고 말하는데, 인간인 동시에 하나님이신 예수께서 십자가 죽음을 통해 하나님의 계획을 완수하심으로써 하나님 아버지께 피스티스(*pistis*)를 바쳤기 때문이다. (다시 말해 예수는 충성으로 순종하셨다.) 그래서 하나님은 재판을 통해 예수를 원래의 존재인 빼어나게 **의로운 자**라고 선언하셨던 것이다(참조. 롬 5:18-19). 하나님은 예수를 죽은 자 가운데서 살리신 후 자신의 우편에 앉게 하심으로써 예수의 완전한 결백을 실질적으로 입증하셨다. 지금 예수는 살아 계신다. 바울은 예언자 하박국이 이 같은 미래의 현실을 선언했다고 보았다. "**의인** 곧 예수 그리스도는 **피스티스** (*pistis*)로 말미암아 **살리라**." 즉 예수는 하나님을 향한 자신의 충성으로 말미암아 살게 된다는 뜻이다.[21]

또 바울은 하박국이 이와 유사한 방식으로 예수를 통해 그리스도가 보여주셨던 모습을 모방함으로써 하나님께 신실하게 순종하는 모든 자들에 관한 미래의 현실을 선언한다고 이해하고 있다. "의인은 **충성**(*pistis*)으로 말미암아 살리라." 왕이신 주님께 피스티스를 드리는(주님께 충성하는) 사람은 하나님에 의해 의로운 자로 선포되고 삶을 얻을 것(죽은 자 가운데서 살아나 영원한 생명에 참여하게 될 것)이다. 그러므로 "의인은 신실한 충성으로 말미암아 살리라." 그런데 이 의로움은 어떻게 얻어지는가? 이 질문에 대한 바울의 답은 이후에 (8장에서) 자세히 언급될 것이다. 그러나 미리 간단히 말해본다면, 의로운 지위는 우리가 메시아 예수 "안에서" 발견되어 피스티스(충성)를 통해 의롭다고 선언될 때 주어진다. 곧 우리의 의로운 지위는 우리가 예수와 연합되어 그분의 의로움에 참여하게 될 때 발생한다.

---

21 "의인"이 그리스도를 의미한다는 주장에 대해서는, 다음을 보라. 행 3:14; 7:52; 22:14; 갈 3:11 (아마도); 벧전. 3:18; 요일 2:1; Hays, "Apocalyptic Hermeneutic"; Young, "Romans 1.1-5."

오직 충성으로 받는 구원

"믿음으로 믿음에"라는 표현에 대한 재고

이 같은 해결책은 다음 수수께끼를 설명하는 데 도움이 된다. 왜 바울은 하나님의 의가 "믿음으로 믿음에" 의해 드러난다고 말하는 것일까?(롬 1:17) 바울은 복음이 지닌 구원의 능력이 실현되는 방식을 (1) "피스티스에 의해"(by *pistis*), (2) "피스티스를 위해"(for *pistis*)라는 압축된 방식으로 설명하고 있다.[22] 이어지는 내용은 그럴듯한 제안으로서, 나는 다른 학자들이 이 제안을 신중히 고려해보길 원한다. (1) "**피스티스에 의해**"라는 표현은 특정한 방식을 통해 도구적 의미를 나타낸다. 이 표현은 "예수의 충성에 의해"라는 뜻인데, 이 충성이 바로 하나님을 향했기 때문이다. 예수는 하나님께 신뢰의 충성을 보여주셨고 그로 인해 궁극적으로 하늘과 땅의 왕이 되셨다. (2) 반면에 "**피스티스를 위하여**"는 "왕이신 예수를 향한 충성을 위하여"라는 의미다. 즉 하나님을 향한 예수의 충실성은 왕이신 예수를 향한 우리의 충성을 촉진시키려는 목적을 지녔다.

우리는 바울이 말하는 "피스티스에 의해 피스티스를 위하여"를 다음과 같이 살짝 바꾸어 표현할 수 있다. 복음에는 하나님의 의가 (1) 예수를

---

22 롬 1:17의 *ek pisteōs eis pistin*을 "피스티스에 의해, 피스티스를 위해"라고 번역하는 편이 더 선호되는데, 이는 도구적 수단과 목적을 강조한다. 진행 혹은 시간적 전환을 강조하거나 ("믿음으로부터 믿음에 이르기까지") 수사적 전체성("처음부터 끝까지 믿음에 의해)을 강조하는 다른 번역은 설득력이 없는데, 이는 이후에 바울이 "하나님의 의, 곧 예수 그리스도의 피스티스를 통해[*dia*] 피스티스를 주는 모든 이들을 위해[*eis*] 주어지는 하나님의 의"에 대해 말하기 때문이다(롬 3:22). 요약하면 3:22에서 디아(*dia*)는 도구적 의미를, 에이스(*eis*)는 목적의 의미를 갖고 있으므로, 이 두 전치사는 롬 1:17에서도 동일한 의미를 지니고 있을 가능성이 높다. 관련 논의는 다음의 연구를 보라. Watson, *Paul and the Hermeneutics of Faith*, 71. 이 연구는 *Pistis Christou* 구문에 내재된 주격/목적격의 융통성을 제안하고 있는데, 이는 예수의 충실성과 예수에 대한 믿음 두 가지 의미 모두 롬 1:17과 3:22에서 발견되기 때문이다.

왕으로 즉위케 한 그분을 향한 충성에 의해, 그리고 (2) 왕이신 예수를 향한 우리의 충성을 끌어내기 위해 드러난다. 복음이 분출하는 구원의 능력은 그리스도이신 예수를 향한 충성에 의해 촉발되어야 한다. 이때 충성은 성령의 능력을 힘입어 맹세되고 삶으로 나타난다. 우리는 바울의 해석을 아래와 같이 바꾸어 표현할 수 있다.

> 나는 복음이 부끄럽지 않다. 왜냐하면 복음은 **그리스도이신 예수께 충성하는 모든 이들**에게 구원을 주는 하나님의 능력이기 때문이다. 이 구원은 먼저 유대 사람에게 그리고 그리스 사람에게 주어진다. 하나님을 향한 예수의 **충성**으로 인해 하나님의 의가 이 복음에 나타난다. 하나님의 의는 왕이신 예수를 향한 우리의 **충성**을 통해 우리 것이 된다. 예수와 우리에게 있어서, 이 모든 것은 다음 예언과 일치한다. "의인은 충성으로 말미암아 살리라"(롬 1:16-17; 저자 번역).

바울은 하나님의 구원의 능력이 어떻게 표출되고 있는지를 설명하면서 하나님을 향한 예수의 충성과 왕이신 예수를 향한 우리의 충성을 강조한다. 그리고 이 강조를 "하나님의 의"와 생명의 획득이라는 두 주제와 연결한다. 이에 대해서는 8장에서 자세히 다룰 것이다.

우리는 이번 장에서 사도 바울이 제시하는 복음에 관한 가장 중요한 설명을 살펴보았다. 올바른 복음이란 "예수께서 우리의 죄를 대신하여 죽으셨음을 믿는 것" 또는 "예수의 의만 신뢰하는 것"만을 강조하는 이야기가

오직 충성으로 받는 구원

아니라, 하늘과 땅의 주님으로서 만유를 다스리시는 예수의 능력에 관한 이야기다. 복음의 핵심은 왕이신 예수께 있다. 예수는 대속의 죽음을 통해 우리와 자신을 연합시키는 성령을 보내심으로써, 복음과 연관된 변혁의 능력을 주신다. 그런데 예수의 이야기에도 타협 불가한 부분과 부차적인 부분이 존재하는가? 복음의 이야기를 체계화하여 간결하게 설명하는 것이 가능한가? 예수는 직접 복음을 선포하셨는가? 만약 그랬다면, 어떤 의미에서 선포하셨는가? 다음 장에서는 이런 질문들을 포함한 여러 의문점들을 다룰 것이다.

더 생각해볼 문제들

֍

1. "자기" 중심적인 방식으로 제시되는 복음을 들어본 경험에 대해 이야 기해보자. 이런 방식의 복음 제시가 갖는 장단점은 무엇이라고 생각하 는가?

2. 당신이 예수에 대한 복음을 제시할 때 지옥에 대한 경고가 설득에 유 효하다고 생각하는가? 천국 입성에 대한 권면은 유효한 설득 기술 인가? 당신의 답에 대한 이유를 말해보라.

3. 하나님이 우리에게 미래의 메시아에 대한 예언과 더불어 약속을 주 셨다는 사실을 인지하는 일은 왜 중요한가?

4. 복음과 구약성서는 어떻게 연결되어 있는가? 복음은 어떤 방식으로 구약 이야기의 연속선상에 있는가? 그리고 복음은 어떤 방식으로 구 약성서를 넘어서고 있는가?

5. 예수는 하나님의 아들로 시작하셨지만, 부활과 승천 이후 적극적으로 통치하시는 하나님의 아들이 되셨다. 복음과 관련하여 이 사실을 깨닫 는 것이 왜 중요한가?

6. V자 형태란 무엇인가? 우리가 자세히 다루지 않은 본문들(롬 10:6-8; 고후 8:9; 갈 4:4-5)이 어떻게 V자 형태를 나타내고 있는지 설명해보자.

7. 최초의 교회가 복음의 기원 및 내용에 관해 얼마나 동의하고 있었는지를 평가하는 일은 왜 중요한가?

8. 복음을 최초로 들은 사람들에게는 복음의 내용과 능력 중 어느 것을 이해하는 것이 더 중요했을까? 그렇게 답변한 이유는 무엇인가?

9. 바울은 다음과 같이 말한다. "의인은 **피스티스**로 말미암아 살리라"(롬 1:17; 인용. 합 2:4). 이 말씀이 어떻게 예수께 적용되는가? 또한 어떻게 우리에게도 적용될 수 있는가?

10. 복음에 대한 바울의 여러 언급을 종합하여 예수의 사역을 하나의 문장으로 표현한다면, 여기에는 어떤 요소들이 포함되어야 하는가?

3장

———

예수께서 복음을 선포하시다

앞 장에서 우리는 신약성서 중 바울 서신에서 발견되는 복음에 관한 최초의 가장 직접적인 표현들에 대해 살펴보았다. 이제 나는 좀 더 큰 붓을 들고 새 도화지에 그림을 그리듯이, 예수의 이야기와 관련하여 교회가 받아들인 고대의 내러티브 네 가지를 살펴보려고 한다. 이것은 바로 신약성서의 사복음서인 마태, 마가, 누가, 요한복음이다. 내 주장의 요지는 간단하다. 오직 **단 하나의 복음이 있을 뿐**이며, 바울 서신에서 보여지듯이 **복음은 선재하시는 하나님의 아들 곧 예수께서 어떻게 우주의 왕으로 즉위하셨는가에 관한 변혁적 이야기이다.** 예수는 하나님 나라에 관해 말씀하시고 하나님 나라를 발생시키시면서 자신에 관한 이 복음을 선포하셨다. 사복음서는 모두 같은 이야기를 전하면서 우리의 시선을 우주의 왕이신 예수의 보좌로 이끈다.

사복음서와 예수의 왕권

예수가 선포한 하나님에 관한 하나의 복음은 사복음서와 일치하며 바울 서신에서도 발견된다. 그러나 바르게 이해된 복음의 내용이 예수의 모든 사역에 관한 것이라면, 또한 예수께서 처음 복음을 선포하셨을 때 그분의 사역이 부분적으로 진행되는 중이고 아직 끝나지 않은 상태라면, 어떻게 복음이 예수의 모든 사역에 관한 이야기라고 말할 수 있는가?

복음의 선포자 예수

예수는 하나님 나라의 개시와 곧 있을 하나님 나라의 완성을 선언함으로써 하나의 복음을 선포하셨다.[1] 마가는 예수의 메시지를 요약하면서 그분의 근본적인 임무가 하나님 나라를 복음으로 선포하는 것이었음을 명백히 드러내고 있다.

> 요한이 잡힌 후 예수께서 갈릴리에 오셔서 하나님의 복음을 전파하여 이르시되 "때가 찼고 하나님의 나라가 가까이 왔으니 회개하고 복음을 믿으라" 하시더라(막 1:14-15; 참조. 마 4:23).

여기서 하나님의 복음이 하나님 나라의 도래와 나란히 놓여 양자가 동일시되고 있음에 주목하자. 마가와 비교해볼 때 누가가 요약하는 예수의 사

---

[1] 복음의 선포자이신 예수에 관한 주제를 다루는 다음의 연구를 보라. McKnight, *King Jesus Gospel*, 92-112.

오직 충성으로 받는 구원

역은 복음에 한층 더 집중하고 있다.

누가복음에서 예수의 치유 능력을 짧게나마 맛본 가버나움의 무리들은 (예수의 치유 능력을 더욱 갈구하게 되고) 그분이 가버나움에서 떠나시지 않기를 원한다. 그러나 예수는 그들의 바람에 다음과 같이 반응하신다. "내가 다른 동네들에서도 **하나님 나라의 복음**을 전하여야 하리니 나는 이일을 위해 보내심을 받았노라"(4:43). 누가의 주장에 따르면, 예수께서 보내심을 받은 가장 중요한 이유는 바로 **복음**을 선포하기 위함이었다. ("나는 보내심을 받았노라"는 어구가 흥미로운 이유는 이 말이 적어도 하나님의 파송에 대한 예수의 생각을 말해줌과 동시에 자신의 선재성에 대한 예수의 인식을 암시해주고 있기 때문이다.)[2] 그렇다면 이 복음은 무엇인가? 이 복음은 "하나님 나라의 복음"으로 불리고 있으므로, 우리는 또다시 예수께서 선포하셨던 복음이 하나님 나라와 긴밀히 엮여 있다고 결론 내릴 수밖에 없다.

예수와 동시대를 살던 몇몇 사람들은 하나님 나라를 간절히 기다리고 있었으며, 이는 신약성서와 성서 이외의 고대 문헌을 통해 입증된다. 예를 들어 어떤 바리새인들은 예수께 하나님 나라가 언제 임하는지 물었다고 기록되어 있다(눅 17:20). 또한 아리마대 요셉은 "존경받는 공회원이요 하나님의 나라를 기다리는 자"(막 15:43)로 묘사된다. 요세푸스가 열심당원(the Zealots)이라 부르는 무리들은 하나님만을 섬기는 것이 옳으며 하나님과 그들의 지배자인 로마인을 동시에 섬길 수 없다고 믿었다. 왜냐하면 "하나님만이 인간을 지배하시는 참되고 의로우신 유일한 통치자[*despotēs*]이시기 때문이다."[3] 그들은 하나님의 통치를 다시 일으키기 위해서라면 로마에 대항

---

2   "나는 왔노라"와 "나는 보내심을 받았노라"라는 두 표현과 여기에 내재된 선재에 대한 함의에 대해서는 다음의 연구를 보라. Gathercole, *Preexistent Son*, 83-189.

3   Josephus, *J. W.* 7.323; 참조. Josephus, *Ant.* 18.23. 이 부분을 보면, 열심당원들이 "하나님만

한 폭력 행사도 정당하고 필요한 일이라고 생각했다. 그렇게 그들은 하나님 나라의 도래를 앞서 알리는 역할을 하고자 했다.

그렇다고 하나님 나라를 기다리는 다양한 무리와 개인들이 하나님 나라가 도래할 때 하나님만이 홀로 인간의 통치 기구와 관계없이 다스리실 것이라고 생각했던 것은 아니다. 오히려 하나님은 악한 자들을 심판하시고 결실, 의, 번영의 새 시대를 알리심으로써 단호하게 행동하실 것이다. 여기에는 부패한 옛 정권을 축출하거나 제사장이나 왕처럼 적절한 역할을 감당하는 인간적 리더십을 세우는 것이 포함된다. 실제로 이 세상의 현실과 연관된 많은 변화들이 기대되었다. 이와 관련하여 라이트(N. T. Wright)는 이렇게 말한다.

> "신(god)의 나라"는 역사적·신학적으로 일종의 구호로 간주되는데, 이 구호의 기본 내용은 로마 황제나 헤롯 또는 그들의 가문이 아니라, 이스라엘의 신(god)이 이스라엘(그리고 전 세계)을 다스리게 된다는 희망에 관한 것이다. 이는 토라[모세 율법]가 결국 성취되고 예루살렘 성전이 재건되며 이스라엘 나라가 정결케 됨을 의미한다. 그렇다고 신의 나라가 반드시 거룩한 무정부 상태를 의미하는 것은 아니다.…오히려 신의 나라는 이스라엘의 신이 임명한 사람들과 수단을 통해 그가 의도한 방식으로 이스라엘을 다스릴 것을 뜻한다. (바리새파, 에세네파, 그리고 열심당원들로 언급되는 사람들의 관점에서 볼 때) 이는 분명히 대제사장 직분의 변화를 의미할 것이다. 어떤

이 그들의 지도자[*hēgemōn*]요 유일한 통치자[*despotēs*]"라는 개념을 추종하고 있음을 알 수 있다. 요세푸스가 사용하고 있는 *despotēs*(통치자, 지배자)의 맥락에서, 이 용어는 권위 있는 유일한 통치자가 행사하는 독재의 의미로 사용되고 있다. 관련 용어들에 대해서는 다음을 더 살펴보라. Josephus, *Ant.* 4.223, 16.134; *J. W.* 1.202.

오직 충성으로 받는 구원

문헌에서 이 변화는 메시아를 의미하기도 한다.[4]

따라서 예수와 동시대 사람들에게 하나님 나라(마태복음에서 하나님 나라는 특별히 천국[the kingdom of the heavens]으로 언급되는데, 이는 하나님의 보좌가 위치한 장소를 가리키는 완곡한 표현으로서 하나님의 절대적 통치를 의미한다[마 5:34과 23:22을 보라])는 사후에 "하늘"(heaven)에서 받게 되는 영혼의 구원이 아닌 현실 세계의 변화, 즉 하나님께서 임명하신 인간 지도자들을 통한 하나님의 지혜로운 정의와 자비로운 지배가 실현되는 것과 우선적으로 관련이 있다.

인간 지도자들의 절정은 (항상 그런 것은 아니지만) 왕, 기름 부음 받은 자, 다윗 가문 출신의 왕 같은 메시아의 모습일 것으로 기대되었다. 히브리어 단어인 **메시아**는 그리스어로는 **크리스토스**(*Christos*)로 번역되었으며, 우리가 사용하는 예수 **그리스도**라는 표현이 바로 여기서 유래한다. 고대 이스라엘의 예언자들은 다윗의 후손을 통해 범국가적·우주적 회복이 이루어질 것이라며 지속적으로 희망을 부추겼다.[5] 우리는 마가복음에서 하나님 나라에 대한 이런 소망과 다윗 혈통의 왕 같은 메시아에 대한 소망이 혼합되어 있음을 본다. 감람산에서 내려오신 예수께서 성전에 들어가실 때 군중들은 그분이 메시아라는 기대감에 한껏 고조되어 큰소리로 외친다. "호산나! 찬송하리로다. 주의 이름으로 오시는 이여, 찬송하리로다. **오는 우리 조상 다윗의 나라여! 가장 높은 곳에서 호산나!**"(막 11:9-10) 이 군중들에게 하나님 나라란 다윗과 같은 메시아를 통해 하나님의 통치가

---

4 Wright, *New Testament and the People of God*, 302.

5 다윗의 후손에 의해 미래에 이루어질 회복을 다룬 많은 본문 중에 특히 다음을 참고하라. 사 55:3; 렘 23:5-6; 30:9; 33:14-22; 겔 34:23-24; 37:24-25; 호 3:5; 슥 12:8-13:1.

온전히 눈 앞에 드러나는 것과 같았다.

따라서 예수의 가장 특징적인 가르침이 하나님 나라가 가까이 왔다는 (또는 하나님 나라의 도래라는) 복음이었음을 감안할 때, 그리고 이것이 다윗의 혈통에서 나온 왕에 의해 하나님의 통치가 실현되는 것과 같은 시대의 전환을 뜻한다고 일반적으로 이해되었음을 인정한다면, 예수께서는 말이나 행동을 통해 자신을 드러내실 때마다 다윗과 같은 메시아로서 이 복음을 선포하시고 실현하고 계셨던 것이다. 예수는 공생애를 시작하면서 세례 요한의 세례를 통해 메시아로서의 권능을 부여받으심에 따라, 성령의 기름 부음을 받아 (그리스도가 되었으며[christened, "messiah-ed"]) 메시아가 되셨다. 예수는 어떤 의미에서 공생애 사역 처음부터 메시아셨다.

그러나 또 다른 의미에서 예수는 메시아나 다윗 왕과 같은 왕이 아니라, 메시아 지명자 또는 기다리는 메시아였다. 왜냐하면 예수는 자신의 주권적 권위를 온전히 행사하지 않으셨기 때문이다.[6] 이를 이해하기 위해서는 왕위 계승자로 선택된 왕세자를 떠올리면 된다. 왕세자는 아버지인 왕과의 관계로 인해 이미 상당한 영향력을 행사할 수 있으나, 아직 대관식을 치르지 않았으므로 완전한 주권적 권위를 갖고 있지 않다. 예수는 이미 이전에 메시아로 선택받으셨지만, 좌정하여 통치할 **왕좌**를 아직 갖고 있지 않다. 그는 아직 절대적 군주로 **세움 받지** 못했던 것이다. 우리는 이런 점에서 강력한 힘을 가진 다윗 왕과 예수를 비교해볼 수 있다. 다윗은 사무엘에 의해 새 왕으로 기름 부음 받았고, 이를 통해 메시아로 임명되었다. 그러나 다윗은 전임자인 사울 왕이 전투 중 자살할 때까지 수년간 **왕좌에 앉은 메시아**로서 통치하지 못했다(참조. 삼상 16장; 삼하 2장).

---

6   이 견해는 특히 다음의 연구에 의존한다. Allison, *Constructing Jesus*, 279-93.

지명된 메시아로서의 예수와 통치하는 메시아로서의 예수를 구별하는 것은 예수께서 단 하나의 복음을 전파했던 전령이셨음을 이해하는 데 도움이 된다. 마가는 예수께서 세례("christening")를 받으신 **후**, 곧 자신의 선재적 메시아성과 하나님의 아들 되심을 확증하는 하늘의 음성을 듣고 왕으로 기름 부음을 받은 후에야(선재성에 관한 이어지는 논의를 보라) 하나님 나라가 가까이 왔다는 복음을 선포하셨다고 예리하게 말하고 있는데(1:14; 참조. 마 4:17; 눅 4:43), 우리는 이 부분에 주목해야 한다. 마태, 마가, 누가, 요한 모두 단 하나의 좋은 소식을 여러 모양으로 이야기하고 있다. 이 좋은 소식은 우리가 바울 서신에서 이미 보았던 좋은 소식과 기본적으로 동일한 복음 내러티브를 지닌다. 이 복음은 이미 오래전에 하나님에 의해 **메시아로 임명**되고 선택된 하나님의 아들 예수가 어떻게 세례 시에 **지정된 메시아**로 기름 부음 받았으며, 어떻게 죽은 자 가운데서 부활한 이후에 **왕위에 오른 메시아**가 되었는지에 관한 이야기다. 또한 이 복음은 예수께서 왕위에 오르고 통치권을 부여받음으로써 하늘과 땅을 하나로 묶으셨을 때 어떻게 하나님 나라가 이 땅의 구체적인 현실로 드러나게 되었는지에 관한 이야기라고 할 수 있다.

사복음서의 제목

복음은 오직 단 하나지만 이에 대해 다양한 설명이 존재한다는 주장은 신약성서 사복음서의 고대 사본들이 제시하는 증거를 통해 뒷받침된다. 오늘날 우리가 확보하고 있는 최초의 사본들에 따르면, 이 사복음서의 원래 제목들은 적어도 처음 수집되었을 당시 "마태**의** 복음"이나 "마가**의** 복음"이 아닌 "마태**에 의한** 복음" 또는 "마가**에 의한** 복음" 등으로 되어 있었다.[7] 우리는 이 미묘한 차이를 어떻게 평가해야 할까?

현대인들에게 "~의 복음"과 같은 제목은 특정 작가에 의해 기록된 고착된 문학 장르를 암시한다. 우리는 마가복음이라는 제목을 보고 이것이 마가에 의해 기록된 복음 양식의 문학 작품이라고 생각한다. 우리는 "복음"이 무엇인지 안다. 마치 미스테리 소설이나 현대의 전기(biography)가 무엇인지 이미 알고 있듯이 말이다. 복음은 보통 예수에 관한 전형적인 고대 전기 혹은 역사 문헌이다. 그러나 그리스도인들이 유앙겔리온("복음")이라는 말을 사용하기 이전인 고대에 이 용어가 문학적 장르를 지칭하는 용도로 사용되었다는 명확한 증거는 존재하지 않는다. 그리스어 전치사 카타(kata, "~의하면")는 원작자가 누구인지를 명확히 밝히는 데 주로 쓰이기보다는(물론 이런 용례도 가능하다), 한 복음에 대한 설명과 또 다른 설명을 구별하는 방식으로 사용되었다. 그렇다면 요점은 무엇인가?

최초의 그리스도인들은 예수의 삶, 죽음, 부활을 "좋은 소식"이라는 하나의 이야기나 하나의 메시지로 받아들였고, 동시에 이것이 마태, 마가, 누가, 요한과 같은 서로 다른 사람들에 의해 증언되었음을 인정했다. 마가복음의 고대 사본에서 가장 빈번히 발견되는 제목은 **마가에 의한 복음**이다. 이 제목은 마가가 기록한 복음이라는 문학 양식이 아니라, **유일한 좋은 소식에 대한 마가의 증언**을 의미한다. 똑같은 내용이 마태복음, 누가복음, 요한복음의 고대 제목에도 적용될 수 있으며, 이는 다음 주장을 강화시켜준다. 복음이란 본래 인간이 지닌 구원의 필요성에 대한 이야기가

---

7 고대 사본에 나타난 증거에 대해서는 다음의 연구를 보라. Trobisch, *First Edition of the New Testament*, 38.

아니라 예수의 사역에 관한 이야기로서, 이 사역은 예수께서 하늘의 권세를 얻는 순간 그 절정에 이른다. 복음 이야기에는 예수의 대속적 죽음이 반드시 포함되지만, 이는 복음 이야기의 한 부분에 지나지 않는다. 그리고 복음 이야기는 궁극적으로 우리의 시선을 왕이신 예수께로 이끈다.

사복음서에 나타난 복음을 선포하시는 예수

예수와 사복음서 저자들이 하나의 복음을 선포한 방식을 풀어나감에 있어 예수의 사역 이야기를 추적해보는 편이 도움이 될 것이다. 내가 보여주려는 것은 다음과 같다. 완전한 복음을 형성하는 복음의 여덟 단계가 있는데, 각 단계는 사복음서에 묘사된 예수 자신에 관한 선포에 나타난다. 이 여덟 단계는 어디서 나온 것일까? 각 단계는 우리가 이전 장에서 바울과 관련하여 재구성했던 복음의 내용에서 비롯되며, 사도행전에 기록된 사도들의 설교를 통해서도 추출되는 것이다.

이와 더불어 생각해볼 만한 것이 있다. 예수를 선포하는 초기 복음에 공통된 유형이 존재한다면, 그리고 최초의 사도들에게 이 여덟 가지 요소가 청중들에게 전달되어야만 하는 핵심적인 내용으로 작용했다면, 이것들은 **절대적으로 타협불가**한 것으로 간주되어야 하며 예수 그리스도를 통해 구원을 받고자 하는 모든 사람들은 이 여덟 요소를 가장 근본적이고 중요한 사실로 지지**해야만 한다.** 달리 말해 사도들의 선포는 비록 개요 형태라 할지라도 **복음의 완전한 내용**을 담고 있다. 사도들의 선포에 담겨 있는 이 여덟 가지 요소들은 (기원후 2세기에 생성되었으나 시기적으로 더 앞선 뿌리를 가지고 있는) 사도신경과 매우 유사한데, 이는 절대로 우연이 아니다

(사도신경에 관한 보다 자세한 내용은 이 책 9장을 참조하라).

도드(C. H. Dodd)는 자신의 유명한 연구 저서를 통해 사도들의 선포에 포함된 일곱 가지 요소들을 규명했는데, 이를 조금 변경하면 아래와 같은 여덟 가지 요소로 표현할 수 있다.[8]

복음: 개요

왕이신 예수는

1. 아버지 하나님과 함께 선재하셨고,
2. 인간의 몸을 입으시고 하나님이 다윗에게 주셨던 약속을 성취하셨고,
3. 구약성서의 말씀에 따라 죄를 대속하기 위해 죽으셨고,
4. 장사되셨고,
5. 구약성서의 말씀에 따라 사흘째 되는 날 부활하셨고,
6. 많은 이들에게 나타나셨고,
7. **주님으로서 하나님 우편에 앉아 계시며,**
8. 심판자로서 다시 오실 것이다.

사도행전에 나오는 베드로와 바울의 설교에 이 여덟 사건이 전제되거나 언급되고 있음을 쉽게 증명할 수 있다. 그러나 특별히 주목해야 할 것은 사도행전에 나오는 복음 선포들이 예수의 주권적 통치를 확언함으로써 빈번히 그 절정에 이르고 있다는 점이다. "그런즉 이스라엘 온 집은 확실

---

8   Dodd, *Apostolic Preaching*, 특히 17.

히 알지니 너희가 십자가에 못 박은 이 예수를 **하나님이 주와 그리스도가** 되게 하셨느니라 하니라"(행 2:36). "그러므로 너희가 회개하고 돌이켜 너희 죄 없이 함을 받으라.…또 주께서 너희를 위하여 예정하신 그리스도 곧 예수를 보내시리니…**만물을 회복하실 때까지는 하늘이 마땅히 그를 받아 두리라**"(행 3:19-21). 사도행전의 다른 부분을 보면 전체 복음 선포의 틀이 두 가지 확언으로 짜여졌음을 알 수 있는데, 이 선포를 듣는 청중을 위해 예수께서 모든 이의 주님이 되셨다(행 2:36)거나 예수의 부활을 통해 **하나님이** 다윗 왕에게 **주신 약속이** 성취되었다(행 13:22-24, 32-39)는 확언이 여기에 속한다. 예수께서 왕으로서 하나님 우편에 즉위하여 계신다는 사실은 복음의 절정을 이루고 있음에도 불구하고 자주 복음의 일부로 여겨지지 않고 있기 때문에, 위의 복음 개요에서 이 부분을 굵은 글씨로 표시하였다.

복음 선포와 관련하여 사도행전이 이 여덟 단계를 가정하고 있다는 증거를 찾기 원하는 사람은 사도행전 본문을 개인적으로 살펴보거나 도드(Dodd)의 저술인『사도적 설교와 그 전개』를 읽어보기 바란다. 한편 바울 서신(예를 들어 롬 2:16; 고전 15:23; 살전 4:15; 5:23; 살후 2:1, 8)에 잘 입증된 최종 요소를 제외하더라도, 바울이 그의 서신에서 복음의 내용을 설명할 때 나머지 일곱 요소들을 포함하고 있음을 앞서 2장에서 확인한 바 있다. 이에 대해 더 자세히 알아보도록 하자.

나는 예수와 사복음서의 저자들 모두 단 하나의 복음 메시지를 선포하고 있다는 점을 상세히 증명하고자 한다. 이를 통해 우리는 복음이라는 말을 들을 때 마음속으로 흘러들어오는 이미지들, 곧 모든 죄인을 부르는 제단, 감정이 실린 설득력 있는 호소, 믿음 대 행위 논쟁, "예수의 의만 신뢰하는 것", 지옥 불의 경고, 천국 복에 대한 설명과 같은 이미지들을 재조정할 수 있게 되는 유익을 얻게 될 것이다. 그럼으로써 복음에 보다 근접한 이미지를 얻을 수 있을 것이다. 복음의 **내용**에는 "믿음" 혹은 "우리의 의"에 관한 어떠한 것도 존재하지 않으며(이 개념들은 각각 복음의 능력이 발현되는 수단이자 결과로서 작용하므로), 오히려 이런 개념들이 복음과 상호작용하는 것에 주목해야 한다. 그러나 저명한 학자들조차 복음에 이 개념들을 포함하는 실수를 자주 범한다.

예를 들어 스프라울(R. C. Sproul)은 전형적으로 이런 실수를 보이는데, 그는 구원을 받기 위해 반드시 믿어야 하는 복음의 핵심 **내용**이 행위라는 주장에 반대하면서 오직 믿음만을 (또는 예수를 통해 우리에게 전가된 의로움만을) 주장한다.[9] 존 파이퍼도 이와 동일한 주장을 펼친다.[10] 한편 토마스 슈라이너(Thomas Schreiner)는 보다 미묘한 뉘앙스로 말한다. 그는 "오직 믿음만으로"라는 구호가 복음이 아니라고 인정하면서도 이 구호가 "복음의 한 성분 혹은 반드시 수반되는 요소"라고 말해버림으로써 자신의 주장을 모호하게 만들어버린 후 이따금 복음이 정말로 "오직 믿음만으로"를 의미하는 것처럼 말한다.[11] 나는 구원과 관련하여 파이퍼와 슈라이너가 주장하는 의 개념에 상당 부분 동의하지만(이 책 8장을 보라), 일부 발언의 부정확성으로 인해 혼란이 야기되고 있다고 본다.

제대로 말해서, **피스티스**는 복음의 일부가 아니라 복음에 적합한 **반응**이다. 우리의 칭의(justification) 역시 복음의 **내용**에 포함되지 않는다. 오로지 예수의 칭의만이 복음의 내용에 포함되는데, 그 이유는 부활이란 것이 예수께서 의롭다고 선포된 결과로서 발생한 현상이기 때문이다. 우리

---

9   Sproul, *Getting the Gospel Right*, 100-103.

10 Piper, *Future of Justification*, 83-85.

11 Schreiner, *Faith Alone*, 예를 들어, 18, 25, 223-24.

의 칭의는 복음의 **결과**로서, 이때 우리는 **피스티스**를 통해 속죄의 왕이신 예수와 연합된다. 이런 문제들을 정확히 이해해야만 명쾌한 해답을 얻을 수 있다. 이제 사복음서에 나와 있는 그대로, 그리고 사복음서에 제시된 예수의 가르침을 토대로 참된 복음의 여덟 가지 요소를 하나씩 살펴보자.

1. 예수는 하나님 아버지와 선재하셨다

복음서에서 예수는 자신의 선재성에 대해 증언하고 있는가? 그렇다. 요한복음에는 이와 관련된 명백한 증거들이 다수 등장한다. 그러나 요한복음과 달리 마태, 마가, 누가복음은 이와 관련된 증거들을 넌지시 암시하는 방식으로 제시한다.

요한복음에 나타난 선재성

요한복음 8장에서 예수는 자신을 가리켜 사마리아 사람이며 귀신들린 자라고 비난하는 대적들과 논쟁을 벌이는데, 이 연장된 논쟁의 중심에 오래전에 사망한 족장 아브라함이 등장한다. 예수께서 아브라함이 "나의 때 볼 것을 즐거워하다가 보고 기뻐하였느니라"(요 8:56)고 말씀하실 때, 대적들은 이를 믿지 않고 매우 불쾌해한다. 그런 그들에게 예수는 다음과 같이 응답하신다. "진실로 진실로 너희에게 이르노니, 아브라함이 나기 전부터 **내가** 있느니라"(요 8:58). 예수의 대적들은 재빨리 그분의 말씀에 담긴 의미를 간파하는데, 그들이 그럴 수 있는 이유는 예수께서 자신의 선재성을 주장하고 있을 뿐만 아니라 "**나는** 스스로 있는 **자이니라**"(출 3:14) 또는 "**나는** 존재자이니라"(출 3:14, 70인역)와 같은 주장을 펼치고 있기 때문이다. 이 신성한 주장은 유일한 참 하나님이신 야웨가 불타는 떨

불에서 모세에게 자신을 드러내며 하신 말씀이다. 그 말을 들은 예수의 대적들은 예수가 신성모독을 했다고 주장하며 돌로 치려고 한다. 그러자 예수는 자신을 숨기고 성전에서 빠져나오신다.[12]

요한복음의 다른 부분에서, 예수는 자신이 천국에서 하나님과 함께 선재했던 존재임을 스스로 증언하시며 본인이 생명의 떡이라고 단언하신다. "하나님의 떡은 하늘에서 내려 세상에 생명을 주는 것이니라"(요 6:33). 최후의 만찬에서 예수는 가장 가까운 제자들에게 자신의 선재성을 최대한 분명히 말씀하신다. "내가 아버지에게서 나와 세상에 왔고 다시 세상을 떠나 아버지께로 가노라"(16:28).

요한복음의 다른 여러 부분들 역시 예수의 선재성에 대해 언급한다. 요한복음의 서두는 태초(창세 전)에 예수가 말씀(Logos)으로서 "하나님과 함께" 계셨다는 것과 말씀이신 예수가 사실 하나님이시라는 것을 함께 주장하고 있다(요 1:1; 참조. 1:18). 예수께서 공생애 사역을 시작할 때 세례 요한은 다음과 같이 선언한다. "내 뒤에 오는 사람이 있는데 나보다 앞선 것은 그가 나보다 먼저 계심이라"(1:30). 마침내 예수의 사역이 끝나가는 시점에 접어들고 예수께서 자신을 분명히 알리시고 난 후 제자들은 다음과 같이 외칠 수 있게 된다. "주께서…하나님께로부터 나오심을 믿사옵나이다!"(16:30).

---

12 이외에도 요한복음에는 다른 흥미로운 "나는 ~이다"(*egō eimi*) 진술들이 등장하는데, 이 진술들은 자신의 신성에 대한 예수의 주장을 간접적으로 제시한다. 이와 관련된 구절은 다음과 같다. 6:20; 8:24, 28; 13:19; 18:5-8.

오직 충성으로 받는 구원

마태·마가·누가복음에 나타난 선재성

마태·마가·누가복음(이 세 복음서를 묶어서 공관복음이라 부른다)에 나타난 선재성을 살펴보면, 여기에 등장하는 관련 증거들은 요한복음의 증거에 비해 불분명하다. 어떤 학자들은 관련 증거가 너무 불분명하다는 이유로 세 복음서 모두 예수의 선재성을 주장하고 있지 않다고 생각한다.[13] 사이먼 개더콜(Simon Gathercole), 이형일(Aquila H. I. Lee), 더글라스 맥크레디(Douglas McCready) 같은 학자들은 이런 생각에 동의하지 않는다.[14] 나는 마태, 마가, 누가와 같은 신약성서 저자들이 고대의 한 예언자가 실제 출생하기 수백 년 전에 미래의 메시아를 가장하여 말한 것처럼 느껴지는 순간들을 평가함으로써 이 논의에 기여하고자 한다. 이를 기술적 용어로 개인적 해석(prosopological exegesis)이라 부르며, 더 간단하게 개인 중심적 해석이라고 부른다.

누적된 증거들이 보여주는 내용은 이렇다. 이 복음서 저자들은 예수께서 선재하시는 신성한 존재였다는 것을 믿었고, 이와 더불어 역사적 예수께서 자신의 선재성을 믿게 되었다고 생각했다.[15] 이는 "나는 보내심을 받았다"라는 관용어구(예. 눅 4:43, 마 15:24, 막 12:6 등), 선재성을 암시하는 동정녀 탄생의 함축적 본질, 그리고 또 다른 본문들에 의해 신빙성을 갖는다.[16] 여기서 이 견해를 학문적으로 완전히 다룰 수는 없지만(관심이 있는

---

13 Collins and Collins, *King and Messiah*, 123-48, 209.

14 Gathercole, *Preexistent Son*; Lee, *From Messiah to Preexistent Son*(『예수와 하나님 아들 기독론』[새물결플러스 역간]); McCready, *He Came Down from Heaven*.

15 Bates, *Birth of the Trinity*, 41-80, 특히 64-67.

16 예를 들어 어린 예수를 찾은 후 마리아는 다음과 같이 말한다. "보라, 네 아버지와 내가 근심하여 너를 찾았노라." 이에 예수는 다음과 같이 반문하신다. "내가 내 아버지 집에 있어야 될 줄을 알지 못하셨나이까"(눅 2:48-49). Bovon(*Gospel of Luke*, 1:109-10)은 누가복음의 이 부분이 전설이 아니라 "전기적 관심"을 지닌 "전승 자료"라고 주장하는데, 이는 공정

독자는 방금 언급된 학자들을 살펴봄으로써 이 주제에 대해 더 알아볼 것을 추천한다)
다음 몇 가지 예들은 도움이 될 것이다.

예수의 세례. 예수는 수세 때 하늘로부터 다음과 같은 말을 들었다
고 전해진다. "너는 내 사랑하는 아들이라. 내가 너를 기뻐하노라"(막 1:11;
눅 3:22; 참조. 마 3:17).[17] 이 말이 암시하는 시편 2편에서는 메시아(시 2:2)
이면서 동시에 아들(시 2:12)로 규명된 한 존재가 하나님과 **이전에 나눴
던 대화**가 나온다. 이 대화에서 하나님은 이 아들에게 "너는 내 아들이라.
오늘 내가 너를 낳았도다"(시 2:7)라고 말씀하신다. 우리는 (초기 기독교 문
헌에 나타나는 이 시편에 대한 이해를 토대로) 예수께서 수세 때 하늘로부터 들
은 말씀을 시편 2:7과 연계하여 이해하셨다고 추측할 만한 충분한 이유가
있다.[18] 만일 예수보다 수백 년 앞서 살았던 다윗이 시편 2편에서 하나님
의 아들의 입장이 되어 말할 수 있고, 하나님과 그분의 아들이 함께 나눴
던 **이전 대화**를 전할 수 있었다면, 시편 2편에 언급되고 있는 아들이 (아버
지이신) 하나님과 함께 선재했었다고 볼 수 있을까? 그렇다면 예수께서는
수세 때 들은 "너는 내 아들이라"는 말씀이 (아버지이신) 하나님과 함께 누
리는 자신의 선재성을 지시한다고 받아들이셨을 것이다.[19]

한 판단이다.

17 세례 요한이 행한 예수의 수세 사건의 역사성은 보편적으로 인정되고 있다. 초기 그리스도
인들이 예수보다 세례 요한이 더 주도적으로 묘사되는 장면을 일부러 만들어냈을 것 같지
는 않다. 특히 세례가 죄 사함을 의미하기 때문이다 (즉 예수의 수세는 죄가 없으신 예수와
관련하여 여러 문제를 일으킬 소지가 다분하다.) 그러나 하늘로부터 나는 소리의 역사성을
평가하기는 더 어렵다. 그래서 세계관 차원에서의 가정들이 학문적 평가에 늘 영향을 미친
다. 고대 연설에 관해서는 다음의 연구를 보라. Keener, *Acts*, 1:258-319.

18 시 2:7과 관련된 예수의 수세와 선재성에 관한 평가는, 다음의 연구들을 보라. Lee, *From
Messiah to Preexistent Son*, 240-83; Bates, *Birth of the Trinity*, 62-80.

19 역사적 예수는 자신의 선재성과 관련하여 어떤 종류의 견해를 갖고 계셨을까? 위격
(personhood)에 관한 최소한의 관념적이고 모호한 존재론을 제안하는 것이 가장 좋다. 즉

오직 충성으로 받는 구원

변화산 사건은 세례와 연관된 선재성의 전통을 확대시킨다. 제자들은 예수와 함께 있는 가운데 하늘로부터 매우 비슷한 말씀을 듣게 된다. "이는 내 사랑하는 아들이니 너희는 그의 말을 들을지어다"(막 9:7; 참조. 마 17:5; 눅 9:35). 게다가 이 말씀은 변화산에서 예수의 영광이 드러나는 사건과 연결되어 있는데, 이 모든 것은 예수께서 하늘로부터 오신 분임을 암시한다. 예수께서 자신의 정체성에 대해 깊이 생각하시면서 시편 2:7과 같은 구약성서 구절의 의미를 숙고하셨을 것이라는 주장은, 마태·마가·누가복음이 보여주는 것처럼 예수의 생애 훨씬 이후에 발생했던 한 논쟁을 통해 지지를 얻는다.

"주께서 내 주께 이르되." 생애 마지막 일주일간 예수를 향한 적대감이 증가하는 가운데, 그분은 대적들로부터 심문을 받는다. 자신을 함정에 빠뜨리려는 시도에서 성공적으로 벗어난 후 예수는 그들에게 다음과 같이 묻는다.

> 어찌하여 서기관들이 그리스도를 다윗의 자손이라 하느냐. 다윗이 성령에 감동되어 친히 말하되 "주께서 내 주께 이르시되 '내가 네 원수를 네 발 아래에 둘 때까지 내 우편에 앉았으라' 하셨도다" 하였느니라. 다윗이 그리스도를 주라 하였은즉 어찌 그의 자손이 되겠느냐?(막 12:35-37; 참조. 마 22:41-46; 눅 20:41-44)

예수는 적어도 자신의 선재성을 믿고 있는 것으로 묘사되고 있는데, 그분의 이런 믿음에 대한 근거는 바로 자신의 선재성으로 인해 구약 시대에 한 예언자(시편 2편의 저자인 다윗—역자주)가 메시아의 입장에서 하나님과 대화를 나누었다는 사실이다. 이에 관한 논의는 Bates, *Birth of the Trinity*, 34-36을 보라. 선재성의 종류에 대해서는 McCready, *He Came Down from Heaven*, 15-19을 보라.

예수께서 인용하신 구약성서 구절은 시편 110:1이다. 이에 대한 가장 좋은 설명은, 예수께서 해당 본문의 수수께끼와 같은 난제를 지시하시면서 그의 대적들과 군중들로 하여금 시편 110:1의 화자와 청자를 올바로 구별하도록 권면하고 계신다는 것이다.[20] 우리는 시편 110:1에 대한 예수의 해석을 아래와 같이 의역할 수 있다.

다윗 자신(다윗이 "내 주"라고 부를 수 있는 한 존재와 하나님 사이의 대화 상황 가운데): "주께서 내 주께 이르되…"

하나님의 대역인 다윗(내 주 곧 그리스도에게 말하는 상황): …"오 그리스도여, 다윗의 주여, 내가 네 원수를 네 발아래에 둘 때까지 내 우편에 앉아 있으라."[21]

그래서 예수는 그의 청중들로 하여금 하나님을 화자로, 그리스도(곧 자기자신)를 청자로 이해할 것을 요구하신다. 이 대화는 오래전 예언자 다윗에 의해 처음으로 언급되었다. 서기관들과 벌인 논쟁의 역사성을 의심할 이유가 없으므로,[22] 이 사건은 역사적 예수가 어떤 방식으로든 자신이 하나님 아버지와 함께 선재했다고 믿고 있었음을 암시하고 있다.[23] 그러나

---

20 막 12:35-37 이후의 내용과 선재성은 Bates, *Birth of the Trinity*, 44-62에 제시된 지지 근거를 통해 발전된다.

21 복음서 저자들은 시 110편에 대한 예수의 해석을 묘사하면서 일반적으로 그리스어로 번역된 구약성서를 사용했으므로, 나의 번역과 설명 역시 그리스어 버전의 구약성서를 따른다.

22 사복음서의 역사적 신뢰성에 대해 회의적인 사람들마저도 이 사건의 역사성은 대체로 인정하고 있다. 예를 들어 Crossan은 *Historical Jesus*, 236, 429에서 이 사건을 첫 번째 층(stratum)에 위치시킨다 ("2Q"는 예수의 최초 묵시 자료에 대한 그의 분류 표시다).

23 여기서 이야기하고 있는 선재성의 의미에 대해서는 위의 각주 19를 보라.

이 시편의 내용을 계속해서 살펴보면, 예수의 선재성과 신적 출생을 염두에 두고 있다는 증거가 매우 명확해진다. 예수는 그의 청중을 향해 이 시편 첫 구절에 나오는 화자와 청자에 관한 수수께끼를 해결할 것을 요청하시고 계시므로, 그의 청중이 시편 110:1뿐만 아니라 그다음 구절들에 대해서도 생각해볼 것을 기대하셨다고 예상하는 것은 합리적이다. 예수 당시 서기관들과의 논쟁(사복음서의 맥락에서 볼 때 이 논쟁은 정확히 서기관들과의 논쟁이 맞다)은 어느 한 단락을 부분적으로 언급함으로써 (다른 연계 구조와 더불어) 전체 단락을 환기시키는 방식으로 진행되었다.[24] 내 주장을 반영하여 다시 한번 의역한 바에 따르면, 예수는 자신의 수수께끼를 설명하시면서 다음의 두 구절(시편 110:2-3)을 대략 아래와 같은 방식으로 이해하고 계셨다.

다윗 자신("내 주"에게 상황을 보고하는 다윗): "내 주 하나님께서 당신의 능력의 막대를 보내주실 것입니다. 시온에서 오시는 오 나의 주님이시여…."

하나님의 대역인 다윗(나의 주 그리스도에게 말씀하시는 하나님): …"너의 원수들 가운데서 다스려라! 너의 권능의 날에 눈부신 광채 가운데 절대적 권위가 너에게 있을 것이다. **새벽을 알리는 별이 뜨기 전에 내가 너를 태로부터 낳았노라.**"

이 구절에서 우리는 무엇을 알 수 있는가? "새벽을 알리는 별이 뜨기

---

24 이에 관한 개요는 다음의 연구들을 보라. Longenecker, *Biblical Exegesis*; Beale, *Handbook*. 초기 구약성서를 해석하면서 의미의 연계적 틀이 소환되는 것에 대해서는 다음의 연구들을 보라. Hays, *Echoes of Scripture*, 10-21; Kugel, *In Potiphar's House*, 247-70.

전에" 그리스도가 하나님에 의해 출생했음을 알게 된다("내가 너를 낳았도다").[25] 즉 하나님은 창조 전에 그리스도를 낳으셨다. 더욱이 그리스도의 출산은 "태로부터"의 출산으로 묘사된다. 여기 쓰인 표현은 그림같이 생생하면서도 정확하다. 여기서 말하는 주는 창조되거나 만들어진 주가 아니라 출산을 통해 존재하는 주다. 따라서 "새벽을 알리는 별이 뜨기 전에 태로부터"라는 문구가 다수의 초기 기독교 독자들에게 암시하는 바는 두 가지인데, 우선 그들이 소망해온 다윗 혈통의 그리스도가 하나님과 대화가 가능한 사람으로서 선재했다는 것, 그리고 그리스도의 "태로부터"의 출생이 독특한 것임을 하나님께서 예언적으로 선포했다는 것이다. 또한 이 모든 내용은 메시아이신 예수가 동정녀의 "태에서" 하나님의 아들로서 탄생하심으로써 성취될 것이다.

이를 통해 우리는 "여호와께서 내 주에게 말씀하시기를 '내가 네 원수들로 네 발판이 되게 하기까지 너는 내 오른쪽에 앉아 있으라'"는 시편 110편과 관련하여 예수가 개진하신 수수께끼에 의미가 담겨 있음을 보게 된다. 시편 110편에 대한 예수의 언급을 보면, 예수는 이 시편에서 하나님이 말씀하고 계시는 대상이 바로 예수 자신임을 추론해내셨음을 알게 된다. 그러나 이 시편에서 하나님의 대화 상대는 그냥 아무개가 아닌 선재하는 존재다. 그게 아니라면 다윗이 예언자로서 하나님을 대신하여 그

---

25 시 110:3의 히브리어 본문은 이해하기가 어렵기로 유명하다. "주의 권능의 날에 주의 백성이 거룩한 옷을 입고 즐거이 헌신하니 새벽이슬 같은 주의 청년들이 주께 나아오는 도다." 그리스어 사본의 증거(이에 더해 시 2:7과의 비교)는 해당 히브리어가 소유대명사를 품은 명사인 *yaldûtêkā*("[너]의 청년들")가 아닌 동사 *yělidtikā*("내가 너를 낳았노라")를 의미했음을 암시한다. 따라서 그리스어 단어를 토대로 제시된 사람 중심의 해석 곧 "새벽을 알리는 별이 뜨기 전에, 내가 너를 낳았노라"는 해석은 이 히브리어 단어에 대해 예수 당시에 합의된 가장 유력한 해석과 긴밀히 상응한다. 다음의 연구들을 보라. Bates, *Birth of the Trinity*, 44-62, 특히 54n25; Lee, *From Messiah to Preexistent Son*, 111-14, 225-38.

에게 말하기는 불가능하기 때문이다. 더욱이 이 시편의 대화는 이처럼 선재하는 그리스도가 창조 전에 "태로부터" 출생했음을 드러낸다. 선재에 관한 더 많은 본문들을 논할 수도 있지만, 우리는 사복음서 안에 있는 이 복음을 함께 탐구하는 과정에서 "태로부터"라는 언급을 통해 다음 단계인 성육신으로 손쉽게 이동하게 된다.

2. 예수는 인간의 육신을 입으시고 하나님께서 다윗에게 주신 약속을 성취하셨다

사복음서 모두 예수께서 다윗 가문에서 태어나셨음을 확언한다. 그러나 요한은 예수의 다윗 혈통을 암시하는 수준에 그치며(7:42), 대신 예수의 성육신에 초점을 맞춘다. 하지만 요한은 말씀(로고스)이 하나님이 거하시는 하늘 처소로부터("이 말씀이 하나님과 함께 계셨으니"[1:1]) 이 땅의 형체로 변하여 내려오신 것을 확언하면서 지속적으로 예수의 선재성과 성육신을 증언한다. 요한은 성육신의 순간에 대해 유명한 발언을 남겼다. "말씀이 **육신이 되어** 우리 가운데 거하시매"(1:14).

　　마가의 증언은 요한의 증언과 다소 유사한데, 마가복음에서 예수를 따르는 무리들은 그리스도가 다윗 가문에서 탄생하실 것을 단언하고 있다(막 11:10). 그러나 마가는 바디매오의 입을 통해 예수를 다윗의 후손이라고 말함으로써(10:47-48), 요한과 달리 예수와 다윗의 연결성을 표현하는 일에 인색하지 않다. 마지막으로 (끝부분에서 다뤄지는 단락인) 마가복음 12:35-37에서 예수는 그리스도가 다윗의 후손이자 동시에 주가 되심을 스스로 결론짓고 계신다. 궁극적으로 마가는 예수께서 다윗의 후손으로서 메시아적 소명을 수용하고 있음을 보여준다.

마태와 누가는 예수의 다윗 혈통 및 성육신을 둘러싼 놀라운 상황과 관련하여 마가보다 분명한 입장을 취한다. 실제로 마태와 누가 모두 다윗과 연결된 예수의 족보를 제시함으로써 예수와 다윗 간의 연계성을 입증하는 확실한 증거를 제공한다(마 1:1, 6, 17; 눅 3:31). 예수의 족보와 관련하여 모든 것이 분명한 것은 아니지만, 어떤 학자들은 마태가 의붓아버지인 요셉을 통해 예수의 법적 혈통을 제시한다고 믿는다. 그러나 누가는 예수의 생모인 마리아를 통해 예수의 혈통을 언급하는데, 이는 "사람들이 아는 대로는"이라는 누가의 표현을 통해 드러난다. "예수는…(사람들이 아는 대로는) 요셉의 아들이니"(3:23). 개별적으로 고려해볼 때, 초기 그리스도인들은 요셉과 마리아 둘 모두를 다윗의 직계 후손으로 확실히 기억하고 있었다.[26] 이처럼 예수께서 다윗의 후손으로서 다윗을 향한 하나님의 약속을 성취하셨다는 사실은 사복음서 모두가 제시하는 복음의 핵심이다.

동정녀 탄생과 관련하여 마태와 누가는 예수의 수태와 출생을 둘러싼 상황에 대해 이야기한다. 마리아는 요셉과 정혼을 했지만 그 어떤 육체적 결합도 갖지 않았다. 예수는 "성령으로" 잉태되셨는데(마 1:18, 20), 이는 성령이 마리아에게 임하사 능력으로 그녀를 "덮으실 때"(눅 1:35), 마리아가 아직 동정녀였기 때문이다. 마태는 이 사건을 이사야의 유명하지만 까다로운 고대 예언과 연결한다. "보라, 처녀가 잉태하여 아들을 낳을 것이요. 그의 이름은 임마누엘이라 하리라"(마 1:23; 인용. 사 7:14). 즉 동정녀 탄생은 1) 하나님 아버지와 함께 선재하시는 예수와, 2) 다윗의 혈통으로 육신을 입으신 예수라는 복음의 첫 두 요소를 보완해준다.

---

26 다윗의 자손 요셉에 관해서는 마 1:20; 눅 1:27; 2:4을, 다윗의 자손 마리아에 관해서는 눅 3:23; Ign. *Eph.* 18.2; *Trall.* 9.1; Justin, *Dial.* 100.3; Irenaeus, *Epid.* 36; *Haer.* 3.16.3.을 보라.

3. 구약성서의 말씀대로 예수께서 죄를 대속하기 위해 죽으셨다

지금까지 예수와 복음서 저자들이 바울 서신과 사도행전의 설교에서 발견되는 것과 동일한 복음을 취하고 있는 방식에 대해 탐구하면서, 예수의 선재성 및 다윗 혈통으로의 성육신을 살펴보았다. 다음에 살펴볼 요소는 죄를 위한 예수의 죽음과 관련된 것으로서, 이 주제는 앞장에서 고린도전서 15:3과 연관되어 논의되었다. 앞서 우리는 바울의 의도가 대속(substitution) 개념 곧 "예수께서 우리를 대신하여 죽으셨다"는 의미로 기울고 있다고 결론 내렸다. 예수는 특별히 복음서의 중요한 두 가지 사건에서 자신의 죽음이 지닌 의의를 이와 유사한 방식으로 설명하고 계신다.

대속물(속전) 말씀. 이와 관련하여 예수께서 하신 가장 중요한 말씀은 마가복음과 마태복음에 등장하는 소위 대속물(속전) 말씀이다. 예수의 제자였던 야고보와 요한은 (마태에 의하면 그들의 어머니의 도움을 받아) 그분의 나라가 온전히 임하게 될 때 그곳의 상석을 차지하려고 한다. 예수께서는 본인이 곧 한 방울도 남기지 않고 다 마시게 될 (고난의) 잔을 그들도 마실 수 있는지 묻는다. 그들은 그럴 수 있다고 대답한다. 그러자 예수는 그들이 실제로 그 잔을 마시게 되겠지만, 자신에게는 하늘나라의 특별한 자리를 배정해줄 수 있는 특권이 없다고 말씀하신다. 나머지 열 명의 제자들은 이 이야기를 듣고 분개한다. 왜냐하면 모두 그런 권력과 특권의 자리를 탐하고 있기 때문이다. 예수는 이를 기회 삼아 제자들에게 그들이 이방 나라의 집권자처럼 행해서는 안 되며, 오히려 으뜸이 되고자 하는 자는 모든 이를 섬기는 종이 되어야 한다고 말씀하신다.

바로 이 맥락에서 유명한 대속물 말씀이 등장하는데, 여기서 예수는 이렇게 말씀하신다. "인자가 온 것은 섬김을 받으려 함이 아니라 도리어 섬기려 하고 자기 목숨을 많은 사람의 대속물로 주려 함이니라"(막 10:45; 참조. 마 20:28). "많은 사람의 대속물"(lytron anti pollōn)이라는 말에는 대신한다는 의미가 담겨 있다. 예수는 자신이 이 땅에 **오신** 이유가 자기의 목숨을 대속물(속전)로 주기 위함이라고 말씀하신다. (여기서 이 땅에 왔다는 말씀과 "내가 보내심을 받았다"라는 말씀 사이의 유사성과 선재성을 드러내는 함의들에 대해 다시 한번 주목하라.) 오늘날 우리가 일반적으로 사용하는 속전(대속물) 개념은 해당 그리스어의 기저에 깔린 관념을 잘 반영하고 있다. 오늘날의 속전은 불법으로 잡혀 있는 사람의 구출을 확보하기 위해 납치범에게 지불하는 몸값과 같은 것으로서, 잡힌 사람을 대신하여 제공된다. 이와 비슷하게 그리스어 단어인 뤼트론(lytron)은 당시 노예들을 해방시키기 위해 지불되는 돈을 뜻했다(예. 레 19:20; Josephus, Ant. 12.46). 또한 속전은 제물로 바쳐질 사람이나 짐승을 대속할 때 사용되었는데, 희생제물들은 이로 인해 제사에 바쳐지는 대신 풀려나게 되었다(예. 민 18:15).

한편 (앞서 2장에서 살펴본대로) 광범위한 의미 영역을 지녔지만 대신(substitution)의 의미도 포괄하는 비슷한 의미의 그리스어 전치사 **휘페르**(hyper)와 달리, 안티(anti)는 보다 협소한 의미 영역을 지니고 있으며 거의 언제나 무언가를 대신한다는 관념을 의도하고 있다. 예를 들어 신약성서에 보면 아켈라오 임금은 "그의 아버지 헤롯을 대신하여(anti)" 다스렸다(마 2:22). 마찬가지로 "'눈은(anti) 눈으로' 갚으라 하였다는 것을 너희가 들었으나"(마 5:38)라는 예수의 말씀이 가진 본래 의미는 "눈은 다른 눈으로 대신하여" 갚으라는 뜻이다. 이는 다른 사람의 눈을 뽑는 잘못을 범했을 경우 그에 대한 벌로 범행 당사자의 눈도 뽑으라는 말이다.

흥미롭게도 우리는 대속물 말씀에서 이와 동일한 용어들인 뤼트론("대속물"[속전])과 안티("대신하여")를 발견할 수 있는데, 두 용어는 신약

오직 충성으로 받는 구원

성서와 동시대의 고대 문헌에서 무언가를 대신한다는 관념을 기술하는 데 함께 사용되었다. 예를 들어 요세푸스는 로마 장군 크라수스(Crassus)가 예루살렘 성전의 황금 용기들을 약탈하려 할 때, 제사장인 엘르아살이 그 것들을 지키기 위해 취한 행동을 묘사한다. 엘르아살은 성전의 (다른 용 기들도 모두 포함한) 황금 **용기들에 대한 속전으로** 크라수스에게 금괴 하 나를 주었다. 즉 엘르아살은 크라수스가 성전 용기들에 대한 권리를 포 기하는 대신 금괴를 취하도록 일종의 대체물(substitute)로서 금괴를 제공 한 것이다(*Ant.* 14.107. 여기 나오는 그리스어 표현은 "뤼트론 안티 판톤"[*lytron anti panton*]이다).

　따라서 예수께서 "많은 이들을 위한(*anti*) 대속물(속전)"로서 자신의 목숨을 내어주기 위해 오셨다고 말할 때는 대신의 관념 곧 "많은 이들을 **대신**하는 대속물(속전)"이라는 관념이 강조된다. 여기서 주목해야 할 것은 예수께서 곧 지불하실 것(payment)이 돈이 아니라 자신의 목숨이라는 것 이다. 사로잡힌 자들의 목숨은 몰수된 상태다. 자유의 목숨이 되려면 진 빚을 갚아야 하는데 그들에게는 그 빚을 갚을 능력이 없기 때문이다. 그 러나 예수의 목숨은 몰수된 상태가 아니다. 예수의 목숨이 지닌 가치는 매우 크기 때문에, 속박된 **많은** 이들의 목숨을 그분의 목숨이 대신할 수 있다.

　자신의 목숨을 많은 이들의 대속물(속전)로서 내어주는 예수의 모습 이 어떻게 "구약성서를 따르는 것" 곧 구약성서의 말씀과 일치하는 것 이라고 말할 수 있을까? 한 생명을 대신하여 한 생명을 내어주는 개념은 구약성서에 기록된 희생 제도의 근본이 되므로 구태여 특정 본문을 규명 할 필요는 없다. (그러나 목숨을 목숨으로 갚는 것에 관해서는 특별히 레 17:11을 보라.) 실제로 우리는 창세기 22장(이삭을 대신하는 숫양)과 출애굽기 12장

(장자를 대신하는 어린 양)에서도 이런 원칙을 보게 된다. 그러므로 예를 들어 세례 요한이 예수에 관하여 "보라, 세상 죄를 지고 가는 하나님의 어린 양이로다!"(요 1:29)라고 말할 때, 우리는 마가복음과 마태복음의 대속물 말씀과 같은 신학적 전통을 마주한다. 대속물 말씀과 하나님의 어린양 전통을 이어주는 역사적 연결 고리는 바로 예수께서 자신의 죽음 직전에 유월절과 관련하여 제자들과 함께 기념하신 마지막 만찬이다.[27]

마지막 만찬. 누가는 다음과 같은 예수의 말씀을 전하면서 마지막 만찬의 의미를 상세히 설명한다. "내가 고난을 받기 전에 너희와 함께 이 유월절 먹기를 원하였노라. 내가 너희에게 이르노니 이 유월절[아마도 유월절 식사]이 하나님의 나라에서 이루기까지 [유월절 식사를] 다시 먹지 아니하리라"(22:15-16). 예수의 말씀에 의하면 유월절 식사는 하나님 나라에서 온전히 성취될 것이다. 그 결과 예수는 유월절 식사가 구약성서에 나타난 것처럼 하나님의 여러 목적 안에서 지향되는 일종의 완결을 갖고 있음을 드러내지만, 이 완결이 예수께서 이 땅에 오시기 전에는 아직 이루어지지 않았음을 보이신다. 그러나 예수는 이 완결이 곧 성취될 것이라고 말씀하셨다.

한편 바울과 더불어 모든 복음서 저자들은 예수께서 떡과 잔을 취하시고 떡과 포도주가 무엇을 의미하는지 설명해주셨다고 기록한다. 예수

---

27 잘 알려진 바와 같이, 유월절 식사와 관련하여 마지막 만찬이 거행된 때를 규명하기는 어렵다. 마태, 마가, 누가는 이 식사가 목요일에 있었던 유월절 기념 식사였다고 말한다(막 14:12-16과 병행 구절들을 보라). 그러나 요한복음에서는 마지막 만찬이 유월전 전에 열린 것처럼 보인다(요 13:2; 18:28). 많은 이들은 요한이 마지막 만찬의 시기를 앞당겼다고 생각한다. 왜냐하면 요한이 이를 통해 진정한 유월절 어린양이신 예수께서 유월절 어린양이 도살당하는 시점과 동일한 때에 죽임을 당하는 것으로 묘사하고 있기 때문이다(참조. 요 1:29; 19:14, 31, 42). Stein, "Last Supper"를 보라. 이와 관련된 광범위한 연구는 다음을 보라. Pitre, *Jesus and the Last Supper*.

오직 충성으로 받는 구원

는 떡을 "나의 몸"이라 부르시고, 누가와 바울은 예수께서 제자들에게 그 떡이 "너희를 위하여" 주어지는 것이라고 말씀하셨다고 덧붙인다. 마가복음에서 예수는 포도주잔을 가리켜 **"많은 사람을 위하여 흘리는 나의 피 곧 언약의 피"**라고 설명하신다(14:24). 마태의 기록은 마가의 기록과 거의 동일하지만 덧붙여진 예수의 말씀을 기록한다. "이것은 죄 사함을 얻게 하려고 많은 사람을 위하여 흘리는 바"(26:28). 바울은 마가보다 시기적으로 앞서는 사람으로서, 누가와 마찬가지로 약간 다른 성만찬 내용을 제시한다. 바울이 전하는 성만찬 내용에 의하면, 예수는 잔을 가리켜 "나의 피 곧 언약의 피"가 아닌 "내 피로 세운 **새** 언약의 피"라고 말씀하신다(고전 11:25; 눅 22:20). 누가 역시 성만찬의 잔이 가진 대속적 기능을 분명히 밝히면서 이 잔이 "너희를 위하여" 부어지는 것이라고 이야기한다(22:20). 어떻게 이 모든 내용이 구약성서의 내용과 일치하는가? 분명 유월절은 구약성서의 제도 중 하나이며(출 12장을 보라), 이 "언약"이라는 표현은 (하나님께서 노아, 아브라함, 시내산의 이스라엘 백성들 및 다윗과 맺으신) 구약성서의 여러 언약들을 상기시킨다. 더욱이 "새 언약"이라는 용어는 예레미야 31:31-34에 나오는 미래의 약속된 "새 언약"과 직접적으로 상응하는데, 우리는 이 "새 언약"을 에스겔 36:22-32(특히 26절)과 다른 본문들에서 고대하고 있는 "새 마음"과 "새 영"의 때와도 비유할 수 있다.

특히 우리는 이사야서에 나오는 고난의 종의 속죄 사역을 통해 우리의 죄를 대신한 예수의 죽음과 구약성서 간의 연결점을 찾아볼 수 있다.

그가 찔림은 우리의 허물 때문이요 그가 상함은 우리의 죄악 때문이라. 그가 징계를 받으므로 우리는 평화를 누리고 그가 채찍에 맞으므로 우리는 나음을 받았도다. 우리는 다 양 같아서 그릇 행하여 각기 제 길로 갔거늘, 여호와께서는 우리 모두의 죄악을 그에게 담당시키셨도다.…그가 자기 영혼을 버려 사망에 이르게 하며 범죄자 중 하나로 헤아림을 받았음이니라. 그러나 그가 많은 사람의 죄를 담당하며 범죄자를 위하여 기도하였느니라(사 53:5-6, 12).

누가복음 22:37(인용. 사 53:12; 참조. 마 8:17; 요 12:38)과 같은 복음서 본문은 위의 이사야서 본문에 나타난 고난 받는 종의 대속적 역할을 분명히 밝히고 있을 뿐만 아니라, 예수도 이사야서의 고난 받는 종의 관점에서 자신의 사명을 이해하고 있음을 확실히 드러내고 있다. 종합하면 예수와 복음서 저자들은 대속물(속전) 말씀과 마지막 만찬 및 다른 본문들을 통해 예수가 구약성서 말씀에 따라 우리의 죄를 대신하여 죽으셨음을 강조한다.

4. 예수께서 장사되시다

실제 역사적 사건으로서의 예수의 장사(burial)는 복음의 핵심 부분이다. 사복음서는 예수의 장사 사건을 자세히 기록하고 있다. 네 복음서 모두 아리마대 요셉이 예수의 장사를 주관했다고 기록하고 있으며, 요한은 니고데모도 함께 언급하고 있다. 또한 모두 예수께서 세마포에 싸여 새 무덤에 안치되었다고 말한다(참조. 마 27:57-61; 막 15:42-47; 눅 23:50-56; 요 19:38-42). 한편 바울은 복음을 개관하면서 예수께서 구약성서에 따라 우리의 죄를 대신해 죽으셨고, **장사되셨으며**, 다시 살아나셨음을 강조한다(고전 15:3-5). 이런 관점에서 보면 바울에게 예수의 장사는 그분의 죽음 및 부활과는 달리 직접적으로 "구약성서에 따른" 사건으로 언급되는 것이 아니다. 그러나 예수의 장사 사건은 복음 이야기 내에서 그 이전 단계에 해당하는 예수의 죽음이 실제적 사건임을 확증해주는 역할을 한다. 또한 예수의 장사 사건은 다음 단계인 예수의 부활로 이어진다. 그리고 예수의 죽음과 부활은 모두 "구약성서에 따른" 사건들이라고 표현된다.

사복음서는 예수의 장사 사건의 실제성을 강조할 뿐만 아니라, 예수 역시 죽음과 더불어 사흘간 지속된 자신의 장사에 대해 예언하셨던 것으로 기록하고 있다. 예를 들어 베드로가 예수를 메시아로 고백하자, 예수는 제자의 길이 십자가의 길임을 설명하시고 또 "인자가 많은 고난을 받고 장로들과 대제사장들과 서기관들에게 버린 바 되어 죽임을 당하고 **사흘만에** 살아나야 할 것을" 말씀하신다(막 8:31; 참조. 9:31). 이에 대해 가장 주목할 만한 예언은 아마도 서기관들과 바리새인들이 예수께 나아와 스스로를 입증할 만한 기적을 보이라고 요구할 때 예수께서 그들에게 하신 예언일 것이다. 예수는 다음과 같이 말씀하신다.

> 예수께서 대답하여 이르시되 악하고 음란한 세대가 표적을 구하나 선지자 요나의 표적밖에는 보일 표적이 없느니라. 요나가 밤낮 사흘 동안 큰 물고기 배 속에 있었던 것 같이 인자도 밤낮 사흘 동안 땅속에 있으리라(마 12:39-40; 참조. 16:4).

예수는 악한 니느웨 성읍 사람들에게 애매하고 간결한 메시지를 통해 회개를 요구한 예언자 요나와 자신을 비교하신다. 요나가 니느웨 성읍에 당도하자 놀랍게도 이방인인 니느웨 성읍 사람들은 요나의 어중간한 회개 선포에 자극을 받았다. 그렇다면 이제 "요나보다 더 큰" 예수께서 오셔서 명확한 회개의 메시지를 선포하는 상황에서, 예수의 유대인 동족들은 니느웨 성읍의 이방인들보다 얼마나 더 기꺼이 회개해야 하겠는가! 그러나 그들은 회개하기를 지체하고 기적의 표시를 요구한다. 여기서 예수는 그들이 원하는 기적의 표시를 받게 될 것이라고 말씀하시는데, 그 기적의 표시는 바로 인자가 사흘 밤낮을 땅속에 있게 되는 사건이다. 그러나 이 기적의 반대 속성(곧 장사 사건에 수반되는 인자의 모든 패배와 연약함)은 많은 사람들이 이 기적의 의미가 드러나는 순간을 놓치게 될 것을 의미한다.

예수가 예루살렘 성전에서 돈 바꾸는 자들의 상을 뒤집으시는 당혹스러운 행동을 취하실 때, 요한복음은 그분이 다음과 같이 매우 비밀스러운 방식으로 자신의 사흘간 장사 사건을 예언하는 내용을 기록한다. "이 성전을 헐라. 내가 사흘 동안에 일으키리라"(2:19). 이 말을 들은 예수의 대적들은 당혹스러워 한다. 왜냐하면 당시 예루살렘 성전을 건축하는 데 무려 46년이 걸렸기 때문이다. 그러나 요한은 저자로서 이 장면에 침투하여 예수의 의도를 직접 밝힌다. "그러나 예수는 성전된 자기 육체를 가리켜 말씀하신 것이라"(2:21). 그리고 제자들은 이 요지를 예수께서 죽은 자 가운데서 살아나신 후에야 정확히 이해하게 될 것이다(2:22). 우리는 이런 전통의 흔적들을 요한복음뿐만 아니라 마태복음과 마가복음에서도 발견할 수 있다. 예수가 재판을 받으시는 동안 그분을 향한 거짓 증언들이 제기되는데, 이 거짓 증언자들은 이렇게 말한다. "우리가 그의 말을 들으니 '손으로 지은 이 성전을 내가 헐고 손으로 짓지 아니한 다른 성전을 사흘 동안에 지으리라' 하더라"(막 14:58; 참조. 15:29-30; 마 26:12; 27:40; 27:63). 그러므로 예수의 장사는 확실히 좋은 소식 곧 복음의 한 부분이 된다. 실제로 예수 자신이 사흘간의 장사를 예언했다는 기록이 여러 번 등장한다. 더군다나 바울에 의하면 이 "사흘째 되는 날"의 전승은 구약성서가 부활과 관련하여 복음의 일부로 기대했던 것이다.

5. 예수는 구약성서에 따라 사흘 만에 부활하셨다

예수의 부활 곧 사망에서 육신으로 구현된 새로운 삶으로의 변화는 복음의 핵심이다. 분명 예수와 사복음서는 이 부활을 확증하고 있다. 예수는 부활에 관해 여러 예언을 하신다. 사실 우리는 예수의 장사와 관련하여 "사흘째 되던 날"의 전승을 자세히 살펴보았다. 어떤 학자들은 바울이 구약성서의 어느 본문(혹은 본문들)을 **사흘째 되는 날**의 부활과 연관 짓고 있는지를 살펴보면서, 호세아 6:2, 요나 1:17, 열왕기하 20:5을 제시한다. 그러나 바울이 고린도전서 15:4에서 그가 특정 단일 본문들을 지칭할 때 관습적으로 사용하던 단수 명사인 "성서"(Scripture) 대신에 일반화된 논의를 진행할 때 사용하던 "성서들"(Scriptures; 개역개정은 "성경")이라는 복수 명사를 선택한 것으로 볼 때, 그가 여기서 특정 단일 본문을 염두에 둔 것 같지는 않다. 바울은 오히려 부활을 "구약성서에 따른 것"이라고 말하면서, 특정 단일 혹은 두 본문이 아닌 고난과 죽음 이후에 의로운 자로 입증되는 일반적 패턴(pattern)을 언급할 수도 있다.

나는 사복음서에 나오는 부활을 설명하면서 부활에 관한 명확한 내용들을 장황하게 되풀이하고 싶지 않다. 따라서 기본 내용만 간단히 언급하고자 한다. 다음과 같은 부활 내용의 골자는 사복음서에 동일하게 나타난다. 사망 후 예수는 금요일에 장사되시고, (막달라 마리아를 비롯한) 여성들이 일요일 아침에 예수의 무덤으로 온다. 그러나 무덤 입구를 가로막고 있던 돌문이 옆으로 굴려져 있고 무덤은 비어 있다. 대부분의 복음서 저자들은 여기에 예수의 부활을 선포하는 천사(들)의 등장을 추가한다. (해당 고대 사본들에 여러 종결이 등장하는) 마가복음의 경우를 제외한 모든 복음서에서,[28] 이 부활 소식을 전해 들은 예수의 제자들은 처음에 그 소식을 믿지 않는다. 이어 예수는 여러 번에 걸쳐 열한 제자를 포함한 여러 제자들에게 나타나신다.

그러나 사복음서의 이 이야기들은 세부 내용에 있어서 차이를 보인다. 그리고 적어도 내 생각에 세부 내용과 강조점 상의 작은 차이들은 오히려 이것들이 후대 교회에 의해 치밀하게 날조된 "공식 이야기"가 아니라 신뢰할 수 있는 기억임을 보여준다. 예를 들어 마태는 부활 사건이 발생하기 전에 예수의 무덤이 봉인된 채 경비병들의 감시를 받고 있었다는 내용과(27:62-66) 부활 사건 이후에 경비병들이 뇌물을 받고 그 대가로 제자들이 예수의 시신을 훔쳐 갔다는 거짓 보고를 했다는 내용을 추가한다(28:11-15). 누가는 베드로가 여인들의 이야기를 듣고 예수의 무덤으로 달려가 시신에 입혀졌던 세마포의 상태를 살피고는 당황한 채로 떠났다고 이야기한다(24:12). 요한은 베드로와 더불어 예수가 사랑하시는 제자(아마도 요한)도 함께 무덤으로 달려갔다는 내용을 첨가하고, 예수의 세마포가 특이하게 놓여 있는 것에 관해 보다 자세한 내용을 기록한다(20:3-9). 또 요한은 그 이후 베드로와 예수가 사랑하는 제자는 집으로 돌아갔지만, 그 와중에도 막달라 마리아는 무덤에 남아 울고 있었다는 내용을

---

28 마가복음의 최초 사본들은 16:8에서 이렇게 끝난다. "여자들이 몹시 놀라 떨며 나와 무덤에서 도망하고 무서워하여 아무에게 아무 말도 하지 못하더라." 오늘날 많은 학자들은 이 종결을 원래의 종결로 간주한다. 하지만 어떤 학자들은 마가복음의 원래 종결이 마태복음의 종결과 유사하지만 소실되었다고 판단한다. 어떤 사본들은 여기에 다음과 같은 짧은 내용을 덧붙이고 있다. "그러나 그들은 베드로 및 그와 함께 있는 자들에게 자신들이 들은 이야기를 간단히 전했다. 그리고 이후에 예수는 그 여자들을 통해 영원한 구원에 대한 신성하고 불멸하는 선포를 동쪽에서부터 서쪽까지 발하셨다." 시간이 지나면서 막 16:9-20까지 이어지는 더 긴 종결이 정착되었지만, 현대에 나오는 성서들에는 막 16:9-20이 원본 내용이 아니라는 표기가 거의 늘 따라붙는다.

추가한다(20:10-18). 이를 통해 막달라 마리아는 부활하신 예수를 최초로 본 제자로서 이름이 언급되는 영예를 받는다.

6. 예수는 많은 이들에게 나타나셨다

사복음서에 기록된 부활 이야기의 세부 내용 간에 상당한 차이가 존재하는 것처럼, 부활하신 예수의 출현과 관련해서도 다양하고 상보적인 전승이 존재한다. 다양한 증언과 복잡한 순서로 인해, 부활 이후 예수의 출현과 관련하여 얼마나 많은 증거들이 신약성서에 존재하고 있는지를 놓치기 쉽다. 사실 신약성서는 부활 이후 예수의 출현을 적어도 열세 번 보도하고 있으며, 부활하신 예수께서 40일 동안 수차례 나타나셔서 상당 시간 그분의 제자들을 가르치셨다는 증거도 있다(행 1:3). 복음과 모든 기독교의 핵심이 되는 부활 사건은 우리로 하여금 부활하신 주님이 열세 번에 걸쳐 출현하신 것에 주목하게 만든다.

1. (막달라 마리아를 포함한) 여인들에게 나타나심(마 28:9-10)
2. 특별히 막달라 마리아에게 나타나심(요 20:14-17; 참조. 막 16:9)
3. 두 명의 여행자들에게 나타나심(눅 24:13-32; 참조. 막 16:12-13)
4. 베드로에게 나타나심(눅 24:33-34; 고전 15:5)
5. 도마를 제외한 (열) 제자들과 다른 제자들에게 나타나심(요 20:19-25; 참조. 눅 24:36-49)
6. 도마를 포함한 열한 제자들에게 나타나심 (요 20:26-28)
7. 디베랴 호수에 나타나심(요 21)
8. 갈릴리 어느 산에 나타나심(마 28:16-20; 참조. 막 16:7)

9. 오백 명의 형제들에게 나타나심(고전 15:6)

10. 주님의 형제 야고보에게 나타나심(고전 15:7)

11. 다른 사도들에게 나타나심(고전 15:7)

12. 감람산에 나타나심(행 1:6-12)

13. 사도 바울에게 나타나심(행 9:3-9; 22:6-11; 26:12-18)

이처럼 성서는 예수께서 약 40일에 걸쳐 지리적으로 매우 다양한 장소에서 매우 다양한 무리에게 나타나셨음을 증언한다. 예수의 이런 출현은 복음의 핵심 구성 요소다. 바울은 마지막으로 자신에게 나타나신 예수를 다음과 같이 인상적으로 표현한다. "만삭되지 못하여 난 자 같은 내게도 보이셨느니라"(고전 15:8). 이는 바울 자신이 극도의 영적 사망 상태에서 예수를 보았음을 의미한다. 부활한 예수를 마지막으로 목격한 그의 증언은 나머지 다른 사도들의 목격과는 근본적으로 다르다. 왜냐하면 다른 사도들은 승천 사건이 발생하기 이전에 부활하신 예수를 보았기 때문이다. 그러나 오늘날 승천 사건은 이를 둘러싸고 있는 사건들과 더불어 가장 중요한 복음의 요소임에도 불구하고 가장 등한시되고 있다.

7. 예수는 주님으로서 하나님 우편에 앉아 계신다

우리는 예수와 사복음서 저자들이 어느 정도까지 바울과 동일한 복음의 메시지를 선포했는지 탐구하면서, 예수의 선재성, 다윗 혈통의 출생, 죄를 대신한 죽음, 장사, 사흘만의 부활, 부활 이후의 출현을 살펴보았다. 그리고 이와 더불어 각 단계가 어떻게 구약성서와 연결되어 있는지도 알아보았다. 이제 우리는 현대인을 위한 복음의 가장 중요한 부분으로 이동한다.

그것은 바로 하나님의 우편에서 통치하고 계시는 예수다. 이 단계가 가장 중요한 이유는 그것이 본래 다른 단계보다 중요해서가 아니라, (각 단계는 동등한 중요성을 갖고 있으며, 유일하고 참된 복음에 반드시 필요하다) 다음 두 가지 이유 때문이다.

예수의 통치는 복음에서 타협 불가한 부분이다. 첫째, 오늘날 복음이 설교되거나 전달될 때 대부분의 경우 "예수의 통치" 부분은 전혀 언급되지 않거나 부차적인 것으로 다루어진다. 십자가와 부활은 복음의 핵심 순위지만, 예수의 왕권은 무대 밖으로 밀려난다.[29] 우리는 예수의 왕권을 복음의 핵심이자 타협 불가한 요소로 복구시켜야 할 필요가 있다. 하늘과 땅의 주님이신 예수의 통치는 근본적으로 구원과 관련된 "믿음"(피스티스)의 의미를 "충성"으로 규정한다. 우리를 구원하는 "믿음" 곧 우리를 구원하는 충성이 향하는 첫 번째 대상은 **왕**이신 예수다.

예수는 바로 지금 통치하고 계신다. 둘째, 예수의 통치는 지금 우리가 속한 세계사의 **현재** 시점에도 적용된다. 복음의 처음 여섯 단계는 예수의 삶의 이야기와 관련된 **과거**의 사건들을 언급한다. 예를 들어 예수는 이미 인간의 육신을 입으셨고, 우리의 죄로 인해 죽으셨으며, 죽은 자 가운데서 살아나셨다. 그런데 예수께서 죽은 자 가운데서 살아나셨다면 지금 어디에 계신 것일까? 그리고 무엇을 하고 계신 것일까? 이 질문에 대한 답변이 오늘날 그리스도인의 삶의 모든 측면에 필수적인 것으로 판명되어도 놀라운 일은 아니다. 예수는 현재 즉위해 **계신** 왕이자 하늘과 땅의 주님

---

29 Carson처럼 예수의 하늘 보좌 즉위가 복음의 한 부분임을 잘 인지하고 있는 신중한 학자조차도 자신의 논문("What Is the Gospel?—Revisited")에서 예수의 왕권을 살짝 뒷전에 놓고 십자가와 부활을 더 선호하는 우를 범한다. 예를 들어 그는 다음과 같이 단호히 선언한다. "복음의 핵심은 하나님이 예수를 통해 행하신 것으로, 그 절정은 예수의 죽음과 부활이다. 이것이 전부다"(162).

이시다. 그리고 예수는 바울이 고린도전서에 기록한 것처럼 "모든 원수를 그 발아래에 둘 때까지"(15:25) 적극적으로 통치하고 계신다. 예수는 또한 하늘에 있는 대제사장으로서 우리의 죄를 대속하기 위해 자신의 피를 바치셨으며, 이로 인해 우리를 중보하시는 데 여념이 없다(히 8:1-2; 9:11-12). 사탄은 "이 세상의 신"(고후 4:4)으로 불리기도 하지만, 그의 힘은 제한되어 있다. 왜냐하면 십자가와 부활의 권능으로 사탄의 능력이 확실히 꺾였기 때문이다. 즉 왕이신 예수께서 통치하시는 새 시대는 현재 옛 시대를 압도하고 있다(골 1:13-14).

복음의 모든 구성 요소들이 절대적으로 중요하지만, 그중 예수의 통치는 오늘날 우리에게 가장 중요한 단계다. (우리가 지금 살고 있는) 교회의 시대를 정의하는 것은 바로 그리스도의 역동적인 통치로서, 이 통치는 하늘과 땅의 왕이신 예수께서 그분의 적들을 제압하시는 가운데 하나님 아버지 우편에서 다스리심으로써 발현된다. 더욱이 왕 혹은 주님이신 예수의 통치는 예수 그리스도를 믿음으로써 구원이나 영생을 얻게 된다는 성서의 약속에 시종일관 전제되어 있다. 뒤에서 이 주제를 자세히 논하겠지만, 지금 여기서는 예수께서 곧 다가올 자신의 즉위와 통치를 예고하고 계신 것, 즉 사복음서 저자들에 의해 묘사된 내용을 살펴볼 필요가 있다.

예수는 곧 도래할 통치를 알리신다. 마태, 마가, 누가, 요한이 묘사하는 예수는 자신이 실제로 땅과 하늘의 통치자로 세움 받으실 것을 예고하고 계신가? 간단히 답하자면 그렇다. 실제로 우리는 예수가 십자가의 역설적 승리를 통해 하나님 우편에 즉위하셨다는 이야기 속에 사복음서의 기본 줄거리가 담겨 있다고 주장할 수 있다. 사실 이 주장은 라이트(N. T. Wright)가 자신의 최근 저술인 『하나님은 어떻게 왕이 되셨나?』에서 전개한 것이다. 사복음서는 하나님의 통치가 예수의 즉위를 통해 성취되었다고 제시하고 있는데, 이는 사복음서에 대한 오늘날의 일반적인 사고 방식과 다르다. 경건한 그리스도인들은 보통 사복음서를 "그리스도를 본 받아"(imitatio christi)라는 렌즈를 통해 읽는다. 그들에게 사복음서는 일상에서 예수를 닮아가도록 조장하는 연료와 같다. 그러나 라이트는 각 사복음서가 여러 차이점에도 불구하고 각자 독특한 방식으로 "하나님이 어떻게 왕이 되셨는지"를 함께 제시하고 있다는 설득력 있는 주장을 펼친다.

사복음서가 모두 기록한 예수의 부활은 하나님께서 그분의 무죄를 결정적으로 입증하시는 순간이다. 그리고 예수의 부활 사건에는 하나님 아버지와 함께하는 하늘 영광으로의 기쁜 귀환이 약속되어 있다. 예수의 승천이 이미 예수의 부활에 잠복해 있다는 사실은 막달라 마리아가 빈 무덤 근처에서 예수를 마주쳤을 때 그분께서 자신의 부활 상태에 대해 그녀에게 직접 설명하시는 말씀을 통해 분명해진다. 갓 부활하신 예수는 마리아에게 말씀하신다. "나를 붙들지 말라. 내가 아직 아버지께로 올라가지 아니하였노라. 너는 내 형제들에게 가서 이르되 '내가 내 아버지 곧 너희 아버지, 내 하나님 곧 너희 하나님께로 올라간다' 하라"(요 20:17). 이처럼 예수의 부활에는 승천이 필연적으로 포함되어 있다. 라이트에 의하면, "사복음서 저자들이 제시하는 부활이란 점점 더 슬퍼지고 침울해지는 이야기의 끝에 주어지는 '해피 엔딩'이 아니라, 예수의 십자가 죽음이 실제로 어둠의 세력에 치명타가 되었음을 입증하는 사건을 의미한다. 여기서 어둠의 세력이란 하나님의 새로운 세상 곧 '하늘에서와 같이 땅에서도' 임할 창조와 회복의 힘을 지닌 하나님의 사랑의 나라에 방해가 되었던 세력을 말한다."[30] 부활은 필연적으로 승천과 하나님께 저항하는 악한 세력

---

30   Wright, *How God Became King*, 246.

의 궁극적 패배를 가져온다. 왜냐하면 참 인간이시자 참 하나님이시며 하늘과 땅을 하나로 연합하신 예수께서 지금 우주의 머리로서 하나님의 왕적 통치를 수행하고 계시기 때문이다. 하늘에서와 같이 땅에서도 이루어지는 하나님의 통치와 하나님 나라는 하나님이 선택하신 대리인인 메시아이자 그리스도이며 왕이신 하나님의 아들 예수를 통해 달성되고 있다.

우리는 심지어 부활 이전 예수의 지상 사역 기간에 언급된 다음 진술들을 발견하는데, 이 진술들은 예수가 (자신을 향해 가장 즐겨 사용하시는 표현인) 인자로서 미래에 자신이 하나님의 통치를 완성시킬 것이라고 기대하고 계셨음을 확언한다. 공관복음서에는 이런 관념이 포함된 (최소) 26개의 독특한 말씀들이 등장하는데, 그중 몇 개를 여기에 소개한다.[31]

세베대의 아들 야고보와 요한이 주께 나아와 여짜오되 "선생님이여, 무엇이든지 우리가 구하는 바를 우리에게 하여 주시기를 원하옵나이다." 이르시되 "너희에게 무엇을 하여 주기를 원하느냐" 여짜오되 **주의 영광중에서 우리를 하나는 주의 우편에, 하나는 좌편에 앉게 하여 주옵소서.**" 예수께서 이르시되 "너희는 너희가 구하는 것을 알지 못하는도다. 내가 마시는 잔을 너희가 마실 수 있으며 내가 받는 세례를 너희가 받을 수 있느냐?…내 좌우편에 앉는 것은 내가 줄 것이 아니라 누구를 위하여 준비되었든지 그들이 얻을 것이니라"(막 10:35-38, 40).

예수께서 이르시되 "내가 진실로 너희에게 이르노니 **세상이 새롭게 되어 인**

---

31 예수의 종말론적 진술들에 대한 정교한 분석과 이 진술들이 예수의 자아상과 어떤 관계가 있는지에 대해서는 다음의 연구를 보라. Allison, *Constructing Jesus*, 31-304. 특히 227-30에 나열된 예수의 말씀들을 보라.

자가 자기 영광의 보좌에 앉을 때에 나를 따르는 너희도 열두 보좌에 앉아 이스라엘 열두 지파를 심판하리라"(마 19:28; 참조. 눅 22:28-30).

인자가 자기 영광으로 모든 천사와 함께 올 때에 자기 영광의 보좌에 앉으리니 모든 민족을 그 앞에 모으고 각각 구분하기를 목자가 양과 염소를 구분하는 것 같이 하여(마 25:31-32).

"이제 이 세상에 대한 심판이 이르렀으니 이 세상의 임금이 쫓겨나리라. 내가 땅에서 들리면 모든 사람을 내게로 이끌겠노라" 하시니, 이렇게 말씀하심은 자기가 어떠한 죽음으로 죽을 것을 보이심이러라(요 12:31-33).

종합적으로 고려해볼 때, 이 같은 예수의 말씀들은 예수께서 인자로서(이 인자라는 호칭은 예수의 필수적이고 전형적인 인성을 암시하는 것으로서, 단 7:13-14을 통한 그 의미의 탐구가 아래 부분에서 자세히 논의될 것이다) 영화로운 상태 가운데 통치하시게 될 것이라는 명확한 기대를 담고 있다. 실제로 여러 본문들이 예수께서 왕좌에 앉는 것을 강조하고 있다.

예수는 재판을 받으실 때 자신의 즉위를 선언하신다. 그러나 사복음서 저자들은 예수께서 이 즉위를 십자가 죽음 이후에 주어질 하나님의 신원과 연결하셨다고 기록하고 있는가? 유대인 대제사장 앞에서 벌어진 예수의 재판에는 분명한 확언이 포함되어 있다. 예수는 사람의 판결이 자신에게 불리하게 내려질 것을 아셨지만, 그럼에도 불구하고 하나님께서 자신에게 유리한 판결을 내리실 것이며 하나님의 보좌를 공유하도록 허락하실 것이라고 자신 있게 단언하셨다.

침묵하고 아무 대답도 아니하시거늘 대제사장이 다시 물어 이르되 "네가 찬송 받을 이의 아들 그리스도냐?" 예수께서 이르시되 "내가 그니라. 인자가 권능자의 우편에 앉은 것과 하늘 구름을 타고 오는 것을 너희가 보리라" 하시니(막 14:61-62).

예수는 강력한 두 개의 구약성서 본문인 시편 110편과 다니엘 7장에서 도출된 이미지를 폭발적으로 결합하심으로써 두 본문이 서로를 해석하도록 만드셨다.[32] 그리고 이를 통해 자신의 죽음이 높여지고 하늘 보좌라는 선물로 귀결될 것이라고 주장하셨다.

첫 번째 본문인 시편 110편은 이 장 앞부분에서 우리의 관심을 사로잡은 바 있다. 예수는 다음과 같이 시편 110편을 언급하시면서 청중들의 궁금증을 풀어주셨다. "주께서 내 주께 이르시되 '내가 네 원수를 네 발아래에 둘 때까지 내 우편에 앉았으라' 하셨도다"(막 12:36). 예수는 청중들에게 물으셨다. "다윗이 그리스도를 주라 하였은즉 어찌 그의 자손이 되겠느냐?" 물론 이 수수께끼의 해결은 메시아가 다윗의 후손이지만 다윗보다 훨씬 더 크신 존재라는 점에 달려 있다. 메시아는 사실 너무도 위대해서 하나님께서 바로 이 메시아 곧 다윗의 "내 주"께 직접 말씀하셨고, 그를 하나님의 우편에 앉도록 하심으로써 왕이신 하나님의 통치에 참여하도록 초청하셨다. 마가복음 12:35-37과 예수께서 대제사장 앞에서 재판을 받으시는 마가복음 14:61-62에서 예수는 자신이 시편 110편에서 하나님이 말씀하고 계신 바로 그 대상임을 단언하시면서, 결국 하나님

---

32 다음에 이어지는 예수의 재판에 관한 내용은 특히 다음의 연구와 관련이 있다. Wright, *Jesus and the Victory of God*, 519-28.

　　　　　　　오직 충성으로 받는 구원

이 자신을 하나님의 우편에 앉도록 (즉위하도록) 초대하셨다고 분명히 밝힌다.

두 번째 본문인 다니엘 7장은 하나님의 절대적 통치권을 공유하고 있는 "인자 같은 이"라는 이미지를 보여준다. 또한 이 본문은 전복적이면서도 예수의 재판 장면에 적절한 심판 및 신원의 요소들을 소개한다. 다니엘이 본 환상에는 바다에서 나온 큰 짐승 넷이 등장한다. 우리는 이것들이 네 명의 왕과 네 개의 왕국을 상징하고 있음을 분명히 알게 된다 (단 7:17, 23을 보라). 환상을 해석하는 구절들에 따르면, 네 번째 짐승 곧 특별히 혐오스러운 뿔들 중 하나가 "성도들과 더불어 싸워 그들에게 이겼더니 옛적부터 항상 계신 이가 와서 지극히 높으신 이의 성도들을 위하여 원한을 풀어주셨고 때가 이르매 성도들이 나라를 얻었더라"(7:21-22). 하나님은 단호하게 네 짐승들을 심판하신 후 짐승의 모습과 전혀 관계없는 "인자 같은 이"를 지지해주는 판결을 내리신다. 법정의 장면이 전개되고, 옛적부터 항상 계신 이 곧 하나님이 재판장 석에 앉아 계시는데, 수많은 종들이 그 옆에서 하나님을 섬기고 있다(7:9-10). 책들이 펼쳐져 있다. 네 번째 짐승이 죽임을 당한다. 그리고 비록 한시적이지만 다른 짐승들의 권위도 제거된다.

이어서 가장 중대하고 충격적인 부분이 등장하는데, 바로 인자 같은 이에게 영원한 왕국이 선물로 수여된다. 다니엘은 법정에서 발생하는 사건을 다음과 같이 기술한다.

내가 또 밤 환상 중에 보니 인자 같은 이가 하늘 구름을 타고 와서 옛적부터 항상 계신 이에게 나아가 그 앞으로 인도되매 그에게 권세와 영광과 나라를 주고 모든 백성과 나라들과 다른 언어를 말하는 모든 자들이 그를 섬기게 하였으니, 그의 권세는 소멸되지 아니하는 영원한 권세요, 그의 나라는 멸망하지 아니할 것이니라(단 7:13-14).

여기서 주목할 만한 두 내용이 있다. 첫째, "인자 같은 이"는 영광과 영원한 왕국을 받을 뿐만 아니라, 그의 통치 범위 역시 우주적인 것으로 "모든 백성과 나라들과 다른 언어를 말하는 모든 자들이 그를 섬기게 될 것이다." 둘째, 예수는 다니엘 7장의 특수한 환상을 자신의 말씀을 통해 의도적으로 암시하셨다. "인자가 권능자의 우편에 앉은 것과 하늘 구름을 타고 오는 것을 너희가 보리라." 생생한 재판 장면, 인자의 도래, 하늘 구름, 하늘의 통치 권한 수령 이미지들은 너무도 구체적이어서 이것들이 다른 무언가를 의미한다고 말하긴 어렵다.

그래서 예수는 인간의 법정에 서서 자신이 실제로 "찬송 받을 이의 아들 그리스도"라는 근사한 진술을 하신다. 이 진술에는 비록 자신이 인간의 법정에서 잘못된 판결을 받더라도 하나님께서 결국 자신을 신원해 주실 것이며, 자신이 하나님의 우편에 좌정하여 다스릴 영원한 왕국을 받게 될 것이라는 두 가지 내용이 암시되어 있다. 이를 통해 예수는 자신을 비난하는 자들을 다시 한번 궁지에 몰아넣으신다. 그리고 전체 재판 장면에 내재된 깊은 아이러니를 끄집어내신다. 왜냐하면 예수는 자신을 재판하는 자들이 유죄 선고를 내린다면, 이는 그들이 옛적부터 항상 계신 하나님의 대리인으로서 행하는 것이 **아니라** 오히려 예수를 공격함으로써 오만한 뿔을 지닌 네 번째 짐승과 결탁하는 셈이 된다고 넌지시 말씀하고 계시기 때문이다. 그리고 이런 자들(특별히 대제사장)이야말로 판결을 내리면서 이스라엘 하나님의 자리에 서 있기를 갈망하는 것이다. 예수의 말씀은 재판 장면 전체를 뒤집어 놓는데, 예수께서 이 땅에서의 재판이 하늘의 현실에 반하는 것이라고 단언하셨기 때문이다. 그분의 의도대로 대제사장과 그의 부하들은 네 번째 짐승의 적대적 행위와 결탁한 죄로 재판을 받게 되고, 하나님은 이들을 정죄하시고 궁극적으로 멸망시키실 것이다! 한편 예수는 곧 무죄를 선고받고 왕으로 즉위하여 하나님의 보좌를 공유하실 것이다.

그렇다면 시편 110편과 다니엘 7장을 암시하는 예수의 충격적인 발언을 들은 제사장이 그 즉시 자신의 옷을 찢으면서 이렇게 외치는 것이 과연 놀라운 일인가? "우리가 어찌 더 증인을 요구하리요. 그 신성모독 하는 말을 너희가 들었도다. 너희는 어떻게 생각하느냐?" 그리고 우리는 다음과 같이 요약된 기록을 보게 된다. "그들이 다 예수를 사형에 해당한 자로 정죄하고"(막 14:63-64). 예수는 자신이 죽게될 것을 잘 알고 있었지만, 그럼에도 불구하고 자신이 하나님의 우편에 있는 왕 곧 영원한 우주적 왕국의 통치자로 옹립될 것이며 하나님께서 자신을 비난하는 자들을 정죄하실 것이라고 선포하셨다. **예수는 하늘과 땅의 왕으로서 즉위하는 순간을 목표로 하는 최종 분석에 자신의 죽음과 부활이 포함되어 있음을 예상하셨다.** 이처럼 사복음서에 묘사된 예수는 자신이 하나님의 우편에 우주적 왕 혹은 우주적 주로서 좌정하게 될 것이라는 복음을 선포하시는 분이다.

8. 예수는 심판의 주로 오실 것이다

우리는 계속해서 예수와 사복음서 저자들이 하나님의 유일한 참 복음을 어떻게 선포하고 있는지를 탐색해왔고, 이제 예수의 재림에 관한 것이 마지막 단계로 남았다. 예수의 공개적 재림을 가장 수려하게 묘사한 성서 본문은 사복음서가 아닌 요한계시록 19:11-21과 데살로니가전서 4:13-17에서 발견된다. 다시 말하지만, 사복음서에는 예수께서 심판의 주로서 오실 것을 선언하시는 본문들이 압도적으로 많이 등장한다. 그러나 이 복음서 본문들이 제기하는 복잡한 질문은 바로 이 "오심"(coming)이 무엇과 관련되어 있는가다. 우리는 이미 마지막 세부 항목에서 예수가 대제사장과 산헤드린 공회 앞에서 재판을 받으면서 적대자들을 향해 곧 자신이 "하늘 구름을 타고 오는 것"을 보게 될 것이라고 말씀하시는 장면을 보았다. 또 우리는 이 오심이 단순히 하늘에서 땅으로의 재림을 의미하는 것이 아니라 오히려 그 반대를 시사하고 있음도 확인했다. 즉 예수의 재림은 인자가 땅을 떠나 하늘 구름 위에 올라서서 옛적부터 항상 계신 이인 하늘의 하나님 앞에 나타나심을 의미한다.[33] 이 특별한 "오심"은 하늘 나라에 당도하신 예수가 왕으로서 옹립되는 것과 관련이 있으며, 이는 사도행전에서 예수가 사도들 앞에서 "구름이 그를 가리어 보이지 않을 때까지"(1:9) 하늘로 승천하시는 모습을 묘사한 것과 일치한다.

한편 다른 구절들은 예수의 "오심"이 특히 반항적인 그의 동족들을 심판하는 것과 연관됨을 지시하는데, 이들은 예수가 공생애 사역을 하실 당시의 유대인들로서 그분의 주장과 삶의 방식을 거절했던 자들이다. 예를 들어 예수는 그의 사도들에게 지침을 내리신 후 그들을 선교사로 파송하시면서 다음과 같이 말씀하신다. "이 동네에서 너희를 박해하거든 저 동네로 피하라. 내가 진실로 너희에게 이르노니 **이스라엘의 모든 동네를 다 다니지 못하여서 인자가 오리라**"(마 10:23). 또한 마태복음에 기술되어 있는 것처럼 공생애 사역 말미에 접어든 예수는 서기관들, 바리새인들, 그

---

33 다음의 연구를 보라. Wright, *Jesus and the Victory of God*, 524.

리고 위선자들에게 일곱 개의 화를 선포하신 후, 자신의 이야기를 다음과 같은 무시무시한 절정으로 이끄신다.

> 너희가 너희 조상의 분량을 채우라. 뱀들아, 독사의 새끼들아, 너희가 어떻게 지옥의 판결을 피하겠느냐. 그러므로 내가 너희에게 선지자들과 지혜 있는 자들과 서기관들을 보내매 너희가 그중에서 더러는 죽이거나 십자가에 못 박고 그중에서 더러는 너희 회당에서 채찍질하고 이 동네에서 저 동네로 따라다니며 박해하리라. 그러므로 의인 아벨의 피로부터 성전과 제단 사이에서 너희가 죽인 바라갸의 아들 사가랴의 피까지 땅 위에서 흘린 의로운 피가 다 너희에게 돌아가리라. 내가 진실로 너희에게 이르노니 이것이 다 이 세대에 돌아가리라(마 23:32-36).

예수는 이 세대에 화가 닥칠 것이라고 말씀하신다. 그리고 이와 관련된 직접적인 맥락은 단기적 심판을 분명히 밝히고 있는데, 이는 예루살렘에 대해 한탄하시는 예수의 말씀을 통해 입증된다.

> 예루살렘아, 예루살렘아, 선지자들을 죽이고 네게 파송된 자들을 돌로 치는 자여! 암탉이 그 새끼를 날개 아래에 모음 같이 내가 네 자녀를 모으려 한 일이 몇 번이더냐. 그러나 너희가 원하지 아니하였도다. 보라, 너희 집이 황폐하여 버려진 바 되리라. 내가 너희에게 이르노니 이제부터 너희는 찬송하리로다. 주의 이름으로 오시는 이여 할 때까지 나를 보지 못하리라(마 23:37-39).

이 구절들을 보면서 교회를 위한 장기적 재림(참조. 계 2:5)이 아닌, 적어도 즉각적인 심판의 실행을 위한 단기적 "오심"을 구상하고 있는 것이라고 생각할 수 있는가? 여기서 예수가 예루살렘 특히 성전제도가 하나님의 철저한 심판을 받게 될 것을 선언하고 계신다는 점에는 논쟁의 여지가 없다. 왜냐하면 예수는 바로 다음 구절에서 성전 외관에 감명을 받고 호기심을 보이는 제자들에게 이렇게 말씀하고 계시기 때문이다. "너희가 이 모든 것을 보지 못하느냐? 내가 진실로 너희에게 이르노니 돌 하나도 돌 위에 남지 않고 다 무너뜨려지리라"(마 24:2). 그리고 우리는 역사적으로 예루살렘 성전이 무너졌음을 알고 있다. 실제로 로마 군인들이 기원후 66-70년에 발생한 유대인 봉기를 진압하면서 예루살렘 성전을 무너뜨렸다.

예수가 의도하신 "오심"이 무엇인지 정확히 구분하는 일은 간단치 않지만, 예수는 여러 구절들을 통해 자신의 재림의 궁극적인 범위가 지역적이지 않고 우주적임을 분명히 선언하신다.

인자가 자기 영광으로 모든 천사와 함께 올 때에 자기 영광의 보좌에 앉으리니 모든 민족을 그 앞에 모으고 각각 구분하기를 목자가 양과 염소를 구분하는 것 같이 하여(마 25:31-32).

그때에 인자가 구름을 타고 큰 권능과 영광으로 오는 것을 사람들이 보리라. 또 그때에 그가 천사들을 보내어 자기가 택하신 자들을 땅 끝으로부터 하늘 끝까지 사방에서 모으리라(막 13:26-27; 참조. 살전 4:13-18).

물론 예수의 주권이 미치는 우주적 범위에는 자신의 주권적 의지를 완전히 발휘하기 위해 재림하는 재판관으로서의 우주적 기능이 수반된다. 예수는 자신의 백성들뿐만 아니라 열방과 이방인들도 심판하신다.

하나의 복음에 대해 처음 제시된 핵심 개요는 바로 사도들이 선포한 구원의 메시지와 바울이 표현한 복음이며, 우리는 이 위에 살을 붙였다. 비록 사복음서의 제목은 그 자체로 다양한 관점에서 본 증언임을 드러내고 있음에도 불구하고(예를 들어 마태복음은 마태에 **따른** 복음이며 이는 다른 복음서에도 적용된다) 단 하나의 복음이 존재함을 지시하고 있을 뿐만 아니라, 네 명의 복음서 저자들 역시 예수가 바로 이 유일한 복음을 선언하시는 분이라고 이야기한다. 이 복음은 여덟 부분으로 이루어진 예수의 이야기로 요약된다.

복음: 개요

왕이신 예수는

1. 아버지 하나님과 함께 선재하셨고,
2. 인간의 몸을 입으시고 하나님이 다윗에게 주셨던 약속을 성취하셨고,
3. 구약성서의 말씀에 따라 죄를 대속하기 위해 죽으셨고,
4. 장사되셨고,
5. 구약성서의 말씀에 따라 사흘째 되는 날 부활하셨고,
6. 많은 이들에게 나타나셨고,
7. **주님으로서 하나님 우편에 앉아 계시며,**
8. 심판자로서 다시 오실 것이다.

이번 장에서는 예수의 하나님 나라 선포가 하나의 복음을 선언하는 것임을 입증하고자 노력했다. 사복음서 저자들이 기록한 예수의 가장 핵심적인 메시지는 하나님 나라가 가까이 왔다는 것으로, 이는 하나님 눈에 적합한 인간 대리자들을 통해 제정된 구체적이고 적극적인 하나님의 통치를 의미한다. 예수는 자신을 기름 부음 받은 자 곧 메시아이자 왕으로 규명했다. 사복음서에서 예수는 수세 시 왕으로 기름 부음 받게 되고, 이를 통해 이스라엘 백성이 고대하던 왕이 되셨다. 한편 예수의 부활에는 하나님의 우편에 있는 왕권으로의 승천이 포함되어 있고, 이것이 이루어질 때 그의 통치가 정식으로 시작된다. 예수의 승천으로 인해 하나님의 왕국이 온전히 출범하는 것이다. 예수에 대한 이 여덟 단계의 이야기가 복음이라면, 이것은 예수와 복음과 관련된 "믿음"의 의미에 대해 무엇을 암시하는가? 다음 장에서 이에 대해 살펴볼 것이다.

더 생각해볼 문제들

1. 예수께서 복음을 선포하셨는지를 확인하는 것은 왜 중요한가?

2. 사복음서 제목에 나타난 "~에 의한"(according to)이라는 표현이 왜 중요한지 당신의 언어로 설명해보자.

3. 당신은 누군가가 자신이 그리스도인이라고 합법적으로 주장하면서도 예수께서 하나님 아버지와 함께 선재하셨음을 믿지 못하는 것이 가능하다고 생각하는가? 자신의 생각과 그 이유를 말해보자.

4. 예수는 왜 인간의 육신을 입으셔야만 했는가?

5. 성만찬의 원 배경이 유월절 축제 기간과 연관됨을 인지하는 것이 성만찬의 온전한 이해에 중요한 이유는 무엇일까?

6. 당신은 하나님께서 우리 주변에 하나님의 실제와 진리를 지시하는 표지들을 놓아두신다고 생각하는가? 이런 표지들이 존재한다고 가정할 경우, 이 표지들에 대한 해석이 다양할 수 있는 이유는 무엇인가?

7. 예수께서 우리의 죄를 위해 죽으셔야만 했음을 인지하기는 쉽다. 하지만 그분이 죽으신 후에 다시 살아나셔야만 했던 이유는 무엇인가?

8. 예수께서 단순히 영이나 혼이 아닌 육신으로 나타나셨다는 사실이 전체 기독교 이야기를 이해함에 있어서 중요한 이유는 무엇인가?

9. 예수에 관한 다른 복음적 요소들과 비교할 때 예수가 "주님으로서 하나님의 우편에 앉아 계신다"라는 말씀에는 어떤 특이점이 있는가?

10. "인자가 하늘 구름을 타고 오는 것을 너희가 보리라"는 예수의 말씀이 어떻게 복음의 절대적 핵심이 되는가? 왜 당시 종교 지도자들은 이 말씀을 신성모독으로 간주했는가?

11. 기원후 70년에 로마 군인들에 의해 자행된 예루살렘 성전의 파괴는 장차 있을 예수 그리스도의 재림과 어떤 관련이 있는가?

12. 도대체 무엇이 예수의 죽음이나 장사와 같이 사복음서에 공통으로 등장하는 요소들을 복음의 핵심으로 만들고, 또한 오병이어 사건과 같은 요소들을 복음의 부수적인 부분으로 만드는가?

Salvation by

4장

충성으로서의 믿음

Allegiance Alone

구원을 가져오는 "믿음"이란 무엇인가? 그리고 이 믿음은 복음과 어떻게 연결되어 있는가? 1장에서는 믿음에 대한 오해를 살펴봄으로써 믿음이 **아닌 것**을 가려내는 일종의 지반 확보 공사를 했다. 그러나 1장이 끝난 이후에도 우리는 **믿음이 무엇인가**에 답할 준비가 되어 있지 않았다. 복음에 관해 광범위한 혼란이 있고 특히 복음을 용서에 관한 "나" 중심의 이야기로 환원시키려는 경향에 비추어볼 때, 우리는 먼저 복음에 대한 개념을 성서에 제시된 대로 회복할 필요가 있었다. 그래서 2장에서 복음에 대한 바울의 가장 정확한 진술들을 검토했고, 3장에서는 예수와 사복음서가 동일한 복음 개요를 전하고 있는 방식에 대해 탐구했다. 예수의 삶과 관련하여 지금까지 탐구된 묘사들 사이에 많은 차이점이 있음에도 불구하고, 우리의 모든 증인들은 개별적·집단적으로 단 하나의 기본적인 복음을 확언하고 있다. 그리고 이 하나의 복음이 여덟 개의 이야기로 구성되었다고 보는 것이 최선이라고 주장되어왔다. 그렇다면 이에 따른 핵심 결과는 무엇인가? 그것은 바로 예수께서 우주적 왕으로서 하늘과 땅의 주로 즉위하실 때 복음이 그 절정에 달한다는 것이다. 비록 오늘날 복음이 선포될 때 이런 내용이 너무나 자주 통째로 생략되고 있지만 말이다. 따라서 복음은 우리의 죄를 위한 예수의 죽음을 통해 구원이 어떻게 이루어졌는지에 관한 진술들이나 예수의 부활과 관련된 진술들로 축소될 수 없다.

복음의 재구성을 통해 이미 (왕으로서의 예수의 통치라는) 복음의 절정을 제대로 규명함으로써, 이제 우리는 믿음이 무엇인가에 대해 논할 준비를 마쳤다. 복음은 예수께서 그리스도이자 왕으로서 옹립되시고 주권적 통치를 부여받으시면서 그 절정에 달한다. 따라서 예수에 대한 **믿음**을 가장 잘 묘사하는 표현은 왕이신 예수께 대한 **충성**이다.

충성의 증거

바울 서신에서 전통적으로 "믿음"으로 번역되는 피스티스(*pistis*)는 충성이라는 의미로 더 잘 이해되는데, 이는 특히 예수의 복음이 어떻게 구원을 위한 하나님의 능력을 유발하는지를 이야기할 때 잘 들어맞는다. 그렇다고 명사 **피스티스**(와 관련 단어들)가 전부 이런 식으로 번역되어야 한다는 뜻은 아니다. 사실 그렇게 되어서는 절대 안 된다. 비록 **피스티스**와 **충성**이라는 두 단어는 눈에 띄게 겹치고 있음에도 불구하고, 의미적으로 일대일 대응을 이루지 않는다. 그리스어 단어인 피스티스는 영어 단어인 **충성**(allegiance)보다 훨씬 더 광범위한 정의를 갖는다. (좀 더 기술적으로 말해서, 학자들은 피스티스가 광대한 의미 영역을 갖고 있다고 말한다.)[1] 나의 의도

---

1   믿음의 의미와 관련해 현대 영어에 존재하는 편견들과 신약 시대에 존재했던 피스티스의 의미 범위에 관해서는 다음의 연구를 보라. D. Campbell, *Quest for Paul's Gospel*, 178-207. Campbell은 (특히 189-90에서) 피스티스를 번역할 때 믿음이라는 표현을 버리거나 이에 대해 주의하라는 인용부호를 써서 "믿음"으로 표기해야 한다고 제안한다.

는 피스티스의 풍부하고 다양한 의미와 뉘앙스를 획일적 의미로 뭉개버리지 않는 것이다. 오히려 나는 일반화된 용어들로 구원을 논할 때, 충성이라는 단어가 믿음, 신념, 신뢰라는 관습적인 단어들보다 바울이 피스티스 단어 그룹을 사용하면서 의도하는 바를 더 잘 담아낸다고 생각한다.

이제 충성을 지지하는 구체적인 주장에 대해 알아보자. 첫째, 피스티스는 언제나 충성을 의미하는 것은 아니지만, 때로 바울 서신 및 신약성서의 나머지 부분과 관련된 본문에서 정확히 충성의 의미를 지니고 있음이 분명하다. 둘째, 바울은 예수를 무엇보다 왕 (그리스도) 또는 주님으로 간주하고 있으므로, 충성은 바울이 하나님의 백성과 예수 사이의 관계를 정의함에 있어서 가장 자연스러운 표현이 된다. 셋째, 충성은 바울 서신에 등장하는 여러 난제를 이해하는 데 도움이 된다. 넷째, "예수는 주님이 되신다"라는 선언은 그리스-로마 제국의 사상과 맞아떨어지는 부분이 있기 때문에, 피스티스를 충성으로 이해하는 것은 신약성서 세계의 문화적 환경에 잘 부합한다.

신약성서 시대의 충성

나는 예수께 대한 충성이 바울 서신의 칭의 및 의와 관련된 중요 본문들을 이해하는 데 어떻게 도움이 되는지를 간단히 보여주고자 한다. 이에 앞서 피스티스(그리고 관련 용어들)가 때로는 신실함(faithfulness), 충실함(fidelity), 충실(loyalty)(이 단어들은 영어의 충성[allegiance]과 같은 의미로 쓰인다)의 뜻을 지닌다는 것을 입증할 필요가 있다. 사실 신약성서 시대의 그리스어를 다루고 있는 가장 권위 있는 그리스어 사전(댕커가 편집한 BDAG)에는 신약성서와 관련된 (혹은 신약성서를 포함한) 문헌에 등장하는 수십 개의 참고문을 제공하는데, 여기서는 "신실함"(faithfulness)과 유사한 무언가가 피스티스의 가장 좋은 정의가 된다(예. 마 23:23; 롬 3:3; 갈 5:22; 살후 1:4; 딛 2:10).[2] 나는 관련 문헌에 대한 분석을 토대로, 피스티스가 정확히 충성을 의미할 수밖에 없음을 보여주는 예를 몇 가지 제시하고자 한다.[3]

기원전 30년에서 기원후 70년 사이에 기록된 마카베오3서(신약성서의 기록 시기와 겹침)를 보면 프톨레마이오스 왕은 유대인들에게 매우 화가 나 있다. 그는 유대인 성전의 금지된 공간에 들어가려고 했으나 하나님에 의해 좌절되었고, 자신의 분노를 유대인들에게 돌려 그들의 하나님 숭배를 방해하고 인두세를 부과하거나 노예제를 받아들이도록 강요함으로써 그들에게 모욕을 주고자 했다. 그럼에도 불구하고 다수의 유대인들이 그에 복종하지 않자, 더 많은 적대 행위를 계획했다. 우리는 유대인들의 태도와 관련하여 다음과 같은 기록을 보게 된다.

이런 문제들이 정리되고 있는 동안 유대 민족에 대한 적대적인 소문이 유포되었는데, 유포자들은 유대인들에게 해를 가하고자 공모한 이들이었다. 한 보고에 따르면, 이런 적대적인 소문의 명목은 유대인들이 다른 민족들로 하여금 그들의 관습을 지키지 못하도록 방해했다는 것이다. 그러나 유대인들은 왕조에 대한 호의와 부동의 충성[피스티스]을 계속 유지했다. 하지만 그들은 하나님을 숭배했고 하나님의 법에 따라 처신했으므로, 음식과 관련하여 구별된 삶을 살았다. 이런 이유로 인해 유대인들은 어떤 이들을 증오하는 것처럼 보였다(마카베오3서 3:2-4).

---

2   BDAG, s.v. *pistis*, def. 1 (p. 818).

3   이 책 서론에 인용된 마카베오1서 10:25-27도 보라.

이 본문에서 확실한 것은 피스티스가 충성의 의미를 의도하고 있다는 점이다. 여기서 강조되고 있는 것은 프톨레마이오스 왕의 엄청난 학대에도 불구하고 유대인들이 그에게 보이는 충성된 행위다. 프톨레마이오스 왕조를 향한 유대인들의 충성은 마카베오3서 5:31에서 다시 강조되는데, 여기서 왕은 측근들이 제기한 비난에 비추어볼 때 놀랄 만한 반전을 보이면서, 유대인들이 어떤 불평도 없이 "그의 왕조의 선왕들에게 완전하고 확고한 충성[피스티스]"을 보여주었다고 진술한다. 이처럼 피스티스는 프톨레마이오스 왕과 그의 선왕들을 향한 충성을 의미하고 있다.

기원후 93년 이전에 그리스어로 기록된 에스더서의 추가 내용 중 하나를 보면 비슷한 취지의 예가 발견된다. 이 추가 내용은 제시된 다른 예들과 마찬가지로 독자가 이 본문을 성서의 권위 있는 부분으로 간주하는지와는 상관없이, 신약성서 시대에 피스티스라는 단어가 어떻게 사용되고 있었는지를 보여준다. 이 부분은 페르시아 왕 아르타크세르크세스가 하만의 요청으로 보낸 편지로 알려져 있는데, 하만은 왕으로 하여금 한 날에 유대인을 멸절시키도록 설득한 악독한 인물이다. 다음 내용은 편지의 일부다.

> 내[아르타크세르크세스]가 대신들에게 어떻게 이[유대인 멸절]를 성취할 수 있을지 물었을 때, 명석한 판단에 있어서 우리 중 뛰어나고 변함없는 선의와 확고한 충성[피스티스]으로 정평이 나 있으며 왕국의 이인자 자리를 차지한 하만이 우리에게 말하길⋯(추가된 에 13:3-4. 이 추가 내용은 Addition B로 원래 에 3:13 뒤에 삽입되어 있다).

이 지점에서 아르타크세르크세스 왕은 여전히 하만에게 매혹되어 그를 가장 충성되고 신실한 신하로 보고 있다. 왕은 하만의 충성을 너무도 확신한 나머지 그에게 왕국 전체에서 두 번째로 높은 지위를 하사했다. 그러므로 위에 언급된 구절에서 피스티스는 충성으로 번역되어야 한다.

한편 75-100년경에 저술 활동을 했던 유대인 역사가 요세푸스는 피스티스를 충성의 개념으로 매우 빈번히 사용하고 있는데, 여기서 무작위로 몇 가지 예를 들어보고자 한다.[4] 어느 편지에서 프톨레마이오스 왕은 피스티스가 요구되는 왕궁의 자리에 세워진 유대인들에 대해 이야기한다(*Ant.* 12.47). 안티오코스 왕은 반란 기간에 유대인들이 자신에게 보여준 충성을 칭찬하기도 한다(*Ant.* 12.147). 피스티스와 유관 동사인 피스튜오(*pisteuō*)는 전투에서 서약된 충성, 충성의 다짐, 그리고 반역 문제와 연관되어 사용된다(*Ant.* 12.396). 안티파트로스는 히르카누스를 하스몬 왕좌의 적임자로 간주하여 그에게 피스티스를 보여주었던 것으로 묘사된다. 비록 자신의 더 많은 유익을 위해 히르카누스를 이용하는 것이 그의 속셈이지만 말이다(*J. W.* 1.207). 호민관 니아폴리타누스는 예루살렘 여행 후 예루살렘 시민들의 피스티스 곧 로마인들에 대한 충성을 칭찬한다(*J. W.* 2.341). 종합해보면 피스티스 단어 그룹은 신약 시대에 걸쳐 다양한 의미로 사용되었고, 많은 경우 충성을 의미했다.

바울 서신에 나타난 충성

따라서 우리는 피스티스를 통해 하나님과 바른 관계를 맺게 된다는 바울의 말을 접할 때, 피스티스가 충성의 개념을 포함하는 경우가 많음을 인

---

4 더 많은 증거를 위해 다음의 연구를 보라. Lindsay, *Josephus and Faith*, 특히 78-80.

지해야 한다. 즉 충성을 요구하는 피스티스의 의미 영역을 확실한 보장 없이 임의로 제거할 수 없는 것이다. 이 점이 바울 서신의 문맥에서 어떻게 작용하는가?[5] 로마서 3:3의 피스티스는 로마서 3:21과 그 이후에 이어지는 바울의 위대한 "이신칭의" 이전에 등장하는 마지막 피스티스로서, 이것이 어떻게 번역되어야 하는지 살펴보자. 바울은 유대인들과 관련하여 다음과 같이 질문한다. "어떤 자들이 피스티스를 보여주지 못하였으면 [*ēpistēsan*] 어찌하리요? 그 피스티스 없음이 하나님의 피스티스를 폐하겠느냐?"(롬 3:3) 여기서 피스티스는 대부분 무언가에 대한 믿음 또는 신뢰로 번역되고 있다. 그러나 여기에 나온 피스티스는 하나님의 백성에 대한 하나님의 충성스러움을 의미한다. 그렇다면 로마서 3:21과 그 이후에 등장하는 피스티스를 접할 때, 우리는 무슨 권리로 이 충성의 뉘앙스를 배제할 수 있을까?

나는 다음에 제시하는 본문의 모든 피스티스 파생어들을 전통적 의미의 **믿음**이 아닌 **충성**으로 대체해보았다. 첫 번째 본문은 로마서 3:21이다.

이제는 율법 외에 하나님의 한 의가 나타났으니 율법과 선지자들에게 증거를 받은 것이라. 곧 예수 그리스도의 **충성**으로 말미암아[6] **충성**하는 모든 자에게 미치는 하나님의 의니 차별이 없느니라. 모든 사람이 죄를 범하였으매 하나님의 영광에 이르지 못하더니 그리스도 예수 안에 있는 속량으로 말미

---

5   Fredriksen은 "Paul's Letter to the Romans"에서 피스티스, 법의 준수, 칭의의 재구성과 관련하여 도발적인 제안을 한다.

6   또는 "예수 그리스도를 향한 충성으로 말미암아." 번역상의 선택지에 관한 이어지는 논의를 보라.

암아 하나님의 은혜로 값없이 의롭다 하심을 얻은 자 되었느니라. 이 예수를 하나님이 그의 피로써 **충성**으로 말미암는[7] 화목제물로 세우셨으니 이는 하나님께서 길이 참으시는 중에 전에 지은 죄를 간과하심으로 자기의 의로우심을 나타내려 하심이니(롬 3:21-25).

그러므로 우리가 **충성**으로 의롭다 하심을 받았으니 우리 주 예수 그리스도로 말미암아 하나님과 화평을 누리자(롬 5:1).

다음으로 갈라디아서 본문을 보자.

사람이 의롭게 되는 것은 율법의 행위로 말미암음이 아니요 오직 예수 그리스도의 **충성**으로[8] 말미암는 줄 알므로 우리도 그리스도에게 **충성**하니, 이는 우리가 율법의 행위로써가 아니고 그리스도의 **충성**으로써[9] 의롭다 함을 얻으려 함이라. 율법의 행위로써는 의롭다 함을 얻을 육체가 없느니라(갈 2:16).

내가 그리스도와 함께 십자가에 못 박혔나니 그런즉 이제는 내가 사는 것이 아니요 오직 내 안에 그리스도께서 사시는 것이라. 이제 내가 육체 가운데 사는 것은 나를 사랑하사 나를 위하여 자기 자신을 버리신 하나님의 아들의 **충성**으로 인해[10] 사는 것이라(갈 2:20).

---

7   또는 "충성에 의해 열납되는."
8   또는 "그리스도께 대한 충성으로."
9   또는 "그리스도께 대한 충성으로써."
10   또는 "하나님의 아들에 대한 충성으로 인해."

오직 충성으로 받는 구원

율법 안에서 의롭다 함을 얻으려 하는 너희는 그리스도에게서 끊어지고 은혜에서 떨어진 자로다. 우리가 성령으로 **충성**을 따라 의의 소망을 기다리노니 그리스도 예수 안에서는 할례나 무할례나 효력이 없으되 사랑으로써 역사하는 **충성**뿐이니라(갈 5:4-6).

다음은 빌립보서다.

또한 모든 것을 해로 여김은 내 주 그리스도 예수를 아는 지식이 가장 고상하기 때문이라. 내가 그를 위하여 모든 것을 잃어버리고 배설물로 여김은 그리스도를 얻고 그 안에서 발견되려 함이니, 내가 가진 의는 율법에서 난 것이 아니요 오직 그리스도의 **충성**으로[11] 말미암은 것이니 곧 **충성**으로 하나님께로부터 난 의라. 내가 그리스도와 그 부활의 권능과 그 고난에 참여함을 알고자 하여 그의 죽으심을 본받아 어떻게 해서든지 죽은 자 가운데서 부활에 이르려 하노니(빌 3:8-11).

또는 고린도전서를 보자.

하나님의 지혜에 있어서는 이 세상이 자기 지혜로 하나님을 알지 못하므로 하나님께서 [십자가에 달린 왕에 대한] 전도의 미련한 것으로 **충성**하는 자들을 구원하시기를 기뻐하셨도다(고전 1:21).

형제들아, 내가 너희에게 전한 복음을 너희에게 알게 하노니 이는 너희가 받

---

11   또는 "그리스도께 대한 충성으로."

은 것이요 또 그 가운데 선 것이라. 너희가 만일 내가 전한 그 말을 굳게 지키고 헛되이 **충성**하지 아니하였으면 그로 말미암아 구원을 받으리라(고전 15:1-2).

충성 개념에 정신적 합의, 공언된 충성, 구현된 충성이 하나로 결합되어 있음을 우리가 기억한다면, 충성을 중요하게 여기는 것은 이 모든 중요한 구절에서 빼어난 문맥적 의미를 지니게 된다. 더욱이 충성이라는 용어는 바울 서신과 신약성서의 나머지 부분에 등장하는 덜 핵심적인 대부분의 구절에서 피스티스에 대한 (그리고 피스트[*pist-*]를 어근으로하는 다른 단어들에 대한) 무난한 번역으로 보일 것이다(예. 롬 1:5, 8, 12; 벧전 1:5-9; 계 2:13; 14:12). 그러나 바울이 피스티스에 담긴 이런 충성 차원의 의미를 염두에 두고 위에 제시된 구원 중심의 구절들에서 그 단어를 사용했을 가능성은 얼마나 될까? 바울에게 예수는 무엇보다도 그리스도 또는 주님이심을 고려한다면, 그가 이런 구절에서 피스티스의 충성 측면을 특별히 부각시키려 했을 가능성이 높아진다. "예수는 주님이 되신다"라는 말은 사실상 복음의 절정이다. 바울이 예수 **그리스도**에 대해 말할 때(또한 언급된 모든 구절에서 바울이 예수를 언급할 때마다 이런 식으로 말하고 있음을 주목해야 한다), **그리스도**는 이름의 성이나 의미 없는 첨가어가 아닌 존칭을 의미한다.[12] 그리스도는 예수께서 곧 메시아이자 오랜 시간 기다려온 그러나 지금 통치하고 계신 유대적 스타일의 우주적 **왕**이심을 뜻한다. 이 내용의 중요성은 아무리 강조해도 지나치지 않다. 다른 말로 표현하면, 바울은 어디에서든

---

12 의미 있는 존칭으로서의 "그리스도"에 대해서는 다음의 연구를 보라. Novenson, *Christ among the Messiahs*.

예수의 가장 기본적인 정체성이 바로 보좌에 앉으신 하나님이자 인간이신 왕 곧 적극적으로 통치하시는 하나님의 아들임을 전제로 한다. 따라서 문맥상 왕과 그의 백성 간의 적절한 관계에 대해 말할 수 있는 가장 분명하고 자연스러운 방식은 바로 충성이다.

피스티스라는 단어가 위의 구절들에서 "충성"으로 가장 잘 번역된다는 나의 제안은 우리를 깊은 학문의 바다로 밀어 넣는다. 내가 앞서 주장했듯이, 바울이 사용하는 몇몇 피스티스 용어가 "믿음"이 아닌 충성 혹은 신실함을 의도할 가능성이 있다는 것은 바울 서신을 전문으로 연구하는 학자들에게 잘 알려진 내용이다. 최근 연구 결과 중 몇 가지를 예로 들어보겠다. 라이트(N. T. Wright)는 다음과 같이 선언한다. "바울에게 피스티스는 하나님에 대한 개인적 충성으로서, 여기서 말하는 하나님은 '예수를 죽은 자들로부터 일으켜 세우신 하나님'으로 알려져 있다. 그리고 바울에게 피스티스는 '예수는 주가 되신다'라는 개인적 고백이다.'"[13] 마이클 고먼(Michael Gorman)은 바울에게 믿음이란 "신뢰의 충성" 또는 "신뢰의 신실함"을 의미한다고 말한다.[14] 한편 존 바클레이(John Barclay)는 『바울과 선물』을 통해, 바울이 믿음을 충성으로 이해하고 있다는 자신의 생각을 빈번히 드러내고 있다. "이제 가치 있게 여겨지는 것은 오직 그리스도 안에서의 지위와 그리스도께 대한 일관된 충성이다." "[바울은] 이제 믿음 안에서 새로운 삶의 근원이신 그리스도께만 충성한다."[15]

---

13 Wright, *Paul Debate*, 14.

14 Gorman, *Becoming the Gospel*, 93 (참조. 69).

15 Barclay, *Paul and the Gift*, 397, 398(이 책에서 "충성"은 34회 등장한다)『바울과 선물』(새 물결플러스 역간). 그러나 Barclay에게 "믿음"이란 어떤 경우에는 주로 그리스도-선물의 재구성적 본질에 대한 (내적?) 인지를 의미한다. "믿음은 또 하나의 인간적 성취도 아니고 단련된 인간적 영성도 아니다. 오히려 믿음은 파산선고이며, 하나님의 경륜에서 유일한 자산

특히 리처드 헤이즈(Richard Hays)의 주장에 의하면, "예수 그리스도에 대한 믿음으로"라고 전통적으로 번역되고 있는 바울 서신의 몇몇 구절들은 "예수 그리스도의 신실하심으로"라고 번역되는 편이 더 낫다. (그래서 나는 각주를 통해 앞에 인용된 몇몇 바울 서신 구절들에서 "그리스도의 **충성**으로" 등이 가능한 다른 번역들임을 표시해놓았다.) 즉 헤이즈가 볼 때, 구원에 관한 중요 구절들에 나타나는 예수는 순종적 방식으로 행동하는 주체시며 자신의 순종 행위를 통해 구원을 가져오시는 분이다. 예수는 "믿음"이 향하는 대상이 아니다. 많은 학자들이 헤이즈의 주장에 동의하지만, 그렇지 않은 많은 학자들(그중에서도 특히 제임스 던)은 이와 반대되는 주장을 한다.[16] 하지만 여기서 기술적인 논의를 시작할 수는 없다. 다만 한 가지 지적하고 싶은 점은, 피스티스가 예수의 순종적 행동과 신실함이라는 헤이즈의 주장이 많은 학자들에 의해 설득력 있는 주장으로 인정되었다는 사실이 인상적이라는 것이다. 비록 그가 주장한 왕이신 예수라는 개념의 적용이 모두에게 받아들여진 것은 아니지만, 그의 주장을 통해 많은 신약학자들이 바울 편에서 볼 때 피스티스가 원칙적으로 충성과 매우 근접한 무언가를 의미할 수 있다는 관념을 인정했음이 드러나기 때문이다.[17]

이 책에 제시된 기본 논제와 관련하여, 피스티스의 특정 예시들이 그리스도를 신실함을 수행하는 주체로 삼으려는지 아니면 이 특정 예시

이 십자가에 못 박혀 죽고 부활하신 그리스도의 선물임을 근본적으로, 충격적으로 인식하는 것이다"(384-85; 참조. 390 각주 5). 그렇다면 아마도 믿음은 그리스도께 대한 충성으로 가장 잘 이해될 수 있는데, 이런 이해는 충성을 제외한 그 어떤 것에도 구원을 가져오는 가치가 없다는 인지에 근거한다.

16 Hays의 독창적인 표현과 개선된 주장을 보려면, Dunn의 주장에 대한 그의 반응인 "Once More"(두 번째 판이 출간됨)와 더불어 다음을 보라. Hays, *Faith of Jesus Christ*.

17 최근의 논의에 대해서는 다음의 연구를 보라. Bird and Sprinkle, *Faith of Jesus Christ*.

오직 충성으로 받는 구원

들이 그리스도를 우리가 충성하는 대상으로 삼으려는지, 이 둘을 반드시 판단할 필요는 없다. 왜냐하면 바울이 여러 곳에서 그리스도를 피스티스의 대상으로 삼고 있기 때문이다. 비록 그리스도가 때로는 피스티스의 주체가 될 수도 있지만 말이다.[18] 예수께서 피스티스가 향하는 대상이 되는 본문들은 다음과 같다. 갈라디아서 2:16b(여기서 피스티스는 동사 형태로 등장한다. "우리가 예수 그리스도에게 피스티스를 주었다"[*hēmeis eis Christon Iēsoun episteusamen*]), 에베소서 1:15("너희에게 합당한 주 예수에 대한 피스티스"), 빌립보서 1:29(여기서 피스티스는 동사 형태로 등장한다. "그에게 피스티스를 주기 위하여"[*to eis auton pisteuein*]), 골로새서 2:5("그리스도에 대한 너희의 피스티스"), 빌레몬서 1:5("주 예수를 향해 너희가 지니고 있는 피스티스"). 디모데전서 3:13("그리스도 예수 안에 있는 피스티스"; 참조. 딤후 1:13; 3:15).

이처럼 바울 서신의 많은 구절에서 그리스도 예수는 의심의 여지 없이 피스티스가 향하는 대상이 된다. 그리고 맥락적으로 충성이 피스티스의 적합한 뜻이 될 수 있으므로 이 책의 기본 논제가 확립될 수 있다. 따라서 피스티스의 대상으로서 예수가 지닌 적절한 뉘앙스를 찾는다면, 골로새서 2:5b-6은 다음과 같이 번역되어야 한다. "너희의 질서 있게 행함과 왕이신 그리스도께 대한 너희의 충성을 보면서 내가 기뻐하노라. 그러므로 너희가 왕이신 그리스도 예수를 주로 받았으니 그 안에서 행하라." 그러나 여기서 중요한 구절들이 의도하고 있는 신학과 관련하여

---

18 롬 1:17의 "에크 피스테오스 에이스 피스틴"(*ek pisteōs eis pistin*)이 보여주는 바울의 의도는 다음과 같다. 바울은 로마서에서 "피스티스 크리스투"(*pistis Christou*)와 더불어 하나님을 향한 예수의 충성과 그리스도를 향한 인간의 충성 두 가지를 동시에 여러 번 말하려는 것이다(특히 이 책 2장의 각주 22를 보라). 우리는 8장의 "다시 생각해보는 하나님의 의" 부분에서, 롬 1:17과 3:22의 주격 소유격("예수 그리스도의 충성")이 "하나님의 의"가 지닌 참여적 측면들을 더 잘 설명해준다는 주장을 살펴볼 것이다.

그리스도가 충성을 구현하는 주체인지 아니면 그리스도가 충성이 향하는 대상인지는 확실하지 않다. 이를 구별하는 것은 특히 우리가 어떻게 하나님과 "바른 관계"에 놓일 수 있는지를 묻는 복잡한 질문과 관련하여 중대한 해석적 결정이 된다. 칭의와 충성은 8장에서 더 자세히 논의될 것이다.

믿음의 순종과 그리스도의 법

피스티스를 충성으로 해석하는 방법은 바울 서신과 관련된 오랜 난제들에 신선한 빛을 비춘다. 예를 들어 바울은 자신의 복음이 지닌 목적이 전통적으로 "믿음의 순종"이라 불린 것을 가능케 하는 것이라고 두 번 언급한다.

> 그의 아들에 관한 복음…그로 말미암아 그의 이름을 위하여 모든 민족 중에서 **믿음의 순종**을 가져오기 위해 우리가 은혜의 사도의 직분을 받았으니(롬 1:3, 5).

> **나의 복음**과 예수 그리스도를 전파함은 영세 전부터 감추어졌다가 이제는 나타내신 바 되었으며, 영원하신 하나님의 명을 따라 선지자들의 글로 말미암아 모든 민족 가운데서 **믿음의 순종**을 가져오시기 위해 알게 하신 바 그 신비의 계시를 따라 된 것이니(롬 16:25-26).

위의 두 예에서 주목해야 하는 것은 복음이 지향하는 바가 특히 모든 민족 가운데서 이 "믿음의 순종"(*hypakoēn pisteōs*)을 가져오는 것이라는 점이다.

그러나 믿음의 순종이라는 말을 통해 바울이 뜻하는 것은 학문적으로 그리 명확하지 않다. 특히 어떤 면에 있어서는 순종이 외적 행위(행위의 의)의 기미를 보이는데, 이럴 경우 순종은 오직 믿음(이 믿음의 의미가 하나님의 약속에 대한 신뢰라면)이라는 복음의 맥락 안에 있기 어려워진다. 오직 그리스도의 의만 의지하여 참된 구원을 받기 때문에 우리 자신의 의를 추구하는 것이 복음을 위태롭게 한다면, 왜 바울은 복음의 목적이 "믿음의 순종"이라고 말하는 것일까? 이런 발언이 행위의 의를 촉구할 수 있음에도 불구하고 말이다. 이 발언이 위험이 될 수 있다면, 바울은 모든 민족 중에서 "믿음의 **순종**"이 아니라 "오직 믿음만" 가져오기를 원한다고 말하는 편이 더 낫지 않았을까?

이와 관련하여 오직 믿음이라는 전통적 구조를 선호하는 이들의 일반적인 해결책은 다음 두 가지 개념에 의존하는 것이다. 첫째, "믿음의 순종"은 믿음이 가져오는 순종을 의미한다(다만 이 의미는 그리스어의 주격 구조에서는 좀처럼 보기 힘들다). 둘째, 바울은 복음과 관련하여 행위와 믿음을 혼돈시키는 관념을 혐오한다. 그럼에도 불구하고 그는 미리 확립된 믿음이 순종의 행위를 통해 역사하는 것을 매우 보고 싶어 하기 때문에 종종 이런 식으로 이야기한다.[19] 하지만 이것이 바울의 참된 의도라면 자신이 말한 "오직 신뢰"라는 목적들을 옹호함에 있어서 다소 부주의했음을 인정해야만 한다.

이보다 나은 해결책이 있다. 복음의 절정이 예수의 즉위이며 피스티스의 지배적인 의미가 충성임을 인지한다면, 바울의 요점은 분명하다. 즉 복음의 목적은 실제적인 순종을 가져오는 것으로서 이 실제적 순종은 왕

---

19   이어지는 내용은 나의 저서 *Hermeneutics of the Apostolic Proclamation*, 94, 각주 111에 나오

께 대한 충성이 지닌 특징이다. 그래서 나는 이 실제적 순종을 행사된 충성이라고 부른다. 복음과 바울의 선교의 목적은 왕이신 예수께 대해 구현된 충성을 모든 민족 중에서 가져오는 것이다. 그러나 충성을 선포하는 것이 죄의 권세에서 벗어나게 하는 용서를 가져오는 것도 사실이다. 따라서 성령을 통해 충성을 유지하는 것이 가능하다. 복음 선포의 목적은 왕이신 예수를 향한 순종의 충성을 모든 민족 중에서 일으키는 것이다(참조. 롬 15:18).

또한 충성으로 해석되는 피스티스는 (지금까지 수수께끼로 남아 있는 개념인) "그리스도의 법"이 어떻게 바울 신학에 부합할 수 있는지를 이해하게 해준다. 다시 한번 말하지만, 율법은 성공적인 율법의 행위를 통해 인간 자신의 의를 확립하도록 유혹하기 때문에 율법을 주된 문제로 본다면, 바울과 야고보가 말한 "그리스도의 법"과 "자유롭게 하는 온전한 율법"(등등)은 정말 어려운 문제가 된다.

너희가 짐을 서로 지라. 그리하여 **그리스도의 법**을 성취하라(갈 6:2; 참조. 갈 5:14; 롬 13:9; 레 19:18).

율법 없는 자에게는 내가 하나님께는 율법 없는 자가 아니요 도리어 **그리스도의 율법** 아래에 있는 자이나 율법 없는 자와 같이 된 것은 율법 없는 자들을 얻고자 함이라(고전 9:21).

는 이전 분석을 살짝 수정한 것으로서, 구체적인 수정 내용은 "믿음의 순종"과 관련하여 생산의 의미로 소유격을 해석하는 것이 더 이상 받아들여지지 않는다는 것이다. 보다 자세한 논의는 Garlington, "Obedience of Faith"를 보라.

이는 그리스도 예수 안에 있는 **생명의 성령의 법**이 죄와 사망의 법에서 너를 해방하였음이라(롬 8:2).

자유롭게 하는 온전한 율법을 들여다보고 있는 자는 듣고 잊어버리는 자가 아니요 실천하는 자니 이 사람은 그 행하는 일에 복을 받으리라(약 1:25; 참조. 2:12).

믿음과 율법을 서로 강하게 대립시키고 있는 학계는 일반적으로 "그리스도의 법"에 대해 문제가 있는 설명들에 의존할 수밖에 없었다. "그리스도의 법"을 놓고 이것이 미래의 메시아 시대에 율법이 맡게 되는 역할을 가리킨다거나, 단지 이 땅에서의 예수의 가르침을 되짚어 보는 (황금률과 같은) 것이라거나, 그의 적대자들이 선호하는 표현을 전복시키려는 바울의 의도라거나, 예수께서 가르치시고 본을 보이신 것처럼 서로 사랑하라는 뜻이라는 모호한 주장들이 제기되고 있다.[20] 그러나 "그리스도께 대한 믿음"이 다른 뜻에 앞서 "왕이신 예수께 대한 충성"을 의미한다면, 왜 초기 그리스도인들이 율법에 대한 혐오와 의심이 아닌 존중의 태도로 "그리스도의 법"을 말했는지 그 이유가 분명해진다. 피스티스를 주는 것(그리고 피스티스가 가져오는 결과로서의 죄의 권세로부터 놓임을 받는 것)과 그리스도의 법에 대해 복종하는 것은 거의 동일하다. 다시 말해 피스티스를 주는 것은 왕의 법에 복종함으로써 그 왕에 대한 충성을 활성화시키는 것이다. 이런

---

20 이처럼 다양한 학문적 견해들을 요약해놓은 Martyn, *Galatians*, 548-49을 보라. 한편 Martyn의 견해는 다음과 같다. "그리스도의 법"이란 그리스도가 모세의 율법을 완성한 것처럼(그리스도는 새 창조의 행위 가운데 모세의 율법을 "이웃 사랑"이라는 단순한 특성으로 복원시켜놓았다), 그리스도가 직접 취한 모세의 율법을 의미한다(557-58).

이해는 절대로 터무니없는 이야기가 아니고, 자기 의가 아닌 신하다운 충성의 자세를 확립하려는 시도로 보아야 한다. 피스티스는 근본적으로 모든 율법에 반대하는 것이 아니라 왕이신 예수께서 구현하시고 제정해놓으신 현명한 법칙에 맞는 순종을 가져오므로 "그리스도의 법"(그리고 이와 비슷한 것)은 긍정적인 방식으로 언급된다.[21]

충성, 복음, 그리고 제국

바울이 사용하는 피스티스에 충성이라는 함의를 가능케 하는 것은 표현, 맥락, 예수의 왕권에 대한 고려 이외에도 다른 것들이 있다. 바울 당시 그리스-로마 세계 내에서 통용되던 제국적 수사법 역시 이러한 해석을 가능하게 한다. 당시에 공표된 좋은 소식에는 기독교의 복음만 있었던 것이 아니다. 로마 황제들도 자신들만의 좋은 소식을 퍼뜨리는 데 여념이 없었다. 황제들은 주로 (생부든 의붓아버지든 간에) 선친에 대한 신격화를 감독하면서 자신들에게 부여된 신적 특권들을 점진적으로 취해나갔다. 예를 들어 예수 탄생 당시의 통치차였던 옥타비아누스(카이사르 아우구스투스)는 로마 원로원을 이용하여 자신의 의붓아버지 율리우스 카이사르를 신으로 선언할 계획을 세웠다. 이 획책이 성공하고 그는 로마 민중들의 눈에 "신의 아들"로 비춰지게 되었다. 옥타비아누스뿐만 아니라 그의 뒤를 잇는

---

21 율법을 구현하시고 율법을 통해 왕으로서 자신을 희생하는 본을 보이신 예수에 대해서는 Jipp, *Christ Is King*, 60-76, 여기서는 75을 보라. 여기서 Jipp는 다음과 같이 요약한다. "그리스도는 '살아 있는 법'으로 기능하는데, 이는 예수의 자기희생적 죽음과 자신의 가르침을 통한 율법의 이행에 잘 드러나듯이 이웃 사랑이 그의 본성 안에 체현되어 있기 때문이다. 바울은 이웃을 향한 그리스도의 사랑을 예로 들어 교회들이 본받아야 할 일종의 패턴이라고 설명한다."

다른 황제들도 이런 전략을 따랐다. 이런 상황에서 예수가 사실 일개 신의 아들이 아닌 참 하나님의 유일한 아들이자 궁극의 왕이라는 기독교의 주장은 체제를 전복시키려는 시도로 보였을 것이다(행 17:7을 보라).

우리는 이와 관련된 내용을 요한계시록에 나오는 피스티스의 용례를 통해 확인할 수 있다. 예를 들어 예수께서 버가모 교회를 칭찬하시는데, 버가모는 아우구스투스 신전이 있는 곳으로서 "사탄의 권좌가 있는 곳"이라고 불린 도시였다(2:13). 그런데 예수는 버가모 교회를 향해 이렇게 말씀하신다. "너희는 나에 대한 피스티스를 버리지 않았다"(ouk ērnēsō tēn pistin mou). 이처럼 버가모 교회는 죽음의 위협에도 불구하고 왕 중의 왕이자 신성한 왕이신 예수께 끝까지 충성한 결과로 칭찬을 받고 있다.

우리가 오늘날 전통적으로 기독교와 연관 짓는 다른 용어들 역시 제국적 선전의 일부로서 잘 알려져 있었다. 그리스-로마 세계에서 유앙겔리온(euangelion) 곧 "복음"이란 단어는 군사적 승리, 황제의 탄신, 통치에 관한 좋은 소식을 의미했다. 퀴리오스(kyrios)는 "주"라는 용어로서, 소테르(sōtēr) 곧 "구원자"라는 용어와 함께 황제가 선호하는 단어였다. 누군가 더 이상 그리스도인이 되지 않기로 결심하고 이를 로마 당국에 증명하기를 원한다면, 황제의 상 앞에서 제사를 올리며 "황제가 주님이십니다"라고 말하면 되었다. 왜냐하면 이런 맥락에서 이 발언은 "예수가 주님이십니다"라는 고백과 양립할 수 없는 것이었기 때문이다. 우리는 112년에 플리니우스가 트라야누스 황제에게 보낸 편지를 통해 이 과정에 대한 자세한 설명을 접하게 된다.[22] 플리니우스는 통치자에 대한 충성으로서 예수

---

22 Pliny the Younger, *Ep.* 10,96을 보라. 플리니우스의 편지 내용은 Stevenson, *New Eusebius*, 18-20에서 손쉽게 확인해 볼 수 있다.

께 충성하는 것이 기독교의 가장 중요한 기초임을 분명히 알고 있었다. 하지만 오늘날에는 이런 기초가 쉽사리 인정받지 못한다.

초기 그리스도인들이 선호했던 다른 많은 용어들 역시 제국적 수사학에서 분명히 통용되고 있었다. 에이레네(*eirēnē*, 평화), 바실레이아(*basileia*, 왕국), 엘레우테리아(*eleutheria*, 자유), 디카이오쉬네(*dikaiosynē*, 의), 에클레시아(*ekklēsia*, 모임), 파루시아(*parousia*, 도래 혹은 왕의 도착)와 같은 용어들이 그 예다.[23] 이 광대한 문화적 기후의 일부로서, 그리스어 단어인 피스티스와 피스티스의 라틴어 상응어인 피데스(*fides*)는 입증된 충성에 대한 대가로써 혜택을 받는 상호성뿐만 아니라 황제(또는 다른 후견인들)에 대한 충성이라는 사회정치학적 함의를 지니고 있었다.[24]

후견인-피후견인이라는 제국적 맥락은 누가가 빌립보 간수의 회심을 묘사하면서 피스티스 단어 그룹을 사용하고 있는 것을 통해 분명히 드러난다. 누가는 빌립보가 로마 식민지이며(행 16:12) 상관들과 간수가 처음부터 로마 제국 체제에 속해 있는 자들이라는 사실을 공들여 드러내고 있다(16:20-24). 따라서 바울과 실라가 간수에게 "주 예수를 믿으라(*pisteuson*), 그리하면 너와 네 집이 구원을 받으리라"(16:31)고 말할 때, 우리가 이 말을 간수의 궁극적 충성의 대상을 황제에서 왕좌에 앉으신 예수로 바꾸라는 권고로 받아들인다면 이는 정당한 이해다. 더욱이 이 간수와 그의 집은 선포된 "주님의 말씀"(복음)을 들은 즉시 충성을 행한다. 죄수들을 확실히 지키라는 상관들의 이전 명령에 불복종하면서까지(16:23), 간수

---

23 바울의 복음이 그리스-로마의 제국적 선전과 어떻게 연계되어 있는지를 소개해주는 간단한 입문서로서 Gorman, *Apostle of the Crucified Lord*, 107-9을 보라. 보다 심화된 내용은 Winter, *Honours for the Caesars*를 보라.

24 Morgan, *Roman Faith and Christian Faith*, 60-65, 77-95을 보라.

는 더 이상 죄수들을 감시하지 않는다. 대신에 그는 신속히 바울과 실라의 상처를 물로 씻기고 자신과 온 가족이 세례를 받은 후 함께 식사를 하며 기뻐한다(16:32-34). 이 일이 있고 난 뒤에도 상관들은 여전히 황제에게 의무를 지고 있는 피후견인들로 묘사되는데, 이는 그들이 **로마** 시민인 바울과 실라를 투옥하고 구타한 것을 놓고 크게 걱정하고 있는 모습을 통해 입증된다(16:37-39). 그러나 간수는 황제의 피후견인들(상관들)이 아닌 주 예수의 대사들을 섬김으로써 자신이 충성하는 대상을 바꾸어버렸다.

따라서 "예수는 주님이시다"라는 말은 복음의 핵심이므로, 피스티스(그리고 피스티스의 동족어들)는 신약성서의 관련 본문들에서 충성의 의미를 가리킨다. 뿐만 아니라 이 충성의 의미는 바울 서신과 맥락적으로 들어맞으며 신약성서 세계보다 더욱 큰 그리스-로마 세계에서도 자연스럽게 받아들여지는 합당한 의미로 쓰였다.

믿음과 약속

지금까지 피스티스를 충성의 의미로 받아들이도록 유도하는 여러 증거를 제시했음에도 불구하고, 어떤 이들은 여전히 이런 이해가 바울이 다루고 있는 아브라함의 믿음과 일치하기 어렵다는 반대를 제기한다. 왜냐하면 바울이 아브라함에 대해 논하면서 피스티스가 주님이신 예수께 대한 충성의 의미와 근본적으로 관련이 있다는 이해를 배제하는 방식으로, 하나님의 약속에 대한 신뢰 혹은 믿음의 의미로 피스티스를 설명하고 있는 것처럼 보이기 때문이다. 더욱이 바울이 피스티스의 의미를 설명하고자 할 때, 아브라함의 예는 이와 관련하여 사소한 것으로 치부될 수 없다. 아브라함의 예는 바울이 사용하는 대표적인 예로서, 그는 이를 로마서 4장과 갈라디아서 3장에서 광범위하게 사용하면서 구원이 율법의 행위가 아닌 피스티스에 의한 것이라고 설명한다. 충성의 의미로서의 피스티스가 신뢰의 의미로서의 피스티스와 조화를 이룰 수 있는가?

약속하시는 하나님에 대한 신뢰

바울은 밤하늘의 별처럼 많은 자손을 얻게 될 것이라는 하나님의 약속에 반응하는 아브라함을 설명하면서(창 15:1-6), 아브라함이 비록 자신의 신체가 물리적으로 거의 죽은 바와 다름없고 늙은 사라 역시 (태와 관련하여) 죽었음을 알고 있었지만 그의 "믿음"(피스티스)이 약해지지 않았다고 말한다.

> 그가 백 세나 되어 자기 몸이 죽은 것 같고 사라의 태가 죽은 것 같음을 알고도 믿음(피스티스)이 약하여지지 아니하고 믿음이 없어[*apistia*, 아피스티아] 하나님의 약속을 의심하지 않고 믿음(피스티스)으로 견고하여져서 하나님께 영광을 돌리며 약속하신 그것을 또한 능히 이루실 줄을 확신하였으니(롬 4:19-21).

여기서 바울이 사용하고 있는 피스티스는 본래 영어의 "충성"(allegiance)의 의미와 정확히 일치하지 않는다. 오히려 바울의 피스티스는 하나님의 약속이 지닌 신뢰성에 대한 특정 제안이나 확신을 가리킬 수 있고 실제로 종종 그렇게 쓰인다. 여기서 피스티스는 바울에게 "신뢰"와 같은 것을 의미한다. 그러나 나는 영어 단어인 "충성"이 하나님의 증언(믿음)이 지닌 신뢰성이나 하나님의 약속(신뢰)이 지닌 신뢰성에 대한 지적 동의 개념을 포괄할 수 있는 더 큰 범주라고 제안한다. 동시에 나는 진정한 지적 동의란 이런 동의에서 비롯된 충성된 삶과 밀접히 관련되어 있다는 관념을 중시한다. 바울과 다른 이들은 우리가 믿거나 신뢰해야 한다고 말한다. 그러나 이런 비유들은 보다 함축적인 충성의 범주 안에서 가장 잘 조정되고 포괄된다. 오랜 기간 압박이 지속된 상황에서 보이는 일관된 신뢰란 다름 아닌 충성이다.[25]

계속해서 바울은 하나님의 약속에 대한 아브라함의 피스티스(신뢰)가 하나님 앞에 바로 서게 되는 결과를 가져 왔다고 이야기한다. 그러면서 다음과 같이 말한다. "그러므로 그의 피스티스가 그에게 의로 여겨졌다"(롬 4:22. 여기서는 창 15:6이 인용됨). 이제 바울은 아브라함과 그의 청중인 로마 교회 구성원들을 연결하고, 그 범위를 확장하여 아브라함과 오늘날의 교회를 잇는다. 그러면서 그는 하나님께서 아브라함을 다루셨듯이 교회를 다루실 것이라고 확언한다.

그에게 의로 여겨졌다 기록된 것은 아브라함만 위한 것이 아니요 의로 여기심을 받을 우리도 위함이니 곧 예수 우리 주를 죽은 자 가운데서 살리신 이를 신뢰하는[*tois pisteuousin*] 자니라. 예수는 우리가 범죄한 것 때문에 내줌이 되고 또한 우리를 의롭다 하시기 위하여 살아나셨느니라(롬 4:23-25).

---

25 아브라함과 관련하여 "믿음."에 대해 유용한 분석을 제시하는 D. Campbell, *Deliverance of God*, 384-86을 보라. 여기서 Campbell은 피스티스가 시간의 흐름 속에서 어려운 상황을 견디어 내는 것을 의미할 때, 이 피스티스의 의미는 (단순히 믿음 또는 신뢰가 아니라) 충성(fidelity) 또는 신실함(faithfulness)이 더 적합하다고 강조한다. 그리고 이러한 피스티스의 의미는 아브라함의 경우에 명확히 적용된다.

교회인 우리가 하나님의 어떤 특정 약속들을 신뢰(*pisteuō*, *pistis*와 동일 어근) 할 때, 그 결과로 하나님 앞에 바로 서는 것이 기대되거나 그렇게 될 수 있다. 이처럼 왕이신 예수께 대한 충성을 의미하는 피스티스로만 구원을 받는다는 생각과 관련하여, 하나님의 약속과 죽은 자를 살리시는 능력을 신뢰한다는 의미로서의 피스티스의 개념이 어떻게 더 정확히 자리를 잡을 수 있는가?

구체적 약속

여기서 주목해야 하는 것은 바울이 하나님의 약속을 신뢰하는 아브라함의 모습을 피스티스의 적용에 관한 최고의 예로 제시하고 있지만, 그렇다고 그가 하나님의 임의적인 약속에 대한 신뢰가 영원한 구원을 가져온다고 주장하는 것은 아니라는 점이다. 왜냐하면 이는 예수를 완전히 무시해 버리는 것이 될 수 있기 때문이다. 바울은 우리가 일반적인 하나님의 약속들을 신뢰할 때 영원한 구원을 받게 된다고 말하지 않는다. 우리는 모압에 결정적 심판을 내리실 것이라는 하나님의 약속(사 25:10)이나 여리고 성을 다시 쌓는 자는 누구라도 장자를 잃게 될 것이라는 하나님의 약속(수 6:26; 참조. 왕상 16:34)을 신뢰하는 것으로는 영원한 구원을 누릴 수 없다. 하나님의 약속에 대한 이런 종류의 "믿음"이 어째서 영원한 구원을 가져오지 못하는 것일까? 왜냐하면 이런 믿음은 잘못된 대상을 향하고 있기 때문이다. 우리는 최종적인 구원이 오직 메시아이신 예수를 통해서만 주어짐을 알고 있다. 이에 대해 베드로는 유대인 지도자들 앞에서 이렇게 말했다. "다른 이로써는 구원을 받을 수 없나니 천하 사람 중에 구원을 받을 만한 다른 이름을 우리에게 주신 일이 없음이라"(행 4:12).

로마서 4장의 구체적인 예에서도, 아브라함의 피스티스는 하나님의 일반적인 약속들에 대한 신뢰를 의미하지 않는다. 오히려 아브라함의 피스티스는 죽은 것과 다름없는 상황 속에서 주어진 이삭이라고 하는 구체적인 씨와 관련이 있는데, 이삭은 또 다른 구체적인 씨 하나를 기대하면서 많은 후손들을 보게 될 것이다. 여기서 또 다른 구체적인 씨 하나는 보다 심오한 인물을 가리키는 말로서, 이 씨는 아브라함의 경우보다 훨씬 더 치명적인 불임 상태(처음에는 처녀의 태로부터 그리고 후에는 죽음으로부터)에서 나와 많은 후손을 보게 될 바로 메시아 예수다.[26] 바울은 갈라디아서에서 이렇게 말한다. "이 약속들은 아브라함과 그 자손에게 말씀하신 것인데 여럿을 가리켜 그 자손들이라 하지 아니하시고 오직 한 사람을 가리켜 네 자손이라 하셨으니 곧 그리스도라"(3:16). 바울은 분명 이삭이 아브라함의 직계 자손으로서 하나님의 약속을 성취했음을 알고 있었지만 (롬 9:7을 보라), 바울이 제시하는 개념의 흐름은 아브라함에게 주어진 이 약속이 이삭의 출생에서 끝나지 않았다는 것과 이 약속의 최종적인 성취로서 왕이신 예수를 고대하고 있음을 입증한다.

바울이 아브라함의 경우를 교회에 어떻게 적용하고 있는지를 주의 깊이 살펴보면, 그는 "의"라는 것이 하나님의 일반적인 약속들에 대한 피스티스를 토대로 보장되는 것이 아니라고 생각함을 알 수 있다. 그 약속의 내용은 매우 구체적이다.

그에게 의로 여겨졌다 기록된 것은 아브라함만 위한 것이 아니요 의로 여기심을 받을 우리도 위함이니 곧 예수 우리 주를 죽은 자 가운데서 살리신 이

---

26 더 자세한 논의는 Jipp, "Reading the Story"를 보라.

를 신뢰하는[*tois pisteuousin*] 자니라. 예수는 우리가 범죄한 것 때문에 내줌이 되고 또한 우리를 의롭다 하시기 위하여 살아나셨느니라(롬 4:23-25).

바울은 구원을 가져오는 피스티스가 임의로 하나님을 향하고 있는 것이 아니라, 복음을 진두지휘하고 계시는 바로 그 하나님을 향하고 있음을 지시하고 있다. 그는 구원을 가져오는 피스티스의 내용에 대해 정의하면서 복음에 대한 간결한 요약 곧 우리가 앞서 추적했던 메시아이신 예수의 생애에 관한 여덟 단계의 이야기를 들려주는 것이다. 그러나 여덟 단계로 이루어진 이야기는 여기서 더 자세히 압축된다. 바울은 죄로 인한 죽음과 예수를 죽은 자들로부터 살리신 하나님의 행위와 예수의 주되심, 그리고 하나님과의 바른 관계를 획득함에 있어 이 좋은 소식이 지닌 유효성을 언급한다.

충성의 측면들

이 부분의 마지막 내용은 이 책 전체와 관련하여 특히 중요하다. 이 마지막 내용은 앞부분의 아브라함에 대한 논의와 실질적으로 이어지고 있기 때문이다. 구원이 정말로 오직 충성에 의한 것이라면, 충성의 의미를 숙고하는 일은 분명 가치가 있다. 우리는 성서의 자료를 종합해봄으로써 구원을 가져오는 충성에 세 가지 차원이 있음을 발견하게 되며, 그 세 가지는 곧 복음이 진리라는 **정신적 확신**, 우주의 주님이신 예수께만 **고백되는 충성**, 그리고 왕이신 예수께 대한 순종을 통해 **실천되는 충성**으로 구성된다.

이는 "믿음"의 고전적 정의를 대체하는 신중한 정의다. 예를 들어 성

아우구스티누스는 믿음(*fides*)에는 두 가지 주요 구성 요소 곧 (1) "믿어지는 믿음" – 지적으로 확신되어야 하는 내용, (2) "믿음에 의하여 믿어지는 믿음" – 가슴/마음에서 발생하는 "믿음"에 대한 내적 헌신이 있다고 판단했다.[27] 반면 종교개혁 기간에는 루터의 추종자들에 의해 믿음의 삼중 정의라는 것이 제시되었는데, 그것은 곧 믿음이란 (1) *notitia* – 지적으로 이해되는 내용, (2) *assensus* – 그 내용이 진리라는 지적 동의, (3) *fiducia* – 신뢰(혹은 다양하게 정의되는 의지/감정에 뿌리를 두고 있는) 의존 성향으로 구성된다는 주장이다.[28] 믿음의 삼중 정의는 여러 루터교 신학자들과 개신교 신학자들에 의해 여전히 사용되고 있다.[29]

나는 *fiducia*(또는 "믿음에 의하여 믿어지는 믿음")가 다음과 같은 세 가지 이유로 잘못되었음을 주장한다. 첫째, 복음의 절정은 용서로 이끄는 왕권에 대한 인정이 아닌 용서로 *notitia* 내에서 잘못 규명되어왔다. 둘째, *fiducia*는 고대의 증거와 관련하여 피스티스에 "내부성"이라는 그릇된 측면들을 부과하고 있다. 셋째, *fiducia*는 구현된 충성의 실천적 현실을 충분히 중요한 것으로 여기지 않는다.

개념을 명료하게 하기 위해 이 문제를 약간 다른 용어들로 다시 표현해보자. 궁극의 구원을 가리키는 본문들을 보면, 피스티스는 여덟 단계의 복음이 1) 현실, 2) 예수의 우주적 통치를 인지하는 가운데 그분을 향해

---

27 Augustine, *Trin.* 13.1.2-5. 다음을 보라. Morgan, *Roman Faith and Christian Faith*, 11-12, 28-30, 그리고 특히 224-30, 444-72. 여기서 Morgan은 "믿어지는 믿음"이라는 아우구스티누스의 정의가 신약성서 시대와 맞지 않음을 보여준다.

28 Melanchthon은 그의 1521년 저서인 *Loci communes theologici*에서 *fides*에 대한 고전적인 삼중 정의를 사용하여 *fides*를 *notitia, assensus, fiducia*로 정의하고 있다. 이 내용은 현대 영어 번역본인 Melanchthon, *Commonplaces*에서도 찾아볼 수 있다.

29 예를 들어 Sproul, *Faith Alone*, 75-88.

고백되는 충성, 3) 예수의 통치를 받는 시민으로서의 **구현된 충성**과 일치한다는 **지적인 동의**를 포함한다. (모든 맥락이나 예시에서 그렇다는 말은 아니다.) 이 세 가지 측면을 하나씩 자세히 알아보도록 하자.

지적 동의

예수에 관한 특정 사실들을 믿는다고 해서 즉시 구원을 받는 것은 아니지만, 최소한의 출발점으로서 특정 사실들을 믿는 것은 반드시 필요한 일이다. 기술적인 용어로 말하자면, 예수의 이야기에 관한 특정 사실들에 지적으로 동의하는 것은 구원의 필수 요소지만 충분조건인 것은 아니다. 그렇다면 구원을 받기 전에 우리가 지적으로 동의해야 하는 최소한의 사실들이 존재하는가? 대답은 "그렇다"이다. 그리고 그 최소한의 사실들은 바로 앞 장에서 자세히 논한 복음의 개요다. 즉 우리는 구원을 받기 위해 다음 내용들이 진실임을 반드시 지적으로 동의해야 한다.

복음: 개요

왕이신 예수는
1. 아버지 하나님과 함께 선재하셨고,
2. 인간의 몸을 입으시고 하나님이 다윗에게 주셨던 약속을 성취하셨고,
3. 구약성서의 말씀에 따라 죄를 대속하기 위해 죽으셨고,
4. 장사되셨고,
5. 구약성서의 말씀에 따라 사흘째 되는 날 부활하셨고,

6. 많은 이들에게 나타나셨고,

7. **주님으로서 하나님 우편에 앉아 계시며,**

8. 심판자로서 다시 오실 것이다.

누군가 위의 진술들이 모두 진실이라고 확신한다면, 그 사람은 예수 그리스도의 복음이 진실이라는 명제에 지적으로 동의한다고 말할 수 있다. 그 사람이 이 지점에서 구원을 받는 것은 아니지만, 구원에 필수가 되는 기본 요건을 확보한 것이다. 물론 이런 진술은 다음과 같은 질문으로 이어진다. 우리가 이 진리들에 대해 얼마나 **지적으로 확신**해야만 하는가?[30]

　　정신적 기본 틀로서의 복음. 우리는 복음의 여덟 단계 모두를 의식적으로 생각하고 스스로 각 단계를 적용해야 하는가? 아니다. 우리는 각자 예수의 이야기를 이해하게 된 만큼만 수동적으로 혹은 넌지시 복음의 각 부분을 진실이나 실제로 받아들이면 된다. 구원을 추구하는 사람들은 그렇게 목록을 따라 의식적으로 복음의 각 단계를 짚고 넘어갈 필요가 없다. 그러나 지적인 차원에서 복음 개요의 기본 형태를 각자가 추구하는 정신적 기본 틀의 일부로서 확인해볼 필요는 있다. 비록 어떤 사람들은 특정 순간에 이 정신적 기본 틀을 뭐라고 불러야 할지 혹은 어떻게 설명해야 할지 모를 수도 있지만 말이다. 나는 전 시대를 통틀어 많은 신실한 그리스도인들이 복음의 여덟 단계를 의식적으로 확언한 적이 없었으

30　이 질문은 또한 우리의 역량을 벗어나는 수많은 특수 사례에 관한 질문들을 요구한다. 예를 들어 복음을 들어본 적이 없는 사람들은 어떤가? 심각한 정서적·신체적 학대를 경험하거나 사회적·심리적 여건상 복음에 귀 기울이는 것이 불가능해서 지금 당장 진정으로 복음에 귀를 열 수 없는 지경에 처한 사람들은 어떤가? 미성숙, 선천성 장애, 부상, 병으로 인해 지적으로 문제를 가진 사람들은 어떤가? 여기서 이 같은 날카로운 질문들에 답하는 것은 불가능하다.

며 각 단계를 표현할 말을 찾거나 설명하려 할 때 큰 어려움을 겪었을 것
이라고 확신한다. 우리의 구원(하나님께 찬양을!)은 훌륭한 교사들, 학자들,
복음 전도자들, 교리문답 교사들, 또는 복음을 능숙하게 배우는 학습자들
과는 무관하다.

복종을 위한 충분한 확신. 확신이나 성가신 의심의 수준은 어떤가?
예를 들어 나는 내가 연필이 아니고, 내 아내는 커피 잔이 아니며, 지금 책
상에서 이 책을 쓰고 있는 내가 대학 교수라는 것을 100% 확신한다. 그러
나 역사 문제에 관한 확신의 정도는 이보다 낮다. 우리는 과거의 사건들,
특히 먼 과거의 사건들에 대해 좀처럼 완벽한 확신을 갖지 못한다. 예를
들어 나는 미국인이 달 위를 걸었다는 것을 99.999% 확신하고, 사도 바울
과 동시대 인물인 철학자 세네카가 자살했다는 것을 98% 확신한다. 그러
나 나는 기원후 2세기의 위경 문헌인 「바울행전」에서 발견할 수 있는 바
울의 외모에 대한 묘사가 실제 바울의 외모에 대한 참된 역사적 기억을
반영하고 있다는 점에 대해서는 10% 정도 확신한다.[31]

다행히 우리는 구원을 위해 어느 정도의 지적 확신이 필요한지 추측
할 필요가 없다. 왜냐하면 오직 충성이라는 동전의 이면이 경계를 규정해
주고 있기 때문이다. **우리는 참 왕이신 예수께 기꺼이 충성(피스티스)을 바
칠 수 있는 만큼만 지적으로 확신하면 된다.** 즉 구원의 의미에서 복음을
"믿는다는 것"은 복음 안에 포함된 예수의 이야기를 지적인 차원에서 사
실로 받아들이고, 특히 "예수는 주님이시다"라는 부분을 복음의 핵심으

---

31 세네카의 자살에 대해서는 Tacitus, *Ann.* 15.62-64을 보라. 오네시포루스(Onesiphorus)라
는 인물은 바울을 다음과 같이 묘사한다. "그리고 그는 바울이 오는 것을 보았는데, 바울은
작은 키에 대머리였고 다리는 구부러져 있었으며 몸은 건강한 상태였다. 양쪽 눈썹은 서로
연결되어 있었고 매부리코에, 친근함으로 가득한 얼굴이었다. 그는 남자답게 생겼고 천사의
얼굴을 갖고 있었다." 「바울행전」 3.2 (*Schneemelcher*, 2:213-70, 여기서는 239).

로 받아들이는 것이다. 그럼으로써 우리는 예수께 충성을 맹세하고 예수께서 가져오시는 하나님의 통치에 복종하기 시작한다. 어떤 사람이 복음에서 우주의 **주님**으로 묘사되는 예수께 기꺼이 충성할 만큼 복음의 진리를 지적으로 확신한다면, 지적 동의라는 구원의 요구 사항은 해결된 것이다.

지적 동의와 성서. 예를 들어 바울은 우리에게 "칭의"를 가져오는 신뢰(여기서는 동사 피스튜오[*pisteuō*]가 사용되고 있다)의 내용에 관해 말할 때, 의의 보장을 위해 죽은 자들을 일으켜 세우시는 하나님의 능력을 신뢰해야 한다고 촉구하면서 피스티스의 지적 동의 측면에 초점을 맞추고 있다. 이것이 아브라함에게 의미하는 바는, 하나님께서 예수를 기대하시는 가운데 한 씨(자손) 곧 이삭을 자신과 사라의 죽은 것과 다름없는 몸에서 일으켜 세우시리라는 것이다. 또한 이것이 우리에게 의미하는 바는, 하나님께서 이와 비슷하게 하나의 씨인 메시아 예수를 무덤의 죽음으로부터 일으켜 세우셨고, 죄 가운데 죽어 있는 우리가 예수와의 연합을 통해 생명으로 옮겨졌다는 것이다. 바울은 (위에 인용된 롬 4:23-25처럼) 복음을 압축해서 반드시 확신되어야 하는 내용에 대한 요약으로 제시한다. 따라서 바울이 아브라함을 최고의 예로 들면서 우리가 어떻게 행위가 아닌 믿음으로 하나님과 바른 관계를 맺게 되는지를 이야기할 때, 여기서 중요시되는 것은 바로 피스티스의 복음에 대한 지적 동의 부분이다. 왜냐하면 이 지적 동의가 죽음의 한가운데서 신뢰와 단단히 결합되기 때문이다.

반면 로마서 4장의 피스티스 단어 무리와 다소 유사한 요한복음의 피스티스 단어 무리는 자주 인지적 확신—여러 개의 증언과 증거가 진실이라는 결심—을 강조하는데(예를 들어 요 1:7, 50; 2:22-23, 그리고 다수의 다른 구절들), 결국 인간은 그리스도를 통해 그리고 그리스도 안에서 영원한 생명에 참여할 수 있게 된다(특히 요 20:31을 보라). 요한복음 저자의 논리는 하나의 압축된 진술에서 발견되는데, 여기서 요한은 예수께서 가나 혼인 잔치에서 물을 포도주로 바꾸는 기적의 표적을 보여주신 이유에 대해 설명한다. "예수께서 이 첫 표적을 갈릴리 가나에서 행하여 그의 영광을 나타내시매 제자들이 그를 믿으니라"(2:11). 즉 예수께서 행하고 계신 기적 행위들(과 여러 증언들)은 표적들로서, 이 표적들의 목적은 그것들 너머에 있는 다른 실재를 지시하는 것이다. 이 표적들은 가리개를 젖힘으로써, 예수께서 보잘것없는 외양에도 불구하고 실제로 신성한 영광을 지니신 성육하신 하나님의 아들이시며 일단 "높임을 받으시면" 하나님 아버지 옆 영광의 자리로 돌아가실 것을 보여준다. 여기서 높임을 받으신다는 말은 예수께서 십자가에 달리실 것과 하나님 아버지 옆에 있는 하늘 영광의 정당한 자리로 높여지실 것을 의미한다(요 3:14-15; 8:28; 12:32-34; 참조. 17:1-5). 요한은 "높임을 받으시다"라는 표현을 통해 의도적으로 예수의 십자가 처형과 왕적 통치로의 승격을 융합한다. 그로 인해 우리는 연약함 속의 영광이라는 역설을 인지할 수 있는 것이다. 예수의 영광을 엿보게 될 때 그 영광에서 나오는 빛을 포착한 사람은 피스티스를 다할 수밖에 없다. 또한 이 사람은 예수에 관해 요한복음에 제시된 여러 증언이 사실임을 확신하게 된다.

하지만 단순히 요한복음에서 지적 동의가 피스티스의 가장 중요한 요소로 강조되고 있다는 이유로, 요한복음의 피스티스 개념에 충성에 대한 요구가 빠져 있다고 생각해서는 안 된다. 예를 들어 다음 말씀에서 피스티스와 순종이 어떻게 서로 대응하고 있는지를 보라. "아들을 믿는 자에게는 영생이 있고 아들에게 순종하지 아니하는 자는 영생을 보지 못하고 도리어 하나님의 진노가 그 위에 머물러 있느니라"(요 3:36).[32] 여기서 분명한 것은 구원을 가져오는 피스티스 행위가 순종과 매우 밀접하게 연관되어 있어서 서로 분리될 수 없다는 점이다. 따라서 우리가 위의 구절 앞에 있는 가장 유명한 구원 진술인 "하나님이 세상을 이처럼 사랑하사 독생자를 주셨으니 이는 그를 믿는 자마다 멸망하지 않고 영생을 얻게 하려 하심이라"(요 3:16)는 구절을 읽을 때 반드시 유념해야 하는 것은, 비록 요한이 지적인 확신을 자주 강조하지만 예수께 피스티스를 보이는 것은 믿음(지적 동의) 그 이상을 의미한다는 점이다. 왜냐하면 피스티스를 보이는 것은 순종 곧 실천된 충성과 결부되어 있기 때문이다. 요한복음에서 피스티스를 받아야 하는 예수는 참 복음의 여덟 단계에 의해 정의되는 생애를 사신 바로 그분이다. 그리고 여기에는 예수가 이제 곧 통치하실 하나님의 아들이심이 가정되어 있다.

충성의 고백

충성의 첫 번째 측면은 복음의 기초가 되는 예수의 이야기가 지닌 진실성에 지적으로 동의하는 것이지만, 충성은 더 많은 것을 요구한다. 두 번째 필수 요소는 왕이신 예수께 충성을 고백하는 것이다. 이를 확실히 하기

---

32 요한복음에 나오는 피스티스의 의미 범위에 충성이 포함될 수 있다는 증거로서 무리와 예수에 대한 요한의 말을 고찰해보라. "유월절에 예수께서 예루살렘에 계시니 많은 사람이 그의 행하시는 표적을 보고 그의 이름에 피스티스를 주었으나[episteusan] 예수는 그의 몸을 그들에게 피스튜오 하지 아니하셨으니[ouk episteuen] 이는 친히 모든 사람을 아심이요"(2:23-24). 같은 동사 피스튜오[pisteuō]가 두 경우에 사용되고 있다. 그러나 두 번째 예는 예수께서 자신을 무리에게 온전히 위탁할 경우 그들이 "좋은 믿음"을 자신에게 보이지 않을 것이란 걸 알고 계심을 보여주려고 한다. 즉 예수는 그들이 충성을 통해 자신에게 보답하지 않을 것이란 걸 알고 계신다.

위해, 충성의 두 측면인 지적 합의와 충성의 고백이 구원의 핵심에 관한 바울의 가장 명료한 진술에 등장하고 있음을 생각해보라. 바울은 로마서 10장에서 모세 율법에 의한 의(그런데 모세 율법은 최종 분석에서 전혀 의와 상관이 없다)와 피스티스에 의한 의 사이의 차이를 간단히 말한 후 그 의의 근접성에 대해 말한다. "피스티스에 의한 의"는 이것이 마음과 입에서 발견될 때 (충성을 요구하며 선포되는 복음의 메시지인) "피스티스의 말씀"만큼이나 가깝다. 바울은 말한다. "네가 만일 네 입으로 예수를 주로 **시인하며** 또 하나님께서 그를 죽은 자 가운데서 살리신 것에 대해 네 마음으로 **피스티스를 주면**[믿으면] 구원을 받으리라"(롬 10:9). 이어서 바울은 그 이유를 설명한다. "사람이 마음으로 **피스티스를 주어**[믿어] 의에 이르고 입으로 시인하여 구원에 이르느니라"(롬 10:10). 바울에게 예수의 절대적 주 되심은 단순히 입에 발린 소리가 아니다. 왜냐하면 바울은 이렇게 고백하기 때문이다. "우리 중에 누구든지 자기를 위하여 사는 자가 없고 자기를 위하여 죽는 자도 없도다. 우리가 살아도 주를 위하여 살고 죽어도 주를 위하여 죽나니 그러므로 사나 죽으나 우리가 주의 것이로다"(롬 14:7-8). 이처럼 예수의 주 되심은 절대적이고 모든 것을 아우르는 것으로 간주된다 (고전 8:6; 빌 2:9-11; 골 1:18).

고백은 지적 확신을 가정한다. 구원을 가져오는 고백은 어떤 상황이 우주와 관련하여 진실이라는 합의에 달려 있다. 로마서 10:9-10에서 바울은 예수께서 실제로 "죽은 자 가운데서 살아나신 것"이 진실임을 인지적으로 확신해야 한다(여기서는 동사 피스튜오의 의미로 "믿다"가 더 적합하다)고 주장한다.[33] 내가 계속 주장한 것처럼 실제로 바울이 앞서 개관된 여덟

---

33 롬 10:9에서처럼, 호티가 피스튜오 다음에 나올 때 가장 좋은 번역은 보통 "~를 믿다"인데,

단계를 구원을 위해 반드시 믿어야 하는 타협 불가한 복음의 사실들로 고수한다면, 왜 바울은 여기서 그중 유독 한 가지 사실만을 핵심적으로 규명하고 있는 것일까? 그것 말고도 다른 무언가가 반드시 필요하다. 왜냐하면 바울 역시 예수의 즉위(enthronement)에 대한 믿음을 포함하고 있는 고백 곧 예수가 주님이시라는 고백을 요구하고 있기 때문이다.

그러므로 바울이 최소한으로 필요한 믿음에 대해 진술하고 있다고 볼 수 없다. 아마도 반드시 필요한 다른 무언가로서 부활이 지목될 수 있다. 왜냐하면 부활은 예수가 자신에 대해 하신 주장을 믿지 않는 사람들 사이에서 가장 격렬한 논쟁거리였으며 지금도 그렇기 때문이다.

즉 예수께서 죽은 자들로부터 부활하신 사건은 반드시 지지되어야 하는 가장 논쟁적이면서도 핵심이 되는 역사적 "사실"이다. 그래서 바울은 연계를 통해 부활에 관한 확신에 포함되는 복음의 추가적 사실들 간의 연결 관계를 긴밀하게 참조하는 방법으로 부활을 지시한다. 우리가 기억해야 하는 것은 적절한 시점이 되면 모든 의사소통, 특히 가르침에 압축된 요약과 개략적인 묘사가 포함된다는 점이다. 바울은 우리의 정신이 예수의 부활을 실제 사건으로 반드시 지지해야 한다고 지적함으로써, 연계를 통해 더 큰 복음의 이야기를 엮어내며 확장하고 있는 복음의 사실들을 단순하게 압축시키고 있는 셈이다.

공개 선언. 논의 중인 구절 중 하나인 로마서 10:9-10에서 바울은 우리가 구원을 받기 위해 반드시 입으로 "예수가 주님이시다"라는 고백을

그 이유는 이 번역에서 접속사 호티가 이끄는 명제에 대한 지적 동의가 강조되고 있기 때문이다(예. 마 9:28; 막 11:23-24; 눅 1:45; 요 8:24; 롬 6:8; 살전 4:14; 약 2:19). 여기서 "마음"(그리스어로는 카르디아)은 (지적·이성적·정서적인) 정신적 삶의 모든 측면을 포괄하는 용어다.

해야 한다고 말한다. 바울은 "당신이 입으로 예수께서 다윗이 받은 약속을 성취하신다고 고백하면" 또는 "당신이 입으로 예수께서 당신의 죄 때문에 죽으셨다고 고백하면"이라고 말하지 **않는데**, 이를 인지하는 것은 중요하다. 고백과 관련된 초점은 예수께서 주님이시라는 복음의 특정 단계에 정확히 맞춰져 있다. 그 이유는 무엇일까? 이것은 단순한 우연이 아니다.

예수를 주로 고백하는 것은 통치하는 왕이신 예수께 충성을 표시하는 것이다. 바울은 우리가 주님이자 통치자이신 예수께 충성을 맹세할 필요가 있다고 지적하는데, 이는 예수의 생애에서 이 주 되심의 단계가 복음의 핵심 측면을 명시적으로 요약하고, 땅과 하늘의 일에 관한 예수의 현재 역할을 묘사하며, 하나님의 가족의 일원이 되기 위해 반드시 확신되어야 하는 핵심적 실재이기 때문이다. 예수의 통치를 수용하고 이를 공개적으로 인정하는 것은 피스티스의 최고조에 도달하는 행위다. 필요한 것을 설명하기 위해 바울이 선택한 동사는 호몰로게오(*homologeō*)인데, 이런 맥락에서 이 동사는 공개적인 선언을 의미한다. 그리고 이는 "입으로"라는 표현에 의해 분명해진다. 바울은 교회에서 손을 드는 행위나 마음으로 조용히 기도하는 모습을 충분한 "고백"으로 보지 않는다. (또 바울은 이러한 행위가 구원을 유발할 수 있다고 말하지 않는다. 오히려 그는 좀 더 본질적인 무언가를 의도하고 있는 것이다.) 바울은 고대 침례 예식에서 발생했을 법한 공개적이고 말로 표현되는 무언가에 대해 말하고 있다. 이에 관한 논의는 8장에서 다룰 예정이다.

우리는 바울이 사용하는 호몰로게오와 누가복음에서 사용되고 있는 호몰로게오를 비교할 수 있다. 예수는 다음과 같이 말씀하신다. "누구든지 사람 앞에서 나를 시인하면 인자도 하나님의 사자들 앞에서 그를 시인할 것이요"(눅 12:8; 참조. 마 10:32). 또 우리는 호몰로게오와 바울이 펠릭스 앞에서 재판을 받을 때(행 24:14) 보여준 자발적 공개 선언을 비교할 수 있는데, 이 재판에서 바울은 자신이 "그 도"(the Way, 최초의 그리스도인들을 집합적으로 묘사할 때 사용되었던 용어; 참조. 행 9:2)에 속해 있음을 "고백"한다. 무엇이 구원의 핵심인가? 예수가 **주님**이시라는 공개 선언은 구원의 기초가 된다. 왜냐하면 이 공개 선언은 복음에 대한 지적 동의와 하늘과 땅의 통치자이신 예수께 개인적으로 충성하고자 하는 삶의 욕망을 가리키기 때문이다.

구현된 충성

앞선 토론에서 나는 구원을 가져오는 충성에 세 가지 요소가 포함되어 있다고 주장했다. 첫 번째 요소는 복음을 구성하는 여덟 단계가 모두 참이라는 **지적 동의**다. 두 번째 요소는 주님이신 예수께 충성한다는 **공개적 고백**이다. 세 번째 요소는 주님이신 예수에 대해 **구현된 충성**이다. 영원한 구원을 얻기 위해서는 예수께 충성을 고백하는 것만으로 충분치 않다. 복음의 목적은 "피스티스의 순종" 곧 실제적인 충성을 유발하는 것이다 (롬 1:5; 16:26; 참조. 15:18-19). 바울은 디모데에게 탐욕과 같은 악을 피하고 덕을 추구하라고 말하면서 이렇게 권고한다. "피스티스의 선한 싸움을 싸우라. **영생을 취하라.** 이를 위하여 네가 부르심을 받았고 많은 증인 앞에서 **선한 증언을 하였도다**"(딤전 6:12). 디모데는 실천된 충성을 통해 피스티스로 승리함으로써 예수께 대한 자신의 충성 고백을 실현해야만 한다.

더욱이 마태복음에서 예수는 자신을 주님으로 고백하는 것만으로는 영원한 구원을 얻기에 충분하지 않다고 말씀하신다. 이 말씀은 신약성서의 말씀 중 가장 무서운 말씀일 것이다. 충성에는 순종의 행위가 포함된다.

> 나더러 "주여, 주여!" 하는 자마다 다 천국에 들어갈 것이 아니요 다만 하늘에 계신 내 아버지의 뜻대로 행하는 자라야 들어가리라. 그날에 많은 사람이 나더러 이르되 "주여, 주여! 우리가 주의 이름으로 선지자 노릇 하며 주의 이름으로 귀신을 쫓아내며 주의 이름으로 많은 권능을 행하지 아니하였나이까?" 하리니 그때에 내가 그들에게 밝히 말하되 "내가 너희를 도무지 알지 못하니 불법을 행하는 자들아 내게서 떠나가라" 하리라(마 7:21-23).

이 말씀의 구체적 맥락은 참된 삶으로의 진입("좁은 문으로 들어가라!", 7:13), 거짓 예언자들에 대한 경고("그들의 열매로 그들을 알지니", 7:16), 예수의 말씀을 실천할 필요성("누구든지 나의 이 말을 듣고 행하는 자는 그 집을 반석 위에 지은 지혜로운 사람 같으리니", 7:24)과 관련되어 있다. 이 맥락의 요점은 예수를 주님으로 고백하고 (자신들의 의심스러운 증언에 근거하여) 예수의 이름으로 선한 일을 했다고 주장할지라도 주님이신 예수께 참된 충성을 다하지 못한 것일 수도 있다는 점이다. 예수께서 이들을 가리켜 "불법을 행하는 자들"이라고 부르시는 것에 주목하라. 예수의 이 발언은 그들의 악한 행위들이 문제가 되고 있음을 의미한다. 공언된 충성만으로는 충분치 않다. 충성은 완벽하진 않더라도 진정성 있는 순종을 통해 실현되어야만 한다. 피스티스는 구현되어야만 한다. 사실상 구원은 육체적 여정이므로 순종

오직 충성으로 받는 구원

외에는 다른 방법이 없다.[34]

이번 장은 충성을 의미하는 피스티스("믿음")에 초점을 맞추고 있다. 우리는 바울 서신의 안팎에서 충성을 의미하는 피스티스에 관한 고대의 증거를 간단히 살펴보았고, 죽음 한복판에서 아브라함이 보여준 "신뢰"가 어떻게 충성과 연결되는지 논의했으며, 구원을 가져오는 충성을 정의하는 여러 하위 구성 요소들(복음에 대한 지적 동의, 그리스도께 대한 공언된 충성, 구현된 충성)을 분석했다. 세 번째 측면인 구현된 충성 혹은 실행된 충성이라는 것이 바울의 주장, 즉 우리의 구원이 피스티스에 의한 것이지 절대로 행위(특히 율법)에 의한 것이 아니라 주장과 어떻게 상충되지 않는지를 설명하려면 더 많은 지면이 필요하다. 나는 이 주제를 다음 장의 질문과 대답 부분에서 다룰 것이다.

---

34 구원의 여정에 있어서 순종이 구현될 필요에 대해서는 Green, *Conversion in Luke-Acts*를 보라. Green에 의하면 비육체적 회심에 대한 현대적 관념들은 대체로 데카르트적 이원론의 유산인데, 이는 데카르트적 이원론이 신흥 종교 심리학에 영향을 미쳤기 때문이다. 그러나 이런 모든 현대적 관념들은 최근 신경생물학의 발전에 의해 결정적인 도전을 받고 있다. 개종은 신체(뇌 재형성 및 다른 신체 표지들)에 불가피한 표시를 남긴다. 더욱이 누가-행전은 개종과 구원을 육체적 여정이라는 틀에 박힌 은유를 사용하여 묘사하고 있다(예를 들어 눅 3:3-14; 9:51-62; 행 9:3-18; Green, *Conversion in Luke-Acts*, 53-163을 보라).

더 생각해볼 문제들

✿

1. "예수 그리스도"라는 표현을 볼 때마다 "예수 바로 그 그리스
   도"(Jesus the Christ)라고 생각하는 것이 신학적으로 왜 중요한가?

2. "예수 그리스도의 피스티스"의 의미와 관련하여 선택할 수 있는 두 가
   지 주요 해석은 무엇인가? 두 해석의 차이는 중요한가?

3. 대부분의 개신교 전통에서 "믿음의 순종"은 일반적으로 어떻게 이해되
   어왔는가? 충성으로서의 피스티스가 어떻게 바울의 구체적인 의도를
   명확히 드러낼 수 있을까?

4. "그리스도의 법"이 바울 신학에 어떻게 부합하는지에 대해 어떤 이
   해가 가능한가?

5. 신약성서의 로마 제국적 정황은 어떻게 예수와 관련된 피스티스의 의
   미를 알려주는가?

6. 오늘날 흔히 쓰이는 "믿음", "신뢰", "충성"은 의미상으로 각기 어떤 차
   이가 있는가?

오직 충성으로 받는 구원

7. 바울이 전하는 아브라함 이야기에 의하면 우리는 하나님의 일반적인 약속들에 대한 "믿음"이 아닌 다른 무엇에 의해 구원을 받는가? 바울이 이 문제를 로마서 4장에서 어떻게 설명하고 있는지 간단하게 그러나 정확히 말해보자.

8. 이 장에서는 *notitia, assensus, fiducia*로 구성된 피스티스의 삼중 정의가 신약성서의 증언에 비추어 볼 때 부적절하다고 주장한다. 이 세 라틴어 용어들의 의미를 말해보고 왜 이 용어들로는 충분하지 않은지 그 이유를 설명해보자. 그리고 이런 주장이 교회에 중요한 이유는 무엇인가?

9. 구원을 가져오는 피스티스가 세 개의 요소로 구성되어 있다는 주장이 제기되어 왔다. 이 세 개의 핵심 구성 요소들을 (당신의 말로) 간단히 설명할 수 있는가?

10. 복음이 "진리"라고 지적으로 동의하는 것만으로는 구원을 받기에 부족한 이유가 무엇인가?

11. 하나님이 용서하시는 분이라면, 최종적인 구원에 구현된 충성이 필요한 이유는 무엇인가?

Salvation by

5장

———

오직 충성에 관한 질문들

Allegiance Alone

이제는 질의응답 시간이다. 우선 지금까지 논의한 내용을 간단히 요약해 보자. 1장에서는 널리 알려져 있으나 그 상태로는 불충분한 믿음에 대한 이해를 해체하는 작업을 했다. 2장에서는 단 하나의 참된 복음이 존재하며 이 참되고 유일한 복음이 바울에 의해 입증되고 있음을 주장했다. 3장에서는 예수와 복음서 저자들이 이와 동일한 복음을 사복음서에서 주장하고 있음을 발견했다. 이와 더불어 예수께서 미래에 하늘과 땅의 왕으로서 다스리게 되실 것도 확인했다. 하지만 이 복음은 그 본질에 있어 "모든 사람이 죄를 범하였으매 하나님의 영광에 이르지 못"하기에 "우리는 우리의 죄를 위한 예수의 죽음이 충분하다고 신뢰함으로써 구원을 받는다"는 진술을 의미하지는 않는다. 이 진술들에는 중요한 진리들이 포함되어 있지만, 이것들은 복음을 축소하고 왜곡한다. 왜냐하면 이 복음은 그리스도이신 예수의 즉위에서 절정을 이루고 있으며, 이 지점을 가장 강조하고 있기 때문이다. 우리는 분명 피스티스에 의해 구원을 받는다. 이 피스티스는 전통적으로 "믿음"으로 번역되어왔다. 그러나 피스티스가 구원의 문제에 적용될 때 가장 적합한 의미는 충성이다. 왜냐하면 구원을 주는 "믿음"은 적극적으로 통치하는 왕이신 예수를 직접 향하고 있기 때문이다.

그러나 이런 주장을 보고 있노라면 아직 다루어지지 않은 많은 질문들과 반대들이 머릿속에 떠오른다. 충성이 인간 자신의 노력을 요구함으로써 하나님의 은혜를 가로막고 있지는 않은가? 어떻게 충성이 행위에 대한 바울의 가르침과 조화를 이룰 수 있는가? 율법은 어떻게 되는가? 우리의 충성이 완벽하지 않을 때는 어떻게 충성으로 구원을 받을 수 있는가? 이 외에도 많은 질문들이 다루어져야 한다.

이번 장에서 나는 주제별로 이런 질문들에 대답할 것이다. 어떤 질문에 대해서는 만족할 만한 답을 제시할 수 있겠지만, 또 다른 질문들에 대해서는 관련 하부 주제들만 연구해놓은 책들이 있을 정도로 완전한 답변을 여기서 제시하기는 불가능하다. 설사 완전한 답변이 가능하다고 해도 이번 장에서는 우리의 소관 밖의 일이다. 왜냐하면 이 책의 남은 부분에서 구원을 완전히 논하기 전까지 우리가 말하는 **구원**의 의미는 미정인 상태로 남아 있기 때문이다.

이어지는 내용은 가설적인 질문으로 시작한다. 그러나 모든 질문들이 완전히 가설적인 것은 아니다. 내가 관련 자료를 제시하면서 이야기를 나눌 때, 실제로 나의 동료들, 친구들, 학생들이 이런 질문들을 제기했기 때문이다. 이 장을 읽은 후 구원에 관해 풀리지 않는 질문이 남아 있다고 하더라도, 오직 충성으로 구원을 받는다고 말하는 것이 왜 사실인지를 더 잘 이해할 수 있기 바란다. 구원에 관해 풀리지 않는 질문들에 대해서는 후에 더 자세히 다룰 것이다.

오직 은혜와 충성?

질문: 구원이 은혜(선물)에 의한 것이라면, 어떻게 구원이 예수에 대한 우리의 충성에 달려 있다고 이야기할 수 있는가?

성서는 우리의 힘으로 영원한 구원을 얻을 수 없다고 단호히 말한다. 그 누구도 자신의 노력으로 깨끗한 삶을 살거나 영웅적인 행위를 함으로써 하나님께 나아가서는 "하나님이 정말로 정의롭고 공정하신 분이라면, 당신은 내게 영생을 주셔야 합니다. 저는 선한 사람이므로 영생을 받을 자격이 있습니다"라고 말할 수 없다. 달리 생각해보면 이런 모습은 우리가 하나님의 거룩함, 하나님의 의의 기준, 우리의 악함의 깊이를 비현실적으로 평가하고 있기에 발생한다. 바울은 이를 로마서 1:18-3:20에서 분명히 밝히고 있는데, 특히 죄악의 만연한 성격과 그에 따른 함의를 집약적으로 표현했다.

> 유대인이나 헬라인이나 **다** 죄 아래에 있다고 우리가 이미 선언하였느니라. 기록된 바 의인은 없나니 하나도 없으며 깨닫는 자도 없고 하나님을 찾는 자도 없고 다 치우쳐 함께 무익하게 되고 선을 행하는 자는 없나니 하나도 없도다(롬 3:9-12).

최종 분석에 의하면 **모든 사람이** 그리스도가 아닌 죄의 지배를 받고 있는데, 이 말은 "율법의 행위" 곧 하나님이 모세에게 주신 언약의 계명들(또는 다른 계명 체계)을 수행하는 것으로는 하나님과 바른 관계를 맺을 수 없다는 뜻이다. 이런 계명들은 결국 우리가 하나님의 거룩한 기준을 얼마나 위반했는지에 대한 우리의 인지를 높여줄 뿐이다(롬 3:20; 7:7-14; 7:21-25). 인간은 하나님께 충성하지 않았으므로 하나님이 주시는 구원의 선물을 받을 자격이 전혀 없다. 결과적으로 구원은 은혜에 의한 선물이어야만 한다. 바울은 우리가 요점을 놓치지 않도록 조건 없는 선물의 속성을 강조하는 부사 도레안(*dōrean*, "선물로", "값없이")과 명사 카리스(*charis*, "은혜", "선물")를 함께 사용하여 이를 강조하고 있으며, 그리스도의 구원의 행위를 통해 우리가 "하나님이 선물로[*dōrean*] 주신 은혜[*charis*]로 의롭다 하심을 얻은 자 되었다"고 말한다(롬 3:24).

따라서 우리가 구원을 받아야 한다면, 이 구원은 받을 자격이 없는 우리에게 주어지는 하나님의 선물로서 우리 외부로부터 와야만 하는 것이다(엡 2:5). 은혜의 하나님은 공동의 구원(롬 5:6; 딛 3:4-7)과 개인의 구원(행 13:48)을 가져오시기 위해 주도적으로 행동하신다. 개인의 구원과 관련하여 하나님의 은혜의 주도권이 필요하다는 적극적인 확증은(예를 들어 "나를 보내신 아버지께서 이끌지 아니하시면 아무도 내게 올 수 없으니", 요 6:44) 모든 사람의 구원을 원하시는 하나님께서(예를 들어 "내가 땅에서 들리면 모든 사람을 내게로 이끌겠노라", 요 12:32; 참조. 딤전 2:4) 이미 모든 사람의 구원을 위해 주도적으로 행하고 계신다는 성서의 확증과 반드시 균형을 이루어야 한다. (개혁주의 전통, 아르미니우스주의 전통, 가톨릭 전통과 같은) 다양한 기독교 전통들은 이를 매우 다르게 체계화한다. 그래서 구원에 관한 하나님의 주도권이 실제로 모든 개인에게 적용되는지 (아니면 선택받은 자들에게만 적용되는지) 그리고 하나님의 이러한 주도권에 어느 정도까지 저항이 가능한지에 대해서는 논란이 있다. 그러나 이와 상관없이 다양한 기독교 전통들이 동의하고 있는 것은, 하나님이 자신을 향한 충성을 먼저 요구하시는 것이 아니라 자격이 없는 자에게도 자비를 보여주시려는 강한 바람을 토대로 구원을 주시기 위해 개인 또는 사람들을 부르시거나 선택하신다는 점이다(롬 9:1-26; 11:5-6). 이것은 후속 논의에서 절대로 놓쳐서는 안 될 근본적인 진리다.[1]

그러나 믿음을 예수의 구속 사역에 대한 신뢰로 보는 전통적인 이해조차도 구원에 있어서 인간은 철저히 수동적인 존재라고 본다. 반대로 대부분의 사람들은 하나님께서 우리에게 베푸시는 은혜에 대한 반응으로 최소한 하나 이상의 구체적인 행위를 요구하시며, 하나님이 예수 안에서 주시는 구원에 우리가 "믿음으로"(믿음에 대한 우리의 정의와 상관없이) 반응하기를 요구하신다고 확신한다. 사실 예수는 요한복음에서 많은 내용을 언급하신다. 무리가 예수께 묻는다. "우리가 어떻게 하여야 하나님의 일을 하오리이까?" 이에 예수는 "하나님께서 보내신 이를 믿는 것[*pisteuēte eis*]이 하나님의 일이니라"(요 6:28-29)고 간단하게 대답하신다. 우리가 *pisteuēte eis*를 "믿다" 혹은 "신뢰하다"로 번역하든지 아니면 내가 그것을 "충성하다"로 해석하든지, 피스티스와 "행위" 간의 관계와 상관없이 피스티스가 요구된다는 점에는 의심의 여지가 없다. 그리고 이는 믿음에 대한 전통적인 이해의 측면에서 볼 때 은혜를 배제하는 것으로 느껴지지 않는다.[2]

우리가 피스티스를 우주의 왕이신 예수께 대한 충성으로 이해한다고 해도, 이 문제는 본질적으로 다르지 않다. 우리는 여전히 피스티스를 통해 은혜에 의해 구원을 받는다. 구원은 하나님의 선물로서 우리 외부에서 주어진다. 그러나 우리는 주님이신 예수께 충성을 바침으로써 이 선물에 반

---

1   자세한 논의를 위해 이 책 8장의 "구원의 순서"를 보라.
2   요한복음의 피스티스에 대해서는 이 책 4장의 "충성의 차원"을 보라.

응해야 한다. 구원은 값없이 제공되지만, 반드시 조건이 수반된다. 값없이 제공된 구원의 수용 조건으로 왕에 대한 순종의 충성이 요구되는 것이다.

존 바클레이는 바울 서신의 독자들이 "은혜"(charis)를 다음과 같은 여섯 가지의 구별된 의미로 이해하고 있음을 보여준다. (1) 초충만성(superabundance)-선물의 규모, (2) 단일성(singularity)-순수한 선행으로서의 선물 증여, (3) 우선성(priority)-이상적으로 앞선 시점에 주어지는 선물, (4) 비상응성(incongruity)-수혜자의 능력(장점)과 상관없이 주어지는 선물, (5) 유효성(efficacy)-의도한 바를 성취하는 선물의 능력, (6) 비순환성(non-circularity)-수혜자가 받은 선물에 대한 보답으로 그 선물의 증여자에게 어떤 선물을 제공해야 하는 의무의 부재. 바울이 이런 뉘앙스의 은혜 개념들을 개별적으로 "극대화"하거나 극단의 한계까지 무조건 밀어붙이고 있는 것은 아니다. 사실 바울이 이해하고 있는 은혜에는 이런 은혜 개념이 모두 포함되어 있지도 않다. 특히 비순환성은 바울에게 이질적인 개념이다. 바클레이는 순종을 반드시 요구하는 은혜가 참된 은혜가 될 수 없다는 주장이야말로 고대의 은혜(선물)를 오해한 결과라는 것을 설득력 있게 입증한다. 우리는 현대의 정황에서뿐만 아니라 고대의 정황에서도 메시아라는 하나님의 선물을 받을 자격이 없다. 이는 충격적이지만 사실이다. 그러나 현대의 "순수 선물"(보답을 요구하지 않는 선물) 개념은 은혜를 잘못된 축으로 극대화하고 있으며, 이는 은혜에 관한 고대의 증거와도 일치하지 않는다.[3]

---

3 Barclay, *Paul and the Gift*. "순수 선물"(비순환적 선물)이라는 개념은 은혜가 여섯 개의 서로 다른 방식으로 "극대화"(극단까지 연장)되는 방식에 있어서뿐만 아니라 바울 및 그의 세계에 있어서도 비현실적 개념이었다는 것에 대해서는 24-78을 보라. Barclay는 또한 바울에게 있어서 하나님의 구원의 은혜란 언제나 아무 공로 없이 얻게 되는 개념임을 입증한다. 그러나 Barclay는 바울이 은혜에 대한 반응으로서 최종적인 구원을 가져오는 구현된 순종을

현대 기독교의 은혜 개념 역시 은혜의 **효과적인** 특질을 고려하지 못하는 경우가 많다. 그리스도라는 하나님의 선물의 목적은 죄와 율법과 악한 세력에 사로잡혀 있는 우리를 자유케 하고, 메시아 안에서 새로운 피조물과 의로운 존재가 되도록 우리를 변화시키는 것이다(롬 5:20-21; 고후 5:17-21; 갈 1:1-6; 6:15; 딛 2:11-14). 우리는 그리스도 안에서 **은혜의 다스림**을 받는데, "은혜는 의로 말미암아 영생에 이르도록 왕 노릇한다"(롬 5:21; 참조. 롬 5:17; 고전 15:10). 그렇다면 메시아라는 하나님의 선물을 받고 소유한 상태에서, 이 선물이 변화라는 하나님의 목적을 가져올 수 없다고 제안하는 것은 부적절하다. 따라서 우리는 왕이신 예수와의 충성된 연합에 요구되는 행동의 변화와 은혜를 서로 충돌시켜서는 안 된다.

요컨대 우리는 최종 구원이 "구현된 순종"과 관계없는 은혜와 믿음에 의한 것이라고 단정지어 말할 수 없다. 왜냐하면 이는 고대와 바울 서신에 사용된 카리스(*charis*, "은혜") 및 피스티스(*pistis*, "믿음")의 특성을 오해하는 발언이기 때문이다. 우리는 현재 파산 상태인 우리의 자아를 인지해야 한다. 특히 우리의 자기중심적 방종과 야망을 인지해야만 한다. 우리는 그리스도의 죽음과 부활에 참여함으로써 메시아와 함께 옛 자아에 대해 죽어야 하고 새로운 자아가 되어야 한다. 그리고 이를 통해 주님이 명하시는 순종과 섬김의 길을 충성으로 따라야 한다. 바울의 관점에서 보면, 우리는 "믿음"을 통해 우리 자신이 완전히 죽어 있고 하나님의 은혜를 받을 자격이 전혀 없는 존재임을 인지하게 된다. 그러나 죽은 자 가운데서

일관되게 요구하고 있음을 입증한다(439-42, 493-519, 566-69). 초기 유대주의와 신생 기독교에서 하나님의 은혜가 어떻게 수혜자의 답례의 선물(이는 보상뿐만 아니라 개인적인 죄의 용서와도 연관되어 있었다)을 강제했는지에 관한 자세한 논의는 집회서 3:30; 토비트 12:9; 눅 11:41; 벧전 4:8; 2 *Clem.* 16.4; Anderson, *Charity*; Downs, *Alms*, 특히 18-25, 125-29, 175-201을 보라.

생명을 주시는 하나님의 은혜를 입었다면 이제는 충성된 순종의 궤적을 따라야 한다.

저항할 수 없는 은혜와 자유 의지?

질문: 성서는 우리가 하나님을 택하기 전에 하나님께서 먼저 우리를 택하신다고 가르치고 있다. 그렇다면 은혜는 우리의 "믿음"보다 앞설 뿐만 아니라 우리가 저항할 수도 없는 것이 아닌가?

하나님의 앞선 행위인 은혜는 "믿음"에 선행한다. 왜냐하면 하나님은 좋은 소식이 선포되기 전에 그리고 주님이신 예수께 대한 충성이 고백되기 전에 먼저 이 좋은 소식을 전하셔야 했기 때문이다(롬 10:9-14). 더욱이 하나님은 창조주시고 모든 좋은 선물이 하나님으로부터 내려온다(약 1:17). 그래서 우리는 하나님이 "믿음"뿐만 아니라 그 밖의 모든 것의 궁극적 원천이 되심을 확신해야 한다.

그러나 구원과 관련된 하나님의 은혜가 지닌 특성 중 "앞선"(prior) 그리고 "저항할 수 없는" 것에 대해서는 훨씬 더 많은 내용을 말할 수 있다. 예를 들어 에베소서는 하나님이 "창세 전에 그리스도 안에서 우리를 택하셨고" "사랑 안에서 예수 그리스도로 말미암아 우리를 예정하셨다"(1:4-5)고 말하면서 이런 발상들을 강력한 방식으로 결합하고 있다. 내 판단으로는 이 구절들과 비슷한 다른 구절들은 하나님이 인간의 모든 일을 주관하시며 인간의 구원에 관한 문제의 시작과 끝을 주시하고 계심을 증명한다. 그러나 여기서 초점은 하나님이 구원을 위해 교회를 미리 선택하신다는 데 있지, 하나님이 (저주는 차치하고) 구원을 위해 모든 사람을 선택하신다는 데 있는 것이 아니다. 사람들이 교회의 일원인 경우는 제외하고 말이다.[4] 다시 말해 바울은 그의 청중(에베소 교인들)이 한 교회의 구성원들이며 그들이 구원을 위해 창세 전에 하나님에 의해 이미 선택받았음을 확증하고 있다.

철학적 일관성은 공간과 시간의 일반적 범주를 초월하시는 하나님께서 각 사람의 영원한 운명을 미리 알고 계신다고 제안하지만, 이는 (칼뱅 및 다른 사람들의 생각과는 달리) 여기서 바울이 주장하는 요지가 아니다.[5] 바울이 로마서 9:16-23에서 제시하는 파라오의 예는 그의 영원한 운명에 대해 직접적으로 언급하지 않고, 하나님께서 사람들의 마음을 강퍅하게 하심을 통해 다른 이들을 돕게 하심으로써 자신에게 더 큰 영광을 돌

---

4 나는 종종 강의실에서, 성서를 읽는 현대의 많은 영어권 독자들이 성서 본문을 성급하게 개별화하거나 개인화해서 성서 본문의 "우리"(we)를 "나"(I or me)로 즉각 받아들이고, "you"를 개인을 향한 직접적인 언급으로 받아들이는 것을 본다. 엡 1:3-14에서 바울이 주로 집합적 개념의 교회에 대한 하나님의 선택에 관해 말하고 있다는 것은 "우리"라는 표현에 의해 더욱 명확해진다. 더욱이 영어의 "you"는 단수의 너 또는 복수의 너희를 가리킬 수 있지만, 그리스어로는 2인칭 대명사의 단수와 복수의 표현이 다르다. 관련 에베소서 본문의 "you"는 그리스어로 복수인 너희를 의미한다. 구원의 순서와 관련해서 개인과 단체를 자세히 논하고 있는 이 책 8장의 "연합으로서의 칭의"를 보라.

5 Barclay는 *Paul and the Gift*, 569에서 다음과 같이 약식으로 말한다. "은혜는 비상응적이므로 은혜의 우선성은 어디서나 전제된다. 하지만 바울은 호다요트나 아우구스티누스와 칼뱅의 신학과는 달리, 좀처럼 예정론을 결론으로 이끌어내지 않는다." 즉 바울은 (특정 개인들을 택하사 그들의 출생 전에 최종 구원을 주시기로 미리 결정하시는) 하나님의 개인적 선택 은총의 자발적 우선성을 극대화함에 있어서 그의 몇몇 해석자들이 보이는 관심을 보이지 않는다. 과거, 현재, 미래를 포괄하는 하나님의 지식은 바울 서신 전반에 전제되어 있고 (예. 롬 11:33-36; 고전 2:7; 엡 3:9), 바울 역시 종종 하나님이 미리 계획하신 특정 사건들에 대해 말하고 있지만(롬 8:28-30; 고전 15:51-55; 갈 3:8; 엡 1:3-14; 2:10; 데전 4:16; 딤후 1:9), 영원한 생명 혹은 저주가 개인적으로 예정된 것이 아니라 하나님께서 그리스도 및 그리스도 안에 있는 그분의 백성 공동체를 선택하셨다는 것을 일관성 있게 강조한다.

리고 계심을 보여준다. 하나님은 진노의 잔을 새로운 것으로 바꿀 수 있는 권능을 갖고 계신다. 심지어 하나님은 진노의 잔을 자신의 자비를 위한 도구로 사용하신다. 토기장이의 찌그러진 점토는 버려지거나 파괴되지 않고 도자기를 만드는 물레에 다시 올려져 새로운 형태로 만들어졌다. (이에 대한 증거로 롬 9:16-23의 배경이 되는 렘 18:4-6을 보라.) 이 특별한 경우에서도, 성서가 이 문제를 제시하고 있는 것처럼 하나님의 완악하게 하심은 파라오의 자유 의지와 완전한 협력을 이루고 있는데, 이는 파라오의 선택과 관련하여 하나님이 미리 정해 놓으신 결과가 (그의 관점에서 볼 때 여전히 돌이킬 수 있지만) 그의 마음을 한층 더 완고한 상태로 몰아가고 있는 모습을 통해 잘 드러난다.[6]

에베소서 1:3-14은 하나님께서 창세부터 아들 예수 그리스도 안에서 구원을 위해 교회를 택하셨음을 확실히 보여준다. 하나님은 또한 각 개인이 태어나기 전에 뚜렷한 목적을 위해 그들을 선택하실 수 있다. 예를 들어 야곱은 특별한 권리를 받고 에서를 대신하여 선택받는다. 결국 하나님은 두 형제 모두를 축복하는 방법을 발견하신다. (에서의 축복에 대해서는 창 27:39-40과 창 36장을 보라.) 따라서 어떤 그리스도인들이 집단적 교회뿐만 아니라 개인을 향한 하나님의 저항할 수 없는 선택을 이론화

---

6   하나님의 행위 가운데 있는 자유 의지와 관련하여, 비록 대부분의 경우 출애굽기가 하나님께서 다른 이들을 구원하시기 위해 파라오의 마음을 완악하게 하실 것이고 이미 완악하게 하셨음을 진술하지만(예. 4:21; 7:3; 10:1), 출애굽기는 때로 파라오가 스스로 자신의 마음을 완고하게 했다고 진술한다(예. 8:15, 32). 결국 파라오의 마음이 변하여 이스라엘 백성을 놓아주지만 그의 마음은 다시 완악하게 되어 그들을 뒤쫓는다. 이와 비슷하게 롬 9-11장에 언급된 "이스라엘"의 일시적이고 회복 가능한 완악해짐은 이방인의 구원을 위함이다(롬 11:25). 롬 1:24, 26, 28에서 하나님이 악한 자들 자유롭게 선택한, 그러나 점점 빠르게 커지는 불순종의 결과에 그들을 어떻게 내어주고 계시는지 비교해보라. 그러면서 이런 불순종이 그리스도 안에서 순종으로 변할 수 있다는 바울의 확언을 기억하라(롬 12:1-2).

한다고 해도,[7] 이것이 하나님의 선택을 받은 개인들이 자유 의지를 침해하는 방식으로 불가항력적인 은혜를 **경험**하게 됨을 의미하지는 않는다. 왜냐하면 그들은 시간을 통해 선형적으로 이동하기 때문이다. 우리는 영원히 스스로 존재하시는 하나님과 달리 우리의 마지막과 다른 이들의 마지막을 보기 위해 시간을 초월할 수 없다. 우리는 필연적으로 시간에 매여 있는 피조물로서, 우리를 영원한 목적지로 이동시켜줄 특정 순간에 (참된 자유로 경험되는) 선택을 하도록 강요당한다.[8]

하나님이 미리 택하신 특정한 개인들에게 관대하게 구원을 베푸시고 다른 이들에게는 구원을 주시지 않기로 처음부터 결정하신다고 추측에 근거하여 확신하는 자들이 옳을지라도, 지속적으로 경험되는 자유로운 선택으로서의 피스티스는 구원을 위해 여전히 필요하다. 그렇다면 진짜 질문은 오직 충성에 의한 구원이 은혜를 부정하는 것이 아닌가라는 것이다. 내 생각에 오직 충성에 의한 구원은 은혜를 부정하지 않는다. 단 이 은혜는 "믿음"에 대한 전통적 이해 범위를 넘어서지 않는, 제대로 이해된 은혜를 의미한다. (이전 부분을 보라.) 왜냐하면 피스티스의 행위만이 유일하게 무조건 요구되는 것이기 때문이다. 오히려 참된 질문은 어떻게 피스티스가 행위 및 모세 율법과 조화를 이루는가를 묻는 것이다.

---

7 이런 견해를 지지하는 성서적 증거는 희박하다. 이 책 8장의 "하나님이 그분의 아들을 택하시다"를 보라.

8 시간을 초월하시는 하나님이라는 이 전통적인 신학적 입장은, 미래와 과정에 열려 있고 종말론적 완성과 밀접한 관련이 있는 하나님의 존재를 강조하는 현대 신학 내에서 도전을 받고 있다. 나는 이런 도전이 전반적으로 설득력이 없다고 생각한다.

행위와 오직 충성?

질문: 우리가 오직 충성으로 구원을 받는다면, 그리고 이 충성에 왕이신 예수께 대한 구체적인 순종의 행위가 포함된다면, 이는 우리의 구원이 행위가 아닌 믿음에 달려 있다는 원칙을 범하는 것이 아닌가?

나는 이 질문을 만들면서 같은 취지의 질문을 풀어서 표현하는 방식을 사용했다. 그러나 이 질문에는 조금 무리가 있다. 왜냐하면 여기에는 바울이 행위를 믿음에 반대되는 개념이자 영원한 구원에 비하면 (위험하지만 않다면!) 하찮은 것으로 믿었다는 입증이 아닌 가정이 반영되어 있기 때문이다. 이처럼 해당 질문은 바울과 초기 그리스도인들이 "행위"가 어떤 식으로든 우리의 구원에 기여하지 않는다고 믿었음을 가정한다. 그러나 이 가정은 틀렸다.

영원한 심판의 근거로서의 행위

행위가 구원에 미치는 영향에 대한 문제들을 기발한 방법으로 숙고한 연구들이 많이 있지만, 바울은 우리가 우리의 행위대로 심판을 받게 될 것이라고 진술한다.

> 다만 네 고집과 회개하지 아니한 마음을 따라 진노의 날 곧 하나님의 의로우신 심판이 나타나는 그날에 임할 진노를 네게 쌓는도다. 하나님께서 각 사람에게 그 행한 대로 보응하시되 참고 선을 행하여 영광과 존귀와 썩지 아니함을 구하는 자에게는 영생으로 하시고 오직 당을 지어 진리를 따르지 아니하

고 불의를 따르는 자에게는 진노와 분노로 하시리라(롬 2:5-8).

바울은 심판 날에 하나님께서 "각 사람의 행위에 따라 그대로 돌려주실 것"이라고 이야기하는데, 좀 더 정확히 말하면 하나님께서 심판 날 행위대로 "**갚아주실 것**"이라고 확언한다. 바울이 이날을 심판 및 "영생"의 수여와 연계하여 "진노의 날"이라고 부르고 있는 것을 감안하면, 이날은 의심의 여지 없이 **최후**의 심판을 의미한다. 더욱이 바울은 방금 인용한 구절에 이어서 율법을 듣는 자가 아닌 "율법을 **행하는** 자"가 의롭게 될 것이라고 말한다(롬 2:13). 그리고 이 심판 날에는 은밀하게 범한 죄도 그대로 돌려받게 된다(롬 2:16). 현대의 일부 주석가들과 달리 바울은 우리가 적어도 부분적으로 우리의 행위를 **토대로** 영생에 대한 심판을 받게 될 것이라고 확신한다.

그러나 일부 학자들은 이 견해를 받아들이지 않는다. 그중에서도 존 파이퍼(John Piper)와 토마스 슈라이너(Thomas Schreiner)는 바울이 로마서 2:6에서 사용한 카타(*kata*, "~에 따라")는 매우 중요한 전치사로서 우리가 받게 될 영생의 심판이 우리의 행위를 **토대로** 하는 것이 아니라 우리의 행위에 **따르는** 것을 의미한다고 주장한다.[9] 그러나 이런 해석은 관련 구절들의 관념적 영역이 깔끔하게 분리될 수 있다고 주장하는데, 이 주장은 문제가 있다. 왜냐하면 영어와 그리스어에서 이는 사실이 아니기 때문이다. 예를 들어 "기온 상승에 따라 나는 긴 바지에서 반바지로 갈아입었다"라는 문장에는 "기온 상승을 **토대로**" 내가 옷을 갈아입었다는 이

---

9   Piper, *Future of Justification*, 103-11, esp. 109-10; Schreiner, "Justification," 71-98, 여기서는 78과 97.

유가 일반적으로 포함되어 있기 때문이다. 그리스어 전치사 카타(kata)도 마찬가지다. 더욱이 로마서 2:6과 유사한 성서의 다른 맥락에서도 카타는 단순한 일치를 넘어 토대를 의미하는 방식으로 심판의 표준 또는 기준을 제시한다.[10] 이보다 중요한 것은 로마서 2:6의 맥락이다. 왜냐하면 여기서 바울은 우리가 행위에 따라 혹은 행위를 토대로(kata) 심판을 받는다는 진술로부터 2:7-8의 구체적 행위에 대한 설명으로 바로 넘어가고 있기 때문이다. 그리고 이는 행위에 대한 바울의 설명이 그가 행위와 심판의 관계(다시 말해 kata의 기능에 대해)를 (단순히 상응적인 것으로가 아니라) 행위가 심판의 토대가 되는 것으로 정의하고 있는 것처럼 보이게 만든다. 이 모든 것을 고려해 볼 때, 바울이 의도적으로 일치와 토대를 분리시켰던 것 같지는 않다. 따라서 우리의 행위를 토대로 하지는 않지만, 우리의 행위에 따른 (즉 우리의 행위와 부합하는) 영생에 대한 심판은 성립될 수 없다.

"행위가 아닌 오직 믿음으로"의 주장을 애타게 살려내고자 하는 이들은 점잖게 경고하며 두 종류의 심판(또는 하나의 심판 내에 존재하는 분리된 두 단계)을 제안하려 애쓴다. 하나는 행위에 토대한 심판으로서 이 심판에서는 오직 보상만 결정된다. 또 다른 하나는 "오직 믿음"에 토대한 심판으로서 이 심판에서는 영원한 생명이 결정된다.[11] 그러나 이런 주장은 로마서 2:5-8이 선명하게 지시하고 있는 내용, 즉 행위에 토대하여 영원한 선고가 내려진다는 사실을 무시한다. 특히 영생이 "변함없이 선한 일을 하며 영광, 명예, 그리고 정결을 추구하는 자들에게 주어진다"는 사실을 무시한다. 한편 진노와 분노가 "이기적이고 진리가 아닌 불의에 **순종**

---

10   다음을 보라. 시 61:13 LXX [시 62:11]; 잠 24:12; 마 16:27; 요 7:24; 8:15; 딤후 4:14; 벧전 1:17; 계 2:23(참조, BDAG, s.v. kata def. B.5.β).

11   예를 들어, Wilkin, "Christians Will Be Judged," 25-50을 보라.

하는"자들에게 쏟아진다. **구체적인 행위와 그에 따른 결과**(행위)가 심판의 토대가 된다. 비록 승인되는 행위와 승인되지 않는 행위의 목록이 다소 애매하지만, 그럼에도 불구하고 무언가를 하거나 하지 않은 것을 토대로 특정한 결과들이 선고된다.

두 개의 심판을 제안하면서까지 "오직-믿음 체계"를 구하려는 책략을 감안할 때, 여기서는 단 하나의 마지막 심판을 주장하는 것이 더 일반적이지만, 구원의 이해에 있어서는 구원이 오직 믿음을 토대로 주어진다고 주장하는 것이 더 일반적이다. 이런 이해의 밑바탕에는 믿음이 반드시 충분한 선행을 가져온다는 생각이 있으며, 그런 이유로 결국 바울이 이런 방식으로 말할 수 있는 것이다. 즉 전형적인 해결책은 믿음, 결정적인 신뢰 또는 믿음의 행위가 먼저 오고, 그다음에 이차 효과로서 선행이 샘에서 발원하는 강처럼 자연스럽게 흐른다는 주장이다. 토마스 슈라이너의 말처럼 "행위는 하나님과의 바른 관계를 나타내는 필수적인 증거이자 열매다. 행위는 완벽하지 않더라도 우리가 예수 그리스도를 진정으로 신뢰하는지를 입증해준다."[12] 그러나 슈라이너, 파이퍼 같은 이들이 주장하는 대로 "행위는 심판의 토대가 아니라 단지 필수불가결한 증거일 뿐"이라는 접근법에는 문제가 있다.[13] 여기에는 더 간단한 해결책이 존재

---

12 Schreiner, "Justification," 71-98, 여기서는 97.

13 Piper는 *Future of Justification*, 103-16, 특히 110에서 다음과 같은 전형적인 진술을 한다. "행위가 배제된 바울의 이신칭의 가르침(롬 3:28; 4:4-6; 11:6; 엡 2:8)에 관한 많은 주장들이 존재한다. 이런 주장을 하나로 모으기 위해서는, 순종의 필요성이 칭의의 토대를 이루는 한 부분이 아니라, 오히려 그리스도(이 그리스도의 보혈과 의는 우리의 칭의의 유일한 토대다)에 대한 우리의 믿음의 증거이자 확인이라고 여겨야 한다." (방금 논의된) 롬 2:6과 관련하여 일치와 토대의 분리가 불가능하다는 것 이외에도, 구현된 순종에 믿음(*pistis*)과 은혜(*charis*)가 포함되어 있다는 나의 주장(이 책 4, 5장)과 더불어 칭의에 대한 보다 자세한 탐구(이 책 8장)를 보라.

한다.

바울이 행위가 아닌 예수 그리스도께 대한 피스티스로 주어지는 구원을 이야기할 때, 그가 절대 주권을 지닌 왕이신 예수께 대한 충성을 이야기하고 있다고 주장하는 편이 더 낫지 않을까? 바울이 제시하듯이 우리는 부분적으로 우리의 행위를 토대로 영원한 심판을 받는다. 그러나 이런 행위는 구현된 충성으로서 나타나는 피스티스의 일부다. 피스티스는 행위와 정반대되는 개념이 아니다. 오히려 지속적인 충성으로서의 피스티스는 근본적인 틀로서, 구원의 일부인 행위는 이 틀에 반드시 들어맞아야 한다.

피스티스와 행위의 관계는 인과 관계가 아니라 하나의 범주가 다른 범주를 포함하는 관계다. 성령이 우리로 하여금 바른 삶을 살도록 힘을 주실 때 큰 범주인 충성의 피스티스는 작은 범주인 구현된 충성으로서의 행위를 포함할 수 있다. 이것이 사실임을 보여주려면, 바울이 피스티스를 지지하는 행위에는 일반적으로 반대를 표하지 않으며 오히려 행위가 최종적인 구원에 필수라는 점을 입증할 필요가 있다. 나중에 살펴보겠지만, 바울이 단호히 반대하는 것은 성공적인 규칙을 수행하는 것에 의존하는 구원 체계로서의 행위이지, 왕이신 예수에 대해 구현된 피스티스(충성)로서의 행위가 아니다.

행위에 의한 구원 더 알아보기

만약 누군가 로마서 2:5-8을 접하고서 이 본문이 행위를 토대로 주어지는 영원한 심판에 관해 바울이 선언하는 유일한 부분이라고 여김으로써 이 본문을 가장 무시하기 좋은 모호한 본문으로 치부한다고 하더라도, 우리는 그 사람을 이해해줄 수 있다. 그러나 우리는 로마서 2:5-8을 이런 식으로 치부해버릴 수 없다. 왜냐하면 바울은 이 구절과 매우 밀접히 관련된 다른 구절에서도 우리가 사망 후 몸의 행위에 따라 심판을 받게 될 것이며 이를 토대로 상이나 벌을 받게 될 것이라고 확언하고 있기 때문이다.

> 이는 우리가 다 반드시 그리스도의 심판대 앞에 나타나게 되어 각각 선악간에 그 몸으로 행한 것을 따라 받으려 함이라(고후 5:10).

바울 서신과 신약성서의 나머지 부분에 있는 다른 본문들 역시 심판 날에 우리의 행위가 고려될 것이라고 말한다. 요한계시록에 나오는 최후 심판에 대한 비전을 보자.

> 또 내가 보니 죽은 자들이 큰 자나 작은 자나 그 보좌 앞에 서 있는데 책들이 펴 있고 또 다른 책이 펴졌으니 곧 생명책이라. 죽은 자들이 자기 행위를 따라 책들에 기록된 대로 심판을 받으니 바다가 그 가운데에서 죽은 자들을 내주고 또 사망과 음부도 그 가운데서 죽은 자들을 내주매 각 사람이 자기의 행위대로[kata ta erga autōn] 심판을 받고 사망과 음부도 불못에 던져지니 이것은 둘째 사망 곧 불못이라. 누구든지 생명책에 기록되지 못한 자는 불못에 던져지더라(계 20:12-15).

이 비전에 따르면, 우리가 여러 책에 담겨 있는 세부 사항들을 어떻게 분석하든지와 상관없이 분명한 것은 "행위"가 기록된 책들과 어린양의 생명책을 토대로 최종 판결이 내려진다는 점이다. 별개의 두 심판, 예를 들어 보상을 위한 심판과 영생을 위한 심판을 소개하는 것은 불필요한 혼란을 야기하는 것이다. 왜냐하면 구원은 **반드시** "행위가 아닌 믿음"에 의한 것이어야 하기 때문이다. 그러나 믿음과 행위의 충돌은 허황된 것이다. 행위가 아닌 피스티스의 위대한 옹호자인 바울이 어디선가 주장하는 바에 따르면, 회개나 변화 없이 특정한 행위가 지속될 경우 우리는 이 특정 행위로 인해 결국 하나님 나라에서 배제되고 멸망하게 된다.

> 너희도 정녕 이것을 알거니와 음행하는 자나 더러운 자나 탐하는 자 곧 우상숭배자는 다 그리스도와 하나님의 나라에서 기업을 얻지 못하리니(엡 5:5).

그리고 또,

> 육체의 일은 분명하니 곧 음행과 더러운 것과 호색과 우상숭배와 주술과 원수 맺는 것과 분쟁과 시기와 분냄과 당 짓는 것과 분열함과 이단과 투기와 술 취함과 방탕함과 또 그와 같은 것들이라. 전에 너희에게 경계한 것 같이 경계하노니 이런 일을 하는 자들은 하나님의 나라를 유업으로 받지 못할 것이요(갈 5:19-21).

"하나님의 나라를 유업으로 받지 못하는 것"은 분명 영생에서 제외된다는 말처럼 들린다. 영생이 실제로 (상급과 더불어) 실천된 순종의 문제와 관련하여 위태롭다는 것은 분명하다. 바울은 갈라디아서에서 이를 다음과 같이 표현하고 있다. "자기의 육체를 위하여 심는 자는 육체로부터 썩어질 것[phthoran]을 거두고 성령을 위하여 심는 자는 성령으로부터 **영생**을

거두리라"(6:8).[14]

이런 대조는 영생이 실제로 하나님 나라를 유업으로 받느냐 못 받느냐와 관련된 문제임을 보여준다. 그리고 바울의 말에서 반드시 기억해야 하는 것은, 그가 최종 구원에 있어서 우리의 실질적인 순종이 타협 불가한 핵심 요소라고 진술하는 이 모든 본문들을 동원하여 기독교 공동체에게 이야기를 하고 있다는 점이다. 히브리서 저자의 진술처럼 예수는 "자기에게 **순종**하는 모든 자에게 영원한 구원의 근원이 되신다"(5:9). 더욱이 신약성서의 다른 본문들은, 그리스도께 순종하지 않고 계속하여 악을 행하는 자들은 하나님의 영원한 나라를 유업으로 받지 못한다는 개념을 강화하는 역할을 하고 있다(예. 고전 6:9-11; 살후 1:5-10; 계 22:15).

오직 충성과 율법?(1부)

질문: 만약에 바울과 신약성서의 다른 저자들이 암시하는 것처럼 우리의 행위를 토대로 영원한 판결이 (적어도 부분적으로라도) 내려진다고 하면, 우리의 구원은 하나님의 율법이나 다른 율법들에 대한 순종과 어떤 연관이 있는가?

바울과 다른 신약성서 저자들은 피스티스를 구현하는 행위 곧 왕이신 예수께 대한 우리의 실제적인 순종이 최종적 구원의 핵심이라고 여겼다. 나

---

14 그리스어 *phthoran*은 부패, 타락, 썩음과 관련이 있다. 따라서 이 단어가 영생에 반대되는 개념으로 쓰일 때는 "타락"(예. NRSV, ESV)보다 "멸망"(예. NIV)이 더 적합한 번역이다.

는 독자들이 이 책을 읽으면서 그들이 이런 주장을 했다는 점을 확신하길 바란다. 그렇다면 바울은 왜 행위에 대해 그토록 강경한 논조를 띠는 것일까? 우리는 이제 이 질문에 답할 수 있다.

간단히 말해, 바울은 구원에 관한 한 모든 행위를 반대하는 것은 아니다. 사실 그는 선행을 함으로써 충성을 구현할 것을 요구한다. 그러나 바울이 전적으로 반대하는 것이 있는데, 그것은 바로 "율법의 행위"다. 바울은 하나님 앞에서 의롭게 되기 위해 누구나 (하나님이 모세에게 주신) 율법의 행위와 율법에 기초한 체계를 행할 수 있다는 생각에 반대했다. 바울이 그렇게 반대한 이유를 설명하기 위해서는 최근의 학문적 주장들을 숙지할 필요가 있으며, 우리는 이를 통해 이런 문제들 사이의 미묘한 차이를 더욱 정확히 파악함으로써 몇 가지 상세한 본문을 점검하는 지점에까지 도달할 수 있다.

바울에 대한 새 관점

지난 35년간 바울 서신 연구의 핵심을 차지한 것은 구원(특히 **칭의**와 "하나님 앞에 의로운 존재로 서는 것")에 관한 문제였다. 바울에 대한 새 관점과 관련된 모든 이야기를 여기서 다시 말하는 것은 부적절하다. 왜냐하면 많은 사람들이 이미 관련된 작업을 해놓았고 관심이 있는 독자라면 이를 쉽게 이해할 수 있기 때문이다.[15] 우리의 목적과 관련된 요점은, 크리스터 스텐달(Krister Stendahl), E. P. 샌더스(E. P. Sanders), 제임스 던(James Dunn), N. T. 라이트(N. T. Wright)를 비롯한 많은 학자들이 이룩한 획기적인 연구에 대

---

15 Westerholm, *Perspectives Old and New on Paul*; Zetterholm, *Approaches to Paul*.

한 반응과 관련되어 있다. 16세기에 일어난 종교개혁 이후로 바울 서신 중에서도 특히 로마서 및 갈라디아서를 이해해왔던 전통적인 방식이 있었는데, 많은 신학자들이 이에 의문을 제기하고 있다. 하지만 우리의 당면 문제는 바울 서신의 재평가가 정확한지를 따지는 것이 아니라, 관련 본문에 관해 질문을 할 때 우리가 다른 방식으로 질문할 수 있도록 도와주는 방식을 찾는 것이다.

그렇다면 바울 서신에 나오는 구원을 다루고 있는 최근의 학술적 논의의 요지는 무엇인가? 우선 바울의 가장 중요한 두 서신인 로마서와 갈라디아서가 마르틴 루터나 장 칼뱅과 같은 종교개혁가들과 이들의 영적 자손들에 의해 체계화되었는데, 이 과정에서 마치 바울이 "행위가 아닌 믿음으로" 받는 구원을 고대 회중에게 가르치려 한 것 같다는 주장이 있다. 그러나 종교개혁가들은 이런 결론에 도달하면서 (구원의 조건으로 "행위"가 요구된다는) **중세 가톨릭교의 가르침에 대한 풍자적 개념을 고대 유대주의에 잘못 투영했다.** 그 결과 이런 학문적 해석이 지금까지 이어지고 있는 것이다. 전해지는 바(그러나 이 전해지는 이야기에도 그 문제와 관련된 어느 정도의 진실이 존재한다)에 의하면, 종교개혁가들은 고대 유대인들이 중세 가톨릭교회가 그랬던 것처럼 특정 행위를 통해 충분한 공로를 쌓아야지만 구원이 가능한 행위 기반의 체계를 요구했다고 결론을 내렸다. 또한 종교개혁가들이 생각하는 고대 유대인들은 (해석된) 모세 율법에 지속적으로 순종함으로써만 구원을 얻을 수 있다는 획일적인 믿음을 갖고 있었고, 또한 율법을 제대로 충분히 행함으로써 구원을 얻을 수 있다고 믿었으며, 더 나아가 최후 심판 때 자신들의 선행이 악행을 충분히 무마시켜 줄 것이라고 여겼던 사람들이었다.

종교개혁가들의 눈에 비친 바울은 유대교의 적대자들에 대항하여 초기 교회의 복음과 자유를 옹호한 위대한 인물이었다. 바울은 유대 그리스도인들과 그 조력자들의 저항에도 불구하고, 다른 무엇보다도 우리의 구원이 행위가 아닌 오직 믿음을 통해 값없이 주어진 선물이라는 "복음"을 보존했던 인물이었다. 더욱이 그는 고대 교회만을 상대로 싸운 투사가 아니었다. 종교개혁가들에게 바울은 자신들의 시대를 위한 투사이기도 했다. 그들은 중세 가톨릭교회가 주장한 행위를 통한 구원의 체계가 유일한 참된 복음을 훼손시켰음을 보여주고자 했고, 그 목적을 이루는 데 바울 서신만큼 적합한 것이 없었다. 종교개혁가들은 특히 회개의 성찬이 요구하는 "행위"가 세례 후 범한 치명적인 죄의 용서에 도움이 될 수 있다는 개념 또는 면죄부 체계가 연옥에서의 시간을 확실히 줄여줄 수 있다는 개념에 반대했다(자세한 논의는 8장을 보라). 종교개혁가들에 따르면, 참된 복음이란 과거에도 지금도 그리고 앞으로도 우리가 성취할 수 있는 행위가 아닌 오직 믿음과 오직 은혜로만 구원이 주어진다는 것이다!

이런 학문적 재평가가 종교개혁가들, 중세의 가톨릭 교리, 고대 유대주의의 실제 입장을 제대로 반영했는지와는 상관없이(그리고 이 문제에 대한 전문적 의견들은 상당히 다르다), 이 재평가는 분명 바울 및 신약성서를 진지하게 해석하는 자들로 하여금 신약성서 본문을 이해하는 습관적인 방식에서 벗어나 새로운 이해 방식에 다시 순응하도록 만들었다. 이에 대해서는 논란의 여지가 없다. 우리가 상자 밖으로 나와 틀을 다시 짤 때 (문제의 본문에 대한 정밀한 분석 결과와 더불어) 우리의 상식이 암시하는 바를 고려해 보면, 바울의 집필 목적이 무엇이었는지를 알 수 있다. 바울은 고대 기독교 독자들을 위해 구원을 얻는 방법과 관련된 일종의 프로그램을 약술하려던 것이 아니다. 왜냐하면 그는 자신의 독자들을 이미 확실히 구원받은 존재로 명백히 간주하고 있기 때문이다. 더욱이 E. P. 샌더스와 다른 학자들에 의하면, 대부분의 고대 유대인들은 자신들이 태어나면서부터 (하나님께서 그들을 은혜와 더불어 택하신 민족으로 삼으신) **민족적 특권**에 의해 언약적 지위를 부여받았으며, 그 결과 자신들이 대놓고 율법을 무시하지 않는 이상 최종적인 구원을 향하여 나아가고 있다고 믿었다.[16]

따라서 전통적으로 구원의 첫 단계(예수를 통해 하나님과의 "바른" 관계 안으로 들어가는 순간)로 여겨지는 "칭의"에 대해 바울 서신에 적힌 내용을 읽을 때, 우리는 최소한 바울의 칭의 용어가 종교개혁의 영향을 받은 전통적 체계의 주장보다 더 유연성을 지니고 있을 수도 있다는 의심을 품어야 한다.[17] 이 모든 결론은 다음과 같다. 예를 들어 바울이 갈라디아서에서 복음을 왜곡하거나(1:6-10) 복음의 진리에 따라 행동하지 않는 특정 개인들(2:11-14)이 모세 율법과 관련된 유대인의 관습을 유지해야 한다고 강요하는 것(갈 4:10, 21; 5:1-4; 6:12-13을 보라)에 대해 강경하게 반대할 때, 그는 아마도 개인이 하나님과의 올바른 관계로 **들어가는** 방법이 왜곡되었는지에 관심을 두기보다는 오히려 하나님의 백성을 "올바른 하나님의 백성으로 선포해주는" **참된 표식**에 대한 오해에 집중했을 것이다. 물론 이 문제들은 서로 중첩되는 부분이 있으므로 완전히 분리될 수는 없다.[18]

---

16 Sanders, *Paul and Palestinian Judaism*.

17 Wright, *What Saint Paul Really Said*, 113-33, 여기서는 119을 보라. "칭의는…누군가가 하나님의 참 백성의 공동체로 어떻게 들어가는지에 관한 문제가 아니라, 그 공동체에 속한 사람이 누구인지를 어떻게 구별하는가에 관한 문제다." 소위 구원의 순서와 관련된 칭의 논의는 8장의 "구원의 순서"를 보라.

18 분명히 밝히지만, 나는 바울이 구원과 관련하여 거짓 사회·종교적 경계 표지로서의 율법에만 관심이 있었고 실제적인 율법 수행에는 관심이 없었다고 말하지 않는다. 예수 시대에 살던 대부분의 유대인들의 생각에 따르면, 영원한 구원이란 민족적 선물로서 주어진 것이며, 하나님의 계명에 순종함으로써 (완벽하진 않더라도) 적절하게 언약을 유지할 때 받을 수 있는 것이다. 그러나 나는 바울의 피스티스 대 율법의 행위 논쟁이, 사람이 어떻게 처음 "의롭다고 선포되는가"에 관한 것이기보다는 하나님의 의의 백성의 토대를 결정하는 잘못

바울이 씨름하고 있는 질문의 핵심을 정리하면 이렇다. 하나님의 백성은 율법 조문을 수행해야만 하나님과 바른 관계를 맺을 수 있는가, 아니면 성령이 공동체에서 역사하며 하나님의 구원의 권능을 발현하는 가운데 그리스도께 충성(*pistis*)해야만 하나님과 바른 관계를 맺을 수 있는가?

법칙 수행으로서의 율법의 행위

우리가 이미 알아낸 바와 같이, 바울은 구원에 있어 행위가 중요한 요소가 아니라고 치부하지는 않는다. 바울은 행위가 (적어도 부분적으로) 영원한 심판의 토대를 형성하며, 실천된 순종이 구원에 반드시 필요하다고 말한다. 야고보가 강력히 상기시켜주듯이(2:17, 26), 구현되지 않은 피스티스는 피스티스가 아니라 죽은 것에 불과하다. 바울은 대체로 행위에 반대하지 않는다. (선한 행위는 바람직하고 당연한 것이다.) 그가 반대하는 것은 민족에 근거를 두고 실행을 요구하며 규칙 지향적인 구원 체계의 일부로서 주장되는 행위다. 이런 구원의 체계는 그리스도 사건 이후에 효력을 잃었다. 바울은 이를 다음과 같이 표현한다.

> 무릇 율법 행위에 속한 자들은 저주 아래에 있나니 기록된 바 "누구든지 율법 책에 기록된 대로 모든 일을 항상 행하지 아니하는 자는 저주 아래에 있는 자라" 하였음이라(갈 3:10; 인용. 신 27:26).

된 방식에 관한 것이라고 주장한다. (비록 바울 역시 할례 및 율법의 행위가 부적절한 진입점이라고 단언하겠지만 말이다.)

오직 충성으로 받는 구원

바울은 여기서 하나님과 바른 관계를 맺음에 있어 율법의 행위가 왜 불충분한지를 보여준다. 율법책(구약성서의 처음 다섯 권에서 발견되는 모세 율법)에 기록된 **모든** 명령을 성공적으로 수행하지 않는 사람은, 불순종에 대한 제재로서 언약에 첨부된 저주가 행위를 수행하려는 자신에게 반드시 임하게 될 것을 보게 된다. 바울이 레위기 26장과 신명기 27-28장에 언급된 언약적 저주들을 염두에 두고 있다는 점은 분명하다. 왜냐하면 그는 이런 정황들로부터 구약성서의 말씀을 인용하고 있기 때문이다.

> 이제 율법으로는 하나님 앞에서 의롭게 될 수 없음이 분명해졌다. 왜냐하면 "의인은 피스티스로 살리라"고 하셨기 때문이다. 이제 율법은 피스티스에서 난 것이 아니다. 오히려 "율법을 행하는 자는 그 가운데서 살리라"(갈 3:11-12, 저자 번역; 인용. 합 2:4; 레 18:5).

바울은 "율법의 행위"를 언급한 후(갈 3:10) 곧이어 피스티스와 율법의 행위(율법의 명령 수행)를 정밀하게 대조한다. 그는 "율법의 행위" 접근법이 피스티스의 경로("율법은 피스티스에서 난 것이 아니다")가 지시하는 방향과 근본적으로 다르다고 이야기한다. 더욱이 피스티스의 경로가 성공하는 반면 율법의 행위 접근법은 실패하는데, 이 이유는 율법이 **생명**을 가져오기 위해 **모든** 명령을 성공적으로 **실행**할 것을 요구하기 때문이다. 그러나 우리가 방금 갈라디아서 3:10에서 발견한 대로 율법이 증언하는 바에 따르면, 율법의 명령들은 성공적으로 실행될 수 없고 그 결과 언약적 저주가 반드시 임하게 될 것이다.[19]

---

19 당시 대부분의 유대인들이 최종적인 구원을 얻기 위해 모세 율법 **전체**를 지킬 필요가 없다

우리는 여기서 바울이 "율법의 행위에 의한 것"과 "피스티스에 의한 것"을 하나님과의 바른 관계로 향하는 서로 다른 두 경로로 이해하고 있음을 보는데, 한 경로는 "피스티스에 의해" 성공하고 다른 경로는 실패한다. 우리는 또 행위에 대한 바울의 불만이 모세 율법의 특정한 한계와 **규약에 기초한 체계**의 한계(이 한계는 바울의 언급을 통해 추측할 수 있다)에 그 뿌리를 두고 있음을 본다. 바울은 모세 율법이 있기 전에 이미 범죄로 인한 사망이 주어졌다고 주장한다(예. 롬 5:12-14; 7:9-10). 따라서 문제는 모세 율법에 한정되지 않고 규약에 기초한 체계들에까지 확장된다. 왜냐하면 이 체계들은 열거된 명령들이 성공적으로 수행되어야 한다는 점에 부적절하게 의존하기 때문이다.

개인이 자신의 의를 구축하려고 애쓰면서 부적절하게 구원을 "획득하고자" 노력하는 것이 문제일 필요는 없다. (그리고 이런 노력의 가능성을 배제할 필요도 없다.) 그러나 이 같은 노력이 생기는 이유는 은혜 곧 그리스도 사건이라는 선물 때문에 **인간의 의로움을 정할 수 있는 모든 가치의 형태들이 공허해졌다는 사실**을 놓치기 때문이다. 이 점은 왜 갈라디아서에서 바울이 단순히 할례에만 아니라 (율법 실행으로서의) 할례와 (율법 비실행으로서의) 무할례라는 두 가지 요소 모두에 관심을 보였는지를 설명해준다. 갈라디아 교회 성도들은 할례와 무할례가 완전히 **다른 문제**임을 알아야

고 생각한 것(이 주장은 E. P. Sanders와 다른 이들에 의해 확립되었다)과 달리, 왜 바울은 최종적 구원을 위해 모세 율법 전체를 준수해야 한다고 생각했을까?(갈 3:10; 5:3; 참조. 약 2:10) 한 가지 가능한 해결책은, 바울이 구원 역사의 새로운 시대가 예수에 의해 열렸다고 믿었음을 보이는 것이다. 예수 그리스도에 의한 절정의 율법 성취는(이를 통해 예수는 율법의 최종 목적을 이루셨고[롬 10:4] 새로운 언약을 만드셨다[고전 11:25; 고후 3:6]) 능력이 없는 용서 조항을 율법에 남겨 놓았다(예. 레 16장의 속죄의 날). 그러므로 이제 율법을 통해 하나님께 나아가고자 하는 사람은 완벽한 순종이라는 불가능한 기준에 반드시 도달해야 한다. Das, *Paul, the Law, and the Covenant*, 145-70을 보라.

오직 충성으로 받는 구원

한다(갈 5:6).[20]

더욱이 바울의 동포 중 일부는 **모든** 명령을 완벽히 실행하는 것이 구원의 필수 요소라고 확신하지 않았지만, 바울은 구약성서가 모든 명령에 대한 순종을 지시하고 있다고 느꼈던 것 같다("율법 책에 기록된 대로 **모든 일**을 항상 행하지 아니하는 자는 저주 아래에 있는 자라"[갈 3:19; 인용. 신 27:26]). 이런 순종은 불가능하다. 마찬가지로 바울은 할례를 구원의 필수 조건으로 삼는 사람에게 "**모든 율법**"에 순종해야 할 책임이 있다고 말한다(갈 5:3). 사람이 모든 율법에 순종할 수는 없으므로, 결국 규약에 기초한 행실을 시도하는 자에게는 언약적 저주가 임할 뿐이다.

그러나 언약적 저주라는 암울한 전망 가운데도 좋은 소식이 있다. 실제로 저주가 임했지만, 예수는 이 저주를 자신에게 돌리셨다. "그리스도께서 우리를 위하여 저주를 받은 바 되사 율법의 저주에서 우리를 속량하셨으니"(갈 3:13). 이를 통해 예수 그리스도는 이방인들에게 약속하셨던 아브라함의 축복을 전달하셨고,[21] 바울은 이것이 피스티스를 통해 받게 되는 성령의 선물이라고 이해한다(갈 3:14). 바울은 "율법의 행위"에 반대한다. 왜냐하면 율법의 행위는 의를 확립하거나 입증하기 위해 율법의 실행을 요구하지만, 결국 의를 확보하는 데 실패하기 때문이다.

또 다른 본문도 율법의 행위에 대한 바울의 기본적인 반대 중 하나를 언급한다. 바울은 여기서 경주(race)를 비유로 든다. 이 경주에서 이방인은 의의 상을 받았지만, 안타깝게도 이스라엘은 이 상을 받지 못했다. 어떻게 이런 일이 발생하게 되었을까?

---

20 Barclay, *Paul and the Gift*, 특히 391-94, 404-6을 보라.

21 하나님은 아브라함에게 "땅의 모든 족속이 너로 말미암아 복을 얻을 것이라"고 약속하셨다(창 12:3). 바울은 이 약속의 요지를 갈 3:8에서 강조하고 있다.

그런즉 우리가 무슨 말을 하리요. 의를 따르지 아니한 이방인들이 의를 얻었으니 곧 **믿음**에서 난 의요. 의의 **법**을 따라간 이스라엘은 **율법에 이르지 못하였으니** 어찌 그러하냐? 이는 그들이 **믿음**을 의지하지 않고 행위를 의지함이라. 부딪칠 돌에 부딪쳤느니라.···하나님의 의를 모르고 **자기 의를 세우려고 힘써** 하나님의 의에 복종하지 아니하였느니라. 그리스도는 **충성하는** 모든 자[*panti tō pisteuonti*]에게 의를 이루기 위하여 율법의 마침이 되시니라 (롬 9:30-32; 10:3-4).

여기서 우리는 무언가를 더 발견한다. 바울이 "율법의 행위"를 반대하는 이유는 율법의 행위가 행위의 기준을 충족시키지(의와 생명에 이르게 하지) 못할 뿐만 아니라, 자칫하면 이스라엘의 입장에서는 율법의 행위를 하나님의 의의 참 표지인 피스티스에 굴복하는 것이 아니라 **자기의 의**를 세우려는 시도로 이해할 수 있기 때문이다. 여기서 피스티스는 하나님께서 선물로 시온에 놓아두신 메시아적 돌 곧 그리스도 예수께 대한 충성을 의미한다.

바울은 그의 동포 중 일부가 충분한 선행을 축적함으로써 구원을 독선적으로 "얻으려" 했다고 말하는가? 그런 가능성을 배제할 수는 없지만, 그보다는 바울이 비판하는 요지가 다른 곳에 미묘하게 놓여 있다고 제안하는 편이 낫다. 존 바클레이의 말처럼, 바울의 동포들은 "하나님의 의가 그들이 율법에 기초를 두고 스스로 정의한 의를 적합한 것으로 인정해야 한다"고 잘못된 주장을 펼쳤다.[22] 그래서 그들은 율법이 그리스도 사건 안에서 그 목적을 이루었음을 깨닫지 못했다. 따라서 바울은 그의 동포들

---

22 Barclay, *Paul and the Gift*, 540.

이 하나님께서 스스로 가치를 증명한 이들에게만 의의 선물을 주시며 하나님의 "가치" 체계가 실행을 요구하는 율법 안에 존재한다는 잘못된 믿음을 갖고 있다고 간주했다. **바울은 공로 기반의 모든 체계가 공로와 전혀 상관없이** (오직 왕에 대한 피스티스를 통해서만) **주어지는 그리스도라는 선물의 속성을 제대로 파악하지 못함**을 암시하는 만큼, 선행이나 자기 의를 통해 구원을 "얻으려는" 인간의 **일반적인** 시도를 비판하지 않는데 바로 여기서 미묘한 차이의 중요성이 드러난다.

오직 충성과 율법?(2부)

질문: 모세 율법이 하나님이 주신 참된 기준을 나타냄에도 불구하고 의를 가져올 수 없다면, 구원에 필요한 선행과 율법이 요구하는 선행이 서로 다른 것인가?

이 질문을 약간 다른 용어로 표현해보자. 바울과 신약성서의 저자들에 따르면 우리의 영원한 목적지에 관한 판결이 내려질 때 우리의 행위가 고려된다고 한다. 그렇다면 이 선행은 모세 율법이 요구하는 행위와 다른 것인가?

구원과 모세 율법의 준수

다른 많은 질문들과 마찬가지로 이에 대한 대답에도 긍정과 부정이 공존한다. 우리는 모세 율법의 특정 의식이나 도덕적 명령을 수행했는지에 따라 평가받지 않는다. 이런 것들이 예수께 대한 충성의 순종에 속해 있지 않은 한 그럴 것이다. 피가 있는 고기를 먹지 말라는 명령(레19:26)이 예수께 대한 충성으로서 요구되지 않는 이상, 하나님은 그것을 근거로 우리를 심판하지 않으실 것이다. (어떤 이들은 특별한 환경 혹은 삶의 사명으로 인해 이런 규정을 지킬 것을 요구받지만, 우리 대부분은 그렇지 않다.) 하나님은 "도둑질하지 말라"는 명령의 준수 여부에 따라 우리를 심판하지 않으실 것이다. 이 명령이 예수께 대한 충성을 위해 요구되지 않는다면 말이다. (이 명령은 예수께 대한 충성과 관련해 우리 모두에게 구속력을 가진다. 물론 누군가는 약자를 위해 불의하게 모은 재물을 도적질한 로빈 후드를 떠올릴 수도 있다.)

그러므로 중요한 것은 모세 율법의 실행이 아닌 왕에 대한 충성이므로, 위의 질문에 대한 대답은 부정적이다. 동시에 그 대답은 긍정적이기도 하다. 왜냐하면 왕이신 예수께 대한 충성(피스티스)은 모세 율법이 이미 그 궁극의 목표에 도달했음에도 불구하고(롬 10:4) 모세 율법의 가장 심오한 의도에 대한 순종을 요구하기 때문이다(마 5:17-48을 보라). 최후 심판이 임할 때 왕이신 예수께 대한 충성이 요구되는 경우를 제외하고, 우리는 십계명과 같은 일련의 규약을 지켰는지에 따라 평가받지 않을 것이다. 우리는 영원한 대차 대조표(balance sheet)에 자신의 선행을 가득 기록해놓음으로써 구원을 받는 것이 아니다. 우리는 주님이신 예수께 대해 행해진 피스티스에 의해 구원을 받는데, 여기에는 실제 삶의 현장에서 예수를 향해 행위로 드려진 질적인 신실함이 포함된다. 이어서 나는 왕이신 예수께 대한 불충의 문제를 다룰 것이다.

율법, 자극받기 쉬운 육체, 그리고 성령

모세 율법과 같은 절대적 규약에 기초한 기준 없이 우리는 무슨 수로 왕이신 예수에 대한 순종의 구성 요소를 밝혀낼 수 있는가? 우리는 우리에게 분별력과 힘을 주는 성령의 도움을 받아 주님이신 예수의 명령에 순종해야 한다. 이를 통해 우리는 하나님께서 율법을 통해 목표로 삼으신 선행을 성취할 것이다. 그 결과 모든 율법의 참 의도가 이루어지며, 특히 사랑의 율법이 온전히 성취된다. 바울은 이를 다음과 같이 말한다.

> "간음하지 말라. 살인하지 말라. 도둑질하지 말라. 탐내지 말라" 한 것과 그 외에 다른 계명이 있을지라도 "네 이웃을 네 자신과 같이 사랑하라" 하신 그 말씀 가운데 다 들었느니라. 사랑은 이웃에게 악을 행하지 아니하나니 그러므로 사랑은 율법의 완성이니라(롬 13:9-10).

따라서 우리는 이웃을 내 몸과 같이 사랑할 때 다른 명령과 연관된 특정 명령들의 참 목적을 성취하게 된다. 그리고 이 성취는 우리가 성령 안에서 행할 때 이루어진다(갈 5:13-18).

그러나 왜 성령의 도움이 필요한 것일까? 십계명이나 하나님의 다른 도덕적 지침들을 항상 준수하는 것만으로는 왜 하나님을 기쁘시게 할 수 없는 것일까? 하나님은 우리 육체의 부족함으로 인해 우리를 위해 무언가를 하셔야만 했다. 하나님은 그의 아들을 보내실 수밖에 없었다. 게다가 우리에게는 성령이라는 선물이 필요했다. 바울은 이를 다음과 같이 말한다.

율법이 육신으로 말미암아 연약하여 할 수 없는 그것을 하나님은 하시나니 곧 죄로 말미암아 자기 아들을 죄 있는 육신의 모양으로 보내어 육신에 죄를 정하사 육신을 따르지 않고 그 영을 따라 행하는 우리에게 율법의 요구가 이루어지게 하려 하심이니라(롬 8:3-4).

모세 율법은 자력으로 충분한 선행을 일으키기엔 역부족이었다. 하나님의 율법은 거룩하고 의로운 기준이지만 실제로는 죄의 문제를 악화시켰다! 어떻게 그럴 수 있는가?

이런 상상을 한번 해보자. 당신은 어린아이이고, 엄마가 지금 아주 맛있는 초콜릿 칩 쿠키를 만들고 있다. 엄마는 갓 구운 쿠키를 낮은 선반 위에 내려놓았다. 어느 상쾌한 아침, 부엌으로 뛰어 들어간 당신은 집안을 가득 채운 달콤한 냄새를 맡았다. 그리고는 기대 가득한 눈으로 엄마를 보면서 쿠키 하나를 달라고 한다. 그러나 엄마는 퉁명스럽게 "안 돼. 점심 먹고 먹어"라고 말하고는 부엌을 나가 커피와 잡지가 있는 거실로 들어간다. 이제 부엌에는 배고프고 실망한 당신과 쿠키만 남았다.

엄마의 "안 돼"라는 소리가 나오기 전에도 쿠키는 이미 매우 탐나는 것이었다. 그러나 "안 돼"라는 명령이 떨어지자마자, 쿠키에 대한 욕망이 갑자기 커졌다. 왜냐하면 이 쿠키는 이제 **금지된** 쿠키가 되었기 때문이다. 당신 엄마의 법 곧 엄마의 명령은 당신의 육신의 욕망과 함께 생겨났으며 문제를 악화시켰다(참조. 롬 7:7-8). 당신은 전에도 쿠키를 원했지만, 지금은 **필사적으로** 쿠키를 원하고 있다!

이런 욕구의 강화는 규칙 기반의 체계가 인류에게 작용하는 근본적인 방식이다. 그리고 이 방식은 모세 율법이 있기 전에 이미 작용하고 있었는데, 이를 입증하는 것이 아담과 하와 그리고 선악과 이야기다. 이것이 바로 메시아에 대한 충성이 결여된 규칙 기반의 체계가 의를 가져올 수 없다고 바울이 절대적으로 확신하는 이유 중 하나다. 규칙에 기반한 체계는 죄의 문제를 경감시키는 것이 아니라 육체를 흥분시킴으로써 죄의 문제를 악화시킨다(참조. 롬 7:14-23). 그러나 하나님은 그리스도를 통해 율법이 할 수 없는 것을 하심으로써 우리를 사망의 법에서 해방하셨다. "율법이 육신으로 말미암아 연약하여 할 수 없는 그것을 하나님은 하시나니"(롬 8:3). 하나님은 그분의 아들을 "죄 있는 육신의 모양으로" 보내셨고 이를 통해 "육신에 죄를 정하셨다"(롬 8:3; 참조. 율법의 저주를 받으신 예수. 갈 3:13). 하나님이 이렇게 하신 이유는 우리가 "육신을 따르지 않고 그 영을 따라" 행할 때 "율법의 의로운 요구가 우리 안에서 이루어지게 하려 하심이다"(롬 8:4).

이와 비슷하게 다른 여러 본문들이 지시하는 내용에 따르면, 구원을 위해 하나님이 요구하시는 선행은 성령에 의해 실현된 예수께 대한 충성의 일부로 수행된다. 이는 오직 충성에 의한 구원이 은혜를 배제하지 않는 또 다른 이유다. 구원에 요구되는 선행은 성령이 우리와 함께 그리고 우리를 통해 역사하면서 주시는 선물에 의해 구현된다. 그러나 성령에 의해 구현되는 이런 선행은 선택적 부가물이 아니다. 왜냐하면 우리의 구원은 비록 불완전하지만 실질적인 실현에 달려 있기 때문이다. "너희가 육신대로 살면 반드시 죽을 것이로되 영으로써 몸의 **행실**[*praxeis*]을 죽이면 살리니 무릇 하나님의 영으로 인도함을 받는 사람은 곧 하나님의 아들이라"(롬 8:13-14).

그래서 모세 율법은 하나님에 의해 제정되었음에도 불구하고 규칙에 기반한 모든 체계가 지닌 제약들의 지배를 받는다. 율법은 육체를 자극함으로써 죄의 문제를 악화시킨다. 따라서 율법은 하나님이 원하시는 의를 가져오지 못한다. 바울은 이를 다음과 같이 말한다. "율법 조문은 죽이는 것이요 영은 살리는 것이니라"(고후 3:6). 즉 모세 언약과 연관된 율법 조문은 우리를 죽이지만, 성령은 생명을 공급한다. 왜 그런 것일까? 성령은 옛 언약이 요구하는 행위로부터 우리를 자유케 하고(고후 3:17), 우리를 예수 그리스도의 형상으로 변화시키기 때문이다(고후 3:18). 율법이 실제로 지향했던 선행은 성령에 따라 사는 사람들에 의해 성취된다.

> 내가 이르노니 너희는 성령을 따라 행하라. 그리하면 육체의 욕심을 이루지 아니하리라. 육체의 소욕은 성령을 거스르고 성령은 육체를 거스르나니 이 둘이 서로 대적함으로 너희가 원하는 것을 하지 못하게 하려 함이니라. 너 희가 만일 성령의 인도하시는 바가 되면 율법 아래에 있지 아니하리라. 육체 의 일은 분명하니 곧 음행과 더러운 것과 호색과…(갈 5:16-19)

다시 말해, 그리스도에 대한 충성은 율법 아래서의 삶이 아닌 성령 안에서의 삶(이는 곧 교회의 일원이 되는 것을 의미한다)을 포함한다. 그리고 이 충성은 육체의 악한 행실을 죽이는 구체적인 삶의 방식을 통해 표명된다. 또한 이 충성은 성령의 열매가 구현될 것을 의미한다. 그러나 성령의 열매가 반드시 처음 믿음(신뢰로서의 믿음)과 이어지는 "선행" 사이의 간단한 인과 관계를 통해 구현되는 것은 아니다. 오히려 지속적으로 "예수를 주"로 공언하는 공동체에 역사하는 성령이 원인으로 작용하고, 그 결과 지속적인 충성의 차원에서 실행된 "선행"을 밝히 드러내는 성령의 열매가 주어진다(고전 12:1-3을 보라). 즉 왕이신 예수께 처음 선언된 충성(*pistis*)은 예수 및 그의 몸과의 연합을 가능하게 하고, 이 연합의 유지는 충성의 구현 곧 지정된 범위 내에서의 선행을 포함하는 실천된 순종을 의미한다. 그러므로 "믿음"과 "행위" 사이에 단순화된 인과 관계는 존재하지 않으며 오히려 피스티스가 충성된 공동체를 통해 구현되지 않고 충성된 공동체에 새겨져 있지 않을 때, 이 피스티스는 절대로 피스티스가 될 수 없다.

결국 바울에게 구원이란 왕이신 예수께 대한 충성된 복종 가운데서 구체적인 행위의 실행을 요구하는 것이다(예. 피스티스에 의한 구원은 반드시 실현된 충성을 포함한다). 그러나 바울은 왕이신 예수께 대한 보다 근본적인 충성과는 별도로 선행이 규약 준수 체계의 일부로서 실행될 때 우리의 구원에 기여할 수 있다는 생각에 강력히 반대한다. 바울이 말하는 참된 "믿음" 대 "행위"의 대립은 **왕이신 예수께 대한 충성으로서 실행된 행위** 대 **그리스도 안에서의 새 창조와 별개로 수행된 행위**의 대립으로 더 정확히 설명된다. 그리고 후자의 행위는 항상 그런 것은 아니지만 대개 규정된 규칙의 실행을 통해 의를 확립하고자 하는 일종의 체계적 형태를 취한다.

피스티스의 길(충성의 길)과 율법의 행위의 길은 둘 다 동일하게 최종적인 구원을 위한 선행을 요구하고 있지만, 바울은 이 둘이 근본적으로 다르다고 본다. 전자는 성령을 통한 메시아 예수와의 연합을 통해 성공에 이르지만, 후자는 실패한다. 선행은 구원에 필수다. 비록 (왕이신 예수께 대한 충성과 별개로) 선행이 공로와는 전혀 무관하지만 말이다. 또한 여기서 바울의 가르침과 충돌하지 않으면서 구원에 필요한 행위를 일일이 열거하거나 분명히 규정할 수도 없다. 오직 피스티스, 즉 왕이신 예수께 대한 순종적이고 거리낌 없는 섬김 가운데 실제적으로 표현되는 충성은 중요한 것이다.

죄와의 싸움?

질문: 우리 모두는 과거, 현재, 그리고 앞으로 지을 죄로 인해 예수께 충성을 다할 수 없는 존재인데, 어떻게 우리의 구원이 오직 충성에 의존할 수 있는가?

우선 그리스도인들이 전통적 의미에서 오직 믿음으로 얻는 구원을 이야기할 때, 믿음 외의 그 어떤 것도 하나님 편에 속하지 않는다고 주장하는 것은 아니라는 점을 반드시 기억해야 한다. 또한 우리가 오직 믿음으로만 구원을 받기 때문에 하나님이 그의 아들을 보내셔서 우리의 죄를 대신하여 죽게 할 필요가 없었다고 주장하지도 않는다. 여기서 강조되는 것은 은혜로 얻은 믿음이 우리의 구원에 기여하는 유일한 요소라는 점이다. 나역시 우리가 오직 피스티스로 구원을 받는다는 동일한 주장을 하지만, 한편으로는 "믿음"에 대한 많은 현대적 이해들이 충성을 요구하는 피스티스의 일부분을 위험하고 불법적인 방식으로 가리고 있다고 본다. 나는 또한 (종교개혁 시대의 기독교와 마찬가지로) 현대 기독교에서 피스티스가 지시하는 대상이 명료하지 않은 경우가 많다고 생각한다. 왜냐하면 현대 기독교는 충성을 요구하는 왕으로서의 예수가 아닌, 속죄물로서의 예수에게 초점을 맞추고 있기 때문이다.

불완전한 충성

만약 주님이신 예수께 대한 충성(피스티스)이 우리의 구원에 기여할 수 있는 유일한 요소라면, 우리는 계속되는 죄의 문제를 어떻게 할 것인가? 죄는 근본적으로 충성스럽지 못한 행위가 아닌가? 그렇다. 충성스럽지 못한 행위다. 우리는 오직 충성으로만 구원을 받지만, **완벽한** 충성이라는 것은 이 땅에서의 구원을 위해 요구되는 것이 아니며 전통적으로 이해되었던 완벽한 민음(또는 완벽한 확신)만큼이나 실제로 행해질 수 없는 것이다. (구원을 위해 요구되는 것은 변화를 일으키는 예수와의 연합이다―8장을 보라.) 죄가 결정적으로 패배함에 따라 우리는 더 이상 죄의 지배를 받지 않지만(롬 6:11-14), 우리의 실패 경험과 성서의 말씀에 비추어볼 때 성령의 도움을 받더라도 죄가 하나도 없는 영광의 삶을 사는 것은 불가능하다. 요한은 요한1서에서 이렇게 말한다. "만일 우리가 죄가 없다고 말하면 스스로 속이고 또 진리가 우리 속에 있지 아니할 것이요"(1:8; 참조. 1:10). 요한은 이어서 한층 고무적인 말씀을 전한다. "만일 우리가 우리 죄를 자백하면 그는 미쁘시고 의로우사 우리 죄를 사하시며 우리를 모든 불의에서 깨끗하게 하실 것이요"(1:9).

완벽한 충성이라는 것이 요구되지도 않고 실현 불가능한 것이라면, 도대체 **얼마나** 충성해야 충분한 것일까? 내가 매일 상당한 분량의 충성을 바치고 있더라도, 매달 네 번째 화요일마다 주님이신 예수께 심히 불순종한다면 어떻게 되는가? 개인적으로 나는 이런 곤경에 처해 있는 자신을 발견하고 나를 지배하고 있는 것처럼 보이는 특정한 죄들과 씨름한다. 그리고 나만이 이런 반복된 실패의 주인공이 아님을 안다. 나는 예수가 주님이시라는 고백, 그리고 실천된 순종을 통해 이 고백을 실현하고자 하는 나의 가장 중요한 욕망을 통해, 내가 결코 죄와의 싸움을 완전히 포기하지 않을 정도로 (성령을 통해) 하나님과 협력하고 있음을 확신한다. 불완전하게 유지하고 있는 충성에 의해 왕이신 예수와 연합될 때, 우리는 구원을 받는다. 예수는 이미 의로운 분으로 선언되었으므로 우리는 그분의 의로운 지위를 공유하게 된다(자세한 논의는 8장을 보라). 충성은 확고한 신념이자 기본적인 성향이어야 한다. 하지만 우리가 죄와 싸우지 않고 말이나 행위로 예수를 배반하면 어떻게 되는가?

예수에 대한 반역

죄가 주님이신 예수께 대한 불충이라고 간주하면, 다음과 같은 질문을 제기할 수 있다. 그렇다면 노골적인 반역은 어떻게 되는가? 일시적으로 타락하거나 또는 왕이신 예수의 유익이 아닌 자신의 유익을 위해 이기적으로 행하면서 근본적으로 예수를 부인하는 사람들에게 희망이란 것이 존재하는가? 그렇다. 희망이 존재한다. 예수를 세 번이나 부인했음에도 불구하고 원래의 자리로 회복된 베드로가 그 예다. 한편 또 다른 반역자인 유다는 후회를 품었으나 자살을 했고 결국 제자의 자리로 회복되지 못했다(마 27:3-5; 행 1:16-19, 25). 따라서 반역은 때로는 갱신된 충성을 통해 되돌릴 수 있다. 그러나 이런 가역성은 누구에게나 늘 주어지는 것이 아니다. 한때 예수의 제자였다고 할지라도 돌이킬 수 없는 경우가 있다.

　　실제로 예수는 자신뿐만 아니라 성령을 모독하는 것은 영원한 죄에 속하므로, 이런 죄를 범하는 자들은 용서받을 수 없다고 말씀하신다(마 12:31; 막 3:29; 눅 12:10). 그러나 이 말씀이 나오는 공관복음의 맥락을 보면, 이런 불가역성이 발생하는 이유는 회개를 했음에도 불구하고 하나님이 용서를 꺼리시기 때문이 아니라 성령 모독죄를 범하는 자에게 회개의 의지가 없기 때문이다.[23] 그렇다면 용서를 받지 못하는 이유가 하나님이

23　마태복음과 마가복음에서 예수의 적대자들은 그분이 귀신의 왕 바알세불의 힘을 입어 귀신

아닌 인간에게 있다고 제안하는 것이 최선으로 보인다. 어떤 사람이 선을 선으로 악으로 볼 만큼 충분히 정상으로 돌아올 수 있고 이를 통해 하나님께 돌아오면서 선을 택할 수 있다면, 하나님은 그 사람이 성령을 모욕했을지라도 용서하실 것이다.

얼마나 많은 충성이 필요한가?

질문: 우리의 구원이 주님이신 예수께 대한 충성에만 의존한다면, 내가 그분에게 충분한 충성을 바치고 있는지를 어떻게 확신할 수 있을까?

내가 충분히 충성하고 있는지가 궁금해질 때 스스로 잘못된 질문을 하고 있음을 상기시킬 수밖에 없다. 실제로 이렇게 물어보고 싶을 만큼 걱정하는 사람들은, 아마도 위험한 율법주의에 가까워지고 있을지언정 충성이 부족할 위험은 가장 적은 사람들일 것이다. 충분한 충성의 정도를 측정할 수 있는 엄밀한 규칙을 정량화하거나 개발하려는 것은 복음에 반하는 일이다. 바울이 율법의 행위에 반대하는 논쟁을 펼치면서 그토록 경악하는 이유는 이처럼 규칙에 기반한 접근 방식 때문이다. 성령이 능력을 주실

을 쫓아낸다고 비난한다(마 12:22-32; 막 3:22-30). 예수에 대한 강렬한 증오로 인해 혼란진 그들은 성령의 선행이 귀신의 행위이고, 귀신의 행위가 성령의 행위라고 주장한다. 한편 누가복음의 맥락은 적대적인 위정자들 앞에서 공개적으로 이루어지는 예수에 대한 충성의 고백이다(눅 12:8-12; 참조 11:14-23). 적대적 위정자들이 예수를 비난할 때, 그들에게는 아직 용서받을 수 있는 기회가 있다. 하지만 성령에 의한 그리스도인의 행위가 악한 것이라고 선언할 때 그들은 돌이킬 수 없는 선을 넘게 된다. 간단히 말해 어떤 사람이 심히 타락한 나머지 선이나 악을 식별할 수 없는 지경이 되면, 그 사람이 지게 될 영원한 영적 위험은 더 이상 과장된 허풍이 아니다. 그렇기 때문에 예수는 이에 대해 경고하셨다.

때는 실현된 충성이 요구된다. 그리고 이렇게 실현된 충성은 확고한 의도와 실제로 변화된 육신의 행위를 의미한다. 나나 당신에게 얼마나 많은 충성이 필요한지에 대한 개인화된 설명은 불가능할 뿐만 아니라 그 자체로 잘못된 것이다.

충성은 정량화되거나 일일이 나열될 수 없다. 당신의 배우자가 결혼을 앞두고 당신에게 불륜에 해당하는 제삼자와의 성적 접촉을 구체화하는 규칙 목록을 요구한다면 기분이 어떻겠는가? 또는 전쟁 중에 적군에 대한 반역으로 간주되지 않는 군사적 지원의 정도를 정의해주는 목록을 요구하는 병사가 있다면 그걸 보는 장군은 무슨 생각을 하겠는가? 충성을 구체화하는 목록을 원하는 것은 왕이신 예수의 선하심을 알지도 신뢰하지도 못함을 나타내거나 아니면 충성을 피할 수 있는 여지를 찾고자 하는 마음을 드러낼 뿐이다.

따라서 **얼마나 많은** 충성이 필요한지가 아니라 **어떤 종류**의 충성이 필요한지를 묻는 편이 낫다. 왜냐하면 충성은 왕이신 예수께서 우리 각자에게 개별적으로 명령하시는 것에 따라 달라지며, 또한 지금 그리고 최후의 심판 때에 당신과 내가 충성을 다했는지를 결정하시는가에 달려 있기 때문이다. 만약 우리가 충성을 선언하고 그것을 실행으로 옮기며 육신의 행위를 통해 우리의 결단이 단순한 말에 그치는 것이 아님을 보여줌으로써 주님이신 예수께 피스티스를 바친다면, 우리는 우리를 대신한 예수의 죽음이 전적으로 그리고 완전히 효과가 있음을 확신할 수 있다. 우리의 일시적인 불충에 의한 이기적인 행위뿐만 아니라 모든 죄가 메시아 안에서 다 용서받는다. 그리고 성령은 변함없이 우리에게 오셔서 우리가 충성된 삶을 살 수 있도록 도와주신다.

하지만 어떤 종류의 구현된 충성이 필요한가라는 질문에 대략적인 답을 얻을 수 있을까? 주님이신 예수께 대한 실현된 충성이 어떤 모습이어야 하는지 그에 대한 대략적인 개념을 충분히 얻을 수 있을까? 성서는 충성과 반대되는 그림을 제시함으로써 우리에게 폭넓은 설명을 제공하고 실행된 충성이 어떠한 종류의 행위를 **금하는지** 묘사한다. "우상숭배와 주술과 원수 맺는 것과 분쟁과 시기와 분냄과 당 짓는 것과 분열함과 이단과 투기와 술 취함과 방탕함과 또 그와 같은 것들이라"(갈 5:19-21). 그리고 우리는 모든 사람에게 놀라운 자비를 보이고자 하시는 하나님의 열망을 위한 공간을 남겨두면서(롬 11:32; 딤전 2:4), 아무런 점검과 변화 없이 이런 행위들을 지속하게 되면 저주에 이른다는 결론을 내리게 된다.

요한1서 역시 유용한 지침을 제시하는데, 우리는 이를 율법주의적 규정으로 바꾸는 것을 조심해야 하는 동시에 이를 사용함으로써 영원한 생명이 현재와 미래에 우리의 소유물이라는 관점에서 우리가 진정으로 충성을 실행하고 있는지를 측정할 수 있다. 요한1서에 제시된 자세한 내용을 살펴보자.

우리가 그의 계명을 지키면 이로써 우리가 그[예수 그리스도]를 아는 줄로 알 것이요(2:3).

빛 가운데 있다 하면서 그 형제를 미워하는 자는 지금까지 어둠에 있는 자요 (2:9).

이 세상이나 세상에 있는 것들을 사랑하지 말라. 누구든지 세상을 사랑하면 아버지의 사랑이 그 안에 있지 아니하니 이는 세상에 있는 모든 것이 육신의 정욕과 안목의 정욕과 이생의 자랑이니 다 아버지께로부터 온 것이 아니요 세상으로부터 온 것이라(2:15-16).

아들을 부인하는 자에게는 또한 아버지가 없으되 아들을 시인하는 자에게는 아버지도 있느니라(2:23).

너희가 그[예수 그리스도]가 의로우신 줄을 알면 의를 행하는 자마다 그에게서 난 줄을 알리라(2:29).

그[예수 그리스도] 안에 거하는 자마다 범죄하지 아니하나니 범죄하는 자마다 그를 보지도 못하였고 그를 알지도 못하였느니라(3:6).

하나님께로부터 난 자마다 죄를 짓지 아니하나니 이는 하나님의 씨가 그의 속에 거함이요 그도 범죄하지 못하는 것은 하나님께로부터 났음이라(3:9).

우리는 형제를 사랑함으로 사망에서 옮겨 생명으로 들어간 줄을 알거니와 사랑하지 아니하는 자는 사망에 머물러 있느니라(3:14).

이로써 너희가 하나님의 영을 알지니 곧 예수 그리스도께서 육체로 오신 것을 시인하는 [예언의] 영마다 하나님께 속한 것이요 예수를 시인하지 아니하는 영마다 하나님께 속한 것이 아니니 이것이 곧 적그리스도의 영이니라. 오리라 한 말을 너희가 들었거니와 지금 벌써 세상에 있느니라(4:2-3).

이처럼 다양한 진술들을 보면서, 우리는 이 중 많은 것들이 구체적인 행위들 곧 예수가 말씀하신 계명의 준수, 지속적인 범죄를 끊어내는 것, 의

의 실천, 혐오와 세속적인 마음에서 돌아서기, 형제와 자매를 사랑하기와
같은 행위와 관련되어 있음에 주목해야 한다. 요한은 마지막으로 다음과
같은 궁극의 증언을 기록해놓았다.

> 하나님의 아들을 믿는 자[피스티스를 드리는 자, *ho pisteuōn eis*]는 자기 안에
> 증거가 있고…또 증거는 이것이니 하나님이 우리에게 영생을 주신 것과 이
> 생명이 그의 아들 안에 있는 그것이니라. 아들이 있는 자에게는 생명이 있고
> 하나님의 아들이 없는 자에게는 생명이 없느니라(5:10-12).

하나님의 아들에게 피스티스를 드림으로써 영생이 주어진다. 요한은 요
한1서의 전반적인 저술 목적을 진술하면서 이 증언이 명백한 사실임을
분명히 한다.

> 내가 하나님의 아들의 이름을 믿는[피스티스를 드리는, *tois pisteuousin eis*]
> 너희에게 이것을 쓰는 것은 너희로 하여금 너희에게 영생이 있음을 알게 하
> 려 함이라(5:13).

요한은 자신의 주된 목적이 하나님의 아들께 피스티스를 드린 자들에게
확신을 주는 것이라고 선언한다. 우리의 행위가 말씀의 지침을 반영할 때
우리의 구현된 충성이 영생을 가리키고 있음을 확실히 알 수 있다. 구현
되지 않은 피스티스는 결코 피스티스가 아니며 죽은 것에 지나지 않는다.
우리에게 구원의 확신이 있는지를 확인하는 (우리가 하나님의 자녀라는, 성령
에 의해 촉진되는 내적 평화[롬 8:16]가 있는지와 같은) 주관적인 방법들이 있을
수 있지만, 그럼에도 불구하고 요한이 제시한 객관적 지침은 우리가 지닌

피스티스가 참된 것인지 여부를 검토하는 데 유익하게 쓰인다.

이번 장에서는 오직 충성에 의한 구원이라는 주장을 상세히 설명하고자 했다. 은혜는 다양한 측면을 지닌 개념이지만, 피스티스를 충성으로 해석한다고 해서 은혜에 대한 바울의 이해를 거스르는 것은 아니다. 오히려 그 반대다. 왜냐하면 바울은 그리스도라는 선물을 수용하면 구현된 충성(순종)이 의무적인 보답으로 뒤따라야 한다고 보았기 때문이다. 한편 성서는 우리가 적어도 부분적으로는 우리의 행위에 근거하여 심판을 받게 된다고 분명히 밝히고 있다. "믿음"과 행위는 서로 영원히 반대되는 개념이 아니다. 오히려 바울의 "행위가 아닌 피스티스" 논쟁은 "규칙에 기초한 모든 체계"를 없애려 한다. 바울은 이런 체계의 대표적인 예로서 모세 율법을 제시하는데, 모세 율법은 다른 가치 체계를 더 중요하게 여기며 왕에게로 돌아가야 할 충성을 가로챈다. 규칙에 기초한 체계는 육신의 정욕을 자극함으로써 죄와 손을 잡고, 그 결과 죄의 문제는 더 나아지지 않고 악화된다. 그러나 예수께 충성된 삶이란 하나님의 백성들 가운데 임재하는 성령과 동행하는 삶을 의미한다. 우리는 성령을 통해 충성을 실천한다. 다시 말해 우리는 성령을 통해 율법이 목표로 했던 선한 행위를 구현하게 된다. 왕이신 예수를 향해 이미 선언된 충성은 예수와 그분의 몸인 교회를 연합시킨다. 그리고 이 연합은 구현된 충성 곧 선행을 포함하는 구현된 충성을 통해 유지된다. 왕이신 예수에 대한 우리의 충성은 완벽하지 않고 불완전하다. 그럼에도 우리의 지속된 충성은 왕이신 예수와의 연합을 충분히 유지시켜준다. 그래서 우리는 "그분 안에서" 용서를 받

오직 충성으로 받는 구원

고 그분의 죽음과 부활에 참여하게 된다. 충성은 계량화될 수 없지만 성령은 우리의 불완전한 충성이 참된 것인지 그 여부를 가늠하는 데 도움이 되는 일반적인 방법을 보여준다.

더 생각해볼 문제들

∘🍃∘

1. 선물과 법적 의무는 어떻게 다른가? 선물이 비법률적인 의무를 야기할 수 있는 방법이 있는가?

2. 그리스도라는 은혜의 선물이 개인의 영구한 예정과 상관없이 **선행**할 수 있는가? 은혜가 선행한다면 어떻게 구원을 위해 (선행을 포함한) 실질적인 순종이 요구될 수 있는가?

3. 선물이 원래 그것의 의도된 목적을 성취한다는 것은 무슨 의미인가? 그리스도라는 선물의 목적은 무엇인가?

4. 누군가 당신에게 은혜를 베풀었던 때를 이야기해보자. 또한 당신이 다른 누군가에게 하나님의 은혜를 베풀 수 있는 상황을 생각해볼 수 있는가?

5. 시간의 제약을 받는 우리의 상황이 어떻게 우리의 영성에 영향을 미치는가? 당신은 과거, 현재, 미래 중 어느 것 때문에 힘들어하는가? 그 이유는 무엇인가?

6. 신약성서에 의하면 우리는 적어도 부분적으로는 우리의 행위를 근거

오직 충성으로 받는 구원

로 영생에 대한 심판을 받게 된다. 따라서 이미 확립된 피스티스가 구원을 가져오는 행위의 **유일한 원인**이라고 말할 수 있다. 그러나 우리는 여기서 이보다 복잡한 모델을 제시했다. 피스티스와 구원을 가져오는 행위, 이 둘의 관계에 대해 생각해볼 수 있는 또 다른 방법은 무엇인가?

7. 바울이 피스티스에 의한 칭의를 말할 때, 여기서 피스티스가 원래의 의미를 포함하는지 아니면 원래의 의미와 구별되는지가 왜 중요한가?

8. 구원이 율법에 대한 우리의 순종에 달려 있지 않다면 어떤 의미에서 그러한가? 이와 반대로 우리의 구원이 **전적으로** 율법에 대한 우리의 순종에 **달려 있다**면 어떤 의미에서 그러한가? 모순처럼 보이는 이 양상을 어떻게 해결할 수 있을지 설명해보자.

9. 특별히 모세 율법에 대한 순종 그 자체를 목적으로 삼는 것이 왜 최종적인 구원을 가져올 수 없는가?

10. 구원을 위한 구현된 충성의 필요성을 고려해볼 때, 과거의 당신은 영생을 위해 예수께 순종할 필요성에 관심을 가졌는가, 아니면 관심을

두지 않았는가? 이는 과거에 하나님과 함께했던 당신의 여정에 어떻게 영향을 미쳤는가? 앞으로는 어떤 종류의 관심을 가져야 하겠는가?

11. 구원을 위해 **얼마만큼**의 충성이 요구되는지 묻는 것이 잘못된 생각이라는 데 동의하는가? 동의한다면 그 이유는 무엇이고, 동의하지 않는다면 그 이유는 무엇인가?

12. 성서에 제시된 원칙 중 어떤 것들이 우리의 충성이 참인지의 여부를 가늠하는 데 도움이 되는가? 이 원칙들이 긍정적 용어가 아닌 대부분 (어떤 행위가 참된 충성이 아니라고 묘사하는) 부정적 용어로 표현되는 이유는 무엇이라고 생각하는가?

오직 충성으로 받는 구원

Salvation by

6장

———

새 피조물로의 부활

Allegiance Alone

나의 첫 설교가 인생의 마지막 설교가 되어버리지 않았다는 것은 놀라운 일이다. 교회 출석률이 저조한 어느 나른한 여름날, 나는 고향 마을인 북부 캘리포니아 시골의 장로교회에서 노인들을 대상으로 어렵게 목회를 하고 있는 한 목사님의 초청을 받아 설교를 하게 되었다. 그 목사님은 정말로 휴가가 필요한 상황이었다. 그러나 나는 이분이 재충전을 하고 교회로 돌아온다고 하더라도 즉시 다시 에너지가 고갈되어버릴 것 같아 걱정이 되었다. 나는 이 목사님을 잘 알고 있었다. 사실 나는 고등학교 때부터 대학교 초반까지 이분의 딸과 교제를 했었다. 우리 사이는 꽤 진지했고 그녀의 아버지는 나를 좋아했다. 그는 내가 매우 유능하고 침착하게 일을 해나갈 것이라고 확신하고 있었다.

하지만 그가 몰랐던 것이 있다. 내 머릿속에는 지난 몇 년간 신학교 교수들이 쏟아 부어놓은 화약이 가득했고, 그 화약은 그리스어 신약성서와 히브리어 구약성서로 다져졌으며, 그로 인해 발생할 결과에 무관심한 채 차곡차곡 쌓여 있었다. 이렇게 압축된 연료를 안전하게 배출할 수 있는 사역의 배출구가 별로 없었던 나는, 걸어 다니는 하나님 나라의 화약통이 되어 있었다. 고요한 그날 주일 강단에 올라서자 화약통의 도화선에 불이 붙었다. 개회 기도를 마친 후 나는 폭발하고 말았다. 나는 그저 휴가를 마치고 돌아온 목사님이 회중석 앞줄에 앉아 있던 작은 체구의 할머니들에게 박힌 신학적 폭발의 잔해를 안전하게 끄집어낼 수 있었기를 바랄 뿐이었다.

그 자리가 이 교회의 교인들과 마주하는 마지막 기회라고 생각했던 나는, 내가 사용할 수 있는 가장 충격적이고 패러다임 전복적인 내용을 동원하여 그들이 온전한 하나님 나라의 삶에 대해 깨달을 수 있는 설교를 하겠다고 기도하는 마음으로 (그러나 기도가 부족했던 것 같다!) 결심했다. 나는 그날 설교의 공식 제목을 기억하지 못하지만, 비공식적 제목은 아마도 "천국은 잊어버립시다! 중요한 것은 오늘 천국의 삶을 살고 궁극적으로 새 창조세계에서 사는 것입니다!"였던 것 같다. 신학교에서 받은 훈련이 뜨거운 열정으로 끓어 넘치는 가운데, 나는 천국을 구원의 최종 보상으로 강조하는 기독교 전통이 잘못된 것이라고 열과 성을 다해 자세히 설명했다. 왜냐하면 기독교 이야기의 마지막 비전은 천국으로 두둥실 떠내려가는 우리에 관한 것이 아니라 이 땅으로 내려오는 천국에 관한 것이기 때문이다. 회중의 얼굴에는 당황한 기색이 역력했다. 왜냐하면 내 설교가 이상한 가르침이었기 때문이다. 사람들은 신학교 신입생들에게서나 볼 수 있는 표정을 은밀히 나누고 있었다.

이 회중은 내게 그다음 주일 설교도 부탁할 만큼 친절했다. 나의 두 번째 설교도 회중에게 지난번과 같은 동요를 일으켰지만, 꽤 잘 진행되는 것처럼 보였다. 그러나 설교 말미에 나는 관행을 깨고 묻고 답하는 시간을 가졌다. 나는 축도 준비도 잊은 채 성서를 더듬어 골로새서 3:1-10을 찾았는데, 이 본문은 골로새 교인들에게 그리스도를 덧입으라고 권면하는 가운데 "음란, 부정, 사욕, 악한 정욕, 탐심"을 피하라고 권고하는 내용이었다. 사람들은 나를 재미있는 사람이라고 여겼겠지만, 내 생각에는 그들이 아마도 바로 이때 나의 설교 방식과 가르침이 무질서하다고 결론을 내렸던 것 같다. 나는 이 경험을 통해 처음부터 분명히 했어야 할 중요한 교훈을 배웠다. 즉 새로운 회중에게 설교할 때는 먼저 친숙한 내용을 회중에게 전달함으로써 신뢰를 구축하고, 그런 다음에 이 회중이 새로운 진리를 들어야겠다는 결단이 서면, 그제서야 이 새로운 진리를 부드럽고 겸손하게 점진적인 방식으로 소개해야 한다는 것이다. 다행히 나는 그 후로도 설교 시간을 보다 성공적으로 사용할 수 있는 기회를 얻었다.

내가 이 이야기를 하는 이유는 그리스도인들의 마음속에 천국이 최후에 받게 될 상이라는 확신이 깊이 자리 잡고 있음을 보여주기 위함이다. 거의 일치된 학계의 견해에 의하면 성서는 전통적으로 이해되고 있는 천국이 구속된 인류의 최종 목적이라고 가르치고 있지 않으나, 천국에 대한 전통적인 확신은 교회 안에 매우 안정적으로 자리하고 있다. 이 확신은 서구 문명의 유산으로 여겨지고 있으며, 대중매체와 대중문화를 통해 영속적으로 강화되어왔다. 예를 들어 지난 몇 년간 그리스도인들뿐 아니라 비기독교 집단에서도 선풍적인 인기를 끈 『3분』(Heaven Is for Real)이라는 책이 있는데, 이 책은 네 살짜리 소년인 콜튼 부포(Colton Burpo)가 경험한 천국의 이야기를 자세히 기술하고 있다. 이 책은 내가 이 글을 쓰고 있는 시점으로부터 수년 전에 출간되었지만, 지금도 여전히 세계에서 제일 큰 인터넷 서점의 기독교 서적 판매 순위 10위 권에 올라가 있다. 게다가 최근에는 「천국에 다녀온 소년」이라는 이름의 영화로 개봉되기도 했다. 나는 콜튼의 경험이 유효한지를 판단하려는 게 아니다. 나는 단지 이런 종류의 이야기들이 유명세를 얻고 문화의 일부가 되면서 천국이 구속된 인류의 궁극적 목적이라고 보는 지배적인 확신이 강화되고 있는 경

향을 지적할 뿐이다.[1]

이런 상황을 보면서 나는 십 년 전 잠이 쏟아지는 여름 주일날 내가 했던 그 설교에 오늘날 교회에 필요한 생각의 씨앗들이 들어 있다고 확신한다. 나는 여기서 열정적이었지만 현명하지 못했던 그날의 설교를 다시 재연하지는 않을 것이다. 그러니 안심하시라. 대신에 나는 더 중요한 일 곧 구원 이야기의 주요 주제들을 종합하는 일을 할 것이다. 최종적 구원의 주된 내용이 개별 영혼의 천국 입성에 관한 것이 아니라 각 개인이 다른 이들과 함께 전 우주의 통합적 회복에 참여하면서 발생하는 구체적 회복에 관한 것이라면, 오직 충성으로 구원을 받는다는 명제는 더 큰 일관성을 갖게 된다. 왕이신 예수께 대한 충성은 새 예루살렘의 성민(城民)이 되기 위한 토대가 된다. 더욱이 충성에는 예수와 함께 통치하는 자리로의 초대가 포함되어 있다. 그리고 충성은 예수의 형상으로 변화되는 기초가 된다.

구원 이야기는 매우 빈번히 다뤄지는 영역이므로, 여기서는 구원 이야기에서 자주 무시되는 특징들에 집중해보려고 한다. 어떻게 보면 낯선 지점에서 구원 이야기를 시작하려 한다. 그 낯선 지점은 바로 이 마지막 대단원에 출현하는 새 하늘과 새 땅이다.

---

1 천국에 관한, 그리고 현재적이면서 미래적인 하나님 나라에 관한 깊이 있는 논의는 McKnight, *Heaven Promise*를 보라.

새 하늘과 새 땅

매혹적인 이야기의 장엄한 절정에서 그 긴장이 해소되는 순간을 고대하고 즐기는 사람들에게는 사과의 말씀을 전한다. 내가 할 얘기에는 스포일러가 포함되어 있다! 나는 이제 세상에서 가장 경이로운 이야기의 결론을 말하려고 한다. 하나님은 그분의 교회가 그분이 이끌어가시는 역사의 종착지인 아름다운 최종적 영광에 대해 시급히 알아야 한다고 느끼셨으므로, 나는 이 스포일러 때문에 사과하고 싶지는 않다.[2] 하나님께서는 단연코 우리가 구원 이야기의 대단원에 대해 알기를 원하신다. 왜냐하면 보좌에 앉으신 우리 주 예수께서 예언자 요한에게 마지막 때의 비전을 보여주셨기 때문이다.

옛것과 새것

성서에 기록된 교회를 위한 예수의 마지막 말씀은 복음서 끝부분이 아닌 요한계시록에서 발견된다.[3] 예수의 마지막 말씀이 어떻게 옛것과 새것(*vetera et nova*)을 가리키고 있는지 살펴보자.

---

2   최종 상황에 대한 포괄적 교리 논의는 Middleton, *A New Heaven and a New Earth*(『새 하늘과 새 땅』[새물결플러스 역간])를 고려해 보라.

3   요한계시록에 관한 유해한 추측(그리고 솔직히 말해 질 낮은 대중 수준의 가르침)이 난무하는 가운데, 건전한 요한계시록 입문서를 찾고 있다면 Bauckham, *Theology of the Book of Revelation*; Koester, *Revelation and the End of All Things*; Gorman, *Reading Revelation Responsibly*(『요한계시록 바르게 읽기』[새물결플러스 역간]); Beale and Campbell, *Revelation*을 고려해보라.

보라! 내가 속히 오리니 내가 줄 상이 내게 있어 각 사람에게 그가 행한 대로 갚아 주리라. 나는 알파와 오메가요 처음과 마지막이요 시작과 마침이라.

자기 두루마기를 빠는 자들은 복이 있으니 이는 그들이 생명나무에 나아가며 문들을 통하여 성에 들어갈 권세를 받으려 함이로다. 개들과 점술가들과 음행하는 자들과 살인자들과 우상숭배자들과 및 거짓말을 좋아하며 지어내는 자는 다 성 밖에 있으리라.

나 예수는 교회들을 위하여 내 사자를 보내어 이것들을 너희에게 증언하게 하였노라. 나는 다윗의 뿌리요 자손이니 곧 광명한 새벽 별이라 하시더라(계 22:12-16).

우리는 구원 이야기의 끝에서, 천국에 있는 사람들이 아니라 여전히 이 땅의 성읍에 거주하고 있는 사람들을 보게 된다.

자신이 "알파요 오메가"(그리스어 알파벳의 첫 번째와 마지막 글자)이며 "시작과 마침"이라고 스스로 증언하시는 예수를 제외하고, 우리는 이 구절에서 옛것과 새것이 어떻게 결합되어 있다고 보는가? 성서의 첫 이야기에는 인간인 아담과 하와가 등장하는데, 이들이 살고 있던 외딴 동산에는 한 그루가 아닌 두 그루의 특정한 나무가 있었다. 그것은 바로 생명나무와 선악을 알게 하는 나무였다(창 2:9). 이들은 선악을 알게 하는 나무의 열매를 먹은 후(이 행위는 인류의 옳고 그름을 정해주시는 하나님의 권리를 거부한 것이다) 동산 밖으로 쫓겨난다. 불타는 칼을 손에 쥔 그룹들이 생명나무로의 접근을 막고 있다(창 3:24). 이제 우리는 요한계시록에서 처음 에덴**동산**이 웅장한 **성읍**으로 변모한 것을 확인하고 삶과 문화의 진보가 어느 정도 하나님의 구속사에 포함되었음을 발견하게 된다.

동산에서 성읍으로의 이동은 새로운 발전이다. 그렇다고 모든 것이

오직 충성으로 받는 구원

새것은 아니다. 왜냐하면 에덴동산의 흔적인 **생명나무**가 계속 남아 있기 때문이다. 요한계시록의 마지막 비전에 나오는 몇 사람들은 아담과 하와처럼 불순종 가운데 악을 행하는 자들이며, 생명나무로의 접근이 차단된 채로 성 **바깥**에 있다. 다른 사람들은 그들의 두루마기를 세탁한다. 구원으로 향하는 기독교 이야기의 전반적인 궤적을 감안할 때, 우리는 상징적으로 보이는 요한계시록의 이런 환상이 실제 몸을 지닌 실제적 인간들을 의도한다고 믿을 만한 충분한 이유가 있다. 그들은 **안으로** 들어가는 문을 지나야만 생명나무에 이를 수 있다. 에덴동산에서 쫓겨난 아담과 하와는 무슨 수를 쓰더라도 이 생명나무로 돌아올 수 없지만, 자신의 두루마기를 세탁한 새 예루살렘 사람들은 생명나무에 자유롭게 접근할 수 있다. 이처럼 밖에서 안으로 이동하여 생명나무에 접근할 수 있는 인간의 능력 또한 구원 이야기의 새로운 특징 중 하나다. 따라서 구원의 이야기는 부활한 새 예루살렘 사람들이 두루마기를 세탁했다는 이유로 어떻게 새 예루살렘에 입성하여 생명나무 열매를 먹을 수 있는지에 관한 것이며, 동시에 불순종 가운데 성 밖에 있게 된 사람들에 관한 것이다. 구원 이야기는 우리가 어떻게 최초의 낙원인 에덴동산으로 돌아갈 수 있는지에 관한 이야기가 아니다. 이것은 하나님이 어떻게 에덴동산에서 새 예루살렘 성읍으로의 진보를 그분의 구속 계획에 포함하실 수 있는지에 관한 이야기이다. 하지만 이 새 성읍은 어디에 있는가?

요한계시록 19-20장에는 백마를 탄 메시아의 귀환, 사탄과 그의 부하들의 결박 및 추방, 최후 심판 이후와 같은 절정의 장면이 등장하고, 이어서 요한은 천국에 관한 환상은 아니지만 이보다 더 놀라운 광경을 목격한다. "또 내가 새 하늘과 새 땅을 보니 처음 하늘과 처음 땅이 없어졌고 바다도 다시 있지 않더라"(계 21:1; 참조. 사 66:22). 나는 새 하늘과 새 땅에 대한 이 비전과 관련하여 몇 가지를 이야기하고 싶다.

새 하늘과 새 땅에 대한 묘사

요한이 본 새 하늘과 새 땅을 어떻게 묘사할 수 있을까? 첫째, 요한계시록 20장에서 요한은 크고 흰 보좌에 앉으신 그리스도께서 심판하실 때 "땅과 하늘"이 그분 앞에서 피하여 도망가는 것을 보았다(계 20:11). 다시 말해 요한은 옛 하늘과 옛 땅이 사라지는 것을 보았다. 유관 이미지를 사용하여 이 사건을 묘사하는 성서 저자들도 있다. 히브리서 저자에 의하면, 그리스도께서 창조하신 땅과 하늘은 "옷과 같이 낡아"졌음에도 불구하고 새로 갈아 입혀지고 "옷과 같이 **변할 것이다**"(1:11-12). 우리는 또한 히브리서를 통해 장차 임할 천상의 예루살렘과 관련된 변화가 옛 땅과 옛 하늘을 전부 버리는 것이 아니라 현존하는 창조 질서를 흔들어놓는 것을 의미함을 알게 되며, 결국 영원한 가치를 지닌 요소들만 남게 될 것을 발견하게 된다(11:22-29). 하나님은 소멸하는 불과 같은 분으로서 현 질서를 녹이고 무가치한 찌꺼기를 없애실 수 있다. 새로운 세계가 옛 창조세계의 요소들을 포함하고 있음에도 불구하고, 그 결과가 너무 순수하고 새롭기에 이를 일컬어 "새 창조세계"라고 부를 만하다. 본질적으로 동일한 이미지가 베드로후서에서도 발견되는데, 여기서는 주의 날과 관련된 진술에 쓰인다. "하늘이 불에 타서 풀어지고 물질이 뜨거운 불에 녹아질 것이다." 이런 과정을 거쳐 궁극적으로 나타나게 되는 것이 바로 "새 하늘과 새 땅"으로 불릴 수 있으며, 이곳은 의가 거주하는 장소다(벧후 3:12-13). 따라서 첫 하늘과 땅이 "사라졌다"는 요한의 진술에도 불구하고, 새 하늘과 새 땅을 무로부터 완전히 새롭게 창조된 세계로 이해하는 것이 아니라

오직 충성으로 받는 구원

옛 창조의 요소들을 포함하되 그것들이 정화되고 완전히 새롭게 다시 빚어짐으로써 새 창조에 적합하도록 만들어진 장소로 이해하는 것이 가장 좋다.

둘째, 이 새 하늘과 새 땅에는 당혹스러운 특징이 있는데 요한은 이를 다음과 같이 표현한다. "바다도 다시 있지 않더라." 요한계시록이 쓰인 후 오랜 시간이 지난 현대의 관점에서 볼 때 바다는 종종 따뜻한 모래 해변, 넘실대는 물보라, 안락한 휴가와 관련이 있다. 이런 상황에서 바다가 없다는 말은 우리에게 왠지 이상하고 실망스럽게 들린다. 뭐라고? 부활의 시대에는 바다가 없다고? 요한계시록에서와 마찬가지로, 우리는 이와 유사한 다른 이미지들이 강력한 상징으로 작용한다는 것을 알고 있다. 그래서 도대체 언제 이런 상징을 문자적이고 역사적인 미래의 현상으로 받아들여야 하는 건지 또는 언제 하나님이 이런 상징을 통해 다른 종류의 진리를 불러일으키시려고 하는 건지, 그 시점을 파악하기가 쉽지 않다. 예를 들어 그리스도가 역사적 사건으로 재림하실 때 입에서 예리한 검을 발산하며 진짜 백마를 타고 등장하신다고 기대해야 하는가?(계 19:11-15) 그런 기대를 해서는 안 될 것 같다. 아우구스티누스의 말에 따르면, 성서는 "창조 시에 일어난 현상으로부터 아이들의 장난감 같은 무언가를 습관적으로 만들어내고, 이를 통해 우리의 병든 시선을 유혹하고 우리로 하여금 최선을 다해 위의 것을 찾고 아랫 것을 버리도록 단계적으로 도움을 준다."[4] 예수의 입에서 나오는 검은 더 높은 현실을 지시하도록 고안된 일종의 은유로 보는 것이 타당하다. 바다가 다시 있지 않다는 표현도 마찬가지다. 그렇다면 바다가 다시 있지 않다는 요한의 환상이 우리에게 가

4　Augustine, *Trin.* 1,1 [§2] (Hill).

리키는 더 높은 현실이란 도대체 무엇인가?

　다시 한번 말하지만, 성서 이야기의 끝은 그 이야기의 처음을 가리 킨다. 창세기의 서두에서 우리는 제일 먼저 창조된 질서가 "깊음"이라는 거대한 물의 혼돈을 담은 무한한 원시 바다였음을 발견한다. "땅이 혼돈 하고 공허하며 흑암이 깊음 위에 있고"(창 1:2). 창조가 진행되면서 이 물 의 혼돈은 하나님의 창조의 말씀에 의해 묶이고 길들여지며 통제된다. 하 나님은 말씀으로 "궁창"을 만드시고 이 궁창을 사용하여 하늘의 물과 하 늘 아래의 물을 나누신다(창 1:6-8). 그리고 하늘 아래 물을 한 곳에 모 아서 뭍을 드러나게 하신다. 나중에 우리는 이 뭍이 민물의 유입을 차단 하여 민물의 범람을 막아주고 있음을 발견하게 된다. 이 분리막들이 제대 로 작동하지 않으면 물이 통제되지 못해 뭍이 수장되고 만다. 이 경우에 는 생명을 무차별적으로 파괴하는 "깊음"의 바닷물이 다시 한번 출현할 수 있으며 창조가 취소될 수 있다. 이 창조의 취소가 바로 (노아 그리고 그 와 함께한 생명들을 제외한) "모든 생물"이 홍수로 전멸할 때 발생했다. "큰 깊음의 샘들이 터지며 하늘의 창문들이 열렸다"(창 7:11). 따라서 바다의 노호는 사람들로 하여금 하나님을 기억하게 만든다. 창조 당시 하나님은 오만한 바다의 파도에게 다음과 같이 말씀하셨다. "네가 여기까지 오고 더 넘어가지 못하리니 네 높은 파도가 여기서 그칠지니라"(욥 38:11; 참조. 65:7; 89:9). 바다는 강력한 파괴력을 상징하고 끔찍한 짐승처럼 생명을 거 칠게 위협하는 특징을 가지기 때문에(시 74:12-17), 하나님의 백성을 해하 는 사악한 이교도 제국들을 의미하기도 한다(단 7:2-3; 계 13:1). 그러나 과 거에 하나님은 바다와 짐승을 제압하셨으므로 위협적인 파도도 하나님의 주권 아래에 있다(렘 5:22; 시 93).

　따라서 요한계시록에 묘사된 바다가 없는 새 하늘과 새 땅에 대한 요한의 환상은 구약성서의 환상을 예상하는 동시에 그것을 뛰어넘는다. 구약성서에서 하나님은 노아와 언약을 맺으시면서 다시는 모든 생물을 저장된 물을 방출하는 방식으로 멸하지 않겠다고 약속하신다. 꾸불꾸불한 바다 용도 언젠가는 죽이실 것이다(사 27:1-2). 성전에서 흘러나오는 강이 사해를 활력 있게 만들 것이다(겔 47:1-12). 그러나 요한의 환상은 이런 사고를 한 단계 더 진전시킨다. 하나님의 이야기가 끝나는 곳에서 바다는 더 이상 존재하지 않을 것이다! 통제되지 않은 물(그리고 이 물과 관련된 짐승들)로 인한 위험이 새 하늘과 새 땅에서는 **더 이상 존립할 수 없다.** 위험천만한 바다는 단순히 통제되는 것을 넘어서 완전히 제거될 것이다. 그렇다면 바다가 사라진 새로운 질서에 대한 요한의 환상을 이해하는 데 가장 좋은 방법은 이 환상을 인류의 생명을 위협하는 모든 외부 요소의 완벽한 제거에 대한 선포로 간주하는 것이다.

방해받고 회복되는 신적 현존

성서에 나오는 예수의 마지막 말씀을 통해 우리는 인류가 원시 정원에서 놀라운 성읍으로 발전했음을 발견한다. 그러나 아직 우리는 이 성읍의 속성을 탐구하지 않았다. 새 하늘과 새 땅에 대한 요한의 환상은 화려한 신부 곧 새 예루살렘에 초점이 맞춰져 있다. "내가 보매 거룩한 성읍 새 예루살렘이 하나님께로부터 하늘에서 내려오니 그 준비한 것이 신부가 남편을 위하여 단장한 것 같더라"(계 21:2). 새 예루살렘이 하늘에서 내려올 때 요한은 하늘 보좌에서 나오는 우렁찬 목소리를 듣는다.

내가 들으니 보좌에서 큰 음성이 나서 이르되 "보라! 하나님의 장막이 사람들과 함께 있으매 하나님이 그들과 함께 계시리니 그들은 하나님의 백성이 되고 하나님은 친히 그들과 함께 계셔서 모든 눈물을 그 눈에서 닦아 주시니 다시는 사망이 없고 애통하는 것이나 곡하는 것이나 아픈 것이 다시 있지 아니하리니 처음 것들이 다 지나갔음이러라"(계 21:3-4).

우리는 영원한 성읍 곧 새 예루살렘이 신부의 순결과 기쁨에 비견할 수 있는 특징을 가지고 있음을 발견하게 된다. 새 예루살렘에서는 슬픔에 눌린 자들이 온전한 위로를 받는다. 무엇보다도 새 예루살렘은 **하나님이 인류와 함께 거하시는 곳**이다.

하나님과 그분의 백성들이 한자리에 모이는 장면은 혼인 잔치 및 그 후의 혼인의 완성을 떠올리게 한다. 하나님과 그분의 백성들이 한자리에 모이는 것은 매우 기쁘고 만족스러우며 궁극적으로 친밀한 사건이 될 것이므로 혼인 비유는 연합을 설명하기 위해 하나님이 우리에게 주신 표현 중 최고의 것이다. 비록 이 연합에 성적인 의미가 배제되어 있지만 말이다. 제리 월스(Jerry Walls)는 그의 저서 『천국, 지옥, 그리고 연옥』에서 천국이 우리의 가장 깊은 갈망을 어떻게 충족시키는지, 그리고 이 땅에서의 성적 욕망과 이 욕망의 성취가 기껏해야 "내세에서의 훨씬 위대한 기쁨을 미리 맛보는 것"에 불과하다고 말한다.[5] 위대한 성서의 드라마가 우리의 상상력을 스쳐 지나갈 때 우리는 "보라! 하나님의 처소에 인간이 함께하도다"라는 선언이 하나님이 주도해오신 이야기의 절정으로서 매우 적합하다는 것을 인지하게 된다. 타락 이전에 하나님과 인간이 누렸던 사귐은

---

5   Walls, *Heaven, Hell, and Purgatory*, 28.

새 예루살렘에서 회복된다. 그러나 직접적 교제의 회복 이야기는 우리가 생각하는 것보다 훨씬 복잡하다. 왜냐하면 이 회복 이야기는 하나님과의 교제에 대한 구약 및 신약성서의 가르침에서 절정에 위치하고 있기 때문이다.

중단된 하나님과 인간의 교제

성서는 아담과 하와가 선악을 알게 하는 나무의 열매를 먹기 전 하루 중 시원한 때 하나님과 함께 동산을 거니는 모습을 묘사한다. 타락 이전에는 하나님과 인간이 일상적으로 이런 교제를 나눴다. 그러나 (하나님의 도덕적 지시를 받아들이는 대신) 스스로 선과 악을 정의하려는 인간의 욕망에 의해 이런 교제가 중단되자, 성서는 하나님과 인간 사이의 직접적이고 방해받지 않는 교제를 더 이상 언급하지 않는다. 타락 이후에도 하나님은 여전히 그분의 백성들과 함께 거하기를 갈망하신다. 그러나 인간은 하나님의 현존에 직접 들어갈 수 있을 만큼 거룩하지 못하다.[6]

성막

하나님은 시내산에서 모세를 통해 성막(또는 천막)을 제작하라는 지시를 내리시는데, 이 성막은 일종의 중재 기구로서 하나님과 인간의 교제를 촉진할 것이다. 사람들은 성막에 의해 조성되고 보존되는 순결과 거룩의 단

---

6   인간과 함께 있고 싶은 하나님의 욕망에 초점을 맞춘 성서신학에 대해서는 Beale and Kim, *God Dwells among Us*를 보라.

계를 성공적으로 통과해야만 하나님의 존전에 들어갈 수 있다. 하나님의 존전에 가까이 다가서기 위해서는 반드시 제대로 된 정화가 필요하다. 사실 평범한 제사장은 성막 바깥마당의 제단에서 예배자를 대신하여 제사를 지낼 수 있었고 특별한 때에는 (진설병, 등잔대, 분향 제단이 놓여 있는) 성소에도 들어갈 수 있었으나 지성소에는 출입할 수 없었다. 지성소는 오직 대제사장만 출입할 수 있었는데 그마저도 1년 1회 대속죄일에만 가능했으며, 이날 대제사장은 하나님께서 그룹 사이에 좌정하고 계신 언약궤 앞으로 나아가 한 해의 죄들을 가려줄 희생제물의 피를 바쳤다(레 16장).

성전

시간이 흐른 뒤, 이동식 천막과 같은 구조를 지닌 성막은 하나님의 고정된 궁전 곧 솔로몬이 세울 성전에 개념적인 형태를 제공하는 역할을 한다. 사람들은 하나님이 특별한 방식으로 성전의 지성소에 거하신다고 믿었지만, 특별히 하나님의 현존에 대해서는 지상의 이런 한계를 초월하는 방식일 것이라고 생각했다. 성전 공사가 마무리되었을 때 솔로몬이 올린 헌납 기도는 이를 명확히 보여준다. "하늘과 하늘들의 하늘이라도 주를 용납하지 못하겠거든 하물며 내가 건축한 이 성전이오리이까"(왕상 8:27). 첫 번째 성전은 바빌로니아 사람들에 의해 파괴되었다가 기원전 6세기에 재건된다. 또한 예수 당시에는 성전 확장 공사가 진행되었다. 그러나 하나님은 더 웅장한 계획을 갖고 계셨다. 하나님은 성전에 머무시는 것이 아니라 다시 한번 직접 인간과 함께 거하기를 원하셨다.

오직 충성으로 받는 구원

성육신

성부 하나님과 함께 선재하셨던 성자 예수께서 인간의 몸을 입은 사건은 하나님과 인간의 교제 회복이라는 신적 계획의 충격적이면서도 적절한 묘수다. 하나님은 예수를 통해 우리 가운데 거하시지만, 육신으로 인해 그 분의 영광이 감춰지고 중재되며 억제된다. 요한은 그리스어로 기록된 자신의 복음서에서 예수의 성육신에 관한 유명한 묘사를 제공하고 있는데, 아쉽게도 이에 대한 영어 번역은 성육신이 어떻게 자신의 백성들과 함께 거하고자 하는 하나님의 계획을 추진하고 있는지를 잘 포착하지 못한다. "말씀이 육신이 되어 우리 가운데 거하시매"(요 1:14). 이 말씀(그리스어: *logos*)은 태초에 하나님과 함께 계셨고(1:1), 이 말씀을 통해 하나님 아버지는 만물을 지으셨다(1:3). 요한은 스스로 "하나님"이라 불릴 수 있는 이 말씀이(1:1, 18) "우리 안에 거하신다"고 선언한다. 이 구절을 그리스어로 보면, 여기서 요한이 구약성서에 나오는 성막인 스케네(*skēnē*)의 이미지를 사용하고 있음이 분명해진다. 요한은 "말씀[*logos*]이 육신이 되어 우리 안에 성막을 치셨다[*eskēnōsen*]"고 말한다. 예수는 이처럼 이 땅의 건축물인 성막으로 비유되고 있지만, 하나님의 임재를 품은 채로 신성과 인성이 섞여 있는 존재였다.

예수의 육신은 나무, 염색실, 천, 가죽, 보석, 금과 같은 일반인적 건축 자재로 지어진 구약성서의 성막과 같았는데, 둘 다 외관상으론 평범한(성막은 비록 그 외관이 화려했지만) 구조물에 불과했지만 그 안에 하나님의 임재와 영광을 감추고 있었다. 성서에는 예수의 외모에 대한 묘사가 없으므로, 그의 몸, 키, 머리카락, 눈, 피부 중 어떤 것도 신성을 드러낼 만한 특별한 점이 없었다고 생각하는 편이 안전하다(참조. 사 53:2). 어떤 사람은 예수께서 행하신 표적과 더불어 물을 포도주로 바꾸시고 병자를 치유하시며 나사로를 죽은 자 가운데서 일으키신 강력한 행위를 보고 나서야 예수를 하나님의 신성한 임재와 동일시할 수 있었다. 사람들은 표적을 통해 하나님의 영광을 볼 수 있었고, 하나님의 영광을 보는 가운데 예수를 향해 믿음의 충성을 표할 수 있었다(요 2:11을 보라). 우리 안에 천막을 치신 예수에 관해 언급하면서 요한은 다음과 같이 말한다. "우리가 그의 **영광**을 보니 아버지의 독생자의 영광이요 은혜와 진리가 충만하더라"(1:14).

요한은 우리에게 예수를 벧엘(*beth-El*, 히브리어로 "하나님의 집")로 간주하라고 요청함으로써 이 성막 비유를 확장한다. 창세기 28:10-19에서 이스라엘의 조상 야곱은 어떤 한 장소에서 바위를 베개 삼아 잠이 든다. 그는 자는 동안 천사들이 계단 또는 사다리 위로 오르락내리락 하는 것을 보고 자신이 하늘과 땅이 교차하는 중요한 곳에 있다고 판단한다. 그래서 그는 그곳을 벧엘이라고 불렀다. 그러므로 예수께서 "하늘이 열리고 하나님의 사자들이 인자 위에 오르락내리락 하는 것을 보리라"는 말씀으로 나다니엘에게 자신을 설명하실 때, 우리는 그분이 참 성막 곧 궁극적인 하나님의 집으로서 우리에게 오셨다는 점을 놓치지 말아야 한다.

되찾은 예비적 접근

성육신 사건은 하나님과 인간의 교제가 회복되는 이야기에서 가장 놀라운 순간일 것이다. 그러나 예수의 십자가 사건은 이 이야기의 또 다른 중요한 순간이다. 신약성서 저자들은 이 십자가 사건을 묘사하면서 성전 이미지를 사용하여 예수의 죽음이 지닌 의의를 설명한다. 복음서 저자들에 따르면, 예수의 죽음과 동시에 지성소와 바깥 성소를 분리했던 성소 휘장이 "위로부터 아래까지 찢어져 둘이 되었다"(막 15:38; 참조. 마 27:51; 눅 23:45). 성소 휘장의 신학적 의의를 설명하는 히브리서를 보면, 이 사건이 하나님과 인간 사이의 교제가 회복됨을 의미함이 분명해진다.

성소 휘장이 둘로 찢어지기 전 대제사장은 일 년에 단 한 차례만 지성소에 출입할 수 있었다. 이때까지는 하나님께 접근하는 길이 "아직 열려 있지 않았기" 때문이다(히 9:8). 그러나 위대한 대제사장이신 예수는 죽음을 통해 자신의 피를 제물로 드리셨고, 바깥 성소와 성소 휘장을 지나 하늘의 지성소로 들어가셨다. 이 땅의 지성소는 하늘 지성소의 모형에 불과하다. 예수는 "단번에 들어가셨고"(히 9:12), 이를 통해 지성소로 이어지는 새로운 길을 여셨다. 그로 인해 다른 사람들 역시 하나님의 임재 앞에 직접 접근할 수 있게 되었다.

> 그러므로 형제들아, 우리가 예수의 피를 힘입어 성소에 들어갈 담력을 얻었나니 그 길은 우리를 위하여 휘장 가운데로 열어 놓으신 새로운 살 길이요 휘장은 곧 그의 육체니라. 또 하나님의 집 다스리는 큰 제사장이 계시매 우리가 마음에 뿌림을 받아 악한 양심으로부터 벗어나고 몸은 맑은 물로 씻음을 받았으니 참 마음과 온전한 믿음으로 하나님께 나아가자(히 10:19-22).

우리 인간은 예수 그리스도의 희생이라는 완벽한 중재를 통해 다시 한번 즉시 하나님 곁으로, 그리고 하나님의 임재 속으로 나아갈 수 있다. 그러나 기독교 신학의 다른 많은 부분과 마찬가지로 현대의 교회가 이런 교제를 회복하는 데 있어 "이미 그러나 아직"의 차원이 존재한다. 우리는 바로 지금 여기서 하나님 아버지께 영적으로 접근할 수 있는 특권을 갖는다. 그러나 하나님을 (그분의 형상을 통해) 직접 마주 보기 위해서는 부활의 시대가 오기까지 기다려야 한다.

완전한 회복

아담과 하와의 불순종 이후 하나님은 주도적으로 그들을 찾으시고 그들 가까이 임재하셨다. 또 하나님은 성막을 통해 아브라함, 모세, 이스라엘과 주도적으로 교제하셨고, 성전을 통해 이스라엘 및 이방 나라들과 주도적으로 교제하셨으며, 성육신을 통해 온 인류와 주도적으로 교제하셨다. 그러나 하나님이 그분의 백성들에게 또다시 가까이 오시고 천상의 예루살렘을 땅으로 가져오신 후 거기서 하나님과 인간이 함께 거하는 절정의 장면으로 성서 이야기가 끝난다면, 이로 인해 우리가 놀라야 하는 걸까? 하나님과 인간의 교제가 완전히 회복되었으므로 새 예루살렘은 요한의 기록처럼 성전을 더 이상 필요로 하지 않는다. "성안에서 내가 성전을 보지 못하였으니 이는 주 하나님 곧 전능하신 이와 및 어린 양이 그 성전이심이라"(계 21:22).

하나님과 인간의 관계 이야기에서 중요한 것은 언제나 우리에게 먼저 다가오시는 하나님의 은혜다. 최종 분석에 따르면 우리가 천국에 가는 것이 아니라 하나님이 그분의 천국 처소를 이 땅으로 가져오시고 우주를 재창조하심으로써 새로운 (즉 철저히 새롭게 된) 하늘과 땅이 존재하게 된다. 우리가 하나님께 가는 것이 아니라 하나님이 우리에게 오신다.

새 예루살렘에서의 삶

우리는 성서 이야기가 어떤 방식으로 최후의 구원이라는 하나의 목적을 고대하는지 탐구해보았다. 그리고 이 탐구의 결과로 하나님과 인간이 또다시 이 땅에서 함께 거하게 된다는 것을 알게 되었다. 사람들은 어떤 중재도 없이 직접 하나님과 접촉하게 될 것이다. 그들은 하나님과 어린양의 보좌에서 흘러나오는 생수의 강을 즐기게 될 것이다(계 22:1). 그들은 또다시 생명나무에 접근하게 되는데, 이 생명나무는 열두 종류의 열매를 맺고 그 잎사귀들은 만국을 치유할 것이다(계 22:2). 그러나 하나님과 인간의 이야기는 여기서 끝나지 않는다. 지금까지는 대하소설 제2권의 앞부분에 지나지 않는다. 새 하늘과 새 땅에서 인간이 하나님과 다시 함께 살면서 누리게 될 삶과 문화는 도대체 어떤 것일까? 성령에 이끌려 높은 산 위에 서게 된 요한은 "하나님으로부터 하늘에서 내려오는 거룩한 성 예루살렘"을 보게 된다(계 21:10).

우리는 새 예루살렘에 대한 묘사를 통해 이 역동적 성읍의 주민이 된다는 것이 무슨 의미인지에 대한 통찰을 얻게 된다. 묘사된 성읍의 모습을 살펴보면, 여기에는 "하나님의 영광"과 (대략 65미터 두께의!) 두꺼운 성곽 및 하나님의 아들들인 열두 족속의 이름이 새겨져 있는 열두 개의 문이 있다. 게다가 성곽에는 열두 사도의 이름이 적혀 있는 열두 개의 기초석이 있다.

우리는 이 이미지를 해석하면서 이 환상의 상징적 본질을 유념해야 한다. 왜냐하면 정밀한 특징을 지닌 문자적·물리적 성읍이 미래의 현실로 기대되어야 하는지가 의심스럽기 때문이다.[7] 이 환상에서 분명한 것은 성곽과 성문이 성읍의 거룩한 거주자들을 성읍 밖의 불순종의 죄인들로부터 격리하고 있다는 점이다(계 22:14-15). 성곽은 하나님의 참 백성들이 사도적 기초석으로 에워싸여 있음을 상징하면서, 그들이 새 예루살렘의 성민들로서 사도적 증언에 근거하여 왕이신 예수께 충성하고 있음을 암시한다. 예수는 열두 사도를 지명하셨는데, 이는 자신을 중심으로 한 이스라엘의 재편성을 상징적으로 보여주기 위함이었다. 그리고 이를 통해 예수는 하나님의 가족 구성원이 되는 것의 의미를 재정립하셨다. 새 예루살렘의 주민이 된다는 것은 예수에 대한 사도적 증언(앞서 논한 복음의 여덟 단계)을 기꺼이 받아들여 성령과 사도적 증언의 인도를 받는 공동체에 들어갔음을 의미한다. 한편 성문은 성곽처럼 하나님, 어린양, 성도를 새 예루살렘 밖에 거주하는 죄인들로부터 분리하는 역할을 하고 있으며, 그 외 중요한 기능 두 가지를 수행한다.

마침내 본향으로

첫째, 구속된 자들은 성문을 통해 새 예루살렘에 입장할 수 있다. 이 이미지는 새 예루살렘에 속한 자들이 순례의 목적지인 새 예루살렘에 도착함에 따라 하늘에서부터 내려온 이 성읍의 인구가 서서히 증가하는 것을 암

---

7 새 예루살렘의 묘사가 왜 모든 세부 사항에서 문자적 의미가 아닌 상징적 의미로 간주되어야 하는지에 관해서는 Beale, *Book of Revelation*, 1063-67을 보라. Beale은 다음과 같이 적절히 요약하였다. "[요한계시록] 21:9 이하를 말 그대로 미래 성읍에 대한 환상으로 이해해 버린다면, 우리는 이 환상이 지닌 근본적인 상징적 본질을 놓치게 된다." 그러나 동시에 "이 주장은 문자 그대로의 새 우주가 없을 것이라는 말이 아니라, 새 질서의 핵심 특징인 고양된 성도들에 대한 초점이 이 환상의 요점임을 의미한다"(1064-65).

시한다. 하나님의 영광이 빛을 비추고 하나님의 어린양이 등불인 것(계 21:23; 참조. 사 60:19)처럼 이 성읍은 일종의 표시등이 되고, 순례자들은 이 표시등을 향하여 걷는다. 새 예루살렘으로 물 흐르듯 들어오는 이 순례자들은 분명 이 세상을 줄곧 적대적이고 이질적이며 달갑지 않은 장소로 이해했다. 그들에게 이 세상은 잘해야 유배지나 임시 도피처에 지나지 않는다. 이들은 아브라함처럼 단 한 번도 어딘가에 정착한 적이 없다. 이는 그들이 "하나님이 계획하시고 지으실 터가 있는 성을 바랐기" 때문이다(히 11:10). 또한 이들은 이미 오래전에 자신들의 참 시민권이 하늘에 있음을 알아차렸고(빌 3:10), 하나님 나라가 "하늘에서와 같이 땅에서도"(마 6:10) 완전히 확립되기를 간절히 기다려왔다. 그들의 충성은 왕이신 예수를 향하고 그들은 그분의 보좌가 새 예루살렘에 세워질 때 그분의 임재 가운데 경배하면서 처음으로 자신들이 참 본향에 있음을 발견하게 된다(계 21:5; 22:1-3).

모임과 문화의 발전

둘째, 성문을 통해 새 예루살렘의 문화가 축적되고 발전된다. "만국이 그 빛 가운데로 다니고 땅의 왕들이 자기 영광을 가지고 그리로 들어가리라. 낮에 성문들을 도무지 닫지 아니하리니 거기에는 밤이 없음이라"(계 21:24-25). 새 예루살렘의 이미지는 솔로몬 왕의 치세를 떠올리게 하는데, 그때 스바의 여왕을 포함한 외국 고관들이 선물을 들고 예루살렘으로 와서 하나님의 많은 지혜를 알게 되었다(왕상 10:1-13). 열방의 순례 이미지는 이사야에 의해 확장되는데, 이사야는 종말에 하나님의 율법과 도를 배우기 위해 고귀한 새 예루살렘으로 물처럼 흘러들어오는 만방을 내다본다(에. 2:1-4). 이사야는 예루살렘의 미래 영광에 대해 다음과 같이 선포한다. "나라들은 네 빛으로, 왕들은 비치는 네 광명으로 나아오리라"(60:3). 나라들이 새로워진 예루살렘으로 흘러들어오면서 자신들의 가장 좋은 것을 가지고 온다. "바다의 부가 네게로 돌아오며 이방 나라들의 재물이 네게로 올 것이다"(사 60:5). 모아진 물품의 목록에는 구리, 은, 금, 철, 유향, 낙타, 숫양, 귀한 건축 자재들이 기록되어 있다. 이처럼 새 예루살렘 성문은 하나님의 선하고 새롭게 된 창조세계에 속한, 기념되고 환영받기 마땅한 물품들이 드나들 수 있도록 영원히 개방되어 있다.

그러나 이와 동시에 성문은 새 예루살렘에서 문화가 유해한 방식으로 발전하는 것을 막는다. 요한이 환상 가운데 보고 있듯이, "무엇이든지 속된 것이나 가증한 일 또는 거짓말하는 자는 결코 그리로 들어가지 못할 것이다"(계 21:27). 인간의 자화자찬이 아닌 하나님의 "영광"으로 충만해 있는 새 예루살렘을 거듭 묘사하면서(계 21:11, 22), 요한은 그 성읍의 거주자들이 바벨탑 건축자들과는 정반대의 방식으로 문화적 진전을 책임지고 있음을 본다.

전해지는 말에 따르면 바벨탑 건축자들은 가마를 이용하여 벽돌을 굽고 회반죽을 만드는 기술을 갖고 있었다. 그러나 그들은 이런 문화적 업적을 하나님의 영광을 위해 사용하지 않았다. 그들은 오히려 조작적·이기적 기술을 이용하여 창조 질서를 지배함으로써 자신들의 "이름을 내기 위해" 하늘을 꿰뚫고자 했다(창 11:4). 그러자 하나님은 이 오만한 건축자들을 흩어버리셨다. 바벨탑 건축자들과 달리 자기 이름을 창대하게 하는 데 전혀 관심이 없었던 아브라함처럼, 새 예루살렘 주민은 이름이 창대해지는 것이야말로 약속을 성취하시는 하나님이 그분의 종들에게 **주시는 선물**임을 깨닫는다. 하나님은 아브라함에게 "내가…네 이름을 창대하게 하리니"라고 말씀하셨고(창 12:2), 만국이 아브라함으로 말미암아 복을 얻을 것이라고 약속하셨다(창 12:3). 아브라함의 씨 곧 메시아 예수는 만국을 위한 복이 성령을 통해 흘러나오도록 하셨다. 스스로 이름을 창대하게 하려는 욕망에서 벗어난 땅의 모든 족속은 새 예루살렘에서 자신들이 이룩한 문화적 업적을 하나님께 바칠 수 있게 된다. 이처럼 문화적 선물이 유입되고 있는 새 예루살렘은 아름답고 웅장하며 성장하는 도시다. 이 환상은 노동의 근본적 가치 및 위엄과 관련하여 중요한 함의를 지니고 있다. 왜냐하면 우리가 하나님의 형상을 지니고 있기 때문이다.

영광 받으신 어린양의 얼굴을 보다

마지막으로, 그 무엇보다도 새 예루살렘에서의 삶을 특징짓는 것은 예배일 것이다. 이 땅에 세워진 천상의 예루살렘 곧 새 예루살렘의 중심에는 "하나님과 어린양의 보좌"가 있다(계 22:1). 새 예루살렘의 주민인 예수의 추종자들은 이 보좌 앞에 절하고 하나님의 영광을 바라본다. "그의 종들이 그를 섬길 것이다"(계 22:3). 하나님의 임재로 들어가는 것이 위험으로 간주되었던 과거와 달리, 이제는 그런 장애물이 완전히 제거되었다. 요한은 사람들이 "하나님과 그 어린양의 보좌"로 나아간다고 말한다(계 22:3). 더욱이 사람들은 "그의 얼굴을 볼 터이요, 그의 이름도 그들의 이마에 있으리라"(계 22:4). 하나님의 보좌에 좌정하신 영광스런 어린양의 얼굴을 직접 뵙는 경이로움은[8] 개인과 성도 공동체를 위한 최종적인 구원의

8　예수의 얼굴과 하나님(성부 아버지)의 얼굴, 이 둘 중 어느 것이 "그들이 그의 얼굴을 볼 터이요 그의 이름도 그들의 이마에 있으리라"(계 22:4. 참조. 14:1)는 구절에 의도된 것인지는 불확실하다. 그러나 이 구절은 하나님(성부 아버지)의 얼굴보다는 예수의 얼굴을 의미하

절정으로서, 다음 장의 주제인 성서의 이미지 신학과 연계될 때 온전한 평가가 가능하다.

그렇다면 구원의 마지막 지평선에 대한 성서의 환상을 가장 잘 설명할 수 있는 방법은 무엇인가? 서구 세계와 기독교의 가르침에 널리 깔려 있는 문화적 가정과는 대조적으로, 기독교 이야기가 전하는 구원의 최종 목적은 개별 영혼의 천국 입성이 아니다. 실제로 성서에서 천국은 거의 논의되지 않는다. 천국에 대한 가장 좋은 이해는 신성한 드라마의 영광스러운 다음 장면을 기대하며 하나님과 잠시 거하는 장소로 여기는 것이다. 하나님은 현재의 우주 질서를 완전히 새롭게 하시고 모든 것을 정결케 하실 것이다. 이 변혁은 너무나도 극적이어서 이 변혁의 환상을 본 요한은 다음과 같이 외칠 수밖에 없었다. "내가 새 하늘과 새 땅을 보니 처음 하늘과 처음 땅이 없어졌고 바다도 다시 있지 않더라!"(계 21:1)

인류는 처음에 있던 에덴동산으로 돌아가지 않을 것이다. 하나님은 새 예루살렘을 이 땅으로 가져오심으로써 인간 문명의 가치관 및 가장 좋

고 있을 가능성이 높으며, 그 이유는 다음과 같다. (1) 어린양이 제일 마지막에 언급되었기 때문에, 계 22:4의 "그의 얼굴"이 예수의 얼굴을 가리킨다고 보는 것이 자연스럽다. (2) 계 19:12에서 예수는 머리에 많은 관을 쓰고 계시며 그중 한 관에는 "이름이 쓰여 있는데 그 이름을 아는 자는 자기밖에 없다." 그러므로 "그의 이름도 그들의 이마에 있으리라"는 표현이 예수를 가리킬 가능성이 약간 더 높다(참조. 계 6:16). (3) 구약성서는 얼굴을 갖고 계신 하나님을 묘사하지만 "하나님은 영"이시며(요 4:24) 하나님에 대한 모든 표현이 은유적이므로, 하나님의 완전한 형상이신 예수를 통해 그분의 얼굴을 볼 수 있다는 것 외에, 새 예루살렘에서 하나님의 얼굴을 물리적으로 볼 수 있을지는 불분명하다(그렇지만 마 18:10을 보라).

은 요소들을 수용하고 계심을 보여주실 것이다. 노동은 더 이상 고역이 아니다. 우리는 메시아와 함께 통치함에 따라 창조세계를 관리하는 서비스 중심의 노동을 하게 되고, 이를 통해 문화는 계속 발전하게 될 것이다. 그리고 삶은 번창할 것이다. 새 예루살렘의 성문과 성벽은 선과 악의 완전한 분리를 보여준다. 불순한 것과 악한 것은 절대로 새 예루살렘에 들어올 수 없다. 하나님은 새 예루살렘 한가운데 자리하실 것이다. 육체로 부활한 하나님의 백성들 곧 예수께 충성하고 어린양의 보혈로 깨끗해진 옷을 입은 자들이 새 예루살렘으로 들어갈 것이다. 우리는 생명나무의 열매를 먹을 것이다.

더 생각해볼 문제들

∿

1. 어린 시절 "천국"이라는 말을 들을 때 어떤 이미지나 생각이 가장 강하게 떠올랐는가? 우리의 현대 문화가 영속시키는 천국의 이미지는 어떤 것인가?

2. 요한계시록의 마지막 환상에 등장하는 에덴동산과 첫 에덴동산 간의 공통점과 차이점은 무엇인가? 그리고 이 공통점과 차이점은 왜 중요한가?

3. 현대 문화에서 바다는 더 이상 원시 악을 가리키는 보편적인 상징이 아니다. 하나님이 오늘날 요한에게 새로운 환상을 주심으로써 비슷한 인상을 불러 일으키시고자 한다면 어떤 상징을 사용하실 것이라고 생각하는가? 그 이유는 무엇인가?

4. 성육신 사건은 하나님과 인간의 교제와 관련하여 어떻게 이전 패턴의 성취이자 미래 사건에 대한 기대가 되는가?

5. 구속된 인류의 최종 목적이 천국을 향해 위로 두둥실 떠 올라가는 영혼이 되는 것이 아니라 하나님이 이 땅으로 가지고 내려오시는 천상의 예루살렘을 맞는 것임을 기억한다면, 이는 (예를 들어 환경 윤리, 생명

오직 충성으로 받는 구원

윤리, 대인 윤리와 같은 부분에서) 우리의 윤리적 선택에 어떤 변화를 줄 수 있는가?

6. 새 예루살렘에 있는 성벽과 성문의 목적을 고려할 때, 당신은 오늘날의 교회가 문화 및 세상과 관계를 맺으면서 이와 유사한 "벽"과 "문"을 세워야 한다고 생각하는가? 이런 "벽"과 "문"은 실제적으로 어떤 형태를 취할 수 있는가?

7. "집"은 당신에게 어떤 의미인가? 왜 새 예루살렘은 하나님의 사람들에게 유례없는 궁극의 집이 되는가?

8. 정결케 되어 새 창조세계에서도 살아남을 수 있는 현대 문화의 측면이 있는가? 이와 반대로 찌꺼기처럼 제거될 문화의 측면에는 어떤 것들이 있는가?

9. 현재의 문화가 미래의 새 예루살렘까지 지속될 수 있도록 당신이 개인적으로 할 수 있는 노력에는 어떤 것이 있는가?

7장

———

하나님의 우상 회복하기

나는 물리학 학사로 대학교 학부를 마치고 좌충우돌 끝에 가까스로 전기 기술 관련 회사에 처음 입사를 했다. 우리 회사의 주요 업무는 병원, 대학교, 교도소 등지에 전기 시설을 설치하는 것이었다. 여러 가지 아이디어를 잔뜩 가지고 있던 나는 스프레드시트를 놓고 열심히 계산을 했고, 전기 설비 설계도를 붙들고 씨름했으며, 허용 전류에 관한 낯선 사실들을 떠올리면서 변압기의 사양을 일일이 다 기록했다. 이렇게 분주하게 살아가던 와중에 큰 공포감이 나를 엄습해왔다. 당시 22살이었던 나는 꽤 많은 급여를 받고 있었고 의미 있는 방식으로 사회에 기여하고 있었다. 그러나 나는 이 모든 것의 최종 목적이 무엇인지 고민하게 되었다. 나의 마음은 하나님을 향한 사랑으로 불타고 있었다. 나에게는 하나님 나라의 성장을 보고 싶은 열망이 있었다. 당시 나는 가끔 커피를 마시며 나누는 신학적 대화를 제외하고—이 신학적 대화는 내 삶의 주요 목적이었다!—나의 직업이 도대체 어떤 **영속적** 의미를 지니고 있는지 알고 싶었다.

이 두려움은 고통스러운 공허감으로 변해갔고, 인생에서 좋은 집을 갖고 아이들을 키우고 자주 스키를 타러 가는 것보다 훨씬 더 소중한 무언가를 필사적으로 열망하게 만들었다. 프로젝트 마감을 앞두고 책상에 앉아 일하고 있던 때 나는 회색빛 공허가 내 앞에서 피어오르는 것을 보았다. 당시 나의 미숙하고 부족한 신학적 렌즈를 통해 보건대, 내 직업은 내게 아무런 의미가 없었다. 나는 진로를 바꿔야 한다고 확신하게 되었다. 그렇게 하지 않으면 내 인생을 낭비하다가 미쳐버릴 것만 같았다. 그 결과 나는 진로를 변경하여 몇 년간 신학교에서 공부한 후 한동안 다시 공학 관련 일에 종사했다. 그리고 마침내 신학 박사학위를 마치게 되었다.

지금까지 살아오면서 나는 내가 공학 계열에 계속 종사했을 경우 미쳐버리지 않는 데 도움이 될 만한 것들을 배웠다. 앞장에서 논했듯이 구원의 최종 목적은 창조 질서를 파괴하는 것이 아니라 철저히 개선하는 데 있으므로, 우리는 우리의 수고에 담긴 순수하며 참되고 훌륭한 요소들이 새 하늘과 새 땅에 어떻게든 편입된다고 기대할 수 있다. 다시 말해 우리의 공학적 자질(그리고 겉보기에 평범해 보이는 일들)은 지금 여기에서뿐만 아니라 영원에 있어서도 중요하다. 우리는 그 방식을 정확히 알지 못하지만, 이 땅에서의 수고에는 분명 하나님의 기묘한 새 하늘과 새 땅으로 휩쓸려 들어갈 존엄하고 선한 요소들이 존재한다. 그러나 우선 이 요소들은 깨끗이 정제될 것이다. 왜냐하면 불순한 것은 절대로 성문을 통해 새 예루살렘으로 들어갈 수 없기 때문이다(계 21:25-27). 사도 바울은 교회를 세우는 수고에 대해 다음과 같이 말한다(그리고 나는 바울의 요점이 우리의 모든 수고에 확장될 수 있다고 본다). "그 불이 각 사람의 공적이 어떠한 것을 시험할 것임이라"(고전 3:13). 대충 한 일과 타협들 그리고 풀과 짚은 불타 없어질 것이지만, 제련된 귀한 재료는 그 불을 견딜 것이다.

죽은 자들로부터 육체로 부활하는 사건은 비유를 통해 명확한 의미를 얻는다. 우리의 현재 몸은 밀 알갱이와 같지만, 부활한 우리의 몸은 온전한 식물과 같을 것이다(고전 15:35-37). 현재의 몸은 썩기 쉬운 우리의 세속적 상태에 걸맞게 그리 대단치 않은 영광(내 몸의 경우는 매우 하찮은 영광)을 지니고 있지만 언젠가 불멸하는 천상의 화려한 영광을 입게 될 것이다(고전 15:40-43). 우리의 현재 몸은 "영혼이 있는"(*psychikon,* "자연적인"이라는 해석도 있다) 몸이지만, 부활한 몸은 예수의 부활한 몸과 똑같은 물리적 특성을 지니고 있음에도 불구하고 "영적인"(*pneumatikon*) 몸이 될 것이다(고전 15:44).

왜 우리의 수고 역시 우리 육신의 경우와 거의 비슷하다고 생각하는가? 우리의 수고와 그 수고로 인해 현재의 형태로 맺히고 있는 열매는 썩기 쉬우며 지금 모습 그대로 새 예루살렘에 들어갈 수 없다. 그러나 바울은 우리의 몸에 관해 다음과 같이 말한다. "보라! 내가 너희에게 비밀을 말하노니 우리가 다 잠잘 것이 아니요 순식간에 우리도 변화되리라"(고전 15:51-52). 나팔이 울리고 죽은 자들이 썩지 아니할 것으로 일어날 것이다. 하나님은 우리를 변화시키실 것이다. 그래서 죽을 것이 죽지 않을 것에 삼켜지게 된다. 마찬가지로 우리의 변화된 수고도 새로워진 창조세계의 삶과 문화에 기여하게 될 것이다.

이런 변화와 갱신을 더 자세히 설명할 수 있을까? 이 장은 앞 장의 논의를 보완하면서 형상(이미지)을 입는 것에 관한 성서신학을 간단히 설명할 것이다. 왜냐하면 형상은 최종 구원과 관련이 있기 때문이다.[1] 구원은 새로운 창조세계로의 부활이다. 또 구원은 개인의 통합적 변화를 수반하는데 이로 인해 우리는 보이지 않는 하나님의 형상이자 왕이신 예수처럼 된다. 이상하게도 이 변화는 특정 종류의 "우상"(idol) 숭배를 통해 시작

---

1 형상과 구원에 관한 성서신학은 Kilner, *Dignity and Destiny*와 Lints, *Identity and Idolatry*를 보라.

되고 우리가 하나님의 "우상"으로서의 완전한 기능을 회복할 때 마무리된다. 고난을 이기시고 영광의 왕이 되신 예수는 하나님의 참 우상이시고, 우리의 최종 구원에는 예수의 형상과 일치하는 것이 포함된다.

하나님의 우상(형상)으로 창조되다

사회적 유대라는 것이 매우 흔하면서도 얄팍한 형태로 존재하는 포스트모던 문화의 환경에서, 많은 사람들 특히 젊은 남녀들은 우울감, 소외감, 공허감에 허덕이고 있다. 개인적 낙담과 허무로 인해 고통받고 있는 사람들에게 모든 사람이 하나님의 형상으로 지음받았다는 성서의 교리는 정말로 좋은 소식이다. 우리가 하나님의 형상으로 만들어졌다는 소식은 우리 각자에게 근본적인 존엄과 자존감을 보증해주기 때문이다.

분절성을 강조하고 소외감을 주는 우리의 문화에서, 하나님의 진리에 관심이 있는 사람들은 힘을 북돋아 주는 하나님의 형상 메시지를 계속 강조한다. 그러나 나는 "하나님의 형상" 신학을 인간의 목적(목적론)이 아닌 인간의 본질(존재론)에 위치시키는 현대적 경향(이것은 적어도 대중적인 기독교의 가르침 및 설교 차원에서 발생한다)으로 인해 이 교리가 별로 관심을 받지 못하고 있는 것은 아닌가 하는 의문을 품는다. 우리는 존엄에 대한 스스로의 평가보다 하나님의 형상 소유에 관한 교리를 통해 훨씬 더 많은 것을 얻을 수 있다. 하나님의 형상 소유 교리가 우리의 최종 구원에 결정적인 역할을 하기 때문이다.

하나님은 사람들이 넘치지도 부족하지도 않은 적절한 자존감을 소유하기를 원하시며 그들이 모든 피조물 중에서 특별하게 차지하고 있는 특권적 지위를 인지하기를 원하시지만, 내 생각에 하나님은 우리가 하나님의 형상으로서 행동하는 것에 훨씬 더 관심이 많으시다. 사실상 아는 것과 행동하는 것이 상호 연결되어 있고 서로 유익을 준다고 말하는 편이 가장 바람직하다. 이는 하나님이 자신의 형상에 따른 인간의 창조에 대해 말씀하실 때 그 초점이 형상 소유의 실제에서 형상 소유의 목적으로 즉시 이동하고 있다는 사실을 통해 명확해진다.

> 하나님이 이르시되 "우리의 형상[*tselem*]을 따라 우리의 모양[*demuth*]대로 우리가 사람을 만들고…그들로 **다스리게** 하자"하시고 하나님이 자기 형상 곧 하나님의 형상대로 사람을 창조하시되 남자와 여자를 창조하시고 하나님이 그들에게 복을 주시며 하나님이 그들에게 이르시되 **"생육하고 번성하여 땅에 충만하라. 땅을 정복하라.** 바다의 물고기와 하늘의 새와 땅에 움직이는 모든 생물을 **다스리라"** 하시니라(창 1:26-28).

이 구절에서 얻을 수 있는 몇 가지 내용이 있다. 먼저, 이 짧은 구절에서 (1:26과 1:27) 두 번에 걸쳐 하나님이 자신의 형상으로 인간을 만드셨다는 진술 바로 다음에 다른 피조물을 다스리는 권한이 인간에게 위임되었다는 내용이 등장한다. 따라서 이 본문은 인간이 하나님을 대신하여 다스림이라는 핵심 임무를 맡을 수 있도록 하나님의 형상으로 창조되었다는 결론을 이끌어낸다.

인간이 하나님의 형상을 품고 있는 이유는 창조세계가 제대로 관리를 받음으로써 하나님의 지혜로운 다스리심이 인간에 의해 가시적인 방식으로 창조세계에 적용되게 하기 위함이다. 이런 이유로 하나님은 아담을 (그리고 이후에 하와를) 에덴동산에 두시고 그가 에덴동산을 "경작/점

겸"(이 단어는 히브리어 아바드['abad]에서 유래하며 특히 종 또는 노예와 관련이 있다)하고 "관리"(이 단어는 히브리어 샤마르[shamar]에서 유래하며 감시, 단속, 보호의 의미과 관련이 있다)하게 하신다. 창조세계의 풍성하지만 야생적인 결실은 적극적으로 정리될 필요가 있다. 또한 인간, 동물, 식물, 창조세계의 무생물 영역이 서로에게 유익이 되도록 창조세계가 지시되고 길들여지며 돌봄을 받아야 한다. 바로 이런 이유로 하나님은 인간에게 생육하고 번성하라고 지시하신다. 창조세계가 생명 유지 잠재력의 최대치에 도달하려면, 많은 사람들이 생겨나서 하나님이 지시하신 대로 적극적인 점검 및 관리에 착수해야 한다.

우리가 "하나님의 형상" 비유의 의미를 함께 고민하는 이 순간, 내가 또 궁금한 것은 "너는 하나님의 형상으로 지음받았다"라는 쾌활한 표현이 "너는 하나님의 **우상**으로 지음받았다"라는 놀라운 표현으로 대체될 때 과연 어떤 새로운 의미의 층이 등장하는가이다. 인간을 묘사하는 창세기 1:26-27의 용어 "형상"(tselem)은 종종 "우상"과 대등한 의미를 지닌다.[2] 이런 식으로 하나님의 형상에 관한 담론을 재구성해보면, 우상, 신전, 우상숭배, 변화 사이의 관계에 대한 새로운 관점과 더불어 인간이 하나님의 왕 같은 대리인으로서 창조세계에 행할 수 있는 근본 권한이 최종적인 구원과 어떻게 연결되는지에 대한 새로운 관점이 열릴 수 있다.

---

2   "우상"과 거의 같은 의미의 tselem("형상")에 대해서는, 민 33:52; 왕하 11:18; 대하 23:17; 겔 7:20; 16:17; 암 5:26을 보라.

우상/형상의 목적

인간이 하나님의 우상/형상으로 지음을 받았다면, 이 진술의 중요성을 한층 더 깊이 숙고해볼 필요가 있다.[3] 기독교 신학자들은 인간이 하나님의 형상을 지니고 있다는 점에서 무엇이 인간을 동물과 차별화시키는지에 대해 매우 다양한 주장을 제시해왔다. 이런 주장들은 대개 인류의 독특한 표시로 간주되는 특유의 정신적·영적 자질에 초점을 맞춘다. 인간은 "하나님의 형상"이기 때문에 말을 하고 생각하며 글을 쓰고 상상할 수 있는 것일까? 창조의 능력과 영혼이 있는 것도 이 때문인가? 아니면 기독교 신학사에서 이 "독특한 표시"라는 전제가 성급히 수용되었을 가능성은 없는 것일까? 이스라엘을 둘러싼 고대 근동에서 "신들"과 우상 및 신전의 연결 방식을 어떻게 인식했는지에 대한 연구는 이런 질문에 답을 찾는 데 도움을 준다.

언제 그리고 어떻게 형상 혹은 우상이 고대의 신이나 여신으로 간주되었을까? 고대 근동의 우상은 수작업으로 만들어졌기 때문에, 우상이 만들어진 즉시 완전한 숭배의 가치를 갖는다고 생각한 사람들은 별로 없었다. 사람들은 문제의 신이나 여신이 우상 제조 과정을 개시한 것처럼 느꼈고 그런 이유로 그들이 존경받을 가치를 지니고 있다고 생각했지만, 그 우상은 여전히 일종의 의식을 통해 내부에 **신적 존재를 가득 주입**받아야 했다. 우상이 위치할 자리는 신전 안에 있었으므로, 우상 제조가 끝난 후 이 우상을 신전 안으로 들여오는 의례적인 인도식이 거행되었을 것

---

3 "하나님의 형상"이 의미하는 것과 의미하지 않는 것에 관해서는, Kilner, *Dignity and Destiny*, 85-133을 보라. Kilner는 결국 "하나님의 형상" 비유가 주로 하나님 및 하나님을 투영하는 것과 연결되어 있다고 결론짓는다.

이다.

고대 메소포타미아에서 소위 입을 헹구는 의식은 우상 소개 의식의 가장 두드러진 부분이었다. 이 의식의 목적은 신 또는 여신이 (형상을 통해) 먹고 마시고 바쳐진 향의 냄새를 맡을 수 있게 하기 위함이었다. 입 헹굼 의식이 끝난 후 사람들은 이 형상(우상)을 신전 내실로 옮겼고, 이 형상은 그곳에서 매일 같이 제물을 받고 다른 형태의 숭배를 받았다. 존 월튼(John Walton)은 우상 소개 의식에 대한 현존하는 설명을 토대로, 고대 바빌로니아 사람들이 의식을 통해 "물질적 형상이 신적 본질에 의해 생기를 띠게 된다"고 믿었다는 결론을 내린다.[4] 고대 이집트의 사고도 이와 유사했는데, 고대 이집트 사람들은 신이 지닌 *ba*(신의 "정신" 또는 "영혼"의 일부를 의미한다)가 형상에 생기를 주고 이 우상은 신적 영역과 세속 영역을 결합하는 매개체로서 해당 신의 기질과 본성을 드러낸다고 믿었다.

예수가 살던 시대에 더 가까운 인물인 미누키우스 펠릭스(Minucius Felix)는 2세기 후반 또는 3세기 초의 기독교 변증가로서 통찰력을 담아 이교도의 우상숭배를 조롱하는데, 여기에는 당시 우상이 완전한 신으로 간주되기까지의 과정이 유용하고 간단하게 설명되어 있다. "언제 신이 생겨나는가? 이 형상은 주조되고 망치질을 당하거나 조각된다. 그것은 아직 신이 아니다. 그것은 납땜으로 조립되고 세워진다. 그것은 아직 신이 아니다. 그것은 치장되고 축성되며 사람들은 그것을 향해 기도를 한다. 그리고 인간이 그것을 신이라 믿고 봉납할 때 그 형상은 마침내 신이 된다"(*Oct.* 22.5).[5]

---

4 이 부분 전체는 특히 Walton, *Ancient Near Eastern Thought*, 113-34, 여기서는 115에 의존하고 있다.

5 다음에서 재인용. Gupta, "'They Are Not Gods!,'" 704.

　　　　오직 충성으로 받는 구원

그러나 신/여신의 임재에 의한 우상의 생기는 이 우상이 그 신을 **단순히 대표**하는 것을 넘어서 그 신이 우상에 **진짜로 내재해 있음**을 의미했다. 예를 들어 당신이 다른 사람의 서명이 새겨진 종이 한 장을 들고 있을 때, 당신은 보통 그 사람이 이 물리적 서명에 그리고 이 물리적 서명에 의해 실제로 당신과 함께 존재한다고 생각하지 않는다. 오히려 당신은 이 서명이 다소 모호하게 그 사람의 허가를 "나타낸다"고 느낄 것이다. 법적 구속력이 있는 서명은 개인의 법적 동의를 나타낸다. 그런데 우상과 관련된 대리 관념은 이보다 훨씬 더 진전된 모습을 보였다.

이스라엘 주변 국가들은 그들의 우상이 신/여신을 나타낼 뿐만 아니라 그 신/여신을 국지적으로 표명한다고 생각했다. 그들은 우상을 통해 그 우상숭배자가 신/여신의 임재에 실제로 접근할 수 있다고 믿었다. 왜냐하면 그 형상이 신의 임재를 실제화하고 체현했기 때문이다. 그렇다고 해서 이 우상과 신이 동일한 존재나 거의 같은 존재로 간주되었던 것은 아니다. 오히려 신/여신은 "형상 안에 구체화 된 실제"였고 동시에 이 신은 별개 우상의 특정한 체현을 초월하여 다른 우상들 안에 완전히 그리고 똑같이 존재할 수 있었다.[6]

위의 내용을 통해 내릴 수 있는 결론은 다음과 같다. 고대 근동에서 신의 형상을 지니고 있다는 것은 이성과 같은 아주 독특한 능력이나 인간을 동물과 구별 짓는 영혼을 소유한다는 뜻이 아니다. 오히려 신의 형상은 이 형상 속에서 그리고 이 형상을 통해 신을 접하게 될 이들에게 신적 임재를 통전적으로 보여주는 역할을 했다. 그러나 신은 형상을 초월하여 존재했다. 고대 근동 세계의 사람들뿐만 아니라 예수의 시대에 지중

---

6   Walton, *Ancient Near Eastern Thought*, 115-16.

해 지역에 살던 많은 이교도들은 그들의 우상들이 성과 속의 연결 고리이자 하늘과 땅이 조우하는 복잡한 문이라고 믿었다. 최근 니제이 굽타(Nijay Gupta)는 그리스-로마 시대 조각상 연구를 토대로 이교도의 시점에서 다음과 같은 결론을 내렸다. (1) 우상은 인간의 창조물인 동시에 신의 창조물이었다. (2) 우상은 살아있었다. (3) 우상은 볼 수 있고 들을 수 있고 말할 수 있었다. (4) 우상은 때로 움직일 수 있었다. (5) 우상은 숭배자들을 질병, 위험, 골칫거리로부터 "보호"할 수 있었다.[7] 형상과의 만남은 그 형상 안에 주입되어 있고 그 형상을 통해 나타나며 행동하는 신/여신과의 만남을 의미했다.

따라서 이스라엘의 하나님의 형상/우상으로 지음을 받은 인간에게 이런 통찰을 적용해보면, 다른 피조물들은 인간을 만나는 순간 하나님의 우상을 통해 하나님의 임재 안에 있게 되는 것이다. 하나님은 그의 인간 우상들 안에 자신의 적극적인 임재를 주입하셨다. 하나님은 자신의 숨/영(ruach)을 진흙으로 빚은 아담의 두 콧구멍에 불어 넣으신다. 그러자 아담이 살아있는 nepesh("사람" 또는 전통적으로 "영혼")가 된다(창 2:7). 동산 겸 신전인 에덴에 놓인 하나님의 형상 곧 아담의 인간성은 이런 식으로 신적 숨/활기로 가득 차 있었다.[8] 이후 아담과 하와 또는 그들의 후손을 만나는 모든 사람들은(창세기는 이 "형상"이 인간의 번식을 통해 전달된다고 특별히 강조한다. 창 5:3을 보라) 이스라엘의 하나님을 역동적으로 체험하게 될 것이다. 왜냐하면 이들은 하나님의 참 우상의 영적 임재에 들어갈 것이기 때문

---

7 Gupta, "'They Are Not Gods!,'" 712-18.

8 특히 에덴에 적용되는 고대 근동의 동산 겸 신전 구조에 대해서는, Beale, *Temple and the Church's Mission*, 29-92, 특히 66-80; Walton, *Ancient Near Eastern Thought*, 122-25을 보라.

이다. 하나님은 창조세계를 초월해 계시고 인간 우상과 똑같지 않지만, 그럼에도 불구하고 인간은 하나님의 우상으로서 신적 임재를 국소적으로 나타내는 역할을 한다. 다시 말해 인간은 일종의 접합지로서 여기서 하나님은 신성한 영 또는 숨으로 가득 차 있는 "하나님의 형상"을 만나는 모든 이들에게 실제적이고 감지 가능한 방식으로 임재하신다.

하나님은 왜 형상을 금지하셨을까?

우리가 아는 한 고대 이스라엘은 우상을 금지했다는 측면에서 주변의 고대 근동 문명들과 특별히 구별되었다. 이스라엘에게 우상을 만들거나 숭배하지 말라는 하나님의 명령은 구약성서 도처에서 발견된다. 이 명령에 관한 전형적인 진술은 십계명의 두 번째 계명이다. "너를 위하여 새긴 우상[pesel]을 만들지 말고 또 위로 하늘에 있는 것이나 아래로 땅에 있는 것이나 땅 아래 물속에 있는 것의 어떤 형상[temunah]도 만들지 말며 그것들에게 절하지 말며 그것들을 섬기지 말라"(출 20:4-5).

　　그러나 하나님이 이처럼 독특한 우상 금지 명령을 내리신 이유를 탐구할 때 우리에게 도움이 될 만한 지침이 거의 없다. 십계명에 따르면, 하나님은 질투하시는 하나님으로서 몇 대에 걸쳐 죄를 철저히 벌하신다. 그러나 하나님은 계명을 지키는 자들에게는 변함없는 사랑을 베푸신다(출 20:5-6). 따라서 하나님이 우상 금지 명령을 내리신 가장 중요한 이유는 그분께서 유일한 참 하나님으로서 숭배와 섬김을 받기에 적합한 유일한 존재이시기 때문이다. 하나님은 마땅히 받으셔야 할 것을 적절히 받지 못하실 때 정당한 질투를 보이신다.

그러나 만약 이것이 하나님께서 우상숭배를 불허하시는 유일한 이유라면, 우리는 하나님을 옹졸한 하나님으로 여기고 싶은 유혹에 빠지기 쉽다. 인간이 하나님을 숭배하지 않거나 죄를 짓더라도, 하나님은 이런 경멸을 무시할 수 있을 만큼 관대하셔야 되지 않는가? 예를 들어 내가 회사에서 승진할 자격이 충분한데도 불구하고 회사의 불의로 인해 승진에서 제외된다면, 나는 질투하지 않고 이 상황을 시련으로 받아들여야 한다. 그러면서 이 상황을 바로 잡거나 재취업을 알아봐야 한다. 그러나 항상 평정심을 유지해야 한다. 인간인 우리도 이처럼 고귀하게 경멸을 받아들여야 하는데, 하물며 하나님은 더 고귀한 모습으로 경멸을 받아들이셔야 하지 않겠는가?

욥은 고통 가운데서 이런 추론을 받아들이고 있는 것처럼 보인다. 욥은 하나님의 면전에 비난을 퍼부으면서 다음과 같이 말한다. "내가 범죄하였던들 주께 무슨 해가 되오리까…어찌하여 내가 당신께 짐이 되었나이까?"(7:20) 비록 욥이 심각한 죄를 지었을지라도(그러나 그는 자신이 죄를 짓지 않았다고 주장한다), 욥은 하나님이 왜 자신의 죄를 그냥 넘기지 않으시는지 의아해한다. "주께서 어찌하여 내 허물을 사하여 주지 아니하시며 내 죄악을 제거하여 버리지 아니하시나이까?"(7:21) 하나님이 경멸받으실 때 이로 인해 영향을 받는 존재가 하나님 본인뿐이라면, 우리는 욥의 주장이 유효하다고 결론 내릴 수 있다. 그러나 사실 우리도 영향을 받는다. 그러므로 우리는 모든 경배와 영광을 받고자 하는 하나님의 질투적 욕망이 하나님 자신뿐만 아니라 우리의 유익을 위하는 것임을 알게 되더라도 놀라지 말아야 한다.

금지된 형상과 훼손된 형상을 입은 자

승인받지 못한 우상이 어떻게 인간에게 해를 가할 수 있는가? 승인받지 못한 우상은 형상을 훼손하기 때문에, 훼손된 형상을 입은 인간은 영광스러운 하나님의 형상을 창조세계에 적절히 전달하지 못하게 된다. 사람이 하나님의 형상으로서 제대로 행한다면, 그/그녀는 하나님과 창조세계가 만나는 진정한 접점으로서의 역할을 수행함으로써 하나님의 임재를 (인간과 모든 피조물을 포함한) 창조세계에 중재한다. 그러나 사람이 거짓 우상을 섬길 때 섬김의 효력은 훼손된다. 하나님의 형상이 발산해야 할 하나님의 영광이 왜곡되기 때문이다. 따라서 다른 사람들, 동물들, 식물들, 지상의 나머지 피조물들은 이 사람을 통해 하나님의 의도대로 체험했어야 할 하나님의 주권을 경험하지 못하게 되고 그 결과 창조세계가 타락하게 된다. 바울의 말처럼 "피조물이 고대하는 바는 하나님의 아들들이 나타나는 것이다"(롬 8:19). 피조물은 왜 하나님의 아들들이 나타나기를 고대하는가? 창조세계는 하나님의 자녀들이 성자 예수와 함께 다스릴 때 그들에게 주어질 충만한 **영광**을 기다리고 있기 때문이다(롬 8:17; 참조. 골 3:4; 딤후 2:12; 계 20:6). 창조세계가 "썩어짐의 종노릇 한 데서 해방되는 것"은 "하나님이 자녀들의 **영광**의 자유"와 관련이 있다(롬 8:21). 요컨대 내가 만약 하나님의 완전한 형상으로 행하지 못한다면, 내 이웃, 가족, 애완동물, 가축, 내가 성심으로 관리해야 하는 이 땅의 장소들은 생명을 부여하는 질서 정연한 통치를 잃게 될 것이다.

내가 죄의 수렁에 빠지더라도 나를 형성하는 하나님의 형상은 소실되지 않지만, 나를 통해 하나님의 형상이 드러나는 방식에는 변화와 훼손이 발생한다. 사람이 참 우상, 참 형상의 소지자로서 행하지 못할 때 다른 사람들과 창조세계에 무슨 일이 발생하는지를 알기 위해서는 창세기 4-11장 또는 로마서 1장(또는 텔레비전 뉴스)에 나오는 살인, 성적 타락, 폭력, 자만에 관한 이야기를 보면 된다. 하나님의 형상을 훼손하는 것이 어떻게 실제적 측면에서 우상숭배와 연관되는 것일까?

거짓 현실과 왜곡된 형상

첫째, 우상숭배로 하나님의 형상을 훼손하는 일은 현실에 대한 기본적인 오해에서 비롯된다. 이방의 우상들은 거짓이다. 어떠한 신/여신의 임재도 실제로 그것들에 깃들어 있지 않다. 영을 부여받은 아담과 하와와 달리, 우상에는 "그 안에 어떠한 루아흐('숨' 또는 '영')도 없다"(렘 10:14). 우상은 사기, 거짓말, 속임수, 허영이다. 우상은 그것이 만들어진 재료 이상을 초월하는 "실제적인" 상태를 넘어서 존재할 수 없다.[9] 이사야는 우상과 그 우상이 나타내고자 하는 신에게 다음과 같이 말한다. "보라! 너희는 아무 것도 아니며 너희 일은 허망하며 너희를 택한 자는 가증하니라"(사 41:24). 그에 반해 이스라엘의 하나님은 자신에 대해 확언하신다. "나는 처음이요 나는 마지막이라. 나 외에 다른 신이 없느니라"(사 44:6). 이처럼 하나님만이 유일한 참 신이므로, 우상을 섬기는 사람은 실제에 대한 잘못된 평가에 참여하게 되는 것이다. 정직하지 못한 중고차 판매원에게 속아 비싼 차를 산 사람이 그 차가 제대로 굴러가지도 않는다는 것을 발견할 때 실

---

9   우상은 그것을 만드는 데 사용된 재료를 넘어서는 실제 존재가 없다는 가장 원초적인 진리임에도 불구하고("우리가 '우상은 세상에 아무것도 아니며' 또한 '하나님 한 분밖에 없는 줄' 아노라", [고전 8:4]), 우상숭배는 악마에 의해 채택될 수 있으므로 우상숭배에는 악령에 참여하는 것이 포함될 수 있다는 사실을 기억하라(참조. 고전 10:20).

제적인 피해를 입는 것처럼, 우상에 속은 사람들도 그들의 삶이 기쁨으로 번영하는 것이 아니라 무너져 내리는 것을 보게 될 것이다. 요나서의 기록처럼 "거짓되고 헛된 것을 숭상하는 모든 자는 자기에게 베푸신 은혜를 버렸나이다"(2:8).

우상숭배, 합리화, 그리고 도덕적 붕괴

둘째, 우상은 인간에게 실제적 피해를 입힌다. 왜냐하면 우상 제작자가 "그가 만든 우상을 의지하기" 때문이다(합 2:18). 우상은 실제로 말을 하지 못하지만 우상을 대신해 말하는 자들은 "허탄한 것을 말하고" 우상을 통해 점을 치는 자들은 "진실하지 않은 것을 보는데", 이는 "그들이 거짓 꿈을 말한즉 그 위로가 헛되기" 때문이다(슥 10:2). 이처럼 인간은 우상으로 하여금 우리가 듣고 싶은 것을 "말하게" 하는 강한 성향이 있다. 따라서 우상을 통해 예언하고 해석하는 자들은 그것을 자기 잇속을 묵인하고 합리화하는 용도로 쓴다. 그 결과 우상숭배자들은 하나님과 진리에 이끌리기보다는 미혹을 받아 "양같이 유리하게 된다"(슥 10:2).

바울이 로마서에서 설명하는 것처럼, 우상숭배는 결국 사람들 사이에서 하나님의 영광을 사라지게 만드는 도덕적 타락의 과정을 가속화한다. 우리는 창조세계를 관찰함으로써 하나님의 "영원하신 능력과 신성"을 알게 되더라도(롬 1:20), 창조세계에서 발견한 하나님에 관한 진리들이 우리의 이익과 충돌할 때 이 진리들을 무시하고 유일한 참 하나님을 대신해 우리의 그릇된 욕망을 추구하게 해 줄 우상을 만든다. "스스로 지혜 있다 하나 어리석게 되어 썩어지지 아니하는 하나님의 영광을 썩어질 사람과 새와 짐승과 기어다니는 동물 모양의 우상으로 바꾸었느니라"(1:22-

23). 이처럼 우상숭배자들은 하나님의 영광을 불명예스럽고 완전히 죽어 버린 것과 맞바꾸고 그 결과 하나님의 영광과 만나지 못한다. 따라서 거짓 신을 숭배하는 자들은 우상숭배로 변화를 겪게 되고 결국 하나님의 형상을 제대로 지니지 못하게 된다. (이런저런 형태의) 우상숭배가 편재한 가운데, 그 마지막 결과로서 그리스도를 제외한 모든 인간은 하나님의 영광을 철저히 잃게 된다. "**모든 사람이 죄를 범하였으매 하나님의 영광에 이르지 못하더니**"(3:23).

우리는 우상을 만든 후 이 우상을 사용하여 육체의 욕구, 특히 성욕을 만족시키려는 우리의 욕망을 합리화한다. 하나님은 우리로 하여금 우리의 어리석은 행위의 결과를 몸소 겪게 하신다. "그러므로 하나님께서 그들을 마음의 정욕대로 더러움에 내버려 두사 그들의 몸을 서로 욕되게 하게 하셨으니"(롬 1:24). 도덕적 붕괴는 인간이 우상숭배로 인해 "모든 불의"(1:29)로 이끄는 파산한 마음을 겪게 되면서 가속화된다. 바울은 우상숭배가 가져오는 죄의 목록을 나열함으로써 이 모든 불의를 고통스러울 정도로 자세히 설명한다(1:29-30).

인간의 변화와 우상숭배

셋째, 사람은 자신이 숭배하는 것을 닮아가므로 우상숭배는 인간에게 해를 끼친다.[10] 우리는 우상을 숭배할 때 그 우상의 자질을 띠게 된다. 시편 저자는 우상숭배에 대해 다음과 같이 말한다.

---

10   해당 성서 모티프에 대한 풍부한 해석에 관해서는 Beale, *We Become What We Worship*(『예배 자인가, 우상숭배자인가?』[새물결플러스 역간])을 참조하라.

입이 있어도 말하지 못하며 눈이 있어도 보지 못하며

귀가 있어도 듣지 못하며 코가 있어도 냄새 맡지 못하며

손이 있어도 만지지 못하며 발이 있어도 걷지 못하며

목구멍이 있어도 작은 소리조차 내지 못하느니라.

우상들을 만드는 자들과 그것을 의지하는 자들이 다 그와 같으리로다(시 115:5-8).

시편 저자에 따르면 우상숭배는 결과적으로 그 우상과의 일치로 귀결된다. 우상숭배자는 갈수록 그 우상을 닮게 되어 결국 볼 수도 없고 들을 수도 없으며 냄새도 맡지 못하고 진리를 느낄 수도 없게 된다.

고대와 현대의 우상숭배 형태는 실제 영역으로부터의 이탈이라는 점을 특징으로 하며, 여기에는 실제를 정확히 파악하지 못하는 무능력도 포함된다. 이스라엘 백성의 거짓 숭배에 대해 열왕기하 저자는 다음과 같이 말한다. "그들은 허망한 우상[hebel]을 따라 허망하게 되었다"(17:15). 예언자 예레미야도 같은 정서를 반향하며 유다 백성이 진정한 야웨 숭배를 떠나 "헛된 것을 따라 헛되게 되었다"고 말한다(2:5). 따라서 실제에서 벗어나는 우상숭배의 궤적은 우상숭배자를 실제와 완전히 단절된 진공 상태로 이끈다. 우상숭배자는 결국 무감각한 우상처럼 되어서 실제 영역과 접속하는 데 감각을 사용할 수 없게 된다. 여기서 실제 영역이란 하나님의 진리, 아름다움, 선함, 일체를 의미하며, 인간이 이에 접근하기 위해서는 하나님이 선물로 주신 창조세계와 접촉해야 한다. 하나님의 영광과 인간의 접촉은 거짓 형상과 인간의 접촉으로 대체되었고, 이로 인해 인간은 하나님의 영광을 잃게 된다.

반면 좋은 소식은 우리가 유일하신 참 하나님을 숭배할 때 점점 더

민감해지고 통찰력을 갖게 된다는 것이다. 우리는 하나님이 만드신 창조세계의 실제를 보고 듣고 냄새를 맡으면서 창조세계가 하나님 자신에 관한 진리를 가리키고 있음을 정확히 인지하게 된다. 그렇게 해서 우리는 다시 한번 완전한 인간으로 해방되며, 참 인간이자 하나님의 형상을 온전히 나타내는 성자 예수의 형상과 더욱 일치하게 된다.

원래 형상을 입다

우리는 종종 하나님과 인간이 정반대의 존재라고 생각한다. 인간은 쉽게 실수하지만 하나님은 절대로 실수하지 않으신다. 인간은 악하지만 하나님은 무죄하시다. 인간은 죽지만 하나님은 영생하신다. 인간은 연약하지만 하나님은 전능하시다. 그러나 이런 대조는 우리가 찾은 모습 그대로 인간을 성찰하는 것이지, 인간을 향한 하나님의 궁극적 의도에 비추어 인간을 성찰하는 것이 아니다. 모든 인간은 하나님의 형상으로 지음을 받았다. 그러나 타락한 인류가 하나님의 우상으로서 행할 수 있는 능력(창조세계를 관리하면서 하나님을 역동적으로 나타내는 능력)은 타락으로 인해 제한을 받고 있다. 예수께서는 성육신을 통해 참 인간으로서 우리에게 오시는데, 이 성육신 사건은 가장 완전한 인간이 어때야 하는지에 대한 하나님의 의도가 성취된 것이다. 번영하는 인간이 갖는 놀라운 신비는 다음과 같다. 완전한 인간이 되는 것은 하나님의 적이 되는 것이 아니다. 완전한 인간이 되는 것은 하나님의 완전한 형상이 되는 것이며 하나님의 온전함, 영광, 화려함 속에서 하나님을 흠 없이 투영하고 나타내는 것이다.

오직 충성으로 받는 구원

하나님의 완전한 형상이신 예수

우리는 골로새서의 유명한 그리스도 찬가를 통해 예수께서 하나님의 사랑받는 아들로서(참조. 골 1:13) 하나님의 온전한 형상을 어떻게 나타내고 있는지를 발견한다.

그는 보이지 아니하는 하나님의 형상이시요 모든 피조물보다 먼저 나신 이시니, 만물이 그에게서 창조되되 하늘과 땅에서 보이는 것들과 보이지 않는 것들과 혹은 왕권들이나 주권들이나 통치자들이나 권세들이나 만물이 다 그로 말미암고 그를 위하여 창조되었고, 또한 그가 만물보다 먼저 계시고 만물이 그 안에 함께 섰느니라. 그는 몸인 교회의 머리시라. 그가 근본이시요 죽은 자들 가운데서 먼저 나신 이시니 이는 친히 만물의 으뜸이 되려 하심이요, 아버지께서는 모든 충만으로 예수 안에 거하게 하시고 그의 십자가의 피로 화평을 이루사 만물 곧 땅에 있는 것들이나 하늘에 있는 것들이 그로 말미암아 자기와 화목하게 되기를 기뻐하심이라(골 1:15-20).

우리는 이 찬가의 의미를 묵상하면서 하나님의 아들 예수가 어떻게 하나님의 형상으로 불릴 수 있는지 의아해할지도 모른다(참조. 고후 4:4). 왜냐하면 하나님의 형상이라는 말에는 눈으로 볼 수 있는 무언가라는 뜻이 암시되어 있기 때문이다. 하나님은 분명히 눈으로 볼 수 없는 존재로 묘사되어 있는데도 말이다. 이 의문은 찬가의 의미를 파악하는 데 중요한 실마리가 된다. 찬가의 저자가 하나님의 아들 예수를 "보이지 않는 하나님의 형상"이라고 표현할 때(바울은 이 찬가의 저자가 아닐 것이다. 그는 이 찬가를 자신의 편지에 포함시켰을 뿐이다), 그는 하나님께서 창조세계와의 연결을 위해 "형상"(eikōn), "지혜"(sōphia), "말씀"(logos)이라는 단어를 사용하신 방식에 관해 유대교적 헬레니즘의 해석 전통을 의지하고 있을 가능성이 높다.

다시 말해 하나님은 초월적 존재이시기 때문에 말씀, 지혜, 형상과 같은 다양한 방편을 통해 창조세계 안에 존재하시면서 활발히 활동하실 수 있다. 예를 들어 하나님이 "빛이 있으라"(창 1:3) 등과 같은 말씀으로 우주의 다양한 모습들을 표현하셨을 때 로고스(말, 이성, 합리성)가 하나님의 창조의 대리자로서 하나님과 함께 있었다. "태초에 말씀이 계시니라.…만물이 그로 말미암아 지은 바 되었으니"(요 1:1-3). 한편 플라톤 사상에 의존했던 유대 헬레니즘 철학자 필론(Philo)은 "로고스"와 "형상"이 하나님과 형태를 지닌 이 땅의 실재를 중개하는 천상의 형태라고 말할 수 있었다.[11] 구약성서의 잠언은 창조 때 하나님과 함께 있던 로고스를 말하는 대신 지혜(Wisdom)에게 기회를 주어 당시 지혜가 맡았던 역할에 대해 스스로 입증하게 한다. "여호와께서 그 조화의 시작 곧 태초에 일하시기 전에 나를 가지셨으며"(8:22). 지혜는 하나님이 우주를 만드실 때 자신이 하나님과 함께 일하는 친밀한 역할을 맡았다고 주장한다. "내가 그의 곁에 있어서 창조자가 되었다"(8:30).

그러므로 골로새서 1:15에서 하나님의 아들 예수가 "보이지 아니하는 하나님의 형상"으로 불릴 때, 우리는 이 말이 무엇보다도 하나님의 아들 예수가 초월하시는 하나님을 창조세계 안에 어떻게 존재케 하는지에 관한 진술임을 알아차려야 한다. 이는 우리가 이미 확인한 것처럼 고대

---

11 "형상"에 대한 플라톤의 생각은 *Timaeus* 92c를 보라. 플라톤적 형태인 하나님의 형상으로 지음을 받은 인간과 하나님의 이성 간의 관계에 대한 필론의 주장에 대해서는, 특별히 *Opif.* 25, 31, 69를 보라. 로고스를 하나님의 형상으로 보는 내용은 Philo, *Fug.* 101; *Spec.* 1.81를 보라.

근동 세계에서 널리 받아들여졌던 우상 또는 형상의 목적에 잘 부합한다. 고대 근동 세계에서 사람들은 하늘에 사는 신이 만들어진 우상을 통해 이 땅의 한 장소에 구체적이고 실제적으로 존재하게 된다고 믿었다. 그러나 두 번째로, 그리스-로마 전통을 비판하는 과정에서 유대교와의 연속성을 보이면서, 오직 한 가지만이 하나님의 "우상" 또는 "형상"으로서 기능할 수 있다고 전해진다. 이 한 가지는 나무, 돌, 금을 사용하여 손으로 만든 우상이 절대로 **아니다**. **사람** 곧 영혼을 부여받은 살아 있는 인간만이 하나님을 적절히 "투영할 수 있다". 하나님을 투영하는 일은 하나님이 사랑하시는 아들 예수에 의해 성취되는데, 그는 실제로 육체를 가지고 있었던 참 인간이셨고(골 1:22) 지금은 왕으로 높임을 받아 하나님 오른편에 앉아 계신다(골 3:1). 조슈아 지프(Joshua Jipp)가 강하게 주장했듯이, 왕과 관련된 비유는 예수께서 어떻게 하나님의 형상이 되는지에 대한 바울의 관점을 가장 잘 설명한다.[12] 만약 이것이 사실이라면 예수께서 이상적인 왕으로서 하나님의 형상을 대표하는 인물임이 더욱 분명해지므로 예수와 자신을 비우는 그분의 방식에 대한 우리의 충성은 그분의 형상으로의 변화도 가져오게 될 것이다.

이를 종합해보면 인간의 몸으로 오신 예수는 참 인간으로 만들어지도록 하나님이 고안하신 인류, 즉 하나님의 형상으로 만들어진 인류의 정점이다. 다음 요지는 매우 중요하므로 주목하길 바란다. 바울은 예수가 어떻게 하나님의 형상인지를 논하면서 "아버지께서는 모든 충만으로 예수 안에 거하게 하신다"(골 1:19)고 진술한다. 다시 말해 예수는 하나님의 형상을 지닌 인간일 뿐만 아니라, **완전하게** 하나님을 투영하는 유일한 인

---

12   예수를 하나님의 왕 같은 형상으로 보는 주장은 Jipp, *Christ Is King*, 100-127을 보라.

간이다. 바울이 살던 세계에서 우상/형상이 어떤 의미를 갖는지를 고려해본다면, 우리는 여기서 예수가 하나님의 임재로 가득 차 있는 "하나님의 유일한 우상"이라는 바울의 단언을 발견하게 된다. 다른 인간 우상들은 하나님을 투영하지만, 이 인간 우상들은 하나님을 완전히 나타내지 못한다. 예수를 제외한 모든 인간에게 있어서 인간 형상과 하나님의 신성한 임재는 완전히 일치하지 않는다. 그래서 인간 형상은 하나님의 임재를 완벽히 중재하지 못한다. 하나님의 임재는 퇴색되거나 가려진다. 그러나 예수는 나무랄 데 없는 일치와 편만한 임재를 가져오신다. 우리가 이 요지를 놓쳤을 때를 대비하여, 바울은 골로새서에서 동일한 내용을 더 자세히 설명한다. 그는 골로새 교회 성도들에게 한낱 인간의 철학 및 전통에 불과한 거짓 지혜에 속지 말라고 경고한다. 그리스도이신 예수는 뛰어나시다. 왜냐하면 "그 안에는 신성의 모든 충만이 육체로 거하시기" 때문이다(2:9). 왕이신 예수는 하나님의 임재를 완전히 품고 있는 유일한 하나님의 형상이시다. 따라서 한낱 인간의 지혜로는 잘해야 예수 안에 터를 잡고 있는 하나님의 임재에 접근이 가능할 뿐, 절대로 예수께서 투영하는 하나님의 임재를 뛰어넘을 수 없다. 그리스도이자 왕이신 예수는 하나님의 형상을 지녀야 할 인간의 임무를 성취하신다.

하나님의 본래 형상이신 예수

예수는 하나님의 완전한 형상인 동시에 하나님의 **본래** 형상이시다. 시간 순으로 아담이 먼저 출현했고 예수께서 나중에 출현하셨으므로, 우리는 아담이 하나님의 본래 형상이고 예수는 아담 이후에 왜곡된 하나님의 본래 형상을 회복하는 일종의 복제본이라고 생각하고 싶을지도 모른다. 그

오직 충성으로 받는 구원

러나 예수는 아담과 하와를 향한 하나님의 의도가 **회복**되는 것 이상의 의미를 지닌다. 예수는 단순한 복원을 능가하신다. (건축이 완료된 집의) 모든 화려함이 그 집의 건축 설계도를 능가하는 것처럼 말이다. 설계도는 처음 만들어질 때나 건축이 완료된 후에도 (그 집의 구조와 시스템을 보여주는 간편한 안내서로서의) 본질적 가치를 지닌 실제 물건이다. 하지만 일단 집이 완공되고 나면, 이 설계도는 자신이 예상했던 더 깊고 완전한 실제에 뒤쳐진다. 마찬가지로 아담은 하나님의 형상을 제한된 방식으로 지니고 있었다. 그는 하나님의 형상을 나타내는 일종의 가시적 모형이었다. 예수는 완전한 하나님의 형상으로서 이 가시적 모형을 능가하신다. 왜냐하면 특이하게도 아담이 아닌 예수가 바로 하나님의 본래 형상이기 때문이다. 바울의 말처럼 "아담은 오실 자의 **모형**이라"(롬 5:14). 오실 자 곧 예수는 모형인 아담이 예상했던 완전한 실제였다. 아담은 예수의 모형으로서 집의 설계도였으며 온전함을 미리 보여주는 가시적 모조품이었다. 그리고 이 온전함이 이제 왕이신 예수를 통해 도래했다. 그러나 이상하게도 메시아적 원형인 그리스도라는 집은 아담이라는 설계도 이전부터 존재했었다.

하나님은 눈에 보이는 자신의 임재를 아담과 하와 그리고 메시아이신 예수 이전에 존재했던 아담의 모든 후손인 인류에게 실제로 남겨 두셨다. 하나님은 창조세계에 자신의 결정적 표시와 각인과 형상을 남겨 놓으셨다. 그러나 성서의 많은 장면에서 볼 수 있는 것처럼, 하나님은 아담을 자신의 형상을 입은 자로 만드셨다. 그런데 하나님의 형상을 입은 아담은 자신보다 은밀한 방식으로 앞서 존재하고 미래에 공개적으로 나타날 자, 더 깊고 풍부하고 완전하게 하나님의 형상을 입고 있는 자를 예상한다. 한번 상상해보라. 아담은 먹물로 젖은 도장을 흰 종이에 찍었을 때 생기는 까만 무늬다. 하나님은 아담이라는 새까만 자국을 창조세계 안에 놓아두셨다. 그런데 이 자국은 본래 도장인 예수 그리스도 곧 하나님이 사랑하시는 아들의 궁극적인 역사적 출현을 예고한다. 모든 사람은 아담의 먹 자국에 참여하게 되는데, 이는 하나님의 형상이 아담을 통해 전가되기 때문이다.

그러나 하나님의 본래 형상이신 예수께서 인간으로서 역사 가운데 나타나심으로 인해, 모든 인간은 먹으로 된 이 땅의 복제품이 아닌 하늘의 본래 도장과 접촉함으로써 훼손된 상태로부터 회복될 기회를 갖게 된다.

> 첫 사람은 땅에서 났으니 흙에 속한 자이거니와 둘째 사람은 하늘에서 나셨느니라. 무릇 흙에 속한 자들은 저 흙에 속한 자와 같고 무릇 하늘에 속한 자들은 저 하늘에 속한 이와 같으니(고전 15:47-48).

이처럼 첫 사람 아담은 이 땅의 원형이었고, 아담의 모든 후손은 아담이 물려준 유형에 따라 그의 형상을 지니고 있다(창 5:3). 그러나 예수는 이 땅의 원형을 위한 하늘의 원형으로서 하나님의 완전한 형상이시다. 우리가 아담 안에만 머물러 있다면 하나님의 형상을 지니고 있더라도 왜곡되고 이지러진 먹 자국에 지나지 않는다. 그러나 우리는 본래 도장인 메시아 예수를 바라봄으로써 회복될 수 있다. 우리는 단순히 타락 이전 아담이 지녔던 역동적인 첫인상으로 회복되는 것을 넘어 모든 것보다 뛰어난 수준으로 회복되므로, 이 회복은 새 창조라고 부르는 편이 낫다. 우리는 아담의 첫인상이 아닌 본래 도장인 예수와 일치하도록 만들어졌다. 즉 우리가 하나님의 형상을 지니는 방식이 왜곡되어 있는데, 이 왜곡된 방식은 하나님의 참 형상이신 예수에 의해 변화된다. 이 변화는 어떻게 발생하는 것일까? 흥미롭게도 우리는 예수를 **바라봄**으로써 가장 근본적으로 바뀌게 된다.

참 형상을 통한 회복

그리스도인인 우리는 최종적 구원에 하나님의 완전한 형상을 입으신 그리스도의 형상과의 일치가 포함된다는 것을 확신할 수 있다.[13] 왜냐하면 "우리가 흙에 속한 자의 형상을 입은 것 같이 또한 하늘에 속한 이의 형상을 입게 된다"는 바울의 말이 있기 때문이다(고전 15:49). 바울은 그의 다른 서신에서 예수의 형상과의 일치가 교회를 향한 하나님의 예정된 계획의 일부라고 말하면서 이 주제를 더 자세히 다룬다. 하나님의 맏아들인 예수는 많은 형제자매들이 자신과 닮거나 형상을 공유하게 될 때 그들이 하나님의 가족이 될 수 있는 길을 열어 놓으셨다.

> 하나님이 미리 아신 자들을 또한 그 아들의 형상을 본받게 하기 위하여 미리 정하셨으니 이는 그로 많은 형제 중에서 맏아들이 되게 하려 하심이니라. 또 미리 정하신 그들을 또한 부르시고 부르신 그들을 또한 의롭다 하시고 의롭다 하신 그들을 또한 영화롭게 하셨느니라(롬 8:29-30).

하나님의 아들인 예수의 형상을 닮아가는 것은 성도의 운명이다. 하나님의 참 가족인 자들은 거룩함 및 왕이신 예수의 형상과의 일치가 필수적일

---

13 그리스도의 형상이 우리의 형상을 회복시키는 것에 대해서는 Kilner, *Dignity and Destiny*, 233-310을 보라.

수밖에 없기 때문에, 바울은 이런 사건들을 과거, 현재, 미래의 실재로서 암시하는 방식으로 말한다. 즉 하나님은 부르신 그들을 의롭게 하시고 영화롭게 하셨다.[14]

예수께 시선을 고정할 때 우리는 그리스도의 형상(결국 하나님의 형상)을 닮아간다. 이 말을 처음 들을 때는 놀랄 수도 있지만, 우리가 함께 살펴보았던 우상 신학을 생각해보면 곧 진정될 것이다. 우리는 우리가 숭배하는 대상처럼 변한다. 우상을 숭배하는 자들은 그 우상의 속성을 취하게 된다. 보고 듣지도 못하고, 만질 수도 없으며, 냄새를 맡지 못하고 맛을 보지도 못하는 무언가를 숭배한다면, 당신을 참 진리로 확실히 인도할 감각 능력도 이와 마찬가지로 약화될 것이다. "우상들을 만드는 자들과 그것을 의지하는 자들이 다 그와 같으리로다"(시 115:8). 그러나 예수를 하나님이 임명하신 본래 "하나님의 우상"으로 숭배한다면, 왕이신 예수를 닮아가게 될 것이다.

신약성서의 여러 구절들을 통해 이를 자세히 확인할 수 있다. 바울은 영화롭게 된 예수를 볼 때 발생할 변화를 다음과 같이 묘사한다. "우리가 다 수건을 벗은 얼굴로 거울을 보는 것 같이 주의 영광을 보매 그와 같은 형상으로 변화하여 영광에서 영광에 이르니 곧 주의 영으로 말미암음이니라"(고후 3:18). 여기서 바울은 이 변화가 "주의 영으로" 촉진된다고 설명한다(고후 3:18). 이 말은 십중팔구 우리의 주 예수께서 성령을 통해 기

---

14 개인적 구원에 관한 성서의 가르침을 체계화하려는 자들은 롬 8:29-30이 하나님의 집단적 백성을 위한 하나님의 행위에 대해 말하고 있음을 반드시 명심해야 한다. 하나님의 백성인 이 무리는 하나님의 계획에 따라 집단적으로 예정되며 의롭게 되고 영화롭게 된다. 그러나 롬 8:29-30에는 각 개인이 이 무리의 경계와 어떻게 관련되는지에 관한 설명이 나와 있지 않다. 더 자세한 논의는 이 책 8장의 "순서가 아닌 연합으로서의 칭의" 부분을 보라.

오직 충성으로 받는 구원

능적으로 역사하심을 의미한다.[15] 우리는 지금 주 예수의 영광을 본다. 비록 (거울을 통해 보듯이) 간접적이긴 하지만 말이다. 그 결과로 우리는 성령을 통해 주 예수의 형상으로 천천히 변하게 된다. 예수를 하나님의 참 우상으로 바라보는 이 변혁적 응시는 우리의 최종 구원에서 매우 중요한 역할을 하기 때문에 사탄은 이를 황급히 막으려 한다. "그중에 이 세상의 신이 믿지 아니하는 자들(apistoi)의 마음을 혼미하게 하여 그리스도의 영광의 복음의 광채가 비치지 못하게 함이니 그리스도는 하나님의 형상이니라"(고후 4:4). 아피스토이(apistoi) 곧 예수께 충성하지 않는 자들은 그리스도 안에서 하나님의 형상을 닮아갈 수 있는 변혁적인 응시를 하지 못한다. 그러나 예수께 충성하는 자들은 그들의 눈을 예수께 고정하고(히 12:2) 또 영원히 지속될 하나님의 일과 하늘나라 사업에 고정할 것이다(마 16:22-23; 고후 4:18). 그들은 우리의 마음을 예수께 기울일 때 그분이 우리 안에서 역사하시는 변혁적 과정의 일부로서 우리를 새롭게 하심을 알고 있다(롬 12:1-2).

완전한 형상을 입다

지금까지 하나님의 형상인 인간이라는 관점의 신학을 함께 살펴보았다. 이제 우리는 성도들이 새 예루살렘에서 어린양의 얼굴을 직접 바라보는 더없이 행복한 비전으로 되돌아갈 수 있다. 하나님의 종들은 아무런 방해 없이 어린양에 접근하고 섬기면서, 하나님의 보좌를 공유하고 있는 영화

---

15 이 해석에 대한 옹호는 Bates, *Hermeneutics of the Apostolic Proclamation*, 160-81, 특히 178쪽 각주 186을 보라. 충분한 학문적 논의는, Thrall, *Second Epistle to the Corinthians*, 1:273-97을 보라.

롭게 된 어린양과 그의 얼굴을 직접 볼 수 있다. "그들은 그의 얼굴을 볼 터이요 그의 이름도 그들의 이마에 있으리라"(계 22:4). 이처럼 직접적인 응시가 이루어지는 순간 하나님이 인간과 상호작용하시는 이야기에 근본적인 변화가 나타난다.

구약성서에는 얼굴과 얼굴을 맞대고 하나님을 보았다는 여러 인물이 등장하지만, 언제나 무언가로 인해 대면의 직접성이 약화되거나 가려지거나 반사되거나 매개되었다. 이런 대면의 간접성은 반드시 필요한 것이었는데, 이는 그들이 하나님의 영광을 직접 볼 때 발생하는 모든 무게를 견딜 수 없었기 때문이다. 모세는 야웨께서 "대면하여 아시던"(신 34:10) 자였기에 모든 예언자 중에서 가장 위대한 인물로 기억되고 있다. 또 모세는 "사람이 자기의 친구와 이야기함 같이"(출 33:11) 하나님과 대화를 나누던 자다. 그런 모세조차도 하나님의 얼굴을 직접 보지 못했다. 그는 회막 안으로 내려온 구름 기둥을 통해 하나님을 만나곤 했다(이 구름 기둥의 영광으로 인해 모세의 얼굴에 빛이 났다). 모세가 하나님의 영광을 보여 달라고 간청했을 때 하나님은 "네가 내 얼굴을 보지 못하리니 나를 보고 살 자가 없기 때문이다"라고 분명하게 말씀하셨고(출 33:20), 그를 바위틈에 두신 후 자신의 영광이 지나가게 하셨다.

구약성서의 다른 인물들도 비슷한 경험을 한다. 야곱은 홀로 있는 자신에게 다가와 말을 거는 신비로운 존재와 씨름을 하여 이긴 후 "내가 하나님과 대면하여 보았으나 내 생명이 보전되었다"고 선포한다(창 32:30). 그러나 이 신비로운 존재는 "어떤 사람"으로 묘사되고, 사람으로서 야곱과 만나게 된다(창 32:24-25, 히브리어: 'ish). 또한 이 사람은 후에 야곱이 "하나님과 겨루어 이겼다"고 말하고 있다(창 32:28, 히브리어: 'elohim). 한편 율법 수여를 기념하기 위해 모인 모세, 아론, 나답, 아비후, 이스라엘 장로

오직 충성으로 받는 구원

70명도 "하나님을 보았다"고 기록되어 있지만, 여기에는 하나님의 발 아랫부분에 대한 묘사만 등장한다. 그리고 그들은 마치 투명한 청옥을 통해 보듯이 하나님을 보았다. 이는 매개된 응시를 의미한다. 또다시 하나님은 시내산에서 이스라엘 백성들과 "대면하여" 말씀하시지만, 우리는 이 "대면"을 통한 만남이 "불 가운데서" 이루어졌음을 발견한다(신 5:4; 참조. 민 14:14). 이는 하나님의 임재가 간접적으로 발생했음을 시사한다. 이를 종합해보면 그들이 하나님의 영광이 지닌 모든 무게를 견딜 수 있는 적절한 수준의 거룩을 소유하고 있지 못했음을 추론할 수 있다.

요한계시록 22:4에서 사람들이 보좌 위 어린양을 볼 때 그들은 하나님을 대면하여 볼 수 있는 적합한 상태에 있다. 영화롭게 된 어린양 예수는 자신을 보는 자들에게 하나님을 온전히 드러내신다. 그리고 그들이 예수를 응시할 때 최종 변화가 뒤따른다. **영화롭게 된 우리 주 예수를 응시할 때 우리는 그분의 형상으로 변화될 것이다. 그래서 우리 역시 예수와 똑같이 하나님을 온전히 드러내게 된다.** 불완전한 것들은 사라질 것이다! 온전한 것이 올 것이다!(고전 13:10) 바로 지금 우리는 예수를 통해 변화를 가져오는 하나님의 영광을 실제로 응시하며 알고 경험한다. 그러나 이는 마치 희미한 투영을 통해 보는 것처럼 불완전하다. 사도 바울은 이를 다음과 같이 설명한다. "우리가 지금은 거울로 보는 것 같이 희미하나 그때에는 얼굴과 얼굴을 대하여 볼 것이요. 지금은 내가 부분적으로 아나 그때에는 주께서 나를 아신 것 같이 내가 온전히 알리라"(고전 13:12). 우리가 지금은 비록 "[우리를] 창조하신 이의 형상을 따라 지식에까지 새롭게 하심을 받"고 있지만(골 3:10), 일단 이 모호함이 완전히 걷히면 영화롭게 된 예수와 우리의 만남은 하나님과 하나님의 방식에 대해 완전히 변화된 이해를 가져올 것이다. 다른 말로 표현하자면, 우리는 메시아 예수 안에서 하나님의 형상을 닮아가게 될 것이다(참조. 롬 12:1-2). 바울은 하나님과 하나님의 방식에 대한 우리의 지식이 하나님이 우리와 우리의 방식을 이미 완전히 알고 계신 것과 흡사할 것이라고 말한다. 사도 요한은 그의 특기인 심오한 간결함을 동원하여 바울과 같은 주장을 한다. 그의 주장은 형상 응시를 통한 구원 신학의 절정을 이룬다. "사랑하는 자들아, 우리가 지금은 하나님의 자녀라. 장래에 어떻게 될지는 아직 나타나지 아니하였으나 그가 **나타나시면** 우리가 **그와 같을 줄을** 아는 것은 **그의 참모습 그대로 볼 것이기** 때문이니"(요일 3:2).

하나님은 자신의 생기로 가득 찬 우상들인 아담과 하와를 에덴동산에 두시고, 다른 사람들과 모든 창조세계가 각 사람이 입고 있는 하나님의 형상을 통해 하나님의 통치를 역동적으로 경험할 수 있게 하셨다. 그러나 아담이 입고 있던 하나님의 형상이 죄로 인해 즉시 훼손되고 왜곡되자 창조세계는 적절한 관리를 받을 수 없게 되었다. 메시아인 예수는 하나님의 진정한 그리고 완전한 형상으로서 하나님을 흠잡을 데 없이 나타내신다. 우리의 죄 때문에 죽으신 예수는 하나님의 형상을 온전히 입고 계시며, 우리 자신의 형상은 우리가 그분을 응시하며 그분에게 충성하는 공동체에 가담할 때 새로워질 수 있다. 따라서 구원의 최종 목적은 우리가 충성을 통해 완전한 인간이 되는 것이다. 그리고 우리가 예수 그리스도의 형상을 온전히 닮아갈 때 하나님을 흠 없이 투영할 수 있다.

구원은 새 창조세계로의 부활을 의미하지만, 구원에는 영광스러운 새 형상으로 변화되는 것도 포함된다. 거짓 우상에 대한 성서의 맹렬한 비판에도 불구하고 하나님의 최종 구원의 의도는 우리를 의아하게 만드는데, 하나님은 우리를 **참 우상** 곧 하나님의 임재로 온전히 가득 차 있는 역동적인 피조물로 만들고 이로 인해 우리가 다른 사람들과 나머지 창조세계에 하나님의 영광을 발하기를 원하신다. 우리가 이런 주제들을 다뤘다 하더라도 구원과 관련된 주제의 모든 측면을 다 살핀 것은 아니다. 매력적이지만 극도로 논란이 되는 구원의 측면들은 여전히 더 깊이 탐구되어야 하며, 그중에서도 특히 칭의에 대한 탐구가 필요하다.

더 생각해볼 문제들

᠅

1. 당신이 현재 하고 있는 일의 어떤 면이 고되고 힘든가? 이 고된 일이 새 창조세계에서 즐거운 일이 된다면 이는 무엇을 의미하는가?

2. 최종적인 변화가 오로지 하나님의 재창조를 통해서만 가능하다는 것을 알고 있다면, 하나님 나라의 현실이 당신의 고역에 기쁨을 불어넣을 수 있는 방법을 생각해보자.

3. "하나님의 형상을 입고 있다"는 단순한 사실에서 벗어나 목적의 문제로 나아가는 것은 왜 중요한가? 하나님은 어떤 명백한 목적을 갖고 인간을 하나님의 우상/형상으로 만드셨는가?

4. 고대에 나무조각이 적절한 과정을 거쳐 신으로 간주된 방법을 설명해보자. 최종적인 구원이라는 기독교 신학을 온전히 이해하는 데 이것을 아는 것이 왜 중요한가?

5. 구약성서가 우상숭배를 금지하고 있는 이유는 무엇인가?

6. 거짓 우상/형상을 바라보는 것은 인간의 도덕 행위와 어떻게 관련되어 있는가? 그 이유는 무엇인가?

오직 충성으로 받는 구원

7. 우리의 최종 구원은 적절한 형상을 입고 적절한 형상을 보는 것과 어떻게 연결되어 있는가?

8. 당신이 (텔레비전이나 인터넷 등을 통해) 가장 자주 보는 것들의 내용에 대해 설명해보라. 이것들을 보는 것이 당신의 구원에 어떤 영향을 미치는가?

9. 아담이 아닌 예수가 하나님의 본래 형상이라고 인지하는 것은 왜 중요한가?

10. 우리의 최종적 구원은 과연 어떤 면에서 있어서 우리가 아담으로부터 물려받은 훼손된 하나님의 형상을 회복하는 것 그 **이상**의 의미를 지니는가?

11. 이번 장에서 전반적으로 살펴본 형상 신학을 고려해볼 때, 성인이나 성자의 상(icon) 또는 사진을 보는 일은 그리스도인의 구원 여정에 어떤 도움을 줄 수 있는가?

Salvation by

8장

———

오직 칭의와 충성

Allegiance Alone

나는 6-7장을 할애하여 최종적인 구원에 대한 기독교의 비전을 살펴보았다. 최후의 구원은 사후에 개인의 영혼이 천국에 가는 것에 관한 것이 아니라 새 창조세계로의 부활에 관한 것이다. 몸과 혼과 영으로 이루어진 우리의 전인은 하나님에 의해 새로운 생명으로 부활할 것이다. 그리고 우리는 처음부터 인간이 하도록 계획되어 있던 일을 할 것이다. 그것은 바로 신적 임재로 가득 차 있는 "하나님의 우상"으로서 행동하는 것이다. 우리는 하나님을 완벽히 표현해낼 것이다. 왜냐하면 우리는 하나님의 본래 형상이자 참 형상이신 예수의 형상과 완전한 일치를 이룰 것이기 때문이다. 예수의 초림으로 시작된 하나님 나라는 예수의 통치가 우리를 통해 실현될 때, 특히 예수께서 하나님 우편에 왕으로 좌정하시면서 완성될 것이다. 잃어버린 영광보다 더 큰 영광을 회복한 그리스도인들은 하나님이 이 땅으로 내려보내실 새 예루살렘의 백성으로서 왕이신 예수와 함께 창조세계를 다스릴 것이다. 왕이신 예수께 대한 충성은 궁극적으로 우리가 이 왕과 함께 다스린다는 뜻이다.

그러나 우리의 최종 구원에 대한 이런 묘사는 구원에 대한 우리의 질문에 아주 기초적인 답을 줄 뿐이다. 다른 질문들, 특히 개인이 이 최종 구원의 유익을 어떻게 경험하는지에 대한 질문이 남아 있다. 성삼위 하나님 곧 성부 하나님, 성자 예수, 성령께서 역사 가운데 행하사 구원을 가져오셨다고 인정할 때, 이 구원은 개인에 따라 어떻게 적용될 수 있는가? "예수께서 십자가에 달려 우리를 구원하셨다"라고 말하는 것과 2천여 년 전 한 남자의 죽음이 어떻게 오늘날 한 개인을 실제적으로 구원할 수 있는지를 설명하는 것은 완전히 다르다. 이를 설명하기 위해 성서는 구속, 입양, 씻음, 옷 입음, 중생 등과 같은 여러 비유를 사용하여 우리의 구원에 대해 말한다.

특별히 중요하고 복잡하며 논쟁이 많은 한 비유는 하나님의 "칭의"와 이 칭의가 우리의 "의"와 어떻게 관련될 수 있는지에 관한 것이다. 이 용어들은 그리스어의 디카이오(*dikaio*-) 단어족에 속하는 법정 용어로서 대개 법적 결백 또는 무죄를 일컫는다. 그러나 이 용어의 범위는 개인에게 국한되지 않는다. 왜냐하면 칭의의 범위는 궁극적으로 창조세계만큼이나 광범위하기 때문이다(롬 5:11-21; 8:19-21).

바울은 특별히 칭의라는 용어를 선호하지만, 그의 단어 사용은 아리송한 점이 있다. 왜냐하면 그는 하나님의 사람들에게 칭의를 설명하면서, 이를 과거에 발생했으며 현재에 발생하고 미래에 발생할 사건으로 말하고 있기 때문이다(참조. 롬 2:13; 3:24; 5:1; 고전 6:11; 갈 2:16). 일회성 사건으로 보이는 이 무죄 선고가 어떻게 그리스도인들에게 과거, 현재, 미래의 사건이 될 수 있을까? 더욱이 내가 "믿음"을 선언하는 그 즉시 나의 죄가 예수께 전달되거나 전가되어 십자가 위에서 사라져버리고 예수의 의가 내게 주어지기 때문에(영광스러운 교환!) 하나님이 나를 보실 때 내 죄가 아닌 오직 예수의 의만 보시는 것이 아닌가? 이처럼 개인적이고 불가역적인 거래가 **이미** 발생한 것처럼 보인다. 이 모델이 옳다면, 예수께서 나의 죄

오직 충성으로 받는 구원

를 지고 계시며 나는 그분의 의를 덧입고 있는 것이다. 그렇다면 어떻게 칭의에 **지속적인** 충성의 여지가 존재할 수 있을까? 칭의는 확실히 복잡한 문제다.

사실 종교개혁은 인간이 어떻게 하나님 앞에 "올바른" 자 또는 "의로운" 자로 설 수 있게 되는지에 대한 의견의 불일치에서 시작되었다. 개신교도들은 위에서 본 의의 "전가" 모델을, 가톨릭교도들은 의의 "전달" 또는 "주입" 모델을 선호하는 경향이 있다. 이 둘의 차이는 무엇이며, 이 차이는 왜 중요한가? 그리고 효과적일 수 있는 하나님의 칭의 행위에 관해 달리 생각할 방도가 있는가? 이번 장에서는 의와 공의에 관한 성서의 가르침에 집중하면서 "오직 충성으로 받는 구원"이라는 논지를 발전시킬 것이다. 이 책에 언급된 다른 주제들과 마찬가지로, 이번 장의 목적은 칭의에 대한 완전한 연구를 (마치 이것이 가능하기라도 한 듯이!) 제공하는 것이 아니라 성서의 가르침이 제시하는 주요 윤곽에 비추어 새로운 지평을 고려해보는 것이다.

연합의 우선성

칭의에 관해서는 너무나 많은 성서학과 신학의 연구 결과들이 나와 있기 때문에, 이에 함몰되면 나무만 보고 숲을 보지 못하는 위험에 빠질 수 있다. 칭의가 오직 충성으로라는 나의 제안과 어떻게 조화를 이루고 있는지를 밝히면서, 나는 이 제안을 개인의 구원이라는 더 큰 계획 안에 적절히 위치시키려고 한다. 이 목표는 우리가 전가, 전달 및 다른 가능한 모델들을 평가할 때, 그리고 칭의를 개념화하는 가장 좋은 방법을 명확히 하는 데 도움을 줄 것이다. 본격적인 연구에 앞서 한 가지를 분명히 밝히고 자 한다. 나는 칭의가 그리스도의 희생에 의해 하나님과 인간 개인 사이 에 이루어진 추상적이고 고립된 거래가 아니라는 주장을 자명한 이치로 받아들인다. 왜냐하면 **개인의 칭의는 교회와 왕이신 예수의 연합에 전적 으로 관련되어 있기 때문이다.**[1]

나 혼자만 이런 판단을 내리고 있는 것은 아니다. 장 칼뱅은 『기독교 강요』에서 칭의와 연합의 정확한 관계를 우리가 원하는 만큼 명확히 밝히 고 있지는 않지만, 그럼에도 불구하고 구원에 있어서 연합이 차지하는 우 선성을 확언하고 있다.[2] 한편 20세기의 위대한 성서학자이자 의사이고 인 도주의자였던 알베르트 슈바이처(Albert Schweitzer)는 연합의 중요성을 너 무도 확신했기에 이신칭의 교리를 일컬어 주요 분화구 또는 "그리스도 안 에 거하는 것"을 통해 주어지는 구속의 더 큰 범주라고 칭했다(슈바이처는 바울이 말하고 있는 연합을 주로 신비주의적 용어를 통해 설명하고 있는데, 나는 이런 그의 설명을 따르지 않을 것이다).[3] 또한 수많은 현대 성서학자들과 신학자들 은 구원론에서 연합 또는 참여의 우선성이 갖는 중요성을 열심히 (그리고

---

1 인간의 개별 구원 역시 6장과 7장의 논의처럼 창조 질서를 개선하시는 하나님의 구원과 일 반적으로 관련이 있다.

2 특히 『기독교강요』 3.1.1-2(F. L. Battles 역)에 나오는 칼뱅의 서두 발언을 보라. "우리는 먼저 그리스도가 우리 밖에 계시는 한 그리고 우리가 그와 분리되어 있는 한, 그가 인류의 구원을 위해 받으신 모든 고난과 행하신 모든 일이 우리에게 쓸모없는 무가치한 것임을 이 해해야 한다. 그러므로 그는 자신이 하나님 아버지로부터 받은 것을 우리와 공유하시기 위 해 우리의 것이 되셔야 했고 우리 안에 거하셔야 했다.…그의 모든 소유는 우리가 그분과 함께 한 지체로 자라나기 전에는 우리에게 아무런 의미가 없다.…요컨대 성령은 그리스도 께서 우리를 그분과 효과적으로 연합시키는 끈이다." 보다 포괄적 논의는 Billings, *Calvin, Participation, and the Gift*를 보라.

3 Schweitzer, *Mysticism of Paul the Apostle*, 225.

제대로!) 강조하고 있다.[4]

그러나 만약 왕이신 그리스도와의 연합이 개인적 구원을 이해하는 핵심이라면, 이 연합이 무엇을 수반하는지 확인할 필요가 있다. 신약성서는 이 연합을 설명하면서 다양한 종류의 비유와 용어를 사용한다. 여기에는 농업, 건축, 성전, 결혼, 의복에서 도출된 다양한 이미지뿐만 아니라 위치 용어("그러므로 이제 그리스도 예수 **안**에 있는 자에게는 결코 정죄함이 없나니"[롬 8:1]), 상호 거주("너희가 내 **안**에, 내가 너희 **안**에"[요 14:20]), 영/성령의 하나됨("주와 합하는 자는 한 **영**이니라"[고전 6:17])과 같은 개념도 포함된다. 더욱이 나는 바울 서신이 (그리고 신약성서의 나머지 부분이) 말하는 연합에 **참여, 동일화, 편입**의 뉘앙스가 포함되어야 한다는 콘스탄틴 캠벨(Constantine Campbell)의 주장을 따를 것이다.[5] 연합은 신약성서의 확실한 지지를 받는 강력한 신학적 범주로서, 행동과 비유와 개별적으로 보이는 신학적 범주들(칭의, 부활, 세례, 교회론, 종말)이 어떻게 서로 밀접히 연관되어 있는지를 정리해주고 설명해준다. 우리가 구원을 받았다면, 이는 우리가 예수의 희생적 죽음이 지닌 대속 기능과 성령의 선물을 통해 그분과 연합되고 그분의 결백에 편입되었기 때문이다. 이제 우리는 그의 일부이므로 그의 죽음과 부활에 참여하여 승리의 새 생명을 갖게 된다. 결론적으로 각 사람은 오직 "메시아" **안**에 있을 때만, 또는 왕이신 예수와 연합되었을 때만 과거, 현재, 미래에 의로운 자 또는 의롭게 된 자로 불릴 수 있다.

---

4 지난 5년간 관련 연구들이 쏟아져 나왔는데, 여기에는 다음과 같은 연구들이 포함된다. Peterson, *Salvation Applied by the Spirit*; Macaskill, *Union with Christ in the New Testament*; M. Johnson, *One with Christ*; C. Campbell, *Paul and Union with Christ*『바울이 본 그리스도와의 연합』(새물결플러스 역간); Billings, *Union with Christ*.

5 C. Campbell, *Paul and Union with Christ*, 29.

이번 장에서는 연합이 각 사람의 칭의와 어떻게 관련되어 있는지에 대해 논할 것이며, 내 주장의 핵심은 다음과 같다. 하나님(성부)으로부터 **직접** 심판을 받았지만 의로운 자(칭의 받은 자)로 입증된 인간은 현재까지 왕이신 예수밖에 없다. 그는 죽은 자 가운데서 부활했는데 이 부활은 그의 결백을 증명한다. 다시 말해 그는 진정 의로운 자로 선포되었다. 부활은 예수의 구원과 완전한 무죄 입증을 구성한다. 지금까지 예수 없이 그 누구도 직접 칭의를 받고 의롭다고 선언된 적이 없다. 여기서 "예수 없이"라는 말은 단순히 죄를 덮는 추상적 속죄제로서의 예수의 부재를 뜻하는 것이 아니다. 이 말은 교회를 대표하는 왕으로서의 "예수 없이"라는 뜻으로서, 우리는 (머리가 그 몸의 각 지체와 연합하듯) 성령에 의해 바로 이 왕이신 예수와 연합한다. 그러나 우리는 먼저 구원의 서정(ordo salutis)과 선택이라는 구원론의 핵심 개념을 탐구함으로써 이런 결론에 도달하기 위한 기초를 다져야 한다.

구원의 서정

신학자들은 구원이 성취되어왔고 또한 성취될 구원의 역사적 과정(historia salutis)만큼이나 "구원의 서정"(ordo salutis)을 설명하기 위해 노력하는데, 여기에는 구원의 논리적 진행 또는 개인에게 적용 가능한 구원을 위해 하나님이 인정하시는 행동이 포함된다. 정리하면 구원의 서정(ordo salutis)은 하나님이 개인에게 최종적 구원을 허락하시기까지의 순서를 뜻한다.

그렇다면 구원의 서정에는 어떤 요소들이 있는가? 그리고 "칭의"는 이 구원의 서정에 어떻게 들어맞는가? 개혁주의 전통에 뿌리를 둔 일반적인 설명을 제시하기 위해 우리는 개인적 구원을 일종의 과정으로 언급할 수 있는데, 이 과정은 특정 인간들의 구원을 위한 하나님의 이해할 수 없는 영원한 명령에서 시작하여 효과적인 부르심, 중생, 믿음, 회개, 칭의, 입양, 성화, 견인, 예수와의 연합, 그리고 마지막 순서인 영화롭게 됨으로 이어진다.[6] 따라서 비록 칭의가 구원의 중심이자 하나님 앞에서 무죄가 선고되는 순간으로 종종 다루어지기는 하지만, 칭의는 전통적으로 개인적 구원에 이르는 중요한 많은 단계 중 하나로 간주되어왔다. 그럼에도 불구하고 이런 접근에는 많은 애로사항이 있다.

구원의 서정과 애로사항

구원의 참 순서를 체계화하는 것은 분명 가치 있는 일이지만, 나를 포함한 성서학자들은 일반적으로 이런 체계를 경계한다. 이런 체계들은 성서의 용어를 개념적 범주나 조직적 기준으로 이용할 때조차 성서의 이야기가 기본 틀을 제공하게끔 하지 않고 오히려 이질적인 관심사를 성서 본문에 부과하는 경향이 있다.[7] 예를 들어 구원 서정의 일반적인 한 범주는 "선택"이다. "선택"은 성서적 용어(그리스어 *eklektos* 및 그 동족어들)로서, 실제로 그리스어 구약성서와 신약성서에서 이 용어는 때때로 다양한 목적

---

6 Murray *Redemption—Accomplished and Applied*, 79-181에서 이러한 구원의 서정을 주장한다. 참조. Hoekema, *Saved by Grace*.

7 바울의 구원 서정을 규명하려는 최근의 진지한 시도는 Gaffin, *By Faith, Not by Sight*를 보라. Gaffin은 연합이 바울 구원론의 핵심이라고 유용한 주장을 제시하지만, 바울 서신에 나타난 구원 서정을 옹호하려는 그의 광범위한 시도는 불행히도 실패로 간주되어야 한다. 왜냐하면 그는 칭의의 혁신적·변혁적 측면을 허용하지 않으며(예. 55), "칭의" 및 "성화"와 관련된 의를 불안정한 방식으로 잘못 분리하기 때문이다. 더욱이 무리(groups)와 관련된 성서의 진술이 때로 충분한 근거 없이 개인에게 적용된다고 가정된다(예. 120-22).

으로 인해 특정 개인 및 무리를 택하시는 하나님의 주권을 강조하기 위해 사용된다. 그러나 조직신학자들이 칭의 용어를 사용하게 되면서, 이 용어는 특정 개인을 구원하거나 저주하는 하나님의 영원한 (또는 약간 나중의) 명령과 관련된 특별한 "구원" 범주로 취급되는 경향이 있는데, 사실 이 용어는 단순히 "선택"을 의미할 뿐 특히 개인 측면의 영원한 구원이나 저주를 고려하고 있지 않다. 그렇다고 철학적 탐구를 통해 성서의 내용을 규명할 때 조직신학이 불필요하거나 유익하지 않다고 제안하려는 것은 아니다. 내 주장의 요지는 조직신학적 탐구가 성서의 이야기를 언제나 제대로 다루는 것은 아니라는 것이다.

이 문제를 설명하기 위해, 저명한 조직신학자 루이스 벌코프(Louis Berkhof)가 말하는 선택의 정의를 고려해보자. 선택이란 "**하나님의 영원한 행위로서, 구원의 수혜자들에게는 구원받을 만한 어떠한 자격도 없지만 하나님은 그분의 주권적인 선의의 기쁨 가운데 특정 수의 사람을 특별한 은혜와 영원한 구원의 수혜자로 선택하신다.**"[8] 이 정의는 분명 성서의 내용을 바탕으로 구성되었다. 그러나 이것은 1세기 예수의 추종자들이 말했을 법한 정의와는 확실히 거리가 멀다. 이런 문제에 있어서 선택이 뚜렷한 신학적 범주로 구체화될 때, 이 신학적 범주는 추가로 구체화된 약간 인위적인 범주들(부르심, 중생, 칭의, 성화, 영화)의 계획에 부합하도록 만들어진다. 이런 식으로 1세기 예수의 추종자들이 주장했을 법한 체계와는 상당히 거리가 먼 하나의 체계가 만들어진다. 이 점이 문제가 되는 이유는 우리가 지닌 성서 본문 고유의 사고 구조가 보다 통전적 방식으로 이후의 체계화에 영향을 미쳐야 하기 때문이다.

---

8   Berkhof, *Systematic Theology*, 114(강조는 원저자의 것임).

게다가 구원이 긴 교회사 전반에 걸쳐 논의되어온 까닭에 "구원의 서정"과 관련된 학설을 체계적으로 분석하는 특정 방식들이 대화의 지형을 지배하고 있다. 이런 체계들은 종종 서로 경쟁할 뿐만 아니라 유일하게 가능한 선택사항으로 제시된다. 마치 가톨릭적, 개신교적(칼뱅주의적), 아르미니우스적, 바르트적, 실존주의적 체계 중에서 반드시 하나를 선택해야 하고, 이 중 여러 체계의 부분들을 취사선택할 수 없다는 듯이 말이다. 그러나 반드시 하나를 선택해야 한다는 접근에는 결함이 있다. 왜냐하면 각각의 체계가 성서적 증거에 완전히 부합하는지 확신할 수 없기 때문이다. (그리고 나는 독자들이 여기서 얻게 된 결과들에 개신교적, 아르미니우스적, 반펠라기우스적, 가톨릭적이라는 이름표를 붙이지 않기를 원한다. 나는 이런 이름표를 찬성하지 않는다.)

이와 대조적으로 성서학자들은 체계화 작업을 수행하면서(즉 "성서신학"을 할 때) "선택"과 같은 다양한 용어들이 고대 문헌에서 어떻게 기능했는지를 설명하려는 경향을 보이지만, 한편으로는 이 용어들이 특정 고대 사상가들에게 일관되게 작용하는 것처럼 보이지 않는 이상 이것들을 중요하고 구체화된 범주 또는 "구원의 서정"에 관한 별개의 단계로 다루려고 하지 않는다.[9] 따라서 성서의 구원 비전을 이해하려면 역사적으로 고려된 성서 이야기의 흐름이 관련 범주와 의미를 통제하도록 허용하는 것이 매우 중요하다. 그렇게 할 때 분명해지는 점은, 칭의를 이해하려면 집단적 선택에 대한 성서의 강조를 감안해야 한다는 것이다.

---

[9] ("선택"과 같은) 고대 사상의 구조가 제2성전기의 유대인들과 초기 그리스도인들의 세계관 수준에서 어떻게 작용했는지에 주의를 기울이고 있는 설득력 있는 종합적 주장을 위해서는, 기독교의 기원 및 하나님에 대한 질문 시리즈인 N. T. Wright의 여러 책 전반에서 일신론, 선택, 종말론이 어떻게 다루어지고 있는지를 보라(기본적으로, Wright, *New Testament and the People of God*, 특히 215-338을 보라).

하나님이 그 아들을 선택하시다

성서의 몇몇 진술들은 태초 전부터 성부 하나님께 구원의 목적이 있었다고 확언한다. 하나님은 이스라엘을 선택하셨고 이스라엘 안에서 메시아를 선택하셨는데, 이는 이 메시아를 통해 세상을 구원하시기 위함이었다.[10] 사실 성서는 하나님이 **그 아들** 성자를 선택하셨고(벧전 1:20; 눅 9:35. 이 두 구절은 사 42:1과 시 2:7을 반향한다) 영원한 구원 또는 과거로부터의 구원을 위해 **성자 안에서 교회를** 선택하셨다고 분명히 밝힌다. 그러나 성자와 교회의 선택이 이런저런 **개인**과 어떻게 관련되어 있는지는 반드시 밝혀져야 한다. 성서는 하나님께서 미래를 아시고 미래의 전개를 세세히 통제하신다고 분명히 말한다(잠 19:21; 행 2:23; 17:26; 사 46:10). 더욱이 하나님은 개인의 자유 의지에 반대하시는 것이 아니라 개인의 자유 의지를 사용하여 일하심으로써 구원의 결과들을 이끌어 내신다(행 13:46; 28:24; 빌 2:12-13). 따라서 철학적 일관성은 성서의 일반적 증거와 더불어 개별적 선택이라는 결론에 유리하게 작용할 수 있다. 왜냐하면 시간을 초월하시는 하나님이 우리의 자유 의지를 가지고 일하시기 때문이다.

그럼에도 불구하고 성서신학 내에서 예정된 개인의 선택은 안전한 출발지점이 아닐 수도 있다. 왜냐하면 예정된 개인의 선택이 성서의 일반적 증거에 의해 허용되고 (심지어 권장되며) 철학적으로 일관성이 있더라도, 예정된 개인의 선택은 성서가 말하고자 하는 선택 이야기 곧 하나님이 그분이 선택한 교회 안에서 유대인과 이방인을 똑같이 구원하기 위해 이스라엘을 선택하시고 이를 통해 메시아를 **선택하셨다는 이야기를** 제멋

---

10   Wright, *Paul and the Faithfulness of God*, 1:774-836을 보라.

대로 다루고 있기 때문이다. 사실 성서에는 하나님이 영원한 구원을 위해 (성자를 제외하고) **특정 개인들**을 출생 전부터 미리 선택하신다는 명확한 진술이 단 하나도 존재하지 않는다.[11] 영원한 분리도 마찬가지다.[12] 성서는 개인보다 공동체가 우선시 되는 구원의 서정을 강조한다. 성서는 개인의 선택을 예정하시는 하나님에 관한 이야기를 전하는 것에 전혀 관심이 없다. 비록 개인의 선택을 예정하시는 하나님에 관한 이야기가 성서의 증언과 일치하더라도 말이다.[13] 따라서 만약 성서가 선택에 기초한 개인적 구원 신학에 대해 분명히 말하고 있지 않다면, 우리 역시 선택에 기초한 개인적 구원 신학에 대해 신중한 자세를 취하는 편이 현명하지 않겠는가?

이처럼 성자를 메시아로 택하신 하나님의 선택의 우선성과 성자 안에서 교회를 택하신 하나님의 선택의 우선성을 성서신학의 핵심으로 인

---

11 예정된 개인의 선택과 가장 관련이 있는 성서 본문은 행 13:48이다. 이 구절은 이방인들이 바울의 메시지를 듣고 기뻐하며 "영생을 임명받은[ĕsan tetagmenoi] 자는 다 피스티스(pistis)를 주었다[episteusan]"고 진술한다. 그러나 여기서 강조되고 있는 것은 하나님의 **예정** 혹은 **앞선** 선택(창세 전)이 **아니다**(이와 반대로 하나님의 예정 혹은 앞선 선택이 강조되고 있다고 주장한다면 이는 빈약한 주해에 기인한 것이다. 왜냐하면 이 주장은 완료 수동태 분사인 tetagmenoi에 부적절한 시간적, 신학적 무게를 과도하게 부과하고 있기 때문이다). 오히려 이 구절은 영생을 부여하는 하나님의 주권이 개인 차원에서도 작용하고 있음을 강조한다. 여기서 임명의 시점은 이 개인들이 피스티스를 주고 있는 시점보다 앞서거나 같다는 것 외에는 다른 명시가 없다. 이 구절은 자유 의지와 하나님의 주권을 모두 가정하고 있는 것처럼 보인다(이에 대해서는 5장의 "저항할 수 없는 은혜와 자유의지?" 부분을 보라). 그러나 이 개인들의 영원한 예정 또는 보장된 영생에 대해서는 언급하지 않는다.

12 예정된 영원한 분리에 있어서 유다가 "자신의 직무"를 떠났다고 묘사되지만(행 1:25), 그렇다고 이 묘사에 예정된 영벌이 반드시 함축된 것은 아니다. 요 6:70-71과 막 14:21이 추가되더라도 결론은 마찬가지다.

13 유명한 "선택" 구절인 "내가 야곱은 사랑하고 에서는 미워하였다"(롬 9:11-13)조차 영생 또는 영벌로 이어지는 개인적 선택과 직접적인 관련이 없다. 오히려 이 구절은 개인과 민족(야곱/이스라엘, 에서, 파라오)을 다양한 방식으로 사용하여 성자를 통해 유대인과 이방인 모두에게 구원을 주시고자 하는 하나님의 주권적 선택과 관련이 있다. Bird가 *Evangelical Theology*, 519에서 말하듯이, "로마서 9-11장의 선택 개념은 근본적으로 집단적이며 민족적이다."

지하는 일은 매우 중요하다. 우리는 또한 하나님이 주도적으로 사람들의 개인적 구원을 촉진하신다는 은혜의 사실을 인지해야 한다(요 6:44; 15:16). 그러므로 왕이신 예수께 충성할 수 있는 능력도 일종의 선물인 셈이다(엡 2:8; 행 18:27). 그러나 특정 개인의 영생 또는 영벌에 대한 하나님의 앞선 선택은 기껏해야 성서의 저자들이 구원에 관해 말하고자 하는 이야기의 가장자리에 위치할 뿐이다.

순서가 아닌 연합으로서의 칭의

이 모든 것은 세 가지 이유로 칭의 논의와 (그리고 관련 *dikaio*- 용어와) 관련이 있다. 첫째, "선택"과 마찬가지로 "칭의"와 "의"를 바울이나 초기 기독교에 생경한 방식으로 구체화하지 않도록 조심해야 한다. 선택의 경우와 상당히 비슷하게, 최초의 그리스도인들이 칭의 신학의 측면에서 생각했다는 점은 일단 의심스럽다. 그들은 디카이오(*dikaio*-) 용어를 유용한 비유로 사용했지만 이 용어를 구원의 개별적 단계나 독립된 탐구 대상으로 분리해놓지는 않았다. 우리가 곧 보겠지만 디카이오(*dikaio*-) 어군은 과거, 현재, 미래의 측면을 모두 포함하기 때문에 전통적인 구원의 서정의 다른 "단계들"을 침해한다. 왜냐하면 과거, 현재, 미래가 구원의 단계로서 고려되지 않는 편이 가장 좋기 때문이다. 따라서 칭의는 부르심, 중생, 성화, 영화의 한가운데 있는 개별적 추가 단계가 아니라 이런 용어들에 의해 조명되고 제한되는 연합을 설명하는 비유로 간주되는 것이 가장 좋다.

둘째, 바울은 자신의 유명한 "구원의 서정"에 관해 말할 때 **개인**이 반드시 거쳐야 하는 **순차적 진행**에 대해 말하고 있지 않다. 오히려 그는 역사적으로 고려된 하나님의 행위가 하나님의 집단적 백성을 위해 **성취된**

오직 충성으로 받는 구원

사건들이라고 언급하고 있다.

> 하나님이 **미리 아신** 자들을 또한 그 아들의 형상을 본받게 하기 위하여 **미리 정하셨으니** 이는 그로 많은 형제 중에서 맏아들이 되게 하려 하심이니라. 또 미리 정하신 그들을 또한 **부르시고** 부르신 그들을 또한 **의롭다 하시고** 의롭다 하신 그들을 또한 **영화롭게 하셨느니라**(롬 8:29-30).

바울이 **무리**에 대해 말하고 있으므로, 개인이 이 무리에 어떻게 들어가고 어떻게 이 무리의 경계 안에 머무는지를 고려하지 않은 채로 선견(foreknowledge)과 예정에 관한 그의 말들을 적용하여 특정 개인의 확실한 최종적 구원을 단언할 수 없다.

이를 입증하기 위해 현대의 비즈니스 세계를 예로 들어 비교해보자. 회사의 사장이 정부로부터 안정적이고 안전한 계약을 따냈다고 가정하자. 이 회사 전체는 계약된 업무를 성취함으로써 확실히 그리고 반드시 혜택을 받을 것이다. 실제로 현재 사원들은 계약금 전액이 지불될 것이라고 보증된 계약서에 따라 이미 첫 지급을 받았다. 회사의 현재 및 미래의 건전성은 이 첫 번째 지급에 의해 보장된다. 그러나 몇몇 개인들이 사장과의 관계를 끊으면서 회사를 떠나기로 선택한다면, 이들에게 부여되었던 현재와 미래의 혜택은 취소될 것이다. 언제고 이 회사에 입사할 수 있는 신입 사원들이 있다. 충성된 사원들이 죽을 수도 있지만, 그들의 죽음은 정직원으로서의 퇴사를 의미할 뿐 모든 관련 혜택은 보장된다. 사장의 앞선 행위가 회사 전체의 미래와 모든 소속 사원의 미래의 복지를 보장한다. 그러나 사장에 대한 충성을 철회하고 회사를 떠나는 자에게는 더 이상 이런 혜택이 보장되지 않는다.

이 비유를 염두에 두면서 왕이신 예수를 회사의 사장이라고 생각해 보라. 이 사장은 성부 하나님께 선택되어 안전하고 변치 않는 확실한 계약을 수주했다. 왜냐하면 사장인 예수가 계약서의 모든 조항을 이행하셨기 때문이다. 예수가 사장으로 있는 회사는 바로 교회이고, 이 교회가 입을 혜택은 전적으로 보장되어 있을 뿐 아니라 지금 당장 누릴 수도 있는 것이다. 왜냐하면 (연합을 보장하는 성령으로 말미암아 축적된 혜택인) 첫 지불이 이미 완료되었기 때문이다. 그리스도의 몸에 속한 지체는 외부의 압력에 의해 본의 아니게 해고되거나 내몰릴 수 없다. 하지만 만약 어떤 사람이 주님(그리고 주님의 백성)에 대한 충성을 완전히 멈춘다면, 그 사람은 예수의 계약을 통해 보장된 혜택을 누리지 못할 것이다.

충성을 중단할 수 있는가라는 문제는 신학자들 간의 논쟁거리로서 본 연구의 범위를 벗어난다. 그러나 여기서 중요한 요점은 다음과 같다. 로마서 8:29-30을 보면 영원한 안전이 하나님의 **집단적** 백성에게 확고한 약속으로 주어지고 있지만, 이 약속을 보장받는 사람은 오직 "메시아 안에" 곧 그리스도의 몸 또는 무리 안에 거하는 자다. 여기서 바울은 집단적 무리를 염두에 두고 있으므로, 예견, 예정, 부르심, 칭의, 영화에 관한 그의 표현은 전체 무리에 적용된다. 그러나 그는 무리 내 개인의 안전에 대해서는 말하지 않는다. 많은 조직신학자들의 결론과 반대로,[14] 바울은 여기서 특정 개인이 영생(또는 저주)을 위해 선택을 받게 된다거나 선택된 개인들이 최종 구원을 반드시 받게 된다고 직접적으로 언급하지 않는다.

또 바울이 "그가 의롭다 하신 이들을 또한 **영화롭게 하실 것이다**"라

---

14 예를 들어 Grudem, *Systematic Theology*, 671, 692-93, 790; Demarest, *Cross and Salvation*, 127-29, 217-18, 228을 보라.

고 말하지 **않고** "그가 의롭다 하신 그들을 또한 **영화롭게 하셨다**"(롬 8:30)라고 말하고 있음에 주목하자. "의롭게 했다"와 마찬가지로 동사 "영화롭게 했다"는 부정과거 직설법의 형태를 띠고 있는데, 이 그리스어 동사 형태는 과거의 사건을 총체적 방식으로 나타내는 데 가장 많이 사용된다. 다시 강조하자면 여기서 영화롭게 하는 것은 미래의 사건으로 언급되지 않는다. 왜냐하면 **영화롭게 하는 것**은 (칭의와 마찬가지로) 과거, 현재, 미래의 측면을 갖고 있기 때문이다. 따라서 아마도 바울은 **미래**의 영광이라는 절정에 달하도록 고안된 구원의 점진적 순서에 대해 설명하고 있는 것은 아닐 것이다.

바울에게 연합이란 일반적 상황에서 세례를 받을 때 결정적으로 시작된 하나의 사건으로 이해된다(바울이 볼 때 연합이란 물에 잠기는 특별한 순간이 아닌 세례라는 하나의 전체적인 사건에서 시작된다). 그러므로 우리가 집단적 교회에 속한 각 개인으로서 영화롭게 된 사건의 **과거** 측면 역시 바울의 관점에 따라 세례 시에 시작된 것으로 이해하는 편이 낫다. 세례를 받을 때 물에 죄가 씻겨 나감으로써 회개가 구현되고, 충성(피스티스)이 공개적으로 고백되며, 안수를 통해 성령의 임재를 기원받는다. 이처럼 세례는 충성의 선포 및 성령의 충만케 하심과 분리되지 않는다. 오히려 세례는 더 큰 정황으로서, 이 정황 한가운데서 충성이 선포되고 성령이 충만케 된다.[15] 세례와 관련하여 바울은 죽음을 통한 우리와 메시아 예수 사이의

---

15 기독교의 세례에 대해서는, 특별히 롬 6:4; 고전 12:13; 갈 3:27; 엡 4:25; 골 2:11-14을 보라. 참조. 행 2:38; 22:16; 벧전 3:18-22. 테르툴리아누스는 *On Baptism* 6-8과 *On the Soldier's Crown* 3-4에서 그가 알고 있었던 전형적인 세례 절차를 묘사하고 해석한다. 수세자는 회개와 "믿음"(*fides*)을 그 전에 이미 입증하고 서약했다. 그 후 수세자는 물속에 들어간다. 그리고 공개적으로 "믿음"을 고백하며 악을 포기하고 성삼위 이름으로 세례를 받고, 물에서 나온 후에는 꿀과 우유를 섞은 음료를 마셨다. 그다음 즉시 기름이 머리에 부

연합을 말한다. "그러므로 우리가 그의 죽으심과 합하여 세례를 받음으로 그와 함께 장사되었나니"(롬 6:4a). 그러나 이어서 바울은 부활 생명과 관련된 영광을 말한다. "이는 아버지의 영광으로 말미암아 그리스도를 죽은 자 가운데서 살리심과 같이 우리로 또한 새 생명 가운데서 행하게 하려 함이라"(롬 6:4b). 바울은 이 같이 말함으로써 예수의 부활 생명을 성부의 영광뿐만 아니라 우리의 영광과도 연결하고 있다. 왜냐하면 우리는 세례와 성령의 선물을 통해 왕이신 예수의 부활의 능력에 참여한 자들이 되었기 때문이다. 메시아 안에 있는 자들은 이미 과거의 실재로서 메시아의 영광을 나누어 가진 사람들이다(고후 4:6; 8:23). 그러나 이 영광은 현재 하나님의 백성들 가운데서 성령을 통해 실현되고 있다(고후 3:7-11).

그렇다면 과거, 현재, 미래의 영광에 관한 바울의 표현은 우리가 메시아에게 지속적으로 참여하는 것에 달려 있다. 그러므로 우리가 그리스도 안에서 고난받을 때 현재의 영광을 가장 명확히 볼 수 있다는 말은 놀라운 것이 아니다(살후 2:14). 왜냐하면 고난은 우리가 그리스도의 죽음과 영광에 참여하고 있음을 제대로 보여주기 때문이다(롬 8:17). 그리스도 안에 있는 자들은 현재 더 큰 영광으로 변화되는 과정 중에 있다. "우리가 다 수건을 벗은 얼굴로 거울을 보는 것 같이 주의 영광을 보매 그와 같은 형상으로 변화하여 영광에서 영광에 이르니 곧 주의 영으로 말미암음이니라"(고후 3:18). 마지막으로, 메시아 안에 있는 자들은 성서의 많은 구절들(롬 5:2; 고후 4:17; 골 1:27; 3:4)이 지시하고 있듯이 미래에 메시아와 함께 온전히 영화롭게 될 것이다. 따라서 "그가 또한 영화롭게 하셨다"(롬 8:30)

어졌고, 안수와 함께 성령이 수세자 위에 임재하기를 간구하고 초대하는 축도가 이어졌다 (참조. Justin Martyr, *1 Apol.* 61, 65; Ps.-Hippolytus, *Apostolic Tradition* 21-22). Ferguson, *Baptism in the Early Church*, 특히 196-98, 340-45, 853-57을 보라.

는 바울의 발언은 **미래**의 영광에서 그 절정에 달하는 일종의 순서를 말하는 것이 아니라, 그리스도 안에 있는 모든 자들을 위한 과거, 현재, 그리고 미래의 실재를 말한다.

셋째, 로마서 8:29-30을 구원의 서정에 대한 설명으로 이해하는 것은 로마서를 전체적으로 잘못 이해하는 방식과 자주 연결된다. 이런 틀에서 보면 로마서 3, 4장은 개인적 구원의 첫 단계인 "이신칭의"에 대한 설명으로, 로마서 5, 8장은 미래의 "영화"에 대한 선언 및 "성화"에 대한 묘사로 느껴진다.[16] 하지만 이런 이해는 잘못된 것이다. 마이클 고먼 (Michael Gorman)은 다음과 같이 주장한다.

> 이 순서는 구원의 서정 곧 개인을 향한 하나님의 구원 행위의 순서를 언급하는 것으로 종종 받아들여진다. 그러나 문맥상 마지막 세 구절은 하나님이 그리스도 같은(다른 말로 하나님 같은) 형제자매로 이루어진 한 가족을 만들기 위해 무엇을 하셨는지를 정확히 설명하고 있다. 바울의 요점은 어떤 순서를 규정하는 것이 아니라 하나님의 구원 행위의 유효성 및 완전성을 강조하는 것이다.[17]

즉 바울은 로마서 8:29-30에서 한 개인이 구원을 받는 순서 곧 예정, 부

---

16 특별히 이 같은 전통적 방식의 로마서 이해를 철저히 해체시키고 있는 D. Campbell, *Deliverance of God*, 62-95을 보라.

17 Gorman, *Becoming the Gospel*, 283. Gorman은 다른 곳에서도 이런 종류의 이해를 비평한다. "로마서 5-8장은 종종 생각되는 것처럼 그리스도 안에 있는 신자의 삶에 대한 서술 순서를 제시하지 않는다. 오히려 이 장들은 그리스도의 이야기 곧 그리스도의 *dikaiosynē* ["의"]와 *doxa*["영광"]에 참여하거나 십자가에 나타난 변혁적 자기비하에 참여(cruciform *theosis*)하는 것이 무엇을 의미하는지 다양한 설명을 제시한다.…로마서 5-8장의 내용은… 복음이나 칭의를 보충하는 요소가 아니라 이것들을 구성하는 요소다"(281).

르심, 칭의, 영화의 순서를 말하고 있는 것이 아니다. 오히려 그는 하나님의 집단적 백성이 메시아의 죽음 및 부활과 어떻게 결합되는지에 대한 자신의 설명을 강조하고 있는 것이다. 만약 바울이 순서를 말하고 있다면, 그가 중생과 성화와 같은 중요한 단계들을 언급하지 않는 것이 이상한 일로 보일 것이다. 그러므로 이 가정 역시 바울의 의도가 순서를 설명하고자 하는 데 있지 않음을 나타낸다. 바울의 요점은 하나님에 의한 개인의 예정이 부르심과 칭의를 거쳐 결국 영광으로 이어진다는 것이 아니라, 그리스도의 죽음과 부활 안에서 이루어지는 그분과의 연합이 하나님의 집단적 백성을 위한 과거, 현재, 미래의 부르심, 칭의, 영화로 구성되어 있다는 것이다. 칭의와 영화는 단순한 구원의 단계가 아니라 우리가 "그리스도 안에" 있을 때 구원의 현재 및 미래를 구성하는 핵심이 된다.

칭의를 위한 부활

선택의 집단적 본질은 하나님이 그의 아들인 왕이신 예수를 선택하셨고 오직 이 왕 "안에서" 하나님의 백성을 선택하셨다는 것이다. 이것을 일단 인정하고 칭의를 개인의 구원을 형성하는 개별 단계가 아닌 구원이 가져오는 연합의 구성 요소로 파악하고 나면, 우리는 바울 서신에 있는 이상한 난제를 이해하는 과정에서 한 걸음 더 나아가게 된다. 우리는 십자가에서 희생제물이 되신 예수를 통해 칭의가 성취되었다고 간주하곤 하는데(예. 롬 3:25; 5:9), 왜 바울은 로마서 4:23-25에서 십자가가 아닌 구원을 칭의의 목적으로 언급하고 있는 것일까?

그에게 의로 여겨졌다 기록된 것은 아브라함만 위한 것이 아니요 의로 여기심을 받을 우리도 위함이니 곧 예수 우리 주를 죽은 자 가운데서 살리신 이에게 [피스티스]를 주는 자니라. 예수는 우리가 범죄한 것 때문에 내줌이 되고 또한 우리를 의롭다 하시기 위하여 살아나셨느니라(롬 4:23-25).

많은 사람들에게 칭의는 예수의 십자가 희생이 어떻게 우리의 무죄를 가져왔는가에 관한 것이다. 그러나 놀랍게도 바울은 "우리를 의롭다 하시기 위해 살아나셨다"라는 표현을 통해 예수의 **부활**과 우리의 칭의를 연결한다. 바울이 이렇게 하는 이유는 무엇일까? 우리는 이 질문에 적어도 간단히라도 대답할 준비가 되어 있다. 그리고 우리의 대답은 칭의가 "하나님의 의"라는 수수께끼 같고 매우 중요한 의미를 지닌 표현과 어떻게 관련이 있는지를 분석하는 데 도움이 된다.

바울이 그의 교회들을 향하여 칭의를 말할 때, 그는 교회들이 이 칭의를 과거에 소유했으며 현재도 소유하고 있다고 말한다. 왜냐하면 그리스도와의 **연합**을 통해 예수를 왕으로 고백하는 자들은 예수의 죽음과 **새 생명으로의 부활**을 공유하기 때문이다. 칭의는 과거의 십자가 사건에 관한 것일 뿐만 아니라, 예수의 **부활**에도 의존한다. 우리는 피스티스를 통해서, 예수의 부활(부활은 예수를 사망에서 해방시켰고 그의 칭의가 참임을 증명했다)이 교회가 과거에 받았었고, 현재도 받고 있고, 그리고 미래에 받게 될 **칭의**의 기초 일부를 형성하는 방식으로 예수와 연합된다. 머리가 "우리를 의롭다 하시기 위하여 살아나셨기" 때문에, 몸과 몸의 지체들도 의롭게 된다. 교회는 예수의 부활을 통해 구원을 받으므로, 우리의 부활은 예수의 부활과 연합함으로써 보장받는다. 바울은 "하나님의 의"라는 압축된 표현을 사용하여 십자가와 부활이 어떻게 하나님의 의롭게 하시는 행위와 관련이 있는지를 자세히 설명한다.

다시 생각해보는 하나님의 의

바울이 말하는 "하나님의 의"는 칭의의 작용 방식에 관한 논의의 중심에
있다.[18] 이 표현의 의미를 둘러싼 불일치는 가톨릭과 개신교를 분리시키
는 핵심 요소이며, 오늘날에도 여전히 이에 대한 확고한 합의가 전혀 이
루어지지 않고 있다. 하지만 상황이 이렇다고 해서 더 만족스러운 정의를
찾으려는 우리의 시도가 좌절되어서는 안 된다. 또 해석적 합의가 이루어
지지 않는 것이 대세라는 이유로 바울이 이 표현을 통해 무엇을 의미했는
지 전혀 알 수 없다는 결론을 내려서도 안 된다. 바울은 이 표현을 10회나
사용(또는 암시)하고 있고, 이를 통해 이 표현의 의미들을 한정해주는 틀
이 도출되기 때문이다. 더욱이 우리는 "하나님의 의"에 대한 더 나은 이해
를 통해 종교개혁 시대를 넘어 더 나은 그리고 더 참된 화해로 나아갈 수
있다. 여기서 나의 목적은 성서적 자료를 제시하고 "하나님의 의"가 칭의
와 어떻게 연결되는지에 대한 중요한 틀을 제안하는 것이다.[19] 그렇다고

---

18 "하나님의 의"의 의미 그리고 이 표현과 칭의의 관계는 논쟁의 여지가 있다. 이에 대한 해석
사를 다루는 McGrath, *Iustitia Dei*를 보라. 하나님의 의롭게 하는 행위(그리스어로 *dikaioō*)
와 관련하여, 아우구스티누스는 라틴어 *iustificare*를 "의롭다고 선언하다"가 아닌 "의롭게
만들다"로 이해함으로써 중세의 복합 개념에 기여했고, 칭의를 의가 점차 증가하면서 발생
하는 개인의 포괄적 회복으로 간주했다(38-54을 보라). 한편 루터는 "하나님의 의"가 죄
인은 유죄로, 의인은 무죄로 판결하도록 하나님을 강요하는 특질이라고 이해했던 중세의
스콜라 철학적 사고에 응수했는데, 그는 그리스어 연구를 토대로 "하나님의 의"가 "믿음"에
의해 선포된 선물로서 인간이 수동적·즉각적으로 하나님으로부터 받게 되는 의로운 지위
를 의미한다고 결론 내렸다(218-35을 보라).

19 하나님의 의를 선물로 간주하는 루터의 이해에 대해 관계적 틀을 옹호하는 이들은 의문을
제기하였다. 예를 들어 Wright는(특히 *What Saint Paul Really Said*, 95-111; *Paul and the
Faithfulness of God*, 2:925-66을 보라) 하나님의 의가 하나님 앞에 바로 서는 선물이 아니
라 하나님의 언약적 신실하심이라고 이해한다. 이러한 Wright의 견해를 철저히 (그리고 적
어도 내가 볼 때 설득력 있게) 비평하는 Irons, *Righteousness of God*; 참조. Piper, *Future of
Justification*, 179; Westerholm, *Justification Reconsidered*, 65-73을 보라.

조직신학자들이 이런 문제에 대해 말할 수 있거나 말해야 하는 모든 사항을 검토하겠다는 것은 절대 아니다. 그러나 나는 이를 통해 성서가 어떻게 추가로 이루어질 탐구들을 구성해야 하는지에 대한 유용한 초안이 잡히길 바란다.

성서적 증거

바울에게 있어서 "하나님의 의"와 관련된 주요한 성서적 증거는 다음과 같이 통합될 수 있다.[20]

"하나님의 의"라는 표현이 처음으로 등장하는 곳은 로마서 1:17이다. "왜냐하면"이라는 이유의 절이 연속되는 가운데, 바울은 자신이 왜 그토록 로마에서 복음을 전하고자 하는지를 설명한다.

> 그러므로 나는 할 수 있는 대로 로마에 있는 너희에게도 복음 전하기를 원하노라. 내가 복음을 부끄러워하지 아니하노니 이 복음은 모든 충성하는 자에게 구원을 주시는 하나님의 능력이 됨이라. 먼저는 유대인에게요 그리고 헬라인에게로다. 복음에는 하나님의 의가 나타나서 충성으로 충성에 이르게 하나니 기록된 바 오직 의인은 충성으로 말미암아 살리라 함과 같으니라. 하나님의 진노가 불의로 진리를 막는 사람들의 모든 경건하지 않음과 불의에 대하여 하늘로부터 나타나나니(롬 1:15-18).

여기서 우리는 바울이 왜 복음을 구원이 가져오는 하나님의 능력이라고

---

20   롬 1:17; 3:5; 3:21; 3:22; 3:25; 3:26; 10:3-4; 고후 5:21; 빌 3:9; 참조. 약 1:20.

믿는지 그 이유를 발견한다. 그것은 바로 복음이 구속사의 새로운 운동과 결부되어 하나님의 의를 드러내기 때문이다(참조. 롬 3:21). 우리는 불의에 대하여 하늘로부터 드러나는 하나님의 **진노**가 **하나님의 의**가 드러나는 것과 매우 밀접히 관련되어 있는 까닭에 하나님의 동일한 심판 행위가 의도된 것처럼 보이고 있음을 알게 된다. 이 결론은 로마서 3:5에서 강화된다. "그러나 우리 불의가 하나님의 의를 드러나게 하면 무슨 말 하리요, 진노를 내리시는 하나님이 불의하시냐?" 따라서 로마서 1:17과 3:5은 하나님의 의가 복음에 생생하게 나타나 있음과 복음이 어떻게 구원을 가져오는 하나님의 참된 능력이 되는지를 보여주고, 하나님의 의가 불의에 대한 하나님의 진노와 밀접한 관계가 있음을 드러낸다. 또한 하나님의 의는 **충성에 의해**, 그리고 **충성을 위해** 드러난다. 이는 아마도 하나님의 의가 하나님께 대한 메시아의 충성에 의해 그리고 메시아께 대한 우리의 충성을 키워나가기 위해 드러나는 것을 의미할 것이다.[21]

반면 로마서 10:3-4과 빌립보서 3:9에서는 하나님의 의가 지닌 의미가 다른 방식으로 제한된다. 로마서 10:3-4에서 우리는 그리스도 밖에 있는 바울의 동족이 걸려 넘어진 이유가 그들에게 열심이 없어서가 아니라 하나님의 의에 관한 적절한 지식이 없어서란 것을 알게 된다. "하나님의 의를 모르고 자기 의를 세우려고 힘써 하나님의 의에 복종하지 아니하였느니라. 그리스도는 모든 믿는 자에게 의를 이루기 위하여 율법의 마침이 되시니라."[22] 따라서 바울이 볼 때 하나님의 의는 그의 동족이 몰랐던 것이며, 그들 스스로 입증하려 했음에도 불구하고 결국 따르지 못

---

21 관련 논의는 이 책 2장의 "'믿음으로 믿음에'라는 표현에 대한 재고"를 보라.

22 *stēsai*를 전통적인 "세우다"라는 의미와는 살짝 다른 "입증하다" 또는 "승인하다"로 해석하는 Barclay, *Paul and the Gift*, 538을 보라.

했던 것이다. 그리고 바울은 하나님의 의가 충성하는 모든 이들을 위해 그리스도 안에서 그 완결/목적을 이루었다고 믿는다. 반면 바울은 빌립보서 3:9에서 이와 연관된 진술을 한다. 예수를 믿기 전에 바울은 자신의 삶이 꽤 수지타산이 맞는 장부와 같다고 느꼈는데, 그는 이것을 "내가 가진 의"라고 표현한다. 그러나 그는 자신의 의가 사실은 쓰레기와 같은 것이었다고 결론 내린다. 왜냐하면 그는 유일하게 유익한 것으로 간주될 수 있는 것 곧 충성에 기초한 하나님의 의를 갖고 있지 않았기 때문이다. 더욱이 하나님의 의는 그리스도의 사망의 고통과 부활 생명에 참여하는 것과 매우 밀접하게 연관되어 있다(빌 3:10-11). 이처럼 바울은 로마서 10:3-4에서 메시아와 동떨어진 이스라엘에 대해 진술하고, 빌립보서 3:9-11에서는 개인적 차원을 강화하고 있다.

이에 더해 우리는 고린도후서 5:21에서 하나님의 의에 관한 너무도 중요한 사실을 배우게 되는데, 그것은 바로 우리가 메시아 안에서 하나님의 의가 "될 수 있다"는 점이다. "하나님이 죄를 알지도 못하신 이를 우리를 대신하여 죄로 삼으신 것은 우리로 하여금 그 안에서 하나님의 의가 되게 하려 하심이라." 여기서 몇 가지 관찰이 이루어져야 한다. 첫째, 우리는 "그리스도 안에서" 하나님의 의가 된다. 둘째, 메시아-왕이신 예수는 "우리를 위해" 또는 "우리를 대신해"(hyper hēmōn) 죄를 담당하셨다. 예수는 우리가 하나님의 의가 되도록 또는 이를 성취하기 위해 죄를 담당하신 것이다. 따라서 적어도 하나의 일방적 교환이 존재한다(그리스도께서 "죄"를 담당하셨는데, 이 죄는 그분의 것이 아니므로 우리의 것이 분명하다). 그러나 만약 하나님의 의가 메시아의 소유물이거나, 죄악이 우리의 소유물인 것과 유사한 방식으로 메시아의 지위를 묘사하거나, 우리를 묘사한다면, 여기에는 쌍방 교환이 매우 높은 확률로 암시되어 있다고 볼 수 있다(우리는 메시

아에게 속한 "하나님의 의"가 된다).[23]

　로마서 3:21-26에는 "하나님의 의"라는 표현이 집중적으로 등장한다. 바울은 하나님의 의를 마지막까지 남겨두었다. 왜냐하면 하나님의 의가 핵심 중의 핵심이기 때문이다. 여기서 드러나는 하나님의 의에 관한 두 가지 추가 요점은 매우 명료하다. 바울의 선언에 의하면 "이제는 율법 외에 하나님의 한 의가 나타났다"(3:21). 그리고 이 말씀은 하나님의 의가 그리스도 사건 전에는 **없었지만**, 지금은 모세 율법에 새겨져 있는 **율법의 준수와 관계없이** 존재하고 있음을 의미한다. 왜냐하면 바울이 철저히 입증했듯이 "율법의 행위로 그의 앞에 '의롭다 하심을 얻을' [또는 의롭다고 선포될] 육체가 없나니 율법으로는 죄를 깨닫기 때문이다"(롬 3:20; 참조. 3:28). 그럼에도 하나님의 의는 "율법과 선지자들에게 **증거를 받**"는데(롬 3:21), 이는 구약성서가 하나님의 의를 증언한다는 의미다. 구약성서는 하나님의 (구원하고 저주하는) 심판 행위와 그 결과를 증거한다. 그러므로 이처럼 새롭게 드러난 하나님의 의는 율법 준수를 통해서 얻을 수 없지만, 율법과 예언자들은 하나님의 의를 어떤 식으로든 증언하고 있다.

　계속해서 바울은 하나님의 의를 가리켜 "예수 그리스도의 피스티스로 말미암은 것"이며 "피스티스를 주는 모든 자들을 위한 것"이라고 묘사한다(롬 3:22). 첫 번째 절인 "예수 그리스도의 피스티스로 말미암아"가 "하나님을 향한 예수 그리스도의 신실함으로 말미암아"를 의도하는지, 아니면 "예수 그리스도에 대한 우리의 믿음으로 말미암아"를 의도하는지는 여전히 학문적 논쟁 대상이다.[24] 이어 두 번째 절 "피스티스를 주는 모든

23　Piper는 *Future of Justification*, 174-80에서 이 본문에 담긴 교환의 측면을 유익하게 규명해 낸다.

24　이 책 4장에 있는 "바울 서신에서의 충성" 부분에서 주격 소유격("예수 그리스도의 신실

자들을 위한 것"은 "위하여"라는 전치사와 더불어 하나님의 의가 획득 가능한 지위 또는 선물임을 암시한다. 모든 사람이 죄를 지어 하나님의 영광에 이르지 못하지만, 이 상황은 하나님의 값없는 선물로 인해 상쇄된다. 왜냐하면 메시아 안에 있는 모든 사람이 "의롭게 되기" 때문이다. 하나님은 메시아를 *hilastērion*("자비의 자리") 곧 속죄가 이루어지는 장소로 지명하셨는데, 여기에서 하나님의 진노가 충족되고 죄는 제거되었다. 바울에 의하면 이 자비의 자리는 하나님의 의를 입증했다. 하나님이 이전의 죄를 "무시"하시거나 벌하지 않으셨던 것처럼 말이다. 그리고 이 자비의 자리는 지금도 존재하는 하나님의 의에 대한 또 다른 입증이다. 그래서 "[하나님은] 자기도 의로우시며 또한 예수에게 피스티스를 주는 자를 의롭다 하려 하셨다"(롬 3:26). 즉 하나님의 의는 충성을 바치는 자들을 "위한 것"이고, 하나님이 만드신 예수라는 속죄의 장소와 밀접한 관계가 있다. 그리고 이 속죄의 장소에서 하나님의 진노가 충족되었고 죄는 씻겨 나갔다. 하나님의 의 역시 예수께서 메시아로서 하나님께 바친 충성을 통해 확립될 것이다.

함") 및 목적격 소유격("예수 그리스도에 대한 믿음")에 대한 논의를 보라. 롬 3:22의 목적격 소유격 해석과 관련하여, 예수 그리스도에 대한 인간의 믿음이 어떻게 3:21의 하나님의 의를 드러내는 도구로 작용할 수 있는지를 설명하는 일이 매우 어려운 것임을 고려해보라. 왜냐하면 하나님의 의는 율법과 예언자들이 이미 증언한 하나님의 선행적 행위이기 때문이다. 관련 논의는 D. Campbell, "Romans 1.17," 275-77; Kugler, "ΠΙΣΤΙΣ ΧΡΙΣΤΟΥ," 249-50을 보라.

하나님의 의를 정의하기

"하나님의 의"에 관한 우리의 관찰을 종합하면, 다음 일곱 가지 진술이 핵심으로 등장한다.[25] 하나님의 의는

1. 하나님의 백성인 "우리"가 메시아 안에서 되는 무언가다(역자주—하나님의 백성인 "우리"는 메시아 안에서 하나님의 의가 된다).
2. 거의 언제나 피스티스와 연관된다. 여기서 피스티스는 하나님께 대한 메시아의 충성 또는 메시아인 예수께 대한 우리의 충성을 의미한다. 이 둘 모두를 의미하기도 한다.
3. 속죄 및 교환과 밀접히 연결되어 있다.
4. 하나님의 심판과 관련되어 있다. 여기서 하나님의 심판은 죄에 대한 진노의 심판과 새로운 부활의 생명으로 구원하는 심판 모두를 의미한다.
5. 메시아와의 연합 또는 메시아로의 참여와 빈번히 연계된다.
6. 구약성서에서 증거되고 있지만 개인적 차원이나 집단적 차원에서 모세 율법을 준수한다고 해서 얻을 수 있는 것이 아니다.
7. 복음에 나타나 있지만 그리스도 사건 이전에는 유효하지 않았다.

이 강조점들을 한데 모아 일관성 있는 전체로 만들기 위해, 우리는 바울

---

25 Campbell의 분석에 따르면(*Deliverance of God*, 683-88) 롬 1:17과 3:21-26에 언급된 하나님의 의는 다음과 같은 용어로 묘사되어야 한다. (1) 하나의 사건, (2) 그리스도 사건에만 초점을 맞춘 단일성, (3) 구원, (4) 이전의 압제에서 벗어나는 해방, (5) 생명의 부여, (6) 종말/부활, (7) 소유격 해석의 유연성(하나님의 의에 대한 정의는 "하나님"과 "의"가 어떻게 관련되는지에 대해 유연성을 유지해야 한다).

오직 충성으로 받는 구원

이 어떤 이야기를 염두에 두고 하나님의 의와 관련하여 이런 다면적 연관성을 만들어낼 수 있었는지를 질문해야 한다. 아마도 다음의 내용은 바울의 설명을 가장 잘 종합해줄 것이다.

이스라엘은 부름받은 백성으로서 이들을 통해 하나님의 의가 나타나고 다른 민족에게 전달될 것이다(예. 사 51:7; 62:2). 이처럼 모세 율법은 생명의 약속을 담보하는 의로운 기준이었지만 죄의 통치와 사망의 결과로 인해 이 약속을 이룰 수 없었다(롬 4:25; 갈 3:21). 율법은 생명을 주지 못했고 오히려 언약의 저주 형태로서 죄에 대한 인식을 고조시켰다(롬 5:20; 갈 3:10). 하나님은 메시아이자 왕이신 예수를 이스라엘에 속한 의로운 대표자로 선택하셔서 이스라엘의 죄를 지게 하셨다(그리고 하나님은 이스라엘을 통해 세상을 선택하셨다). "그가 자기 영혼의 수고한 것을 보고 만족하게 여길 것이라. 나의 **의로운** 종이 자기 지식으로 **많은 사람을 의롭게 하며** 또 그들의 죄악을 친히 담당하리로다"(사 53:11). 왕이신 예수는 죄의 담당과 의의 확립을 통해 이스라엘의 근본 목적을 성취하셨는데, 그 목적은 메시아 안에서 "하나님의 의"를 특징으로 하는 하나의 범세계적 가족을 만드는 것이었다.

그리스도이자 왕이신 예수는 의로운 자로서, 충성을 통해 사시는 분이다. "의인은 그의 충성으로 말미암아 살리라"(합 2:4; 롬 1:17; 갈 3:11)는 성서의 증거처럼 말이다. 그러나 하나님 아버지를 향한 예수의 이 충성은 그가 "육신에 죄를 정죄하기 위해 죄 있는 육신의 모양으로" 오셔야 함을 의미했다(롬 8:3). 이 충성은 그가 "우리를 위해 율법의 저주가 되시는 것"(갈 3:13)과 자신을 *hilastērion* 곧 자비의 자리로 내어놓으심을 뜻했다(롬 3:25). 바로 이 자리에서 세상의 모든 불의와 악에 대한 하나님의 의로운 심판을 의미하는 하나님의 진노가 **지명된 메시아**이자 인류를 대표하도록 고대되어온 왕, 곧 선택받고 기름 부음 받은 왕이신 예수 위로 쏟아졌다. 죄가 예수의 몸에서 정죄 받았으나, 그분은 죽기까지 하나님께 바친 자신의 피스티스(충성)로 인해 정죄 받지는 않으셨다. 예수는 죄가 없는 의로운 분이시기에 하나님은 이 예수를 부활의 생명으로 일으켜 세우셨고 하나님의 오른편에 앉히셨다. 왕좌에 앉으신 메시아로서 예수의 통치는 시작되었다. 예수는 그에게 충성하는 모든 자들이 그의 죽음, 부활, 보좌의 영광과 연합할 수 있도록 성령을 부어주셨다.

따라서 바울에게 하나님의 의는 **부활이 가져오는 하나님의 판결을** 의미하며, 이 판결의 내용은 **진노를 짊어지고 죄를 대신한 충성의 왕 예수만이 의롭다는 것이다.** 그리고 **인류를 대표하는 왕이신 예수와 연합된 모든 사람들이 이 판결의 수혜자다.** 죽음-부활-생명으로 이어지는 이 판결은 우리가 오직 충성으로 왕이신 예수의 죽음 및 부활과 연합할 때 성령을 통해 우리에게 과분한 선물로 주어진다.[26] 그 결과 우리는 "메시아이자 왕이신 예수 안에서 하나님의 의가 된다." 이처럼 우리는 특별한 가족이 되는데, 이 가족은 그리스도와 함께 죽었고 하나님의 (무죄로 만드는) 선언적이고 (부활이 가져오는) 변혁적인 판결에 의해 "그리스도 안에서" 재구성된 가족이다. 유죄에서 벗어난 최종 구원은 무엇보다도 메시아의 부활 생명을 공유하는 가족에 합류하는 것을 뜻한다. 성서는 이 의가 우리의

---

26 (특히 충성을 강조한) 이 정의는 내가 고안한 것이지만, 그 표현은 부분적으로 Campbell의 *Deliverance of God*, 683-704 논의와 더불어 특히 Jipp의 *Christ Is King*, 244-71 논의에 의존한다. Irons는 *Righteousness of God*, 272-336에서 Wright에 반하여 하나님의 의가 "언약적 신실함"이 아니라 일차적으로 하나님이 수여하시는 의로운 지위(예. 롬 3:21-22)를 의미하고 이차적으로 "그리스도 안에서" 발견되는 사람들이 얻게 되는 의로운 지위(예. 고후 5:21)를 의미한다고 설득력 있게 주장한다. 그러나 내가 볼 때 칭의를 화해와 차단시켜버리는 것처럼 보이는 Irons의 제한된 칭의 이해는 불안정하다(341-42를 보라). 구원과 변화에 대해서는 아래 각주 33에 있는 나의 후속 논평을 보라.

의가 아니라 **왕이신 예수의 의**라고 분명히 밝히는데, 그 이유는 우리가 오로지 "그리스도 안에서"만 부활에 의한 이 판결을 받기 때문이다. 즉 과거에도, 현재도, 그리고 미래에도 우리는 피스티스에 의해 확보되는 왕이신 예수와의 연합을 통해서만 이 판결을 받게 된다. 그리고 이때 하나님은 "예수 안에서" 우리를 의롭다고 선언하신다.

전가된 의

따라서 과거에도 현재에도 미래에도 우리를 하나님 앞에 바로 서게 만드는 것은 외부에서 주어지는 의다. 이 의는 오직 예수 그리스도에게만 속해 있으며 예수와의 연합을 통해서만이 우리의 것이 되기 때문이다. 루터와 칼뱅과 종교개혁에 의한 그들의 영적 후손들은 이 사실을 재발견하고 올바로 기념했다. 루터는 그리스도인이 의로우면서도 죄인이라고 말하길 좋아했다. 그러나 이렇게 말했다고 해서 그가 그리스도인을 죄의 오물에서 영원히 뒹굴며 무기력하게 갇혀 있는 존재로 보았던 것은 아니다. 루터의 말이 뜻하는 바는 아무리 더러운 사람일지라도 믿음이 있다면 하나님이 그 사람을 의롭게 여기신다는 것이다. 그가 볼 때 의롭게 된 그리스도인은 죄를 이기고 거룩으로 나아가 선한 행위의 열매를 맺을 것이다. 루터는 칭의와 관련하여 그리스도 안에서 우리에게 주신 하나님의 약속을 믿는 "믿음만"으로 우리가 하나님의 존전에서 의로운 자로 선포된다고 주장했는데, 이는 예수의 의가 우리에게 전가되었기 때문이다. 루터와 더불어 같은 마음을 지닌 종교개혁가들이 볼 때, 예수의 외부적 의는 깨끗한 의복과 같은 것이어서 누군가 "믿음"을 갖는 순간 그 사람의 더러운 누더기를 단번에 덮어 버린다. 따라서 하나님은 우리를 심판하실 때 오직

예수의 의만 보신다. 우리는 그 결과 죄의 속박에서 벗어나 거룩으로 나아간다.[27]

그러나 여기서 우리는 장애물을 만난다. 성서에 언급된 피스티스 중 그 어떤 부분에서도 더 풍성한 정의나 그리스도의 의가 우리에게 전가되어 우리의 부정한 죄를 **덮는다**는 거래적 개념이 발견되지 않는다. 그리스도인에게 "예수 그리스도로 옷 입으라"고 촉구하거나(롬 13:14) "누구든지 그리스도와 합하기 위하여 세례를 받은 자는 그리스도로 옷 입었다"(갈 3:27)라고 증언하는 성서 구절들이 존재한다. 반면 하나님이 피스티스를 근거로 우리를 의롭게 여기신다고 말하는 성서 본문도 있다(예. 롬 4:5, 9-11). 어느 구절은 메시아가 "하나님으로부터 나와서 우리에게 지혜와 의로움과 거룩함과 구원함이 되셨다"고 말하지만(고전 1:30), 그 맥락은 법정의 선언과는 무관하다. 마지막으로, 위에서 살펴본 성서 구절들은 우리가 실제로 하나님의 의를 공유한다고 말하는데, 이는 하나님의 의가 그리스도를 통해서 또는 그리스도 안에서 나타나기 때문이다(예. 고후 5:21; 빌 3:8-9). 그러나 이렇게 다양한 이미지들은 결합되지 않는다.

따라서 루터교회와 개혁교회 전통 내의 몇몇 표현들과 대조적으로, 성서는 메시아의 의가 추상적인 "거래적 교환"에 의해 우리의 것이 된다고 무조건적인 방식으로 말하지 않는다. 사전적/동시적 연합과 별개인 즉각적 "덮어버림"이라는 의미에서 우리의 것이 된다고 말하지도 않는다. 이런 의미의 전가는 선호되는 성서적 개념이나 범주 및 용어가 아니다.[28]

---

27 예수의 의를 우리에게 주어지는 의복으로 비유하여, 예수의 의가 의복처럼 우리의 더러운 죄를 덮는다고 주장하는 Luther, *Preface to the Latin Writings*를 보라.

28 전가에 대한 전통적인 개신교의 이해와 한계를 논하는 Bird, *Saving Righteousness of God*, 60-87; Seifrid, *Christ, Our Righteousness*, 174-75; Wright, *Paul and the Faithfulness of God*, 2:951을 보라. 연합이 가장 중요한 것으로 일관성 있게 제시된 적이 없었던 것을 감안할

전가라는 용어의 보존을 위해서는 이 용어에 보다 온건한 가치를 부여함으로써 왕이신 그리스도와의 연합의 하위 집합으로 만들면 된다. 바울은 전가와 관련하여 **덮는다**는 표현을 선호하지 않고 "메시아 안에서" 발견되는 자들과 관련하여 **여기다, 간주하다, 고려하다**(*logizomai*)라는 표현을 선호한다(예. 롬 4:3-11, 22-24; 고후 5:19; 갈 3:6). 전가가 성서적 관점에서 유효한 경우는 오로지 전가가 사전적 또는 동시적 연합에 근거하거나 일종의 간주로 여겨질 때뿐이다.[29]

　전통적인 개신교의 전가 개념이 갖는 이런 한계를 인지할 때, 우리는 가톨릭의 칭의 입장이 어떻게 성서에 더 충실한 전체 교리의 이해로 이어지는지를(그러나 가톨릭의 입장 역시 발전된 성서학에 비추어 재작업이 필요하다) 인지할 수 있는 더 나은 입장에 서게 된다. 가톨릭 전통은 칭의의 발생 방법과 관련하여 **전달** 또는 **주입**과 같은 유기적 비유를 선호한다. 트리엔트 공의회의 "칭의에 관한 법령"은 비록 500년 전에 기록되었지만, 여전히 칭의에 대한 가톨릭교회의 가장 권위 있는 진술로 남아 있다.[30]

때, 이 연구들과 다른 연구들은 종교개혁가들과 그들의 추종자들이 정의하고 이해하는 "전가"에 직접 상응하는 신약성서의 용어가 존재하지 않음을 보여준다.

29　Piper(*Future of Justification*, 123-25)와 Schreiner(*Faith Alone*, 179-90)는 전가된 의를 선호하고 주장하면서도, 사전적 연합의 필요성을 바르게 강조한다.

30　"칭의에 대한 법령"은 제6차 트리엔트 회기에 작성되어 1547년 1월 13일에 반포되었다. 모든 인용의 출처는 Schroeder, *Canons and Decrees of the Council of Trent*이다. 트리엔트 공의회에 의하면 칭의는 "죄가 면제되는 것뿐만 아니라 불의한 인간이 의롭게 되는 은혜와 선물의 자발적 수용을 통해 속사람이 성화되고 새롭게 되는 것"을 의미한다(§7).

주입된 의

트리엔트 공의회의 가르침에 따르면, 예수의 희생에 힘입어 칭의가 확보되지만 그럼에도 불구하고 인간이 하나님 (또는 예수) **자신**의 의에 직접 참여하는 것은 아니다. 즉 칭의가 "하나님의 의로움의 척도가 아니다"라는 것이다(§7; 참조. 법규 10). 칭의는 예수의 공로로 주어진 것이지만 일종의 선물로서 성례인 세례를 통해 우리의 의가 되고, 이후 하나님의 은혜가 우리에게 임하면서 발전하게 된다. 더욱이 세례라는 도구를 통해 칭의가 발생하지만, 칭의를 가져오는 유일한 공식적인 원인은 성령을 통한 심령의 새로워짐이다.[31] 믿음, 소망, 관용의 미덕은 세례/칭의 시에 "주입"된다(§7). 이 주입을 통해 성령에 의해 전달된 (우리의 협력을 통해 받게 된) 참 의의 씨앗에 물이 주어지고, 이 의는 하나님의 도움으로 우리가 허용하는 만큼 자라며, 그 결과 우리의 의/칭의는 커지게 된다(§10). 하나님의 은혜로 행해지는 선행은 개인의 칭의를 증대시키며, 이것은 삶의 끝에서 "의의 면류관"을 받기 위해 반드시 필요하다(§16). 이와 다르게 생각하는 자는 저주받은 자로 선포되어 그리스도에게서 떨어져 나간다(법규 24).

따라서 트리엔트 공의회에 따르면, 우리가 비록 그리스도인으로서 확고한 소망을 지닐 수 있다 해도 우리의 의가 저주를 피할 만큼 충분히

---

31 칭의의 도구적·공식적 원인에 대하여 "칭의에 관한 법령" 중 §7은 다음과 같이 진술한다. "[칭의의] 도구적 원인은 성례인 세례로서, 세례는 믿음의 성례이고 이 믿음의 성례 없이는 누구도 의로워질 수 없었다. 결국 칭의의 유일한 공식 원인은 하나님의 의다. 그러나 칭의는 하나님의 의로우심을 나타내는 척도가 아니라 하나님이 우리를 의롭게 만드시는 도구다. 즉 하나님으로부터 칭의를 받은 우리의 심령이 새롭게 된다. 이제 우리는 존중받을 뿐만 아니라 각자 정해진 대로 그 속에 정의를 받아 진정 의로운 자로 불리게 되며, 실제로 의로운 자가 된다. 그리고 이 정의는 각 사람의 성향과 협력에 따라 하나님께서 원하시는 대로 성령을 통해 모든 사람에게 나누어진다."

오직 충성으로 받는 구원

증대될 거라고 절대적으로 확신할 수는 없다. 왜냐하면 우리의 의는 (그리스도의 것이 아니라) 우리의 것이고 우리의 협조적 인내에 달려 있기 때문이다(§§11-13). 사실 세례를 받은 후에 (의도적으로 심각하고) 치명적인 죄를 범한 자들은 칭의를 잃게 되므로 칭의의 회복을 위해 반드시 고백과 회개의 성례를 거행해야 한다(§§14-15).

요컨대 가톨릭 신자들의 관점에서, 하나님은 세례를 받는 자의 마음에 의의 참 씨앗을 심어주시며 이는 받을 자격이 없는 우리에게 예수의 공로로 인해 주어지는 선물이다. 우리는 예수의 공로와 은혜로 이 의를 받게 되지만 이 의는 각 개인의 의이기 때문에 메시아의 의에 직접 참여하는 것을 의미하지는 않는다. 이 의의 씨앗은 성례와 인내의 선행을 통해 최종적인 구원을 받기에 충분한 의로 꽃필 수 있다.

의에 대한 고찰

우리는 트리엔트 공의회의 진술을 통해 칭의를 더 잘 이해하게 되는가? 그렇다. 더 잘 이해하게 된다. 그러나 몇 가지 문제들을 먼저 논해야 한다. 성서를 따르는 종교개혁가들은 트리엔트 공의회의 진술에 반대하였고, 은혜롭게 전달되어 **우리의 것이 되는** 의가 칭의의 공식 원인(곧 개인의 과거, 현재, 미래에 대한 "무죄" 판결)이 아니라고 제대로 결론 내렸다. 오히려 칭의의 공식 원인은 예수가 의롭고 그와 연합하는 우리도 의롭다는 하나님의 선언이다. 따라서 우리는 부활을 가져온 하나님의 판결을 공유한다.

우리의 것이 되어 점진적으로 자라나는 주입된 의(곧 성례에 참여할 때 하나님의 은혜와 협력하여 성취되는 의)에 대한 강조가 트리엔트 공의회의 선언과 마찬가지로 놓치는 점이 하나 있는데, 바로 피스티스를 보여주는 개인이 왕이신 예수께 이미 부여된 완벽한 "의"를 가리키는 절대적 법정 선언에 즉각적으로, 참되게, 완전히 참여한다는 점을 인지하지 못한다는 것이다. 칭의의 공식 원인은 우리를 대표하는 왕을 의롭다 하시는 하나님의 선언이며 이 선언을 가능케 하는 것은 부활이다. 그런데 이 왕의 의는 (아무리 은혜롭게 주어진다 해도) 우리의 것이 되지 않는다. 다만 우리는 그의 의에 동참함으로써 그것을 공유할 뿐이다. (바울은 이 모든 것을 "하나님의 의"라 부른다.) 충성하는 사람은 이 왕 안에서 새 피조물로 재형성되어 새 사람이 되고 오직 **메시아 안에서** 집단적으로 "하나님의 의"가 된 자들과 함께한다(고후 5:17, 21; 갈 6:16; 엡 4:24; 골 3:10). 이처럼 우리가 성례를 거행하면서 하나님이 우리의 행위를 통해 칭의를 증대시키시고 우리를 만족케 하실 것을 신뢰한다고 해도, 칭의의 공식 원인은 우리의 협력을 통해 강화되거나 증대될 수 없다.

트리엔트 공의회가 제시한 칭의에 대한 가톨릭의 공식 교리는 (특히 공식적 원인에 대한) 성서적 이해의 발전에 비추어 재조정될 필요가 있지만, 트리엔트 공의회의 칭의 교리에는 몇 가지 중요한 내용들이 담겨 있다. 가톨릭의 견해에 따르면, 개인의 첫 칭의는 점차 의로워지는 평생의 과정에서 첫 출발점이 된다. 일반적으로 개신교인들은 이 평생의 과정을 "성화"라 부르며 이에 동의한다. 트리엔트 공의회는 성서가 첫 의(개신교인들은 전통적으로 이를 "칭의"로 봄)와 그 이후에 향유되는 의(개신교인들은 전통적으로 이를 "성화"의 일부로 봄)를 개념적으로 명확히 구분하고 있음을 확언하기 때문에, 이 문제에 있어서 유용하고 명확한 입장을 제시한다. 개신교인들은 첫 의와 이후의 의를 서로 분리된 독립적 범주로 다루면서 오로지 "칭의"의 의만 개인의 최종 구원과 관련이 있다고 여기고 "성화"의 의는

앞선 칭의의 불가피한 외적 작용이라고 간주하는 경향이 있다.[32]

개신교인들은 그들의 구원 문법을 급히 재검토해야 한다. 왜냐하면 성서 저자 중 한 명이라도 사용하고 있는 특정 용어, 사고 구조, 범주를 신중히 주해해보면, 첫 의(소위 칭의)와 이후의 의(소위 성화) 사이의 그런 구별이 일관성 있게 유지될 수 없기 때문이다. 이런 표현은 칭의에 대한 개별적이고 일회적인 거래 모델을 촉진함으로써 칭의의 과거적, 현재적, 미래적, 집단적, 창조적 측면을 진지하게 다루지 않는다. 결론적으로 성서는 (우리가 메시아와 연합되는) 칭의의 첫 순간에 얻게 되는 메시아의 의와 그 이후 성령의 양육으로 유지되는 메시아 안에 있는 우리의 의를 일관되게 구분하지 않으며, 최종 구원에 있어서 하나가 다른 하나보다 더 기본이 된다거나 중요하다는 인상을 주지 않는다.[33]

우리를 구원하는 의는 하나님의 의롭게 하시는 행위를 근간으로 삼는다. 그리고 이 의는 충성에 의해서만 우리 것이 되며, 이 충성이 유지

---

32 이런 구별은 칼뱅의 『기독교 강요』 3.11.6(F. L. Battles 역)로 거슬러 올라가는데, 칼뱅은 의(또는 칭의)와 성화가 분리될 수는 없지만 구별이 가능하다고 주장한다. 그는 태양에서 나오는 빛과 열을 비유로 들면서, 이 둘은 분리할 수 없지만 우리의 이성이 "한쪽의 특정 성질이 다른 쪽으로 전이되는 것을 막듯이" 칭의와 성화도 마찬가지라고 말한다. 그러나 칼뱅의 이 주장을 뒷받침하는 유일한 증거는 고전 1:30로서, 여기서 "칭의"(*dikaiosynē*)와 "성화"(*hagiosmos*)는 개별 항목으로 언급된다. 하지만 우리는 바울이 칼뱅의 생각처럼 또는 구원의 개별 순서처럼 이 두 용어를 서로 매우 유사하지만 구별 가능한 범주로 일관성 있게 다루고 있다는 성서적 증거를 찾을 수 없다.

33 "칭의"(*dikaio*-) 표현은 일반적으로 법정적·선언적 표현이지만, 구원과 변화를 의미하기도 한다. 이와 관련된 성서 구절들 중에서 롬 1:17; 3:20(이 구절은 시 143:2에 비추어서 보라); 3:21-22; 4:25; 5:16-19; 6:16; 특히 롬 6:7("이는 죽은 자가 죄에서 벗어나 자유롭게[*dedikaiōtai* 또는 '의롭다 하심을'] 얻었음이라"); 고후 5:21을 보라. 이것과 롬 8:1-4, 33-34의 관련 이미지에 대해서는 Leithart, "Justification as Verdict and Deliverance"; Stegman, "Paul's Use of *Dikaio*- Terminology"; Gorman, *Becoming the Gospel*, 212-96을 보라. *dikaio*- 단어군에는 가끔씩 존재론적 변화에 대한 선언을 넘어서는 생명, 부활, 죄에서의 자유 같은 개념들이 포함된다.

되는 "그리스도 안에서"만 (과거에도, 현재에도, 미래에도) 우리의 것이 된다. 이 모든 것들은 성화가 구원의 순서에 속한다고 말하지 않는다. 또한 충성(피스티스)은 추상적인 것이 아니다. 충성에는 의로운 왕이신 예수 없이 우리가 파산하게 된다는 인지와 예수께 대한 우리의 실천된 충성이 수반된다. 그러므로 선한 행위가 필요한 것이다. 이 선한 행위에는 피스티스의 육화(enfleshment), 실천된 충성, "믿음의 순종"(롬 1:5)이 따른다. 그리고 마지막 심판은 (적어도 부분적으로) 행위에 근거할 것이므로 선행이 반드시 필요하다.[34] 따라서 트리엔트 공의회는 선한 행동을 할 때 인내가 필요하다는 점을 강조하면서 개신교인들이 고려해야 할 유용한 지침들을 제공한다. 물론 문제가 있는 몇 가지 특정 표현들을 주의해서 참고해야 한다.

최근 가톨릭과 개신교는 칭의에 대한 합의에 이르기 위해 함께 노력해왔고, 그 결과 기독교 일치 추진을 위한 가톨릭교회의 교황청 협의회와 루터교 세계 연맹에 의해 "칭의에 대한 공동선언서"(1999)가 발표되었다. 이 선언서는 가톨릭의 최고 권위에 의해 공식적으로 확인된 것이 아니고, 모든 루터교 진영에 의해 확인된 것도 아니다. 그러나 이 공동 선언서는 칭의가 "그리스도 자신이 우리의 의가 되시고, 하나님 아버지의 뜻에 따라 성령님을 통해 우리가 이 의를 공유하는 것을 의미한다"는 공동 확인을 포함하고 있다(§15). 더욱이 이 선언문에는 "사람이 믿음으로 그리스도와 연합되고, 그리스도는 자신의 위격 가운데 우리의 의가 되신다"는 공동의 합의가 기록되어 있다(§22). 어떤 사람들은 이 선언문에 미온적인 반응을 보이지만, 나는 이 선언문이 진리와 일치를 향한 큰 걸음을 만

---

34 이 책 4장의 "믿음의 순종과 그리스도의 법" 그리고 5장의 "오직 행위와 충성?"을 보라.

들었다고 생각한다.[35] 그리스도 자신이 우리의 의이며 구원이 피스티스에 의한 그리스도와의 연합을 통해 주어진다는 이 새로운 합의는 에큐메니컬 관계에 있어서 중요한 진전인 동시에 트리엔트 공의회의 가르침을 따르는 가톨릭 신자들에게도 매우 고무적인 해석(또는 해명)이 된다.

최대한의 명확성을 위해, 후속 에큐메니컬 연구는 예수야말로 우리를 대속하고 대표하는 메시아적 왕으로서 우리의 "선포되고, 실현되고, 유효한" 의라는 점을 덧붙여야 하고, 우리가 오직 피스티스로만 우리를 자유케 하는 왕이신 예수의 의를 진정으로 공유하게 된다는 것도 추가해야 한다. 왜냐하면 우리가 충성을 고백하는 즉시 하나님께서 우리를 예수 안에서 의롭다고 선언하시고 우리가 (일반적으로 세례 시에) 성령 안에서 예수의 의를 공유하게 되기 때문이다. 그 후 (메시아 소유의 구원이 가져온 판결인) 메시아의 의가 우리와 성령과의 협력에 의해 유지되고 주입된다. 그러므로 메시아 안에서 우리는 하나님의 의가 된다. (즉 우리는 그리스도의 부활을 불러온 판결을 공유하게 된다.) 이 피스티스는 우리가 예수 안에서 의롭게 된다는 하나님의 약속의 유효성에 대한 "믿음" 또는 "신뢰" 또는 "신념"을 주로 뜻하지 않는다. 이런 잘못된 강조는 종교개혁의 특징으로서 오늘날에도 여전히 지배적인 영향력을 미치고 있다. 오히려 이 피스티스는 통치자이신 메시아 예수께 대한 순종적이고 실제로 구현된 순종을 의미한다. 그리고 이 충성은 의로운 왕이신 예수와의 연합을 맺어주고 유지시킨다.

추후 가톨릭 내에서 더 권위 있는 기관의 문헌에 의해 "공동 선언"의 예비 성명들이 작성되길 바라며, 개신교 내에서는 고백과 교단의 입장에

---

35 "합동 선언"에 대한 다양한 반응은 Aune, *Rereading Paul Together*를 보라.

관한 공식적인 발표문(등과 같은 것)이 나오길 바란다. 하나님의 의가 되시며 기름 부음 받은 왕이신 예수께 하나님이 구원으로 말미암아 내리신 판결만으로도 우리는 충분하다. 왜냐하면 우리는 피스티스, 즉 복음에 대한 지적 동의, 선언된 충성, 실제로 구현된 충성을 통해 보좌에 앉으신 왕 예수와의 연합을 유지하기 때문이다.

통합된 의

앞서 살펴보았듯이, 전가된 의에 대한 전통적인 루터교/개신교의 견해와 **분여/주입**된 의를 선호하는 가톨릭의 입장 모두 칭의에 대한 유용한 통찰과 결함을 동시에 갖고 있다. 따라서 **전가**된 또는 **주입**된 의가 아닌 새로운 표현이 고려되어야 한다.

전가된 의는 메시아 예수가 의롭다고 선언되었으며 그분의 무죄가 완전히 입증되었다는 점과 더불어 우리의 과거, 현재, 미래의 칭의가 예수의 의에 근거하고 있다는 점을 올바로 일깨워준다. 그러나 어떻게 "간주하기"가 발생하는지 이를 실제로 명확히 설명하지 못하는 전가에 대한 고전적 개념이 (갈 3:6과 다른 곳에서 발견되는 *logizomai*의 해석과 관련하여) 즉각적인 "덮어버림"에서 그리스도 안에 있는 것으로 "간주하기"로 환원되지 않는다면, 전가는 성서적 개념이나 용어로 여겨질 수 없다. 다시 말해 메시아와의 선행하는 (또는 동시적) 연합이 없으면 전가된 의는 무너져 내린다. 오직 메시아에게만 올바로 속해 있는 선언된 의(부활 생명에 부여되는 무죄의 지위)는, 십자가에서 죽었지만 의로운 자로 입증되고 보좌에 앉아 계신 왕이신 예수와의 연합을 통해 우리의 것으로 선언된다. 구원은 예수의 삶, 죽음, 부활, 왕으로서의 영광을 공유한다.

한편 분여된 의도 연합을 충분히 내다보지 못한다. 칭의에 대한 성서의 묘사는 우리가 (예수의 공로로) 의를 받게 되며 이 의가 세례 시에 선물로 분여되어 우리의 것이 된다고 제안하지 않는다. 그리고 우리가 최종적 칭의를 받기 위해 (성례를 통해) 하나님의 은혜와 협력하여 의의 보증금을 늘린다고 제안하지도 않는다.[36] 바로 이 때문에 "공동 선언"에 책임이 있는 가톨릭 위원회의 주장, 즉 "그리스도 자신이 우리의 의가 되신다"는 재조정된 확신은 가톨릭과 개신교 사이의 대화를 향한 매우 고무적인 진전이 된다.

반면에 주입된 의는 연합을 확실히 보여준다는 점에서 유용한 비유가 되지만, 우리가 어떻게 하나님 앞에 바로 서는지에 대한 독립된 묘사가 되기에는 불충분하다.[37] 예수와 우리를 각각 포도나무와 가지로 보는 요한복음의 비유(요 15:1-5)가 보여주듯이 우리는 그리스도의 수족

---

36 하나님의 은혜가 (중세 가톨릭 신자들에게 정해져 있던 공식화된 일곱 개의 성례전 보다) 훨씬 더 많은 방식으로 신성하게 우리에게 전해지는 것은 사실이지만, 이와 동시에 바울은 규정된 활동을 열거하는 목록에 참여함으로써가 아니라 왕이신 예수께 대한 피스티스를 통해서만이 의를 확보할 수 있다고 강조한다(이 책 5장의 "법칙 수행으로서의 율법의 행위"를 보라). 성례는 충성의 행위로 간주될 수 있고 (의심할 여지 없이 대개) 충성의 행위로 간주된다. 성례들은 그렇게 기쁨으로 거행되고 기념될 수 있다! 그러나 가톨릭 교리(예. 트리엔트 공의회 교리)의 주장대로, 하나님과의 바른 관계가 최종 칭의의 필수 조건인 (화해 또는 참회와 같은) 규정된 성례 행위의 완수와 불가피하게 결부되어 있다고 주장할 때, 그리고 이 규정된 성례 행위가 우리의 것이 된 의의 성장에 기여한다고 주장할 때, 이 결론은 비성서적이고 위험한 것으로 거부되어야 한다. "공동 선언"에 의한 이러한 재조정은 가톨릭과 개신교의 칭의 이해가 명확해지고 업데이트 되었다는 희망을 준다.

37 (트리엔트 공의회 교리[특히 법규 23]가 동정녀 마리아를 제외한 모든 이에게 적용된다고 인정하듯이) 우리는 다방면으로 죄를 짓고 계속해서 하나님의 영광에 이르지 못한다. 그렇기 때문에 점진적으로 주입되는 의가 개인의 완벽한 의를 가져오지 않는다. 따라서 주입된 의를 과거, 현재, 미래의 칭의에 대한 공식적 원인으로 보기에는 신학적 근거가 충분하지 않다. 불완전한 죄인들은 충성이 가져오는 대표자 왕과의 연합을 통해 하나님의 의가 요구하는 완벽한 의(갈 3:10; 5:3-4; 약 2:10)를 충족시킬 수 있다. 그러므로 우리는 메시아의 완전한 대속적 희생 및 부활과 연결된 하나님의 의를 즉시 그리고 완전히 공유하게 된다.

이므로 주입된 의는 여전히 도움이 된다(예. 롬 12:5; 고전 12:12; 엡 3:6). 따라서 우리는 충성이 선언되고 처음 성령을 받게 되는 순간이 왕이신 예수께 접목되는(연합이 생성되는) 첫 번째 순간이며 실천된 충성으로 인해 혜택이 지속적으로 흐를 수 있도록 보장(연합을 유지)된다고 생각할 수도 있다. 우리에게 전달된 의가 그 자체로는 그리스도 예수의 것이며 우리에게 단지 파생되는 것이라는 점을 분명히 하는 한(즉 이 의는 절대로 분여되지 않기 때문에 독립적으로 우리의 것이 되지 않는다), 메시아의 의와 부활 생명이 충성 선언과 동시에 우리에게 흘러들어옴을 암시하는 주입과 같은 유기적 비유는 매우 적절하다. 그러나 이 의는 단순히 일회성으로 주입되는 것이 아니다. 오히려 생명을 주는 의(부활 생명에 부여되는 무죄의 지위)의 수액이 성령을 통해 개인과 왕이신 예수를 계속 연결해주고 있다는 사실이 중요하다. 즉 인내가 요구되는 것이다. 평생 주입되는 이 의는 공유되는 것이지만, 그리스도로부터 발생하여 우리에게 흘러들어 오는 것이기 때문에 우리의 최종 칭의와는 무관하다. 성서적으로 말해서 주입된 의는 최초의 칭의와 관련된 의와 질적으로 다르지 않기 때문이다.

이 장의 결론을 정리하면서, 우리는 전가되고 주입되는 의에 대한 유효한 통찰을 포착하고 결함을 최소화하면서도 성서의 표현에 근접할 수 있는 용어가 존재하는지 의문이 들 수도 있다. 이에 대해 전가된 또는 주입된 의보다는 메시아 안에 있는 의 또는 통합된 의라고 표현하는 편이 나을 것이다.[38] 메시아 안에 있는 의 또는 통합된 의는 구원을 주는 예수

---

38 Bird, *Saving Righteousness of God*, 60-87. Bird는 "통합된 의"를 제안하면서도, 전가가 여전히 체계적 목적에 대한 충분히 정확하고 간결한 표현이라고 생각한다. 나는 Bird, Piper, Schreiner와 마찬가지로 전가가 연합에 의존하고 그 뜻이 "간주함"으로 한정되는 것이 명확할 때 전가된 의의 유지가 가능하다는 데 동의한다. 그러나 결국 나는 종교개혁 시대의 짐을 덜 짊어지고 신약성서의 가르침을 보다 직설적으로 반영하는 담론으로의 전환이 더 낫다고

그리스도의 완전한 의로 정의될 수 있는데, 이 의는 의로운 존재이자 머리이신 그리스도와 이미 연합되어 있는 성령으로 충만한 몸에 우리가 합류할 때 비로소 완전히 우리의 것으로 여겨진다. 이는 우리가 절대 주권적 왕이신 예수께 충성할 때, 이 외부적 의, 즉 예수에게만 제대로 속해 있는 이 의로운 지위가 파생적으로 우리의 것이 된다는 뜻이다. 그리고 그 순간, 충성하는 공동체를 이미 감싸고 있으며 생명을 주는 성령도 우리 안으로 들어오신다. 개인은 연합이 충성에 의해 생성되고 성령에 의해 가능해지는 순간에 다시 태어나며, 하나님이 보시기에 **온전히** 의로운 존재로 선언되고, 완전히 의로운 자가 되어 영생을 가진 자로 표현된다. 왜냐하면 그 개인은 왕이신 예수와 연합하여 그분의 완전히 의로운 지위를 공유하기 때문이다. 바울은 이 모든 일반적인 현상이 세례 과정의 일부라고 생각했다.

거의 모든 그리스도인들이 동의하듯이, 충성에는 인내가 요구된다.[39] 피스티스(메시아이자 왕이신 예수에 대한 충성)를 중단함으로써 연합이 단절된다면, 연합을 보호하고 열매를 가져오는 성령의 지속적인 임재 역시 완전히 끊어질 것이다. 즉 중생한 사람이 영적 죽음을 겪게 될 것이다. 그 사람은 더 이상 하나님 앞에 의롭게 된 자도, 의로운 자도, 무죄한 자도 아닐 것이다. 영생은 더 이상 현재의 소유물이 아닐 것이다. 기독교 전통은 이런 단절이 가능한지를 놓고 의견이 분분하다. 개혁교회 그리스도인들과

판단한다.

39 이에 대한 예외를 찾는다면, Hodges(*Absolutely Free*)와 Stanley(*Eternal Security*)처럼 값없는 은혜 운동과 관련된 사람들을 고려해보라(참조. 이 책 1장의 "믿음은 지적 동의로 환원될 수 없다"). 일시적 불충성에도 불구하고 주어지는 구원에 대해서는 이 책 5장의 "죄와의 싸움?"을 보라.

일부 루터교 그리스도인은 단절의 불가능성("영원한 보증")을 선호한다.[40] 반면 가톨릭, 정교회, 일부 개신교 전통은 개인이 구원의 연합에 확실히 들어설 수 있지만 회개하지 않는 범죄를 통해 이 연합에서 떨어져 나갈 수도 있다고 믿는다.[41] 그러나 이 논쟁은 기독교 신학자들이 거의 만장일치로 동의하는 더 큰 요점, 즉 최후의 구원을 얻기 위해 평생토록 피스티스 안에서 인내해야 한다는 요점을 흐려서는 안 된다.

오직 칭의와 충성

지금까지 살펴본 것처럼 칭의라는 표현은 논쟁적이고 복잡하다. 개인에게 적용되는 구원의 서정의 구별된 단계 중 하나에 칭의를 위치시키는 것은 문제가 있다. 궁극적으로 성서는 개인의 구원 서정에 포함된 하나의 개별적 단계로서의 칭의에 큰 관심을 두지 않는다. 성서는 하나님이 왕이신 예수를 선택하시고 오직 예수 안에서 그리고 예수를 통해서 하나님

---

40 인내와 영원한 보증을 격렬히 옹호하는 Schreiner and Caneday, *Race Set Before Us*를 보라. 영원한 보증을 지지하는 대표적 입장으로 Piper, *Future of Justification*, 181-88을 고려해보라. Piper는 184에서 다음과 같이 진술한다. "오직 믿음을 통해 하나님은 우리와 그리스도의 연합을 세우신다. 이 연합은 절대 무너지지 않을 것이다. 왜냐하면 그리스도 안에서 하나님은 우리의 믿음을 지탱하시는 전능하신 아버지시며 우리의 영원한 유익을 위해 모든 것을 협력케 하시기 때문이다. 하나님이 우리와 그리스도의 연합을 유지시켜 주시는 데 쓰시는 유일한 도구는 그리스도에 대한 믿음 곧 그리스도를 "전적으로 받아들이는 영혼의 행위"다. 불행히도, 내 판단에 따르면 Piper의 이 요약에는 결함이 있다. 왜냐하면 그의 요약이 신약성서 시대와 맞지 않게 가정된 "믿음"(*pistis*)과 "은혜"(*charis*)의 의미에 기초하기 때문이다(예를 들어 신약성서 시대에 믿음은 "전적으로 받아들이는 영혼의 행위"를 의미하지 않는다). 이 두 용어가 어떻게 적극적으로 실천하는 순종을 포함하고 있는지를 다루는 이 책 4, 5장을 보라.

41 영원한 보증에 반대하는 논의들은 McKnight, "Warning Passages of Hebrews"를 보라. 연구자들은 특히 Pinson, *Four Views on Eternal Security*에 나오는 다양한 진술과 반응을 평가해 볼 수 있다.

의 백성을 파생적으로 선택하신다는 것을 집단적 관점에서 말하길 선호한다. 적절히 표현하자면, 오직 예수 그리스도만이 의롭게 되었고 영화롭게 되었지만, 인간의 현재 칭의와 영화롭게 됨은 예수 그리스도의 죽음 및 부활과의 연합을 통해 실제가 된다. 이 의는 전가나 주입이 아닌 통합으로 표현되는 것이 제일 적합하다.

최종적인 구원을 위해 우리는 (개인적으로 그리고 집단적으로) 하나님으로부터 무죄 선언을 받아야 한다. 이 목적을 위해 우리는 "하나님의 의"에 반드시 참여해야 하는데, 하나님의 의는 부활이 가져오는 판결로서 하나님은 예수에 대해 이 판결을 내리신다. 그리고 성령이 우리를 예수와 연합시키실 때 동일한 판결이 오직 피스티스에 의해 발생한다. 바울은 이 연합이 세례 절차를 통해 확보된다고 이해하는데, 이때 회개가 죄를 물속에서 씻어내는 행위를 통해 구체화되고 충성(피스티스)이 고백되며 성령이 초대된다. 바울이 볼 때 **하나님의 의는 부활이 가져오는 판결, 즉 진노를 짊어지고 죄를 대속하며 충성하는 왕이신 예수만이 의롭다는 판결을 의미한다. 그리고 인류를 대표하는 왕이신 예수와 연합하는 자들은 이 판결을 공유한다.** 구원은 하나님의 의를 공유하는 것이며 이때 기름 부음 받은 왕이신 예수가 부활 때 받았던 판결도 공유된다. 성서는 이 의가 우리의 의가 아닌 **왕이신 예수의 의**임을 분명히 한다. 왜냐하면 우리는 과거에도 현재에도 미래에도 "그리스도 안에서" 바른 지위를 얻기 때문이다. 그리고 이는 하나님이 우리를 예수 안에서 의롭다고 선언하실 때 오직 피스티스에 의해 확보되는 왕이신 예수와의 연합을 통해 이루어진다. 따라서 우리의 현재 및 미래의 칭의는 우리가 의를 유지하는 것, 즉 구원의 왕이신 예수와의 연합을 유지하는 것에 달려 있다. 우리는 오직 충성을 통해 과거에도 현재에도 미래에도 구원받았다. 이 충성은 성령을 통해 메시아와의 연합을 확립하기 때문이다.

우리의 과거와 현재의 칭의는 법적인 허구가 아니다. 우리는 왕이신 예수께 충성(피스티스)을 다할 때, 부활하신 예수께서 누리고 계신 확고부동한 불가역적 무죄 판결을 확실히 공유한다. 예수는 앞으로 다시는 심판 받지 않으실 것이다. 왕이신 예수는 이미 의롭게 되셨으므로 예수께 충성하는 모든 사람도 의롭게 된다. 왜냐하면 그들이 예수의 의에 통합되고 "그분" 안에서 발견되기 때문이다. 이런 간접적인 의미에서 그리스도인은 심판 아래 있지 않고 영생을 갖는다. 충성하는 사람은 머리이자 왕이신 예수와 연합된다. 그 사람은 죽었고 그의 생명은 이제 "그리스도와 함께 하나님 안에 감추어졌다." 그래서 그리스도가 나타나실 때 그 사람도 그리스도의 몸의 한 지체로 그리스도와 함께 영광 가운데 나타날 것이다(골 3:3-4).

비록 간접적으로 이미 의롭게 되었고 영화롭게 되었지만, 메시아께 충성하는 자들은 미래에 각자 마지막 심판을 통과할 때 **직접적으로** 의롭게 되고 영화롭게 될 것이다. 그때 연합을 보장하는 메시아께 대한 충성이 반드시 제시되어야 한다. 그리고 이 충성은 복음이 진리라는 지적인 수긍, 충성의 서약, 실천된 충성에 의해 확립된다. 그래야 결백한 자 곧 "의롭게 된 자"로 선언될 수 있다. 참된 충성은 추상적일 수 없으므로, 충성은 예수 그리스도와의 연합 안에서 성령을 통해 행해지는 선행에 의해 드러날 것이다.

참된 충성은 실천된다. 그러나 우리가 "그분 안에" 머물며 성령으로 충만한 그분의 공동의 몸에 참여하는 한, 우리는 이미 마지막 심판을 분명히 통과한 것이다. 왜냐하면 예수의 부활 생명이 이미 우리의 몸 안에서 그리고 우리의 행위 안에서 작용하고 있기 때문이다. 생명을 주고 선행을 가져오시는 성령이 우리 안에서 흐르실 때 우리는 "의롭다고" 선포되며, 실제로 의롭다. 우리는 의로우신 분이시며 왕이신 예수와 연합되어 있기 때문이다.

더 생각해볼 문제들

☙

1. 구원의 역사와 구원의 서정은 어떻게 다른가? 왜 이 두 가지에 주목해야 하는가?

2. 구원의 서정에 관한 고전적 설명에는 어떤 문제가 있는가?

3. 개인적 선택과 집단적 선택의 차이는 무엇인가? 우리가 칭의를 이해하는 방식에 이 차이가 중요한 이유는 무엇인가?

4. 바울이 볼 때 칭의를 개별화된 구원의 서정의 한 단계로 묘사하는 것이 최선이 아니라면, 어떻게 칭의를 묘사하는 것이 최선이겠는가?

5. 바울이 볼 때 칭의는 영화롭게 되는 것과 어떻게 관련되어 있는가?

6. 메시아의 부활은 우리의 칭의와 어떤 관련이 있는가? 우리가 이를 통해 왕이신 예수의 의와 "하나님의 의"의 의미가 서로 연결되어 있다는 것이 갖는 의미에 대해 알게 되는 점은 무엇인가?

7. "하나님의 의"가 단순히 심판하시는 하나님의 공정성으로만 간주된다면, 이것이 설명하지 못하는 성서의 자료에는 어떤 것이 있는가? 마

찬가지로 하나님의 의가 단순히 하나님의 구원 행위 또는 바른 지위라는 하나님의 선물로만 간주될 경우, 어떤 것이 배제되는가?

8. 하나님의 의롭게 하시는 행위가 해방에 대한 선언 그 이상을 의미함을 아는 것이 왜 중요한가?

9. 전가된 의란 무엇인가? 이것은 무엇을 정확하게 표현하는가? 이것의 한계는 무엇인가?

10. 분여된 의란 무엇인가? 주입된 의란 무엇인가? 두 용어는 무엇을 정확하게 표현하는가? 그리고 이 두 용어의 한계는 무엇인가?

11. 통합된 의의 모델에서, 죄인은 어떻게 하나님 앞에서 의롭다고 선언될 수 있는가?

Salvation by

9장

———

충성의 실천

Allegiance Alone

복음은 예수와 사도들이 세상을 위해 교회에 남긴 영원불변의 선언이다. 우리는 이와 별개로 복음과 구원에 관한 고유의 문화적 관념을 갖고 있는데, 이것은 우리가 잘 알고 있는 본래 관념과 이후 교회사 및 우리의 현대 문화로부터 좋든 나쁘든 근본적인 영향을 받는다. 복음은 절대로 바뀔 수 없지만 분명한 언어로 설명될 수 있으며, 각 세대에게 독특한 방식으로 근본적인 영향을 미쳐야 한다. 오늘날 복음을 성공적으로 회복시킬 수 있는가는 고대와 현대의 지평 간의 타협점을 찾아낼 우리의 능력에 달려 있다.

따라서 이 책의 목표는 고대의 의미를 드러내고 그것을 현대의 이해와 대조하는 것이다. 처음 그리스도인들은 복음, "믿음", 행위, 그리고 구원을 어떻게 이해했는가? 그리고 이 범주들은 어떻게 칭의, 성화, 세례, 최후 심판, 천국 같은 주제들과 상호작용을 했는가? 나는 이 책 전체에 걸쳐 역사적 정보에 입각한 접근을 추구함으로써, 오래되었지만 늘 신선한 이야기에 새로운 빛이 비춰지길 원한다.

또한 이 책을 통해 오늘날 교회가 효과적으로 사명을 성취하고 핵심이 되는 신학적 문제를 명확히 설명할 수 있도록 (설명서가 아닌 비전을 제시하는) 실제적 도움을 주고자 했다. 나는 이 마지막 장에서 오늘날 교회에 구체적으로 적용할 수 있는 점들을 직접적으로 이끌어냄으로써 "오직-충성에-의한 구원" 이론의 함의를 밝히려고 한다. 논의를 시작하기에 앞서 본 연구의 여러 측면을 하나의 포괄적 이미지로 결합하는 비유를 언급하고 싶다.

우리는 비교를 통해 복잡한 정보를 이해하고 기억하는 데 도움을 얻을 수 있지만, 비교가 지닌 한계에 대해서도 인지해야 한다. 예를 들어 하나님은 사자와 비교되곤 하는데(예. 욥 10:16, 렘 49:19, 호 5:14), 자세히 살펴보면 하나님은 사자와 매우 유사한 측면(신속한 재난을 일으킬 수 있는 능력)이 있지만 매우 다른 측면도 있다. 루이스(C. S. Lewis)에게는 유감이지만, 하나님은 황갈색이 아니고 네 개의 부드러운 발을 갖고 계시지도 않다! 그러므로 모든 비유에 결함이 있다는 사실을 부디 인지하기 바란다. 사실 하나님과 사자의 비유는 결함이 많아서 그리 좋은 비유는 아니다. 비유의 이런 단점에도 불구하고, 나는 우리에게 "'믿음'의 방패"를 취하라고 권고하는 사도 바울의 간결한 격려에 힘입어(엡 6:16), 방패 비유를 고려해볼 것을 권한다.

충성의 방패

하나님의 전신 갑주의 일부로서, 우리는 "악한 자의 모든 불화살을 소멸" 하기 위해 "'믿음'의 방패"를 취하라는 지시를 받는다(엡 6:16). 나는 당신이 피스티스를 악한 자의 계략에서 능히 보호하고 영생을 보존하는 원형 방패로 생각해주길 바란다. 이 피스티스는 전통적으로 "믿음"으로 불려왔지만 내가 구원을 논하면서 "충성"으로 이해하는 것이 더 낫다고 주장한 바로 그것이다. 충성은 구원을 가져오므로, 각 사람은 저마다 고유한 충성의 방패를 가져야 한다. 그리고 이 방패가 영생을 확보하기 위해서는 적절히 잘 만들어진 내부, 가장자리, 전면을 갖춰야 한다. 우선 어떻게 하면 충성의 방패를 얻을 수 있을까? 5장에서 논의한 바와 같이, 충성의 방패는 오직 외부로부터 우리에게 값없이 주어지는 하나님의 선물이라는 형태로 주어진다.

방패가 효과적으로 기능을 수행하기 위해서는 그 내부가 튼튼해야 한다. 사실 이 방패가 구원을 가져오는 충성의 방패가 되려면, 오직 한 종류의 내부면 충분할 것이다. 당신의 몸에 직접 닿는 부분인 방패의 내부를 보면, 당신은 여덟 단계로 구성된 예수의 인생 이야기가 방패 내부 금속에 영원히 새겨져 있는 것을 발견하게 된다. 그리고 당신은 방패의 주인으로서 그것이 진리라는 사실에 동의한다.

복음: 개요

왕이신 예수는

1. 아버지 하나님과 함께 선재하셨고,
2. 인간의 몸을 입으시고 하나님이 다윗에게 주셨던 약속을 성취하셨고,
3. 구약성서의 말씀에 따라 죄를 대속하기 위해 죽으셨고,
4. 장사되셨고,
5. 구약성서의 말씀에 따라 사흘째 되는 날 부활하셨고,
6. 많은 이들에게 나타나셨고,

7. 주님으로서 하나님 우편에 앉아 계시며,

8. 심판자로서 다시 오실 것이다.

복음을 구성하는 이 여덟 단계가 진리라는 것을 확언할 수 있다면, 당신
은 방패를 들어 올릴 수 있게 되고 구원을 가져오는 충성의 첫 번째 요소
를 갖추게 된다.

　이제 당신의 두 눈은 방패의 가장자리(방패의 내부와 바깥 면을 접합시키
는 평평하지만 둥근 표면)로 쏠린다. 방패가 구원을 가져오는 충성의 방패가
되려면 오직 한 가지만이 가장자리에 나타나야 한다. 당신은 가장자리 전
체에 양각으로 새겨져 있는 "나는 예수를 주님으로 선포한다"라는 글귀
를 보게 되는데, 이는 당신의 개인적인 충성 고백이다. 이것은 당신이 처
음으로 하늘과 땅의 진정한 왕이신 예수를 섬기기로 다짐했을 때 (그 표현
그대로 또는 그런 의미를 담아서) 했던 말이다. 이 가장자리는 전체 방패를 하
나로 묶어주는데, 이 충성의 고백 역시 알맞게 묶어주는 역할을 한다. 왜
냐하면 충성의 고백이 구원의 공식 관문이기 때문이다. 하지만 구원은 충
성의 방패와 분리될 수 없다.[1]

　방패를 뒤집으면 앞부분에 이상한 것이 보인다. 방패의 금속 앞면
에는 놀라운 것이 새겨져 있는데, 거기에 보이는 것은 당신의 모습이 아
니라 예수 그리스도의 모습이다. 놀랍게도 방패의 앞부분을 이루고 있는
금속은 액체 금속으로서 일종의 움직이는 그림인데, 이것은 **부활한 왕이
신 예수의 이미지로 변화 중인 당신의 모습이다.** 이 그림은 바로 현재 진

---

[1]　첫 번째 충성이 세례 과정과 어떤 관련이 있는지에 대해서는 8장의 "순서가 아닌 연합으로
　　서의 칭의"를 보라.

행 중인 당신의 이야기를 담고 있다. 당신은 예수께 실제로 충성함으로써 점점 그분의 인격적 자질을 덧입게 되고 창조세계를 적절히 관리하는 그분의 행위에 참여하게 된다. 당신의 이미지는 예수의 이미지와 일치해 간다. 이 실천된 충성은 추가 선택 사항이 아니라 충성의 방패를 구성하는 핵심 부분이다. 그리고 이 움직이는 이미지 위로 당신의 고귀한 소속을 알리는 깃발이 눈에 띈다. 진홍색과 흰색으로 된 깃발에는 "하나님의 자녀"라는 문구가 새겨져 있다.

평생에 걸친 힘겨운 전투 끝에 당신이 (이미) 소유하고 있는 충성의 방패는 그 목적을 달성하게 될 것이다. 당신의 전우들은 여전히 전투를 치를 것이다. 그러나 당신은 메시아이신 예수 안에서 죽었기 때문에 당신이 전쟁에 참여해야 하는 시간은 끝날 것이다. 언젠가 먼 훗날에 마지막 전투가 끝난 후 당신은 크게 울려 퍼지는 나팔 소리를 듣게 될 것이다! 그리스도 안에서 죽은 자들이 살아날 것이다(살전 4:16-18). 방패 위의 변형된 이미지와 똑같이 새롭게 변형된 당신의 몸이 갑자기 땅의 먼지를 걷어차고 뛰어올라 완전한 육신을 입은 채 걷기 시작할 것이다. 변화를 받아 왕의 이미지를 완전히 입게 된 당신은 하나님이 새 하늘과 새 땅에 남겨 놓으신 옛 하늘과 옛 땅에 대한 어렴풋한 인상을 인식하며 새 창조세계로 여행을 떠난다. 당신은 이미 그리스도와 함께 다스리고 있고 이전 삶에서부터 그분의 영광을 나누고 있으므로, 부활한 몸을 통해 왜곡되지 않은 하나님의 온전한 이미지를 입은 당신은 창조세계를 다스릴 준비를 갖췄다.

방패의 각 표면을 갖추는 것은 구원을 가져오는 충성에 반드시 필요한 일이다. 이것은 복음이 참되다는 것을 정신적으로 확신하고 주권자이신 예수께 대한 충성을 선언하며 왕이신 예수께 실제적으로 충성하는 일과 같다. 구원의 목적은 부활의 삶을 누리는 것으로서, 이 삶은 왕이신 예수 및 하나님의 나머지 백성들과 연합하여 새 창조세계를 다스리며 그리스도이신 예수의 이미지와 일치하는 하나님의 참 우상이 되는 것을 뜻한다.

더 나은 복음의 초청을 향하여

우리는 그리스도이신 예수에 대한 복음을 널리 알리고 하나님이 주시는 하나님 나라의 시민권을 확장하는 일을 위임받았다. 어떻게 해야 위임받은 이 일을 효과적으로 수행할 수 있을까? 복음을 전하는 방법은 수없이 많다. 예를 들어 평범한 대화, 공식 설교, 교실 수업, 책, 전도지, 노래, 거리 공연, 시위, 춤, 연극, 부흥회, 기도 모임, 선교 여행 등 다양한 방법이 존재하지만, 모든 방법이 똑같이 효과적이지는 않다. 그렇다고 인간의 신비한 마음을 여는 열쇠와 같은 프로그램이나 공식이 있는 것도 아니며 이상적이고 전형적인 기술이 있는 것도 아니다. 신약성서는 일률적 해결책에 대해 암묵적으로 경고하는데, 이는 신약성서 자체가 문체, 장르, 접근법, 저술 기법의 다양성을 드러내고 있기 때문이다. 따라서 복음을 전하는 가장 좋은 방법은 특정 사람들, 특정 맥락, 특정 상황에 대한 성령의 인도하심에 의존하는 것이다.

그러나 복음이 언제나 복된 초청이 되기 위해서는, 빈약한 추정이 아니라 "믿음", 행위, 구원에 대한 보다 큰 관념과의 적절한 관계를 통해 제시되는 실제적인 것이어야 한다. 따라서 최고의 방법이나 프로그램을 특정하는 것이 불가능하더라도 적절한 내용을 식별하고 일반적인 실수에 대비할 필요는 있다. 이어지는 내용은 이 책의 주요 주제를 종합하여 도출한 메시지로서, 이를 참고하면 더 정확하고 효과적인 복음 선포가 가능할 것이라고 생각한다.

복음은 왕이신 예수를 강조한다

이 점은 타협이 절대 불가한 것으로 간주되어야 한다. 참된 복음의 초청은 듣는 사람을 반드시 왕이신 예수 또는 우주적 주님에 대한 고백으로 이끌어야 한다. 완전한 복음을 구성하는 여덟 가지 요소 중 어느 것도 불필요하지 않지만(바로 다음에 나오는 "절차가 아닌 예수의 이야기"를 보라), 특별히 중요한 요소가 하나 있다. 바로 주님이신 예수께서 하나님의 우편에 앉아 계신다는 것이다. 이 점이 특별히 중요한 이유는 무엇인가? 첫째, 이것은 구원을 주는 **피스티스**가 기본적으로 죄 사함에 대한 믿음이나 우리를 의롭게 하는 하나님의 약속에 대한 신뢰가 아니라(물론 이런 것들이 포함된다), 무엇보다 그리스도이신 예수 곧 하나님의 보좌를 공유하고 계신 분께 대한 충성임을 보여준다. 무소부재의 주님이신 예수는 구원을 주는 우리의 "믿음" 곧 구원을 주는 우리의 충성이 일차로 향하는 대상이다. 우리는 사람들에게 그들의 마음속으로 예수를 초청하라는 요구를 멈추고 왕이신 예수께 대한 충성을 맹세하라고 요구해야 한다. 둘째, 복음을 구성하는 다른 모든 요소들은 예수의 사역에 관한 과거나 미래의 사건을 가리키는 반면, 하나님 나라는 이미 개시되었고 예수는 현재 전 우주를 다스리고 계신다. 따라서 왕과 왕국의 존재는 현재와 미래의 실제를 근본적으로 결정한다. **복음으로의 초청에 사용되는 현재 시점의 순간은 현재 시점에서 이루어지고 있는 왕이신 예수의 통치에 대한 반응으로 이해되어야**

한다.

현대 교회 문화에서 복음에 대한 대부분의 혼란은 "왕이신 예수"가 복음의 가장 중요한 부분이라는 것을 보지 못하는 데서 비롯된다. 일종의 "구원 문화"에서 "주님이신 예수"가 적극적으로 인정될 수 있지만, 이 구원 문화에서 우리를 구원하는 것은 예수의 부활이나 주 되심이 아닌 예수의 십자가이므로 주 되심은 구원을 위태롭게 하지 않으면서도 거리낌 없이 무시될 수 있다. 그러나 이는 위험한 실수다. 이 "복음 문화"는 우리의 구원이 예수의 희생과 부활에 달려 있음을 확언하면서 "왕이신 예수"가 기쁜 소식의 핵심임을 인정한다. 그러나 예수의 희생 및 부활은 예수께 대한 충성이 그분과의 연합을 가져올 때만 개인적으로 효과를 발휘한다.

절차가 아닌 예수의 이야기

오늘날 교회에서 복음 문화가 아닌 구원 문화에 빠진 우리의 모습을 발견하게 된다면, 그 이유는 우리가 복음을 예수의 **전체** 사역을 아우르는 웅장하고 포괄적인 우주적 드라마로 올바로 인정하지 못했기 때문이다. 대신에 우리는 복음을 개별 청자의 구원에 초점을 맞춘 단계적 과정으로 다루고 있다. 이 과정에서 복음을 듣는 사람은 자신의 죄성으로 인해 구세주가 필요하다는 사실을 알게 되고 예수의 대속적 죽음에 대한 믿음을 통해 주어지는 하나님의 공급하심을 점차 깨닫게 된다. 이 과정에는 일정 부분의 진리가 담겨 있지만 심각한 왜곡도 존재하므로, 우리는 이것이 복음이 아님을 반드시 인지해야 한다. 모든 참된 복음으로의 초청은 위에 언급된 복음의 여덟 가지 구성 요소를 반드시 설명해야 하며, 만약 설명할 수 없다면 이 구성 요소를 전제하거나 암시해야 한다. 완전한 복음을 구성하는 이 구성 요소에 있어서는 협상이 있을 수 없다.

복음이 축소될 수 있는가?

복음 전체를 형성하는 이 여덟 가지 요소는 압축되거나 매우 상세하게 확장될 수 있다. 그러나 일부가 제외된 복음으로의 초대는 청자의 오해나 불충분한 반응을 이끌어낼 위험이 있다. 복음을 듣는 사람이 완전한 복음을 받지 못하거나 완전한 복음에 반응할 수 없게 만들기 때문이다. 무엇보다 이런 오류가 매우 흔하게 일어나기 때문에, 우리는 "나는 예수의 의만 신뢰한다"거나 "예수께서 당신의 죄를 대신해 죽으셨고 그로 인해 당신이 구원받게 될 것을 믿으시오"라는 구호가 말하는 것처럼 복음이 용서의 거래로 완전히 환원될 수 없음을 반드시 강조해야 한다. 죄 용서는 복음의 한 요소일 뿐이며, 이런 구호들은 복음의 절정인 구원의 피스티스를 목표로 하지 않기 때문이다.

또한 복음은 십자가를 형상하는 행위나 사회적인 프로그램으로 환원될 수 없다. 우리는 종종 아시시의 성 프란체스코가 한 말을 떠올린다. "항상 복음을 전하라. 그러나 필요한 경우에만 말을 사용하라."(성 프란체스코가 이 말을 했는지는 의심스럽지만) 이는 현명한 말이다. 우리는 때로 행동이 말보다 더 강한 호소력을 가짐을 알고 있다. 그러나 말이 배제된 행위가 복음 선포의 가장 좋은 (또는 적절한) 방법이라고 제안하는 것은 매우 끔찍한 일이다. 또한 가난한 자들에게 도움을 주는 기독교의 사회적 활동이 복음이라고 생각하는 것도 근거가 없다. 비록 일부 지역에서는 그런 활동을 가리켜 "사회 복음"이라고 즐겨 부르지만 말이다. 이런 사회적 활동으로부터 유익을 받는 사람들은 다른 곳에서 들은 복음의 일부를 떠올리거나, 이미 알고 있는 경우에는 이 복음의 일부를 기억할 수도 있다. 그러나 이런 행동은 수혜자가 다른 곳에서 완전한 복음을 듣고서 "행동"과 "완전한 복음 이야기"를 서로 연결시킬 수 있을 때 비로소 파생적으로 복음 선포의 기능을 하게 된다.[2] 복음을 나누다가 누군가를 지루하게 만들거나 오해받게 되는 일이 두려운 우리는, 복음이 말이 아닌 행동으로 가장 잘 전달된다는 자기 확신을 강화한다. 그러나 참된 복음은 기독교적 활동으로 환원될 수 없다.

그렇다고 해서 복음을 제시할 때 복음의 여덟 가지 요소가 맹목적으로 모두 반복되어야 한다는 말은 아니다. 이를 정확히 표현하면, 어떤 정황에서는 이 여덟 가지 요소 중 몇 가지를 의도적으로 생략할 경우 발생할 부정적 영향이 최소화될 수 있다는 뜻이다. 예를 들어 교회에서 복음을 선포할 경우 예수께서 하나님과 함께 선재하셨으며 다윗의 혈통에서 출생하셨다는 것은 이미 잘 알려지고 수용된 사실이므로, 이를 여덟 가지 요소에 포함하여 설명할 필요는 없다. 또는 예수의 동정녀 탄생과 같이 복음과 관련된 사실을 언급함으로써 이 여덟 가지 요소를 상기시킬 수도 있다. 마찬가지로 복음을 전할 때마다 예수의 장례를 언급할 필요는 없다. 왜냐하면 예수의 장례는 그분의 죽음과 부활에 함축되어 있기 때문이다. 따라서 복음으로의 초대가 이루어질 때마다 여덟 가지 요소를 모두 재현할 필요는 없다. 그렇지만 보다 완전한 복음 이야기를 선포해야 하는 여러 이유가 있다.

---

2   이 점에 관한 자세한 견해는 Carson, "What Is the Gospel?—Revisited," 147-70, 특히 158 을 보라.

복음의 전체 이야기 보존

특정 요소를 생략하는 편이 합리적일 때도 있지만, 그렇게 되면 복음으로의 초청이 완전성의 측면에서 결함을 가질 수밖에 없으므로 교회는 복음의 다층적 차원을 복구할 수 있어야 한다. 우리가 전체 복음을 선포할 때 독자는 복음 이야기에 대한 적절한 반응이 신앙이나 신뢰 차원의 "믿음"을 보여주는 것과 동시에 왕좌에 앉으신 왕께 대한 충성으로 나타나야 한다는 것을 암시적으로 깨닫게 되기 때문이다. 완전한 복음 이야기가 더 나은 세 가지 이유는 다음과 같다.

첫째, 완전한 복음은 자아를 중심에 두기보다는 예수의 구원 이야기 속으로 청자가 쓸려 들어가도록 몰아가면서 자아가 아닌 예수께 정확히 초점을 맞춘다. 올바른 복음은 개인에게 초점을 둔 구원의 절차에 집중하지 않는다. 올바른 복음은 선재성에서부터 예견된 재림에 이르기까지 우리에게 드러난 예수의 전 생애에 관한 우주적 이야기이며, 모든 창조 질서를 위한 하나님의 구원 능력을 나타내는 이야기다. 이것은 각 개인이 예수께 충성하는 공동체에 함께할 때 신속히 빨려들어갈 수 있는 구원 이야기다. 복음 문화는 용서받은 자아를 예수의 우주적 이야기로 완전히 통합시킨다. 구원 문화는 "용서받은 나는 천국에 간다"는 일종의 지혈대를 죄가 흐르는 개인의 상처에 덧댐으로써 그 상처를 막는다. 그러나 이 구원 문화는 중심에서 자아를 제거하는 데는 별 도움이 되지 않는다.[3]

둘째, 좋은 이야기를 듣는 것이 명제 목록을 분석하는 것보다 더 설

---

3   구원 문화를 넘어서서 복음 문화를 만들어낼 필요성에 대해 더 자세한 설명을 원한다면, McKnight, *King Jesus Gospel*, 특히 146-60을 보라.

득력이 있다. 구원의 절차는 다음과 같이 말한다. "몇 가지 사실들을 설명해드리겠습니다. 그리고 당신이 그것에 동의할 수 있는지 봅시다. 내가 그렇게 할 수 있다면, 나는 당신에게 행동을 취하도록 요청하겠습니다." 이 과정에서 복음을 듣는 사람은 자신이 반강제적인 구원의 절차를 경험하고 있으며 마치 교활한 외판원이 속임수로 물건을 강매하는 듯한 느낌을 받을 수 있다. 좋은 이야기에는 몰입하게 만드는 힘이 있고 복음은 모든 이야기 중에서 가장 위대한 이야기다. 복음은 그것을 듣는 사람이 예수를 죽음으로 몰아넣은 적대자들 사이에서 자신의 얼굴을 발견할 수 있는 또 다른 시간, 장소, 공간으로 들어가게 해준다. 그는 예수의 십자가 사건을 들으며 줄거리의 긴장감이 절정으로 치닫는 것을 느끼고, 그분이 부활하시고 보좌에 앉으심으로써 그 긴장이 해결될 때 기쁜 안도감에 빠져든다.

완전한 복음에는 행동의 촉구가 유기적으로 내재되어 있다. 보좌에 앉으신 왕 예수는 당신과 나를 비롯한 모든 사람이 다른 일체의 충성을 버리고 오직 자신에게만 충성을 바치도록 부르셨다. 우리가 예수께 대한 충성을 선언할 때 그분은 우리가 (용서받고 죄에서 벗어남으로써) 자신과 연합하고 (비록 불완전할지라도) 자신에게 계속 충성할 수 있도록 그분의 성령을 보내실 것이다. 복음으로의 초청이 원래의 이야기 형태를 유지한다면, 복음을 듣는 사람은 자신이 무작위로 제시되는 사실적 명제에 건성으로 동의하도록 조정당하고 있다고 느끼지 않는다. 행동의 촉구는 그를 끌어당기는 이야기에서 유기적으로 등장한다. 예수는 그의 원수들이 용서받을 수 있도록 자기 자신을 내어주심으로써 왕이 되셨다. 용서와 부활의 생명을 선물로 받은 당신은 예수께 대적했던 죄를 회개하고 그분께 충성을 서약할 것인가?

셋째, (거의 확실히) 존재에 대한 포괄적 설명이 궁극적으로 이야기의 형태를 띠므로, 이야기는 세계관을 형성하고 유지하는 데 기초가 된다. 구원을 동반하는 참된 회개에는 세계관의 재구성이 어느 정도 포함되지만, 이 세계관의 재구성이 이성과 조화를 이루려면 반드시 토대가 되는 근본 이야기나 메타내러티브에 의존해야 한다. 예수의 복음 이야기는 하나로 통합되어 기독교의 더 거대한 메타내러티브, 즉 하나님의 천지창조, 타락, 택함받은 이스라엘, 복음, 선교적 교회의 확립, 장차 새롭게 될 창조세계에 관한 전체 이야기의 절정을 이룬다.[4] 우리가 누군가를 복음으로 초청할 때 복음을 예수의 사역에 관한 완전한 이야기와 기독교 메타내러티브의 기준으로 보존한다면, 이를 통해 죄인들이 회개하며 구원 중심의 세계관이 아닌 복음 중심의 세계관을 재형성하게 된다. 피스티스가 영어의 믿음과 의미상으로 완전히 일치하지 않는다는 것을 기억할 때, 우리는 기독교의 구원이 증거나 이성을 초월한다는 그릇된 생각에서 벗어날 수 있다. 예수의 왕권은 전체 성서 이야기의 적합한 토대이며 성서적 예언의 성취이고 우리의 경험과도 일치하므로, 우주적 왕이신 예수께 대한 충성은 증거에 기반한 합리적인 반응이라고 할 수 있다.

통합적이고 변혁적인 하나님의 능력

보다 나은 복음으로의 초청은 복음을 수용하면 개인적인 죄 용서와 영생을 얻게 된다고 계속해서 강조하지만, 천국을 강조하지는 않는다. 우리는 일시적 거처인 천국에서 진정한 목표인 하나님의 새 창조세계(현재 창조세계의 급진적인 회복)를 기다릴 것이다. 우리는 천국이 육체와 분리된 영혼이

---

4   이에 관한 기본 지침서인 Bartholomew and Goheen, *Drama of Scripture*를 보라.

사후에 축복을 경험하는 장소라고 강조하는 대신, 통합적 측면에서 구원의 목적을 이야기해야 한다.

복음에는 만물을 바로 잡는 하나님의 능력이 드러나고, 그 영향은 개인적·사회적·우주적으로 나타난다. 인간의 구원은 개인과 공동체를 회복하시려는 하나님의 의도를 지향하고, 하나님 나라로서의 세계는 역사 속으로 계속 침입해 들어온다. 우리는 충성할 때 비로소 죄의 구속력에서 벗어난 새 피조물이 된다. 하나님의 참되고 본래적 형상인 하나님의 아들을 숭배할 때 우리에게 있는 왜곡된 아담의 형상이 변화를 받고 개별적으로 새롭게 된다. 예수 그리스도의 형상으로 변화된 우리는 하나님의 지혜로운 섬김, 관리, 통치를 서로와 나머지 창조세계에 전달한다. 실제로 바울은 모든 창조세계가 하나님의 아들들이 (그리고 딸들이) 나타나기를 열심히 기다리고 있다고 선언한다(롬 8:19). 이처럼 절망에 빠져있는 창조세계는 (하나님의 완전하고 참된 형상이 되기 위하여 영광스러운 모습으로 새롭게 된) 하나님의 아들들과 딸들이 하나님이 의도하신 청지기의 역할을 감당해 줄 것을 갈망하며 신음하고 있다.

왕이신 예수께 충성할 때 모든 것을 바로 잡으시는 하나님의 능력과 총체적 구원이 전진한다. 왜냐하면 우리가 다른 이들과 나머지 창조세계에 하나님의 임재를 중재할 수 있기 때문이다. 각 개인이 예수와 연합되고 교회 내에서 지체들이 서로 연합될 때 이 중재가 시작되고 세상으로 쏟아져 들어간다. 언젠가 모든 창조세계는 생명을 지탱해주는 최대의 결실을 맺게 될 것이다. 새 예루살렘 백성은 하나님의 어린양이자 왕이신 예수의 얼굴을 직접 바라볼 것이다. 그리고 마지막으로 메시아 예수의 형상으로 변화됨으로써 완성될 것이다. 그래서 "물이 바다를 덮음 같이 여호와의 영광을 인정하는 것이 세상에 가득"할 것이다 (합 2:14).

거짓 확신, 인내, 그리고 행위

복음으로의 초대에 응한다는 전제하에 더 나은 복음을 제시한다고 해서 최종적인 구원을 완전히 확신할 수 있는 것은 아니다. 목회적 측면에서 다음과 같은 말은 기쁨이 될 수 있다. "나와 함께 이 기도를 드리고 진심으로 예수께 간구한다면, 당신은 이제 영원한 구원을 받았고 천국을 향해 가고 있다고 완전히 확신할 수 있습니다." 청중은 이런 종류의 위안을 듣고 싶어 하고 이런 위안을 만들어 나누려고 한다. 그러나 안타깝게도 이런 위안은 **거짓 확신**이다. 이에 반하는 제안은 위험하다. "그리스도 안에" 머무는 자는 그리스도 안에서 그리고 그리스도를 통해 최종 구원을 완전히 확신하지만, 우리는 그 누구도 의심의 여지 없이 "그리스도 안에" 있다고 완벽하게 확신할 수 없다.

　"한번 구원은 영원한 구원"을 고수하거나 "영원히 보장된" 신학적 확신을 고수하는 자들조차 이런 확신이 거짓임을 인정해야 한다. 사람이란 자기 "믿음"이 신실하다고 스스로를 속일 수 있으며 거듭나지 않은 사람도 선한 행위를 하기 때문에, 그 누구도 자신감에 넘쳐 스스로 "그리스도 안에" 있다고 완전히 확신할 수 없다. "한번 구원은 영원한 구원"이라는 확신을 고수하는 사람마저도 개인이 완벽한 확신을 얻을 수 없다는 무능력을 인정해야 한다면, 하물며 "한번 구원은 영원한 구원"이라는 입장에 동의하지 않는 사람은 어떻겠는가? 기독교 신학자들은 일단 구원의 길을 출발한 개인이 그 길에서 영원히 벗어나는 것이 가능한지를 놓고 다른 의견을 제시하지만, 구원의 길을 출발한 사람일지라도 최종 구원을 얻기 위해 인내해야 한다는 점에서는 사실상 일치된 의견을 보이고 있다(8장의 "통합된 의"를 보라). 따라서 더 나은 복음이라면, 예수를 향해 바쳐진 충성

(피스티스)이 최종 구원으로 끝나기 위해서는 우리가 하나님의 도우심 가운데 반드시 인내해야 한다고 강조할 것이다.

최종 구원에서 행위의 역할은 긴밀히 관련된 주제다. 행위의 역할은 비그리스도인들을 복음 안으로 불러들이는 초청의 일부로서 직접 제시하는 것보다 지도자들이 숙고할 신학적 논점으로 살펴보는 것이 더 적합하지만, 복음을 제시하는 사람들은 언제든 최종 구원과 관련된 행위의 문제를 다룰 수 있도록 준비해야 한다. 최후 심판 때 우리는 적어도 부분적으로 우리의 행위에 근거하여 영생에 대한 평가를 받게 되므로, 더 나은 복음으로의 초청은 부적합한 방식으로 "행위가 아닌 믿음"을 논하지 않고 우리의 최종적 칭의와 관련하여 선한 행위의 여지를 남긴다(여기서 선한 행위란 규칙 준수를 통해 우리 스스로 행하는 행위가 아니라 예수와의 충성된 연합을 통해 구현되는 행위를 의미한다). 왜냐하면 선한 행위는 실천되어 유지되고 있는 피스티스를 나타내기 때문이다. 우리의 "의로움"에 대한 과거, 현재, 미래의 판결은 우리가 그리스도와 맺은 과거, 현재, 미래의 연합에 전적으로 달려 있다. 따라서 우리는 피스티스를 바침으로써 선행 행위를 가져다주는 성령을 통해 그의 의를 공유하게 된다. 최종 구원을 위해 선포된 충성은 반드시 구현되고 유지되어야 한다. 또한 성령은 우리가 하나님을 기쁘시게 하는 선한 행위를 하도록 돕는다.

우리는 그리스도에 대한 완전한 확신이 있다. 그렇기 때문에 참으로 충성하는 자들이 좌절하거나 군건한 확신을 저버리지 않길 원한다. 하지만 우리는 누군가가 실제로 "그리스도 안에" 있는지 절대 확신할 수 없으므로 복음을 제시할 때 최종 구원에 대한 완전하고 즉흥적인 확신을 줘서는 안 된다. 즉흥적 확신은 충성을 요구하는 복음을 훼손하고 기꺼이 복음을 받아들이는 사람을 영적으로 위태롭게 만든다.

공개적 충성

마지막으로, 더 나은 복음으로의 초청은 왕이신 예수께 충성을 바치기로 한 확고한 결정이 개인적인 문제로 남아 있는 것을 용납하지 않는다. 이 모든 결정은 정신/마음/의지적 차원의 개인적 확신에서 비롯되어야 하고, 복음 선포의 일부인 개인적 숙고에 충분한 여지를 주는 것은 가능하다. 그러나 복음을 제시할 때 개인적 동의, 특정 기도, "자기 마음에 대한 신뢰"와 같은 것에 구원의 효과가 있다고 말해서는 안 된다. 마음으로 하는 개인적 충성의 선언은 구원을 가져올 수도 있고 아닐 수도 있다. 그러나 성서는 구원의 필수 요소를 기술하면서, 이 필수 요소가 다른 사람들의 인정을 받지 않는 한 개인적 확신을 구원이라고 말하지 않는다.[5] 우리를 구원하는 예수와의 연합을 보증하기 위해, 하나님은 세례를 통해 다른 이들이 보는 앞에서 우리의 충성을 선포하라고 명하신다. 따라서 모든 복음으로의 초청에는 일종의 장치가 구비되어 있어서 복음에 응답한 사람은 즉시 다른 사람이 그 사실을 증언할 수 있도록 도와야 한다. 한편 복음으로의 초청은 복음에 응답한 사람이 가능한 한 빨리 세례나 재헌신을 통해 충성의 변화를 공개적으로 증명하도록 권장해야 한다.

그렇다면 더 나은 복음으로의 초청은 어떤 모습일까? 우리는 하나님

---

5   이 책 4장 "충성의 측면들"을 보라. 충성의 개인적(비공개) 실천과 관련하여 신약성서의 피스티스에는 내적 측면(감정, 인지, 도덕)이 존재하지만, 신약성서 시대의 피스티스는 아우구스티누스나 종교개혁자들과 같은 방식으로 의지의 내적 운동을 강조하지는 않는다. 오히려 신약성서의 피스티스는 주로 신뢰나 충성의 외적 표명을 의미한다. Morgan, *Roman Faith and Christian Faith*, 11-12, 28-30, 224-30, 444-72을 보라. 신약성서의 피스티스 관련 어군에 의지의 내적 운동이 아예 존재하지 않는 것은 아니지만, 신약성서를 보면 신약성서 저자들이 외적·신체적 표현이 아닌 의지의 내적 운동을 피스티스의 핵심 요소로 간주하지 않았다는 것이 입증된다.

의 구원의 메시지를 다른 사람들과 나눌 때 예수를 그들의 마음속으로 초청하라는 부탁을 멈추고 그 대신 왕이신 예수께 대한 충성을 공개적으로 맹세할 것을 부탁해야 한다. 또한 우리는 최종 구원에 이르는 길은 제자도 하나밖에 없다는 사실을 조언해야 한다.

제자도가 구원이다

달라스 윌라드(Dallas Willard)는 공개적으로 믿음을 선언하는 목사들과 그리스도인들이 보여주는 전형적인 "믿음" 및 구원의 관점에 대해 이야기한다. 그는 이 전형적인 관점을 "바코드 믿음"이라 부른다.

> 상점 물건에 붙어있는 바코드를 생각해보라. 스캐너는 바코드에만 반응한다. 바코드가 붙어 있는 병이나 상자 안에 무엇이 들어 있는지 또는 바코드가 "오른쪽"에 붙어 있는지는 아무런 상관이 없다. 스캐너는 센서를 통해 바코드에만 반응할 뿐 다른 것에는 일절 반응하지 않는다. 만약 아이스크림 바코드 스티커가 개 사료에 붙어 있으면, 스캐너는 그 개 사료를 아이스크림으로 처리해버린다.[6]

윌라드의 설명에 따르면, 인기 있는 기독교 신학은 "믿음"(또는 그와 비슷한 것)이 바코드이며 하나님이 스캐너라고 간주한다. 그런 설명에 따르면 그리스도인들은 예수를 "믿는" 즉시 바코드를 받는다. 그리고 그들이 지닌

---

6   Willard, *Divine Conspiracy*, 36.

바코드가 스캔될 때 그들은 "의로운 자들"이자 하나님으로부터 "구원받은 자들"로 여겨진다. 왜냐하면 그들에게 이 바코드가 확실히 붙어 있기 때문이다. 그들이 선한지 악한지 또는 내적으로 진정 의로운지 완전히 타락했는지는 중요하지 않다. 중요한 것은 그들이 "의로움" 또는 "예수 안에서 용서받음"이라는 바코드를 지니고 있다는 것이다.

월라드는 이런 바코드 믿음과 이에 수반되는 구원의 비전을 신랄하게 비판하는데 그의 비판은 옳다. 하나님은 로봇 같은 스캐너가 아니다. 우리는 특히 구원과 같은 중요한 문제와 관련하여 하나님을 그런 존재로 대하는 것이 얼마나 터무니없는 일인지를 직관적으로 안다. 그런데 이 바코드 믿음에 문제가 있는 이유는 무엇일까? 월라드는 이 질문에 직접 답하지 않고, 단지 바코드 믿음이 가리키는 구원의 계획이 지나치게 협소하다는 점을 지적할 뿐이다. 복음의 구원 범위는 단순히 "죄를 관리하는 것"보다 훨씬 광대하다. 구원에는 순종의 제자도를 통해 그리스도와 같은 모습으로 완전히 변화되는 것이 포함된다. 하지만 우리는 여전히 죄 용서를 위해 예수를 믿는 "믿음"이 반드시 필요하다는 점을 알고 있다. 그렇다면 우리는 "믿음"에 의해 구원을 받는가, 아니면 순종의 **제자도**에 의해 구원을 받는가? 아니면 둘 다에 의해서 구원을 받는가? 월라드가 볼 때 우리의 구원은 두 가지 모두에 달려 있지만, 그는 이 두 범주의 적용 방식을 제대로 설명하지 않는다.

이쯤에서 우리는 두 범주가 어떻게 작용하는지에 대한 해답을 명확히 볼 수 있어야 한다. 현대 기독교 문화는 개인적 구원과 제자도를 분리하는 경향이 있지만, 충성은 이 둘이 만나는 지점이며 여기서 둘은 그저 만나는 것이 아니라 서로를 포용한다. 왜냐하면 구원을 가져오는 "믿음"이 무엇보다도 왕이신 예수께 대한 충성을 의미한다는 것을 발견할 때, 제자도와 구원 사이의 친밀함을 쉽게 알아볼 수 있기 때문이다. 사람이 구원을 받는 순서는, 우리의 죄로 인한 예수의 죽음을 "믿어서" 확실히 "구원을 받은" 다음 그 사람이 "성숙"해질지도 모른다는 희망을 갖고 제자도라는 추가 선택 사항에 연결되는 것과 무관하다. 이와 반대로 우리는 왕이신 예수께 대한 충성을 선언하여 제자가 될 때, 다시 말해 예수의 삶의 방식을 따르기 위해 그분의 지혜롭고 주권적인 통치에 순종하며 복종하기로 동의할 때 구원을 받는다. 만약 누군가 충성을 완전히 멈춘다면, 그 사람은 이미 최종 구원에 이르는 유일한 길인 제자도를 떠난 것이다. 예수의 제자라는 사실은 우리가 (과거, 현재, 미래에) 구원받은 유일한 이유다. 제자가 된다는 것은 왕이신 예수께 대한 충성의 선언 및 실천을 의미하기 때문이다. 그러나 만약 제자됨과 구원이 충성을 통해 합쳐진다면, 이는 제자가 최종 구원을 향해 나아가면서 보여주어야 할 삶의 모습과 관련하여 실질적으로 무엇을 의미하는가? 제자가 된다는 것은 주로 메시아를 닮는 것인가? 제자가 되는 것은 예수와의 개인적인 관계에 관한 것인가?

예수와의 주종관계

내가 대학에 다닐 때, "예수라면 어떻게 하실까"라는 슬로건이 기독교 세계를 휩쓸고 있었다. 어느 누구도 예수라면 어떻게 하실지 혹은 하지 않으실지에 대해 말한 적이 없었는데, 어느 날 갑자기 "예수라면 어떻게 하실까"라는 문구가 새겨진 티셔츠, 팔찌, 목걸이, 범퍼 스티커를 사방에서 볼 수 있게 되었다. 실제로 이런 물건을 가지고 있지 않으면 예수께 대한 헌신을 의심받을 수도 있는 상황이었다. 이런 현상의 저변에 흐르고 있는 기본 정서는 고상해 보였지만, 이는 금세 우스꽝스러워질 수 있는 것이었고 실제로 그렇게 되었다. 예를 들어 만약 예수께서 지금 내 입장이라면 게임이 끝난 후에 춤추러 가실까? 당연히 춤추러 가시겠지. 세례 요한 같은 사람이나 집에 처박혀서 이 멋진 걸 놓치겠지! 그런데 예수는 카키색 바지를 입으실까, 파란색 바지를 입으실까? 그분은 제시카를 초대하실까, 아니면 사만다를 초대하실까? 그 격동의 시대를 살던 훌륭한 그리스도인이라면 "예수라면 어떻게 하실까"라는 질문 없이는 그 어떤 결정도 내릴 수 없는 것처럼 보였다.

  "예수처럼 되라"는 열정이 도움이 되지 않는 방향으로 작용하기 시작할 때, 오직 충성에 의한 구원은 우리에게 어떤 실제적인 도움을 줄 수 있을까? 충성 비유가 우리에게 상기시키는 것은 다음과 같다. 무엇보다도 예수는 우리가 충성을 맹세한 **바로 그 왕**이시다. 우리는 그분의 백성이다. 예수는 다스리시고 우리는 **순종**한다. 그리고 우리는 후한 사랑, 철저한 용서, 복음 전파, 가난한 자들에 대한 관대함, 일용할 양식에 대한 신뢰, 마음의 순결과 같은 그의 나라의 원칙을 기꺼이 따르고 실행함으로써 그 나라에 적합한 청지기가 된다. 이와 마찬가지로 우리가 예수를 우리의 가장 친한 친구(더 심한 경우 남자친구)로 느끼거나 적어도 그렇게 되기를 원할 때, 우리는 예수께서 우리의 참된 친구이자 형제인 동시에 그분이 왕이시며 보좌에 앉으신 하나님의 아들이라는 사실을 기억해야 한다. 또한 우리와 그분을 묶어주는 것은 왕이신 예수께 대한 우리의 충성임을 명심해야 한다. 예수와 개인적으로 관계를 맺는 것은 중요하다(예수는 그분의 양을 알고 모든 양의 이름을 각각 부르신다. 그리고 그분의 양은 그분의 목소리를 안다. 요 10장을 보라). 그러나 우리는 예수와 **개인적 관계**를 맺을 때 그분이 전능한 그리스도이심을 잊지 말아야 한다.

본받는 것이 곧 충성

그럼에도 불구하고 성서와 고전적 영성에 뿌리를 둔 *imitatio Christi*(그리스도를 모방함) 전통은 여전히 강력하며, 이 전통의 방향이 올바로 설정되어 있는 경우에는 따뜻하게 수용되어야 한다.[7] 하지만 유감스럽게도 예수라면 어떻게 하실지를 가장 잘 알려주는 성서의 진술들은 우리가 춤을 추러 가야 할지 말지를 결정하는 데는 도움이 되지 않을 것이다. 그 대신 성서의 진술들은 우리가 예수의 전 생애를 통해 드러난 자아의 죽음이라는 패턴을 따라야 한다고 단언한다. 예를 들어 바울은 다음과 같이 말한다.

> 너희 안에 이 마음을 품으라. 곧 그리스도 예수의 마음이니 그는 근본 하나님의 본체시나 하나님과 동등됨을 취할 것으로 여기지 아니하시고 오히려 자기를 비워 종의 형체를 가지사 사람들과 같이 되셨고 사람의 모양으로 나타나사 자기를 낮추시고 죽기까지 복종하셨으니 곧 십자가에 죽으심이라. 이러므로 하나님이 그를 지극히 높여 모든 이름 위에 뛰어난 이름을 주사 (빌 2:5-9).

예수라면 어떻게 하실까? 예수는 다른 사람들을 위해 하나님 옆에 있는 영광스럽고 고귀한 하늘 보좌를 떠나 비천한 인간의 형체를 입으시고 십자가에서 굴욕적이며 매우 고통스러운 죽음을 기꺼이 맞이하셨다. 그렇

---

[7] 그리스도를 본받으라는 전통은 1441년 Thomas à Kempis, *Imitation of Christ*에 의해 절정에 달했다.

게 하심으로써 하나님이 자신의 행위를 보시고 적절한 때에 높여주실 것을 기꺼이 신뢰하셨다. 왕이신 예수에 대한 복음을 이미 받아들인 사람들은 오늘날 이런 자기 비움의 패턴을 따르며 살아간다.

나와 친구로 지내는 목사가 있는데 그의 가정에는 어린아이가 있다. 그는 출중한 능력에도 불구하고 십 년 넘게 높은 사례비와 편의를 제공하는 목회의 유혹에 맞서 싸우고 있다. 그는 교외에 있는 편한 대형 교회로 "이직"하지 않고 여전히 소득이 적고 여러 인종이 섞여 사는 도심에서 가난한 교회들을 결연히 섬기고 있다. 그와 그의 가족은 여러 어려움에도 불구하고, 십자가에 달린 메시아에 대한 이야기를 묵묵히 그러나 힘 있게 살아내고 있다.

또 다른 친구는 의료 선교사 자녀들을 가르치기 위해 수년간 받을 봉급을 포기하고 안정된 교육계 직업을 일시적으로 내려놓았다. 그녀가 생각하는 주인이신 예수께 대한 충성이란 대학교 학위와 자신이 받은 교육경험을 가지고 다른 사람들을 섬기기 위해 낮은 곳으로 향하는 것이다.

다른 친구는 금융계 전업 종사자이자 평신도 사역자다. (그는 적어도 한 달에 한 번 설교를 한다.) 그와 그의 아내는 슬하에 4명의 어린 자녀들을 두고 있다. 이렇게 바쁜 삶 가운데서도 그들은 하나님의 말씀 안에서 기쁨을 누린다. 그들은 추가로 한 시간을 더 자거나 휴식을 취할 수도 있다. 그러나 그들은 하나님의 말씀이 생명을 공급하는 진정한 일용할 양식이라고 믿으며, 매일 아침 출근 전 한 시간 동안 성서를 읽는다.

한편 우리 교회의 어느 가정은 가난한 자들과 사회적 고통 가운데 있는 사람들을 특별히 돌보라는 예수의 가르침에 순종하여 최근에 아이들을 입양했다. 피스티스에는 그리스도의 패턴을 따르며 복음을 구현하는 일이 포함된다.

빌립보서 2:5-9에서 바울은 교회를 향해 왕이신 예수를 본받아 자기를 비우는 복음의 삶을 살아내라고 권면한다. 바울은 고린도 교회 성도들에게도 자기를 희생하며 자발적으로 내어줄 것을 촉구한다.

> 내가 명령으로 하는 말이 아니요 오직 다른 이들의 간절함을 가지고 너희의 사랑의 진실함을 증명하고자 함이로라. 우리 주 예수 그리스도의 은혜를 너희가 알거니와 부요하신 이로서 너희를 위하여 가난하게 되심은 그의 가난함으로 말미암아 너희를 부요하게 하려 하심이라(고후 8:8-9).

예수라면 어떻게 하실까? 그는 부요하셨으나 우리를 위해 기꺼이 가난해지셨다. 그는 복음의 이야기를 기꺼이 살아내셨다. 그리고 그분은 우리가 자신과 같은 길을 따르도록 권유하신다. 마이클 고먼의 유창한 표현처럼, 예수께 충성한다는 것은 다른 이들을 위해 "복음이 되는 것"이며 그리스도의 생애가 확립해 놓은 삶의 모습을 살아냄으로써 그리스도의 생명에 완전히 참여하는 것이다.[8]

복음은 총체적이다. 따라서 우리는 피스티스에 왕이신 예수께 대한 적극적 충성이 포함된다는 것을 기억하고, 복음을 지나치게 영적으로 몰아가지 않도록 주의해야 한다. 내가 아는 어떤 그리스도인은 "한 사람이 두 주인을 섬기지 못할 것이니…너희가 하나님과 재물을 겸하여 섬기지 못한다"(마 6:24)는 주님의 말씀을 기억하고 해마다 은행 계좌의 모든 돈을 자선단체에 기부함으로써 왕이신 주님께 대한 충성을 실천한다. 그와 그의 가족은 해마다 무일푼에서 새로 시작한다.

---

8   Gorman, *Becoming the Gospel*.

예수는 자신의 뜻이 아닌 하나님의 뜻으로 십자가를 지셨다. 그의 제자들은 하나님의 은혜와 지속적인 실천을 통해 예수와 똑같이 행하는 법을 배워야 한다. 우리의 최종 구원은 그렇게 하는 것에 달려 있다. 바로 그것이 주님이신 예수께 대한 충성이기 때문이다. 예수께서는 무리와 그의 제자들에게 다음과 같이 강력히 권고하신다.

> 무리와 제자들을 불러 이르시되 "누구든지 나를 따라오려거든 자기를 부인하고 자기 십자가를 지고 나를 따를 것이니라. 누구든지 자기 목숨을 구원하고자 하면 잃을 것이요 누구든지 나와 복음을 위하여 자기 목숨을 잃으면 구원하리라. 사람이 만일 온 천하를 얻고도 자기 목숨을 잃으면 무엇이 유익하리요"(막 8:34-36).

이어서 예수는 인자인 자신이 그분의 아버지이신 하나님의 영광 가운데 다시 올 때 십자가에 못 박힌 자신을 부끄러워하는 모든 자들을 부끄러워하실 것이라고 선언하신다. 예수의 제자들은 십자가를 지는 것을 선택 사항으로 여겨서는 안 된다. 왜냐하면 자아에 대해 죽는 예수의 습성을 획득하는 것만이 그분의 영원한 나라에 속한 자아를 발견할 수 있는 유일한 방법이기 때문이다. 그리고 그것이 바로 예수와 그분의 복음에 대한 충성이다. 오늘날 교회에서 충성을 실천한다면 여기에는 옛 자아를 죽임으로써 예수의 모습을 따르고 그분의 원칙에 따라 새로운 삶을 재편성하는 일이 포함될 것이다. 이런 영적 변화나 (달라스 윌라드가 말하는) "마음의 혁신"에 관해 배우기를 원하는 사람들은 고대와 현대의 많은 기독교 저자들

의 글을 통해 신뢰할 만한 조언을 찾을 수 있다.[9]

　제자가 되는 것과 구원은 서로 분리될 수 없는 범주다. 이 사실이 교회에 중요한 이유는 무엇인가? 교회는 (전통적으로 "사람들을 구원받게 만드는") 전도나 선교와 (전통적으로 "그리스도 안에서의 성장"을 의미하는) 제자가 되는 것을 별개의 분리 가능한 임무로 생각하지 말아야 한다. 교회의 프로그램은 이에 따라 재구성될 필요가 있다.[10] 전도 프로그램이 정확하고 설득력을 갖추기 위해서는 단순한 용서로의 초청이 아닌 완전한 제자도로의 초청이어야 한다. 정확하고 설득력이 있는 제자 양성 프로그램을 구축하기 위해서는, 제자도가 구원에 대한 실천적 충성의 필수 요소임을 받아들여야 한다.

　구원의 여정을 시작하라는 초청은 제자도로의 초청과 같다. 왜냐하면 제자로 사는 것만이 최종 구원을 가져오기 때문이다. 참된 제자의 길이란 우리를 대신해 십자가에서 죽으심으로써 우리를 용서해주시고 죄의 얽매임으로부터 해방해주신 왕이신 예수의 형상을 점점 닮아가는 길을 의미하는데, 이 참된 제자의 길 외에는 최종적인 구원이 불가능하다. 복음에 초점을 맞춘 충성은 바로 제자도와 구원이 교회를 통해 만나는 지점에 있다. 이 둘은 만남과 동시에 서로 입맞춤한다.

---

9 반복적인 성서 묵상 외에, 기독교 제자도에 첫 발을 내딛은 자들은 특히 Willard, *Renovation of the Heart*; Lewis, *Mere Christianity*; 그리고 Foster and Smith, *Devotional Classics*를 살펴보아야 한다.

10 Carson, "What Is the Gospel?—Revisited," 특히 164-66.

사도신경에서 맹세에 이르기까지

나는 이 책 서문에서 충성의 감정이 구원과 연관된 문제를 다시 생각해보는 데 유익을 줄 수 있다고 제안했다. 마지막으로 나는 교회가 더 충성하는 교회가 될 수 있는 방법을 제안하려고 한다. 내 제안은 단순하면서도 매우 실용적이다. 미국 어린이들은 매주 오른손을 가슴에 얹고 성조기를 향해 충성을 맹세한다. 다른 나라도 비슷한 충성 의례를 갖고 있다. 어린 시절 이러한 의례에 참여했던 우리 모두는 (또는 어른이 된 후에도 계속 이런 의례에 참여하는 사람들은) 충성심을 만들어내고 유지시키는 힘에 대해 증언할 수 있다. 사도신경은 우주적 교회에 대한 기독교의 충성 맹세로서 국기에 대한 맹세와 같이 사용될 필요가 있다.

사도신경은 단순히 기독교 신앙에 대한 간단한 요약이 아니다. 그것은 충성을 요구하는 복음에 대한 축약적 제시다.[11] 이 책에서 우리는 초기 기독교의 복음이 예수의 전 생애에 관한, 즉 그분의 선재성에서부터 영광의 재림까지 포괄하는 여덟 부분으로 이루어진 이야기임을 보았다. 그 이유를 자세히 확인하기 위해서는 이 책 2장을 다시 살펴봐야 할지도 모르지만, 복음 이야기의 모든 부분들이 사도신경에 나타나 있다(여섯 번째 부분은 명시되지는 않았지만 가정되어 있다).

---

11 사도신경에 대한 개론은 Bird, *What Christians Ought to Believe*를 보라.

사도신경	여덟 부분으로 이루어진 복음
전능하사 천지를 만드신	
하나님 아버지를 내가 믿사오며	왕이신 예수는
그 외아들 우리 주 예수 그리스도를 믿사오니	
이는 성령으로 잉태하사	(1) 아버지 하나님과 함께 선재하셨고
동정녀 마리아에게서 나시고	
본디오 빌라도에게 고난을 받으사	(2) 인간의 몸을 입으시고 하나님이 다윗에게 주셨던 약속을 성취하셨고
십자가에 못박히시고 죽으시고 장사되시고	(3) 구약성서의 말씀에 따라 죄를 대속하기 위해 죽으셨고
지옥에 내려가시고	(4) 장사되셨고
사흘 만에 죽은 자 가운데서 다시 살아나시며	(5) 구약성서의 말씀에 따라 사흘째 되는 날
부활하셨고	
하늘에 오르사	(6) 많은 이들에게 나타나셨고
전능하신 하나님 우편에 앉아 계시다가	(7) 주님으로서 하나님 우편에 앉아 계시며
저리로서 산 자와 죽은 자를 심판하러 오시리라.	(8) 심판자로서 다시 오실 것이다.
성령을 믿사오며	
거룩한 공회와	
성도가 서로 교통하는 것과	
죄를 사하여 주시는 것과	
몸이 다시 사는 것과	
영원히 사는 것을 믿사옵나이다. 아멘	

누군가 사도신경을 읊을 때, 그 사람은 예수께서 어떻게 우주적 주님이 되셨는가에 대한 이야기를 개략적인 형태로 다시 말하는 셈이다. 이것이 바로 초기 교회의 복음이었다. 이처럼 교회들은 사도신경을 왕이신 예수

오직 충성으로 받는 구원

께 대한 삼위일체적 충성의 맹세로 사용할 수 있다. 예를 들어 맹세의 의미로 사도신경을 고백할 때 십자가 위로 시선을 고정하라든지 또는 십자가가 보이지 않으면 마음의 눈으로 가상의 십자가 위를 바라보라는 지침을 줄 수 있다.

십자가는 예수께서 죽음을 맞이한 곳이며 죄에 대해 승리를 거두신 장소다. 그리고 십자가는 예수께서 영광 가운데 하나님의 오른편으로 "높여지시는"데 쓰인 도구다. 예수는 하나님 아버지의 우편 보좌에 앉아 계신다. 따라서 십자가 위를 보는 행위는 예수께서 어떻게 십자가 죽음을 통해 지금처럼 높임 받은 대제사장 및 하늘과 땅의 왕이 되셨는지를 상기시켜줄 것이다. 왕이신 예수는 하나님 아버지와 함께 연합을 보증하는 성령을 보내시고 교회 안에 거주하게 하셨다. 이 맹세는 예전적 교회와 비예전적 교회 모두에서 간단히 거행될 수 있으며, 그렇게 함으로써 전 세계의 교회에 경이적인 변화를 가져올 수 있다.

사도신경이 (또는 사도신경과 매우 밀접한 니케아 신조가) 정규 예배의 일부로 이미 고백되는 예전 전통에서, 인도자나 집전자는 사도신경이 공동의 믿음에 대한 단순한 진술이 아닌 충성을 요구하는 복음이라는 사실을 회중이 인지하도록 도움을 줄 수 있다. 매주 회중을 초청하면서 그들이 사도신경을 충성의 맹세로 간주하게 하라. 사도신경을 공동으로 고백하기에 앞서 집전자는 다음과 같이 말할 수 있다. "사도신경은 왕이신 예수께서 하나님 우편에서 다스리고 계심을 우리에게 말해줍니다. 왕이신 예수께 대한 충성을 선언하며 이 복음을 함께 고백하겠습니다" 또는 "이제 왕이신 예수께 대한 충성을 맹세합시다. 그분은 지금 하나님 우편에서 다스리고 계십니다. 이것은 우리 주 예수 그리스도에 대한 복음입니다." 또는 완전히 고착화된 예전 형식으로 인해 사도신경 고백 앞뒤로 추가 발언이 불가할 경우에 설교자는 사도신경이 복음임을 회중에게 상기시키는 발언과 함께 설교를 시작할 수 있다. 회중의 사도신경 고백에는 왕이신 예수께 충성을 다해 순종하겠다는 선언이 함축되어 있으므로, 회중은 시간이 흐르면서 사도신경의 주요 의미를 알게 될 것이다.

비예전적 전통에 속한 회중들은 예배 시간에 맹세의 의도로 사도신경을 사용하는 것에 대해 생각보다 강하게 저항할 수도 있다. 그럴지라도 이런 전통에 속한 목사들, 예배 인도자들, 그 외 예배 관련자들은 예배 시간에 회중과 함께 사도신경을 고백해야 한다. 사도신경은 복음에 대한 가장 초기의 표현 중 하나로 최소한의 확장된 형태를 갖고 있다. 그러므로 사도신경은 그것을 고백하는 모든 이들로 하여금 왕이신 예수께 충성을 표현할 것을 암묵적으로 요구한다. 사도들이 고백했던 충성의 맹세라는 사도신경의 가치를 회중들이 깨닫게 된다면, 사도신경은 더 풍성한 예전으로의 관문이 될 수 있다.[12]

구원을 받기 위해 믿음을 갖거나 예수를 믿어야 한다는 것은 자명한 이치다. 나는 이 자명한 이치가 사실은 위험한 반쪽 진리라고 주장해왔다. 영어 단어 믿음(faith)에 반증거적, 반합리적, "비약적"이라는 함의가 담겨 있다는 점을 생각해보면, 우리가 현재의 문화적 환경에서 영원한 구원을 논할 때 쓰는 믿음이라는 영어 단어는 제한된 가치를 반영할 뿐이다. 한편 확신(belief)이라는 단어 역시 부적합한데, 이는 현대의 관용어 측면

---

12   비예전적 유산의 많은 교회들이 예전을 회복하고 있다. Ross, *Evangelical versus Liturgical*.

오직 충성으로 받는 구원

에서 볼 때 우리가 올바른 사실을 머리에 짜 넣음으로써 구원을 받는다고 암시하기 때문이다. 확신이라는 영어 단어는 무언가를 "사실 또는 참으로 인정하다"는 뜻이지만 실천된 충성이라는 함의를 충분히 담아내지는 못한다. 그러나 우리는 이 반쪽 진리에 버릴 수 없는 참된 진리가 담겨 있음을 인정해야 한다. 우리는 믿음(faith)과 확신(belief)을 넘어서는 어휘와 문법을 찾아내고 필요한 경우 이 신앙과 확신의 의미를 확장시키거나 대체함으로써 왕이신 예수께 대한 적극적인 충성을 강조해야 한다.

복음은 변화를 가져오는 예수의 생애에 관한 이야기다. 복음은 예수께서 어떻게 예수 **그리스도**로서 왕이자 하늘과 땅의 주님이 되셨는지에 관한 이야기다. 예수는 복음의 구원 사건에 자발적으로 참여하심으로써, 특별히 십자가에서 죽기까지 하나님 아버지를 향한 신뢰의 충성을 보이심으로써 왕이 되셨다. 이 충성은 예수께서 새 생명으로 부활하시고 하나님 아버지의 오른편 **보좌에 앉으실** 때 그 정당성을 입증받았다. 이 일련의 행위를 통해 하나님은 그분의 아들 예수, 그분의 백성, 세상, 모든 창조 세계에 대한 그분의 충절을 증명하셨다. 예수께서 보좌에 앉으신 사건은 복음과 무관한 것이 아니라 명실공히 복음의 절정이다. 복음에 대한 응답은 무엇보다도 우주의 왕이신 예수께 대한 충성을 공개적으로 인정하는 것을 의미한다. 하나님과 인간 그 어느 쪽에서 봐도 구원 이야기는 충성으로 흘러넘친다.

결론적으로 구원은 오직 충성으로 가능하다. 하나님은 우리의 과거, 현재, 미래의 구원을 위해 왕이신 예수께 대한 충성 그 이상도 그 이하도 요구하지 않으신다. 따라서 교회는 십자가, 대속, 부활의 절대적 중요성을 지속적으로 확언하면서 동시에 예수의 희생만을 강조하는 "오직 믿음"의 구원 문화로부터 반드시 벗어나야 한다. 우리의 구원 문화는 보좌에 앉으신 왕 예수께 대한 "오직 충성"을 중심으로 하는 구원 문화로 전진해야한다. 승리하는 교회는 충성의 맹세인 사도신경을 고백하며 다음과 같은 구호를 외칠 수 있다. "우리는 왕이신 예수께 충성한다." 사도행전이 증거하듯이 예수 그리스도는 "우리의 주님"이시며 "하나님 우편에 앉아 계신다." 이처럼 우리의 전적인 충성을 받기에 합당하신 예수는 우리에게 전적인 충성을 요구하신다.

더 생각해볼 문제들

∿

1. 충성에 핵심이 되는 세 가지 요소를 생각해보라. 다양한 측면들은 어떻게 서로 연결되어 있는가? 이에 비추어서 구원을 가져오는 충성에 무엇이 필요한지 설명할 때, 이 설명에 도움이 될 만한 당신만의 비유를 제시할 수 있는가?

2. 충성을 방패로 비유할 때 군사적 비유가 소환된다. 이런 군사적 이미지들을 사용하는 것은 교회에 위험이 될 수도 있고 유익이 될 수도 있다. 당신은 국기(예. 태극기)를 교회에 게양해 놓는 것이 신중한 처사라고 생각하는가? 당신은 애국가를 교회에서 부를 수 있다고 생각하는가? 그 경계는 어디까지여야 하며 그 이유는 무엇인가?

3. 당신이 독자를 복음으로 초청하는 글을 작성한다면, 어떻게 그 글을 시작할 것이며 무엇을 가장 강조할 것인가? 그리고 그 이유는 무엇인가?

4. 왜 충성은 제자도와 구원이 서로 부드럽게 만나는 지점이 되는가?

5. 예수와 개인 간의 올바른 관계에 대해 충성이 알려주는 것은 무엇인가? 충성은 예수를 본받는 것이 무엇을 의미한다고 말하는가?

6. 신조와 맹세의 차이는 무엇인가? 사도신경이 맹세로서 적절한 이유는 무엇인가?

7. 다음 주, 다음 달, 또는 내년에 당신이 개인적으로 왕이신 예수께 한층 더 강화된 충성을 보이고자 한다면, 그에 도움이 될 만한 구체적이고 실제적인 제안을 세 가지 이상 제시해보라.

8. 당신이 출석하는 지역 교회(또는 당신이 알고 있는 다른 회중)가 다음 주, 다음 달, 또는 내년에 구원 문화에서 충성 문화로 이동하는 데 도움이 될 만한 구체적이고 실제적인 제안을 두 가지 이상 제시해보라.

참고문헌

Allen, R. Michael. *Justification and the Gospel: Understanding the Contexts and Controversies.* Grand Rapids: Baker Academic, 2013.

Allison, Dale C., Jr. *Constructing Jesus: Memory, Imagination, and History.* Grand Rapids: Baker Academic, 2010.

Anderson, Gary A. *Charity: The Place of the Poor in the Biblical Tradition.* New Haven: Yale University Press, 2013.

Augustine. *The Trinity. In The Works of Saint Augustine: A Translation for the 21st Century.* Part 1, vol. 5. Translated by Edmund Hill. Hyde Park, NY: New City Press, 1991.

Aune, David E., ed. *Rereading Paul Together: Protestant and Catholic Perspectives on Justification.* Grand Rapids: Baker Academic, 2006.

Barclay, John M. G. *Paul and the Gift.* Grand Rapids: Eerdmans, 2015. 『바울과 선물』 (새물결플러스 역간).

Bartholomew, Craig G., and Michael W. Goheen. *The Drama of Scripture: Finding Our Place in the Biblical Story.* 2nd ed. Grand Rapids: Baker Academic, 2014. 『성경은 드라마다』(IVP 역간).

Bates, Matthew W. *The Birth of the Trinity: Jesus, God, and Spirit in New Testament and Early Christian Interpretations of the Old Testament.* Oxford: Oxford University Press, 2015.

_____. "A Christology of Incarnation and Enthronement: Romans 1:3-4 as Unified Nonadoptionist, and Nonconciliatory." *Catholic Biblical Quarterly* 77 (2015): 107-27.

_____. *The Hermeneutics of the Apostolic Proclamation: The Center of Paul's Method of Scriptural Interpretation.* Waco: Baylor University Press, 2012.

Bauckham, Richard. *Jesus and the God of Israel: God Crucified and Other Studies on the New Testament's Christology of Divine Identity.* Milton Keynes: Paternoster, 2008. 『예수와 이스라엘의 하나님』(새물결플러스 역간).

_____. *The Theology of the Book of Revelation.* Cambridge: Cambridge University Press, 1993.

Beale, Greg K. *The Book of Revelation: A Commentary on the Greek Text.* New International Greek Testament Commentary. Grand Rapids: Eerdmans, 1999.

오직 충성으로 받는 구원

『NIGTC 요한계시록(상·하권)』(새물결플러스 역간).

_____. *Handbook on the New Testament Use of the Old Testament: Exegesis and Interpretation*. Grand Rapids: Baker Academic, 2012.

_____. *The Temple and the Church's Mission*. Downers Grove, IL: IVP Academic, 2004. 『성전 신학』(새물결플러스 역간).

_____. *We Become What We Worship: A Biblical Theology of Idolatry*. Downers Grove, IL: IVP Academic, 2008. 『예배자인가, 우상숭배자인가?』(새물결플러스 역간).

Beale, Greg K., and David H. Campbell. *Revelation: A Shorter Commentary*. Grand Rapids: Eerdmans, 2015.

Beale, Greg K., and Mitchell Kim. *God Dwells among Us: Expanding Eden to the Ends of the Earth*. Downers Grove, IL: InterVarsity, 2014.

Beilby, James K., and Paul R. Eddy, eds. *Justification: Five Views*. Downers Grove, IL: InterVarsity, 2011. 『칭의 논쟁』(새물결플러스 역간).

Berkhof, Louis. *Systematic Theology*. Grand Rapids: Eerdmans, 1941. 『벌코프 조직신학』(CH북스 역간).

Billings, J. Todd. *Calvin, Participation, and the Gift: The Activity of Believers in Union with Christ*. Oxford: Oxford University Press, 2007.

_____. *Union with Christ: Reframing Theology and Ministry for the Church*. Grand Rapids: Baker Academic, 2011.

Bird, Michael F. *Evangelical Theology: A Biblical and Systematic Introduction*. Grand Rapids: Zondervan, 2013.

_____. *The Saving Righteousness of God: Studies on Paul, Justification and the New Perspective*. Milton Keynes: Paternoster, 2007.

_____. *What Christians Ought to Believe: An Introduction to Christian Doctrine through the Apostles' Creed*. Grand Rapids: Zondervan, 2016.

Bird, Michael F., and Preston Sprinkle, eds. *The Faith of Jesus Christ: Exegetical, Biblical and Theological Studies*. Peabody, MA: Hendrickson, 2009.

Bovon, François. *A Commentary on the Gospel of Luke. 3* vols. Hermeneia. Minneapolis: Fortress, 2002.13.

Calvin, John. *Calvin's Commentaries. 22* vols. Reprint, Grand Rapids: Baker, 2005.

_____. *Institutes of the Christian Religion*. Translated by Ford Lewis Battles. 2 vols. Philadelphia: Westminster, 1960.

Campbell, Constantine R. *Paul and Union with Christ: An Exegetical and Theological Study*. Grand Rapids: Zondervan, 2012. 『바울이 본 그리스도와의 연합』(새물

결플러스 역간).

Campbell, Douglas A. *The Deliverance of God: An Apocalyptic Rereading of Justification in Paul.* Grand Rapids: Eerdmans, 2009.

_____. *The Quest for Paul's Gospel: A Suggested Strategy.* London: T&T Clark, 2005.

_____. "Romans 1:17—A Crux Interpretum for the ΠΙΣΤΙΣ ΧΡΙΣΤΟΥ Debate." *Journal of Biblical Literature* 113 (1994): 265–85.

Capes, David B. *Old Testament Yahweh Texts in Paul's Christology.* Wissenschaftliche Untersuchungen zum Neuen Testament 42. Tingen: Mohr Siebeck, 1992.

Carson, D. A. "What Is the Gospel?—Revisited." In *For the Fame of God's Name: Essays in Honor of John Piper,* edited by Sam Storms and Justin Taylor, 147–70. Wheaton, IL: Crossway, 2010.

Collins, Adela Yarbro, and John J. Collins. *King and Messiah as Son of God: Divine, Human, and Angelic Messianic Figures in Biblical and Related Literature.* Grand Rapids: Eerdmans, 2008.

Crossan, John D. *The Historical Jesus: The Life of a Mediterranean Peasant.* San Francisco: HarperSanFrancisco, 1991. 『역사적 예수』(한국기독교연구소 역간).

Crump, David. *Encountering Jesus, Encountering Scripture: Reading the Bible Critically in Faith.* Grand Rapids: Eerdmans, 2013.

Danker, Fredrick W., ed. A *Greek-English Lexicon of the New Testament and Other Early Christian Literature.* 3rd ed. Chicago: University of Chicago Press, 2000.

Das, A. Andrew. *Paul, the Law, and the Covenant.* Peabody, MA: Hendrickson, 2001.

Demarest, Bruce. *The Cross and Salvation: The Doctrine of Salvation.* Wheaton, IL: Crossway, 1997.

Dodd, C. H. *The Apostolic Preaching and Its Developments.* New York: Harper & Row, 1964. 『사도적 설교와 그 전개』(한국장로교출판사 역간).

Downs, David J. *Alms: Charity, Reward, and Atonement in Early Christianity.* Waco: Baylor University Press, 2016.

Ferguson, Everett. *Baptism in the Early Church: History, Theology, and Liturgy in the First Five Centuries.* Grand Rapids: Eerdmans, 2009.

Foster, Richard J., and James Bryan Smith, eds. *Devotional Classics: Selected Readings for Individuals and Groups.* Rev. ed. New York: HarperCollins, 2005. 『리처드 포스터가 묵상한 신앙 고전 52선』(두란노서원 역간).

Fredriksen, Paula. "Paul's Letter to the Romans, the Ten Commandments, and Pagan 'Justification by Faith.'" *Journal of Biblical Literature* 133 (2014): 801–8.

Gaffin, Richard B., Jr. *By Faith, Not by Sight: Paul and the Order of Salvation*. 2nd ed. Phillipsburg, NJ: P&R, 2013. 『구원이란 무엇인가』(크리스챤출판사 역간).

Garlington, Don B. *"The Obedience of Faith": A Pauline Phrase in Historical Context*. Wissenschaftliche Untersuchungen zum Neuen Testament 38. Tübingen: Mohr Siebeck, 1991.

Gathercole, Simon J. *Defending Substitution: An Essay on Atonement in Paul*. Grand Rapids: Baker Academic, 2015.

_____. *The Preexistent Son: Recovering the Christologies of Matthew, Mark, and Luke*. Grand Rapids: Eerdmans, 2006.

Gorman, Michael J. *The Apostle of the Crucified Lord: A Theological Introduction to Paul and His Letters*. Grand Rapids: Eerdmans, 2004.

_____. *Becoming the Gospel: Paul, Participation, and Mission*. Grand Rapids: Eerdmans, 2015. 『삶으로 담아내는 복음』(새물결플러스 역간).

_____. *Inhabiting the Cruciform God: Kenosis, Justification, and Theosis in Paul's Narrative Soteriology*. Grand Rapids: Eerdmans, 2009.

_____. *Reading Revelation Responsibly: Uncivil Worship and Witness; Following the Lamb into the New Creation*. Eugene, OR: Wipf & Stock, 2011. 『요한계시록 바르게 읽기』(새물결플러스 역간).

Green, Joel B. *Conversion in Luke-Acts: Divine Action, Human Cognition, and the People of God*. Grand Rapids: Baker Academic, 2015.

Grudem, Wayne. *Systematic Theology: An Introduction to Biblical Doctrine*. Grand Rapids: Zondervan, 2000. 『웨인 그루뎀의 조직신학(상)』(은성 역간).

Gupta, Nijay K. *"They Are Not Gods!": Jewish and Christian Idol Polemic and Greco-Roman Use of Cult Statues."* *Catholic Biblical Quarterly* 76 (2014): 704.19.

Hays, Richard B. *"Apocalyptic Hermeneutic: Habakkuk Proclaims 'The Righteous One.'"* In *Conversion of the Imagination: Paul as Interpreter of Israel's Scripture*, edited by Richard B. Hays, 119.42. Grand Rapids: Eerdmans, 2015.

_____. *Echoes of Scripture in the Letters of Paul*. New Haven: Yale University Press, 1989. 『바울서신에 나타난 구약의 반향』(여수룬 역간).

_____. *The Faith of Jesus Christ: The Narrative Substructure of Galatians 3:1-4:11*. 2nd ed. Grand Rapids: Eerdmans, 2002. 『예수 그리스도의 믿음』(에클레시아북스 역간).

Hodges, Zane C. *Absolutely Free: A Biblical Reply to Lordship Salvation*. Dallas: Redención Viva, 1989.

Hoekema, Anthony A. *Saved by Grace*. Grand Rapids: Eerdmans, 1989. 『개혁주의 구원론』(부흥과개혁사 역간).

Hurtado, Larry W. *Lord Jesus Christ: Devotion to Jesus in Earliest Christianity*. Grand Rapids: Eerdmans, 2003. 『주 예수 그리스도』(새물결플러스 역간).

Irons, Charles L. *The Righteousness of God: A Lexical Examination of the Covenant-Faithfulness Interpretation*. Wissenschaftliche Untersuchungen zum Neuen Testament 386. Tübingen: Mohr Siebeck, 2015.

Jewett, Robert. "The Redaction and Use of an Early Christian Confession in Romans 1:3-4." In The *Living Text: Essays in Honor of Ernest W. Saunders,* edited by D. E. Groh and R. Jewett, 99-122. Lanham, MD: University Press of America, 1985.

Jipp, Joshua W. "Ancient, Modern, and Future Interpretations of Romans 1:3-4: Reception History and Biblical Interpretation." *Journal of Theological Interpretation* (2009): 241-59.

_____. *Christ Is King: Paul's Royal Ideology*. Minneapolis: Fortress, 2015.

_____. "Reading the Story of Abraham, Isaac, and 'Us' in Romans 4." *Journal for the Study of the New Testament* 32 (2009): 217-42.

Johnson, Luke Timothy. *The First and Second Letters to Timothy*. Anchor Bible 35A. New York: Doubleday, 2001.

Johnson, Marcus P. *One with Christ: An Evangelical Theology of Salvation*. Wheaton: Crossway, 2013.

Keener, Craig S. *Acts: An Exegetical Commentary*. 4 vols. Grand Rapids: Baker Academic, 2012-15.

Kierkegaard, Sen. *Fear and Trembling*. Reprint, London: Penguin, 1986.

Kilner, John F. *Dignity and Destiny: Humanity in the Image of God*. Grand Rapids: Eerdmans, 2015.

Koester, Craig R. *Revelation and the End of All Things*. Grand Rapids: Eerdmans, 2001.

Kugel, James L. *In Potiphar's House: The Interpretative Life of Biblical Texts*. San Francisco: Harper, 1990.

Kugler, Chris. "ΠΙΣΤΙΣ ΧΡΙΣΤΟΥ: The Current State of Play and the Key Arguments." *Currents in Biblical Research* 14 (2016): 244-55.

Lane, William. *The Gospel according to Mark*. New International Commentary on the New Testament. Grand Rapids: Eerdmans, 1974.

Lee, Aquila H. I. *From Messiah to Preexistent Son: Jesus' Self-Consciousness and Early Christian Exegesis of Messianic Psalms*. Wissenschaftliche Untersuchungen zum

Neuen Testament 192. Tübingen: Mohr Siebeck, 2005. 『예수와 하나님 아들 기독론』(새물결플러스 역간).

Leithart, Peter J. "Justification as Verdict and Deliverance: A Biblical Perspective." *Pro Ecclesia* 16 (2007): 56-72.

Lewis, C. S. *Mere Christianity.* Reprint, San Francisco: HarperOne, 2001. 『순전한 기독교』(홍성사 역간).

Lindsay, Dennis R. *Josephus and Faith: Pistis and Pisteuein as Faith Terminology in the Writings of Flavius Josephus and in the New Testament.* Arbeiten zur Geschichte des Antiken Judentums und des Urchristentums 19. Leiden: Brill, 1993.

Lints, Richard. *Identity and Idolatry: The Image of God and Its Inversion.* Downers Grove, IL: InterVarsity, 2015.

Longenecker, Richard N. *Biblical Exegesis in the Apostolic Period.* 2nd ed. Grand Rapids: Eerdmans, 1999.

Luther, Martin. *Preface to the Latin Writings.* Reprinted in Martin Luther: Selections from His Writings, edited by John Dillenberger, 19-34. Garden City, NY: Anchor, 1961.

Macaskill, Grant. *Union with Christ in the New Testament.* Oxford: Oxford University Press, 2013.

Martyn, J. Louis. *Galatians: A New Translation with Introduction and Commentary.* Anchor Bible 33A. New York: Doubleday, 1997. 『앵커바이블 갈라디아서』 (CLC 역간).

McCready, Douglas. *He Came Down from Heaven: The Preexistence of Christ and the Christian Faith.* Downers Grove, IL: InterVarsity, 2005.

McGrath, Alister E. *Iustitia Dei: A History of the Christian Doctrine of Justification* 3rd ed. Cambridge: Cambridge University Press, 2005. 『하나님의 칭의론』(CLC 역간).

McKnight, Scot. *The Heaven Promise: Engaging the Bible's Truth about Life to Come.* Colorado Springs: WaterBrook, 2015.

_____. *The King Jesus Gospel: The Original Good News Revisited.* Grand Rapids: Zondervan, 2011. 『예수 왕의 복음』(새물결플러스 역간).

_____. "The Warning Passages of Hebrews: A Formal Analysis and Theological Conclusions." *Trinity Journal* NS 13 (1992): 21-59.

Melanchthon, Philip. *Commonplaces: "Loci Communes" 1521.* Translated by Christian Preus. Saint Louis: Concordia, 2014.

Middleton, J. Richard. *A New Heaven and a New Earth: Reclaiming Biblical Eschatology.* Grand Rapids: Baker Academic, 2014. 『새 하늘과 새 땅』(새물결플러스 역간).

Morgan, Teresa. *Roman Faith and Christian Faith: Pistis and Fides in the Early Roman Empire and Early Churches.* Oxford: Oxford University Press, 2015.

Murray, John. *Redemption—Accomplished and Applied.* Grand Rapids: Eerdmans, 1955.

Noll, Mark A. *The Scandal of the Evangelical Mind.* Grand Rapids: Eerdmans, 1994. 『복음주의 지성의 스캔들』(IVP 역간).

Novenson, Matthew V. *Christ among the Messiahs: Christ Language in Paul and Messiah Language in Ancient Judaism.* Oxford: Oxford University Press, 2012.

Origen. *Contra Celsum.* Translated by Henry Chadwick. Reprint, Cambridge: Cambridge University Press, 1965.

Peterson, Robert A. *Salvation Applied by the Spirit: Union with Christ.* Wheaton: Crossway, 2015.

Pinson, J. Matthew, ed. *Four Views on Eternal Security.* Grand Rapids: Zondervan, 2002.

Piper, John. *The Future of Justification: A Response to N. T. Wright.* Wheaton: Crossway, 2007. 『칭의 논쟁』(부흥과개혁사 역간).

Pitre, Brant. *Jesus and the Last Supper.* Grand Rapids: Eerdmans, 2015.

Ritner, Robert K. "The Breathing Permit of Hor' among the Joseph Smith Papyri." *Journal of Near Eastern Studies* 62 (2003): 161-80.

Ross, Melanie C. *Evangelical versus Liturgical: Defying a Dichotomy.* Grand Rapids: Eerdmans, 2014.

Sanders, E. P. *Paul and Palestinian Judaism: A Comparison of Patterns of Religion.* Minneapolis: Fortress, 1977.

Schneemelcher, Wilhelm, trans. *The Acts of Paul.* In *The New Testament Apocrypha,* edited by Wilhelm Schneemelcher, 2:213-70. Translated in English by R. McL. Wilson. 2 vols. Louisville: Westminster John Knox, 1991-92.

Schreiner, Thomas R. *Faith Alone: The Doctrine of Justification.* Grand Rapids: Zondervan, 2015. 『오직 믿음』(부흥과개혁사 역간).

―――――. "Justification apart from and by Works: At the Final Judgment Works Will Confirm Justification." In *Four Views on the Role of Works at the Final Judgment,* edited by Alan P. Stanley, 71.98. Grand Rapids: Zondervan, 2013.

Schreiner, Thomas R., and Ardel B. Caneday. *The Race Set Before Us: A Biblical Theology of Perseverance and Assurance.* Downers Grove, IL: InterVarsity, 2001.

Schroeder, H. J., trans. *Canons and Decrees of the Council of Trent: Original Text with*

English Translation. St. Louis: Herder, 1941.

Schweitzer, Albert. *The Mysticism of Paul the Apostle.* Translated by William Montgomery. 2nd ed. London: A&C Black, 1953. Reprint, Baltimore: Johns Hopkins University Press, 1988.

Seifrid, Mark. *Christ, Our Righteousness: Paul's Theology of Justification.* Downers Grove, IL: IVP Academic, 2001.

Seneca, Lucius Annaeus. *On Benefits.* Translated by Miriam T. Griffin and Brad Inwood. Chicago: University of Chicago Press, 2011.

Smith, Joseph. *The Pearl of Great Price.* Salt Lake City: Latter-Day Saints, 1878.

Sproul, R. C. *Faith Alone: The Evangelical Doctrine of Justification.* Grand Rapids: Eerdmans, 1995.

_____. *Getting the Gospel Right.* Grand Rapids: Eerdmans, 1999.

Stanley, Alan P. *Did Jesus Teach Salvation by Works? The Role of Salvation in the Synoptic Gospels.* Eugene, OR: Wipf & Stock, 2006.

Stanley, Charles F. *Eternal Security.* Nashville: Thomas Nelson, 1990. 『영원한 구원』(두란노서원 역간).

Stegman, Thomas D. "Paul's Use of *Dikaio-* Terminology: Moving Beyond N. T. Wright's Forensic Interpretation." *Theological Studies* 72 (2011): 496.524.

Stein, R. H. "Last Supper." In *Dictionary of Jesus and the Gospels,* edited by Joel B. Green and Scot McKnight, 444-50. Downers Grove, IL: InterVarsity, 1992.

Stevenson, James. *A New Eusebius: Documents Illustrating the History of the Christian Church to AD 337.* Revised by W. H. C. Frend. New ed. London: SPCK, 1987.

Thomas à Kempis. *The Imitation of Christ.* Translated by William Creasy. Notre Dame, IN: Ave Maria, 1989.

Thrall, Margaret E. *The Second Epistle to the Corinthians.* Reprinted in 2 vols. International Critical Commentary. London: T&T Clark, 2008.

Trobisch, David. *The First Edition of the New Testament.* Oxford: Oxford University Press, 2000.

Walls, Jerry L. *Heaven, Hell, and Purgatory: A Protestant View of the Cosmic Drama.* Grand Rapids: Brazos, 2015.

Walton, John H. *Ancient Near Eastern Thought and the Old Testament: Introducing the Conceptual World of the Hebrew Bible.* Grand Rapids: Baker Academic, 2006. 『고대 근동 사상과 구약성경』(CLC 역간).

Watson, Francis. *Paul and the Hermeneutics of Faith.* London: T&T Clark, 2004.

Westerholm, Stephen. *Justification Reconsidered: Rethinking a Pauline Theme.* Grand Rapids: Eerdmans, 2013.

_____. *Perspectives Old and New on Paul: The "Lutheran" Paul and His Critics.* Grand Rapids: Eerdmans, 2004.

Westphal, Merold. *Kierkegaard's Concept of Faith.* Grand Rapids: Eerdmans, 2014.

Wilkin, Robert N. "Christians Will Be Judged according to Their Works at the *Rewards* Judgment, but Not at the *Final* Judgment." In *Four Views on the Role of Works at the Final Judgment,* edited by Alan P. Stanley, 25.50. Grand Rapids: Zondervan, 2013.

Willard, Dallas. *The Divine Conspiracy.* San Francisco: HarperSanFrancisco, 1998. 『하나님의 모략』(복있는사람 역간).

_____. *Renovation of the Heart.* Colorado Springs: NavPress, 2002. 『마음의 혁신』(복있는사람 역간).

Winter, Bruce W. *Honours for the Caesars: The First Christians' Responses.* Grand Rapids: Eerdmans, 2015.

Witherington, Ben, III. *Paul's Narrative Thought World: The Tapestry of Tragedy and Triumph.* Louisville: Westminster John Knox, 1994.

Wright, N. T. *The Challenge of Jesus: Rediscovering Who Jesus Was and Is.* Downers Grove, IL: InterVarsity, 1999. 『Jesus코드』(한국성서유니온선교회 역간).

_____. *How God Became King: The Forgotten Story of the Gospels.* New York: HarperOne, 2012. 『하나님은 어떻게 왕이 되셨나』(에클레시아북스 역간).

_____. *Jesus and the Victory of God.* Christian Origins and the Question of God 2. Minneapolis: Fortress, 1996. 『예수와 하나님의 승리』(CH북스 역간).

_____. *The New Testament and the People of God.* Christian Origins and the Question of God 1. Minneapolis: Fortress, 1992. 『신약성서와 하나님의 백성』(CH북스 역간).

_____. *Paul and the Faithfulness of God.* 2 vols. Christian Origins and the Question of God 4. Minneapolis: Fortress, 2013. 『바울과 하나님의 신실하심(하)』(CH북스 역간).

_____. *The Paul Debate: Critical Questions for Understanding the Apostle.* Waco: Baylor University Press, 2015.

_____. *Paul: In Fresh Perspective.* Minneapolis: Fortress, 2005.

_____. *What Saint Paul Really Said: Was Paul of Tarsus the Real Founder of Christianity?* Grand Rapids: Eerdmans, 1997. 『톰 라이트 바울의 복음을 말하다』(에클레시

오직 충성으로 받는 구원

아북스 역간).

Young, Stephen L. "Romans 1:1-5 and Paul's Christological Use of Hab. 2:4 in Rom. 1:17: An Underutilized Consideration in the Debate." *Journal for the Study of the New Testament* 34 (2012): 277-85.

Zetterholm, Magnus. *Approaches to Paul: A Student's Guide to Recent Scholarship.* Minneapolis: Fortress, 2009.

오직 충성으로 받는 구원

값싼 구원 문화에서 참된 제자도로의 전환을 위한 대범한 시도

Copyright © 새물결플러스 **2020**

1쇄 발행 2020년 9월 17일

지은이	매튜 W. 베이츠
옮긴이	송일
펴낸이	김요한
펴낸곳	새물결플러스

편 집	왕희광 정인철 노재현 한바울 정혜인
	이형일 나유영 노동래 최호연
디자인	윤민주 황진주 박인미 이지윤
마케팅	박성민 이원혁
총 무	김명화 이성순
영 상	최정호 곽상원
아카데미	차상희

홈페이지	www.holywaveplus.com
이메일	hwpbooks@hwpbooks.com
출판등록	2008년 8월 21일 제2008-24호
주 소	(우) 04118 서울시 마포구 마포대로19길 33
전 화	02) 2652-3161
팩 스	02) 2652-3191

ISBN 979-11-6129-173-4 93230

책값은 뒤표지에 있습니다.

이 도서의 국립중앙도서관 출판예정도서목록(CIP)은 서지정보유통지원시스템
홈페이지(seoji.nl.go.kr)와 국가자료공동목록시스템(nl.go.kr/kolisnet)에서
이용하실 수 있습니다. CIP2020037945